KB125075

조현병,

낯선 자아와

떠나는

여행

Tell me I'm here

조현병,
낯선 자아와 떠나는 여행

앤 데버슨 지음

황수연 옮김   정동선 감수

끝없는 절망에서
용기 내어 살아가는 가족들에게

조지아와 조슈아에게

그리고 조녀선을 추억하며

감사의 말

조지아와 조슈아가 지난한 시기를 지나면서 보여준 사랑과 용기에 감사하고 내가 이 책을 쓰는 것을 이해해준 데에 감사한다. 조지아가 자신이 쓴 시를 인용하도록 허락해준 것에 대해서도 고마움을 느낀다.

조너선과 함께 지내온 시간 동안 우리를 도와주었던 많은 이들의 이름이 책에 나오지만, 그 밖에 셀 수 없이 많은 이들이 도움을 주었다. 우리가 끊임없이 받은 깊은 사랑은 물론이고, 특별히 이 책을 집필하는 힘겨운 시기 동안 받은 지속적인 도움을 경이롭고 감사한 마음으로 돌이켜본다.

호주 조현병 협회(SANE Australia) 회장인 메리 레거트 박사가 보여준 우정과 유머, 도움에 감사한다. 그가 이뤄낸 업적은 탁월하며 감동적이다. 나는 또한 조현병에 걸린 사람들과 그들의 가족에게서도 관대하고도 용감한 지지를 받았다.

이 책의 교정을 도와준 재키 요웰에게 감사한다. 그는 내가 지쳐 있을 때 유쾌한 마음과 격려로 생기를 불어넣어주었다. 마지막으로 무한한 인내와 아낌없는 도움을 준 펭귄랜덤하우스 출판사에게 최고의 찬사를 보낸다.

차 례

개정판에 대하여

내 아들 조너선에게 조현병이 발병한 후 일어난 일과 우리 가족의 분투를 쓰기 시작했을 때 나는 두려움에 사로잡혀 있었다. 아들이 죽은 지 얼마 지나지 않은 시점이었던 터라 그가 겪은 광란의 고통에서 여전히 벗어나지 못했던 것이다. 조너선이 떠난 낯선 여행 이야기를 하면서, 때로는 그를 발가벗겨 세상에 던져놓는 것 같이 느껴지기도 했다. "그래, 그래, 나에 대해서 써요, 앤. 나를 전기 처형하지는 말고. 진실만을 말하고 오른쪽 눈을 떠요." 나는 아들이 이렇게 말하는 상상을 하곤 했다.

1991년 책이 출간된 뒤 얻은 반응은 놀라웠다. 늦은 봄날, 밝은 빛을 받으며 서재에 앉아서 전 세계에서 물밀 듯 밀려드는 수만 개의 사연을 접했다. 뉴 헤브리데스 제도(남태평양에 위치한 제도, 옮긴이)에 사는 80세의 노인이 검은 잉크 펜으로 단정하게 쓴 편지, 뉴욕에 사는 열여섯 살짜리가 문제집 종이에 사인펜으로 긁적인 사연, 서호주의 킴벌리에서 보낸 시, 마드라스에 사는 청년이 나뭇잎에 적어 보낸 사연….

이들 중에는 자신의 정신질환에 대한 경험을 쓴 이야기도, 사랑하는 사람이 병에 걸려 고군분투하는 이야기도 있었다. 어떤 이들은 우리 중 누군가가 한 순간에 폭풍 속으로 내쳐질 수 있다는 사실에 대해, 단순히 삶은 예측불가하다는 정도로 생각하기도 했다.

한번은 시드니에서 퉁퉁하고 머리가 벗겨진 세관원이 내 여권을 들여다보더니 머뭇거렸다. 나는 이유를 알 수 없는 죄책감에 휩싸인 채 기다렸다. 그는 무언가 말하려고 애쓰더니 마침내 나를 올려다 보았다. 눈에는 눈물이 가득했다. "제 아내요. 수년 간 조현병을 앓고 있어요. 당신의 책을 읽기 전엔 이해를 못 했어요." 이렇게 말하며 내 여권에 도장을 찍었다.

태국 치앙마이의 한 호스텔에 머무는 어느 청년은 환청에 시달리던 중 이런 글을 보냈다. "저는 여기, 이 낯선 곳에 앉아 있어요. 개미들은 내 몸을 기어다니고 머리에서는 열이 나 욱신거려요. 하지만 내 배낭에는 조녀선에 관한 책이 있고, 내가 혼자가 아니라는 걸 알아요." 브리즈번에서 수년 간 병마와 싸우던 한 의사도 편지를 보냈다. "최근에 언덕이 오르락내리락 거리고 동네가 움직이며 집들이 기울어지고 흔들렸어요. 슬프게도 죽음이 보였어요."

새해 첫날, 본다이비치(시드니 동부에 있는 해변, 옮긴이)에서 흔치 않은 일이 있었다. 수영복을 입은 남자 두 명이 내게 다가왔다. 나도 수영복 차림이었다. 악수를 하지는 않았지만 고개를 숙여 꽤 격식을 차린 인사를 나누었다. 대학병원의 정신건강의학과 의사인 그들은, 내가 쓴 조녀선 이야기가 정신질환이 가족의 삶을 어떻게 바꿔놓는지 이해할 수 있는 길을 활짝 열어주었다는 사실을 알기 바란다고 했다.

젊은 사람들의 반응이 특히 두드러졌다. 그들은 호기심을 드러내고 동정심을 보이며 웃을 때조차 기꺼이 눈물을 보였다. 이 책은 호주나 해외에서 다양한 교육 도서 목록에 오른 바 있다. 남호주의 여학생들은 조녀선이 처음 발병했을 때 살던 집을 상상해 모형을 만들어 내게 보여주었다. 그들은 욕실이 딸린 커다란 침실을 내 방이라고 했다. 세상에. 실제로 욕실은 두 층이나 아래에 있었다. 우리 가족을 그린 그림과 사진, 정신질환에 관한 에세이, 조너선의 투병 일지, 내가 뭔가를 해보려고 했던 모든 시간 기록이 교실 벽에 가득했다. 그것들을 보자 기운이 쭉 빠졌다. 치아교정을 한 열다섯 살 소녀가 눈을 반짝이며 말했다. "조건 없는 사랑에 대해 생각해보기는 처음이라 감동했어요."

조너선의 이야기는 시간을 초월한다. 우리는 이천여 년을 거슬러 올라간 과거에도 정신질환과 맞서는 사람들이 존재했다는 역사적 기록이 있음을 안다. 또한 그들의 가족이 고통받았다는 사실도 알고 있다. 수백 년 동안 우리는 여기에 수많은 진술과 진단을 덧붙이거나 좀 더 일상적일 말을 덧붙이기도 했으나, 어떤 말을 사용하든 우리가 정신질환에서 자유로웠던 시대는 없었다는 사실을 의심하지 않는다. 정신질환은 인간 상태의 일부이다. 지금은 많은 부분에 진전이 있어서 연구를 통해 미궁의 조각들을 천천히 맞춰가고 있다. 질병 관리는 개선되는 중이고 부정적인 인식은 줄고 있다. 그러나 정신질환자들의 삶이 나아지지 않는다면 이러한 모든 변화는 아무 의미가 없다. 그런 의미에서 개정판의 끝부분에 새로운 장 하나를 추가했다. 후기를 통해 최근의 경향과 진전을 아우르고 여전히 남아 있는 블랙홀을 짚어보았다.

1998년, 앤 데버슨

옮긴이의 말

우연이다.

우연이라는 말이 무성의하게도, 식상하게도 들릴 수 있다는 걸 알면서도 이것 말고는 달리 시작할 말이 떠오르지 않는다.

가본 적도 들어본 적도 없는 도시 애들레이드(Adelaide)에서 살게 된 것도, 지나가다 들른 크리스마스 마켓에서 한 상자에 5 달러라는 말에 주섬주섬 담은 헌 책 중에 이 책이 포함된 것도.

얼마나 두었을까? 어느 날 상자 속을 뒤적이다 책을 집어 들어 첫 페이지를 넘기고 홀린 듯 주저앉아 읽기 시작하면서부터 이 책은 특별했다. 그리고 보니 나는 오래도록 조현병에 대해 막연한 호기심을 가지고 있었다.

초등학교 가는 길에 몇 번 본 적이 있는 '미친 여자'(그때는 아이들인 우리도 중년은 되었을 그 사람을 그렇게 불렀다.)는 무섭기도 했지만 신비로웠다. 옷을 여러 벌 겹쳐 입고 알 수 없는 말을 중얼거리면서 내가 모르는 어떤 곳에 머물러 있는 듯한 사람. 제사를 치른 집에서 얻은 듯한 색동 사탕을 내게 불쑥 내밀었던 사람.

친척 언니의 사촌이 미쳤다(그때는 조현병이니 정신분열증이니 하는 말보다는 그냥 미쳤다고 했다.)고 소곤대는 어른들의 말을 들었다. 집안 행사에서 몇 번 본 적이 있는 고운 언니가 가시눈을 뜨고 문병을 간 친

11

척 언니에게 이상한 소리를 했다며 언니는 그저 신기해했다.

또 다른 친척도 그렇다는 이야기를 언뜻 들었다. 바이올린을 멋지게 연주하고 아름다운 꽃을 기가 막히게 잘 가꾸던 그분은 내가 모르는 다른 세상에 가끔씩 다녀온다.

어른들은 소곤거렸고 두 사람은 안정기에 들어서서 일상생활을 할 때만 아주 가끔 여러 사람들과 어울려 잠깐 보는 게 전부라서 무슨 일이 일어났는지 알 수도 물어볼 수도 없었다.

이 책의 저자인 앤은 달랐다. 자기 아들 조너선이 조현병을 앓기 시작하면서 죽을 때까지의 7년을 마음속에 숨겨 두지 않았다. 기자이며 다큐멘터리 제작자답게 생생하게 기록하고 솔직하게 말해주었다. 실수나 잘못을 가슴 아파하고 후회하기는 했어도 부끄럽게 여기거나 숨기지 않았다. 가족이나 사랑하는 사람이 조현병을 앓게 되면 어떤 일이 일어나는지를 눈앞에서 보는 것 같아 가슴 졸이고 분노하고 슬퍼하기도, 곳곳에서 빛나는 유머를 발견하고 웃기도 했다.

조너선이 살던 동네, 다니던 길, 병원 등을 지나다니고 세제 광고에도 출연했던 유명인 앤을 학부형으로 만났다는 전직 교사인 옆집 할머니 메리의 이야기까지 들으면서, 조너선의 이야기가 더 이상 남의 이야기가 아닌 것 같았다. 무엇보다 누구에게 말하지도 물어보지도 못하면서 고통받는 조현병 환자를 포함한 정신질환자와 그 가족, 친구들에게 이 이야기를 들려주고 싶었다. 조현병, 또는 어떤 정신병이라는 진단명을 받아 들고 다가올 날들이 안개 속 같을 사람들에게 여기 이 엄마의 이야기를 들려주고 싶었다.

치료를 찾아다니며 치른 무수한 시행착오, 조현병 자녀를 둔 수많은 부모와 그 가족들의 이야기가 여기 있다. 흉흉한 사건이 일어나지 않고서는 여간해서 들을 일이 없을 것 같은 조현병은 모든 문화, 인종을 초월해 백 명 중 한 명이 걸리는 흔한 질병이다. 오래된 이야기, 다른 나라 이야기가 곧 지금, 내 이야기가 될 수 있는 까닭이다.

심리학이나 정신의학을 공부했거나 관심이 있는 분들이라면 칼 로저스, 로널드 랭, 풀러 토리(그의 조현병에 관한 훌륭한 안내서가 최근 국내 번역서로 출간된 것은 참 반가운 일이다.), 잭 힝클리 등을 앤이 직접 찾아가 인터뷰한 이야기를 읽는 것도 흥미로울 것이다. 무엇보다 사랑하는 사람이 어느 날 내가 알 수 없는 사람이 되어서 내가 모르는 세계를 드나들고 볼 수 없는 것을 보며, 들을 수 없는 것을 들으면 나와 내 가족의 삶이 어떻게 달라지는지를 이보다 생생하게 기록한 것을 아직 보지 못했다.

목적지를 설정하면 가장 빠른 길을 미터 단위로 알려주는 세상에서 완치라는 목적지는커녕 눈물, 분노, 사랑으로 범벅이 된 기록을 지도라고 내미는 손이 안타깝고 송구하다. 그럼에도 불구하고 한 치 앞도 보이지 않는 출발점에서 누군가가 걸어간 길을 보여주고 길 위에 당신 혼자가 아니라고, 길을 잃고 헤맨 수 많은 지점에도 당신 혼자가 아니라고, 이 웅덩이는 너무 깊으니 가지 않는 게 좋겠다고, 함께 걸어가며 말해주는 지도가 있으면 덜 외로울 거라 믿어본다.

희망적인 소식도 있다. 1990년대 이후 개발된 2세대 약물이 이 책에 기술한 약물 부작용의 많은 부분을 개선했다. 또한 조현병을 초기에, 특히 급성기가 시작되기 전에 치료하면 이후 재발하지 않고 일생을 살아갈 확률이 높아진다는 연구가 있다. 가족과 가까운 이들의 지지가 필요하고 이들의 이야기를 주의 깊게 들어야 할 필요가 여기에 있다. 조현병을 터부시하는 사회에서 병을 부끄럽게 여겨 숨기려고 하는 동안 중요한 치료 시기를 놓치게 되는 것은 안타까운 일이다. 신체적 질병의 조기 발견과 치료를 강조하는 정책이 조현병과 같은 정신질환에도 동일하게 적용되기를 바란다.

조너선과 앤의 이야기가 치료와 회복이라는 길을 찾아 떠나야 하는 분들에게 질병을 조금이라도 더 이해하고 준비하는 데 도움이 되기를 바란다. 조현병을 막연하고 두렵게만 여기는 분들이 이 질병이 누구에게나 찾아올 수 있으며 무엇보다 전문가의 의료적 치료가 필요하고, 주변의 이해와 지지를 받으면 일상 생활이 가능한 많은 질병 중 하나라고 인식할 수 있는 출발점이 되기를 바란다. 꼭 조현병이 아니더라도 이 책을 통해 나와 다른 사람을 이해하는 폭을 넓히고 분노와 혼돈 속에 있는 가족이나 사랑하는 누군가에게 다가갈 수 있는 시작점을 발견할 수 있기를 바란다. 앤이 극심한 고통 속에서도 아들, 조너선을 이해하기 위해 기울인 노력과 시도를 따라가다 보면 한 사람을 미워하고 멀리하기 전에 그를 이해하기 위해 어떤 노력을 했던가를 저절로 돌아보게 된다.

이 책이 주는 의외의 즐거움이 있다. 저자 앤 데버슨의 해박한 문학적 지식을 책 곳곳에서 만날 수 있다는 것이다. 알프레드 테니슨, 예이츠, 고골, 오스카 와일드, 토니 모리슨 등의 아름다운 문장이 앤의 감정을 절절하게 드러내고 담아낸다.

끝으로 이 책의 출판을 허락해주신 선유정 대표, 편집과 교정 전반을 꼼꼼하게 챙겨준 김윤선 팀장, 멋진 책으로 완성해준 디자이너 김정안·이혜정 실장, 글의 여운을 잘 표현한 이지원 일러스트레이터에게 감사의 말을 전한다. 이 책에서 현재의 상황과 다르거나 의학적 지식이 필요한 모든 부분을 세심하게 살피고 조언하신 정동선 W정신건강의학과 원장님에게 깊은 감사를 드린다.

2023년 2월, 황수연

프롤로그

고통과 희망의 여행

단지 상상할 수 없다고 해서 불가능한 것은 아니다.

루이스 캐롤

*

이 글은 정신이상을 이해하기 위해 떠나는 여행의 이야기이자, 내 아들이 도무지 이해할 수 없는 사람이 되어 우리를 나락으로 몰고 간 여행에 관한 이야기이다. 이 글을 통해 여러분은 그를 이해하게 될 수도, 그렇지 않을 수도 있다.

"말해줘. 말해줘, 엄마. 내가 여기 있다고 말해줘. 나한테 진실을 말할 때만 오른쪽 눈을 떠."

조너선은 조현병을 앓았다. 열일곱 살에 처음 발병한 이후, 아이는 알 수 없는 일이 끝없이 생기는 세계로 여행을 시작했다. 그를 괴롭히는 악마들은 변덕스러웠지만 그는 악마들에게 어찌하라고 명령할 수 없었다. 그들은 때때로 조너선을 기쁘게도 했지만 그보다 더 자주 공포로 몰아갔다.

조너선을 따라 떠난 여행에서 나는 '치료'라고 이름 붙여진 미로에서 길을 잃었고 한 번도 탈출구를 찾지 못했다. 조너선은 스물네 살에 약물 과다 복용으로 죽었다.

처음에 나는 조현병에 관한 책을 쓰려고 했다. 그러나 조너선이 죽은 뒤 좀 더 개인적인 이야기, 정확히 말하자면 사랑하는 사람이 미쳤을 때 어떤 일이 일어나는가에 관한 이야기가 쓰고 싶어졌다. 이 여행을 통해 나는 사랑의 힘에 대해 의문을 갖게 되었고, 그 의문에서 출발해 사랑의 본질을 발견했다. 여행 도중 다른 치료 방법을 찾아 헤맸지만 한 번도 찾아낸 적이 없다. 대신 여행을 통해, 세상에는 단 하나의 현실만이 존재하는 것이 아니라 많은 것이 동시에 존재한다는 사실을 깨달았다.

조현병을 앓고 있는 청년 세 명의 대화를 들으면서 그들의 역설적인 감각에 감탄한 적이 있다.

"내가 병원에 있을 때 여자 세 명이 날 예수 그리스도라고 생각했어. 그중 한 명이 계속 내 발에 입을 맞추는 거야. 그래서 사람들이 행동요법으로 치료한다며 그 여자를 폐쇄병동으로 보냈어."

"내 시의 제목을 뭐라 할까?"

"극락조라고 해. 털이 뽑힌."

"조현병이라고 해."

"'아무것도 아님'이라고 해."

"가게에 들어가서 '아무것도 아님'을 달라고 할 수는 없어."

"왜?"

"그러면 내가 미쳤다고 생각할 거야."

우리는 더 이상 미쳤다는 말을 쓰지 않는다. '미치광이'나 '정신병자 수용소' 같은 말은 거의 사용하지 않고 '머리가 돌았다'란 말도 이제는 듣기 어려워졌다. 이러한 말은 정신병에 대한 억압을 드러내는 '과거의 표현'이다. 오늘날은 좀 더 전문적이고 객관적인 용어를 사용한다. 그러나 억압은 그대로 남아 있다. 무관심이라는 형태로.

정신병은 그리 멀지 않은 곳에 그림자처럼 드리워져 있지만 우리는 그 존재를 모르는 척하고 싶어한다. 아마도 우리 중 많은 이들은 정상이라고 여기는 것들이 때로 불안정한 개념이라는 걸 알고 있을 것이다. 아마도 우리는 정신이상이 우리를 신파극으로 끌어들이지 않을까 두려워하는 동시에 자제력을 잃을까 겁을 내고 있을지도 모른다. 아마도 이는 단지 정신이상을 잘 이해하지 못하기 때문이며, 나아가 우리가 속한 우주에 대해 거의 이해하지 못하는 것과 같은 이치일 것이다. 정신이상이라는 시련과 거기서 일어나 빠져나오려는 인간 정신의 힘겨운 싸움은 보편적인 공통점을 지닌다. 성서 욥기에는 이런 구절이 있다.

이는 내가 크게 두려워하는 것이 내게 임하였고
내가 무서워하는 것이 내게 임하였음이라.
나는 안전한 가운데 있지 않았고,
휴식도 가지지 않았고,
편안치 않았는데도
고난이 임하였도다.

우리는 정신이상이 다른 가족에게만 일어나는 일이며 내 가족에게는 절대 일어나지 않을 거라 믿고 싶어한다. 그러나 우리 중 누구에게나 일어날 수 있으며, 누군가는 그것을 숨기기로 마음먹고 부끄럽게 여길 수 있다. 혹은 정신이상을 인간의 모습 중 하나로 인지하고 그것을 배워나갈 수도 있다. 정신이상에 관해 쓴 이 책은 출생과 죽음, 사랑과 증오, 열정과 부인 등 이야기의 모든 구성 요소를 지닌 한 권이 될 것이다.

이 이야기는 조녀선이 열일곱이었을 때부터 시작한다. 1978년, 조녀선은 그림을 그린다. 그는 핑크 플로이드에서 모차르트까지 모든 음악을 좋아하고 요리도 좋아한다. 톨킨(J.R.R. Tolkin 1892~1973, 영국의 작가, 언어학자, <반지의 제왕>의 작가로 유명하다, 옮긴이)의 책과 플레이보이를 읽으며, 경쟁을 싫어하고 사회정의에 관해 토론하기도 한다. 그는 때로 변덕스럽게 행동하기도, 사람들이 자기를 좋아하지 않는다고 생각하기도 한다. 조용하고 온화한 성격이지만 반박을 당하면 공격적으로 소리를 지르기도 한다. 그렇지만 이런 행동도 고작 이 년 전에 시작되었을 뿐이다.

이 이야기의 주요 인물은 엄마인 나다. 나는 저널리스트이자 방송인, 작가이며 영화 제작자이다. 또한 자신의 아이를 지하 세계로부터 구해내려는 데메테르(다신과 수확의 여신, 옮긴이)이기도 하다.

아빠의 이름은 엘리스이다. 그는 꽤 이름이 알려진 방송인이었고 재즈 라디오 방송의 개척자로, 모든 종류의 음악을 사랑했으며 변덕스러웠다. 우리가 결혼하기 전에 한 번 결혼한 적이 있고 나와 이혼한 후에도 한 번 더 결혼했지만 이 이야기가 시작되고 일 년도 안 돼 죽었다. 두 명의 아이가 더 있다. 조지아와 조슈아. 그들의 존재가 덜하다는 의미로 '더'라고 표현한 건 아니지만, 조녀선이 정신병에 걸렸을 때 이 아이들은 그늘로 밀려나게 되었고 그것이 그들 삶의 한 부분이 된다. 이 둘은 너무 빨리 성숙해야 했고 그러는 동안 어린 시절을 잃어버렸다.

이야기 초반에는 나와 함께 살았던 건축가가 나온다. 나는 그를 그냥 건축가라 부르기로 한다. 거리를 두고 싶어서가 아니고, 그가 사생활을 중요하게 생각하는 사람인 데다 다른 사람의 삶에 중심을 둔 드라마에 자기도 모르게 출연하게 된 사실을 알게 되었기 때문이다. 이 건축가는 어둡고 말이 없으며 강한 성격의 소유자였다.

이 책을 쓴다는 것은 차라리 잊고 싶은 시간을 다시 산다는 것을 의미했다. 우리 가족은 그 시간에 대해 각각 다르게 기억하고 있다. 각기 자신만의 몫을 경험한 것이다. 내가 경험한 부분은 할 수 있는 한 솔직하게 말하려고 한다. 때로 이름을 바꾸기도 했고 명확한 세부적 묘사보다는 일어난 일의 본질을 파악하려 하기도 했다. 일기와 녹음, 시간을 적어둔 메모, 우리 주위를 에워싼 혼돈의 의미를 찾으려고 노력하기 위해 남겨두었던 기록을 바탕으로 작업을 했다.

조너선은 죽었다. 그러나 우리의 이야기는 전해져야 한다. 그러지 않고서 어떻게 다른 이들도 동일한 고통을 겪고 있다는 것을 알 수 있을까? 어디서 치유할 방법을 찾을 수 있을까?

그래서 나는 멋지고 재미있으며 사랑스러웠던, 그러나 고통스럽게 삶의 마지막 7년을 살았던 조너선을 위해 이 책을 쓴다. 그들의 세계와 우리의 세계 사이에서 균형을 잡기 위해 용감하게 노력하면서, 매일 줄타기를 하듯 살고 있는 수백만(호주 조현병 환자의 수, 옮긴이) 조현병 환자들을 위해 이 책을 쓴다. 때로는 절망의 채찍질을 당하고 무지와 무관심에 아파하면서도 희망을 잃지 않으려고 애쓰는 그들의 가족을 위해 이 책을 쓴다. 그리고 사랑스럽고 용감하며 솔직한 조지아와 조슈아를 위해 이 책을 쓴다. 슬픔 속에서도 그들은 지혜롭게 자랐다.

1장

시작

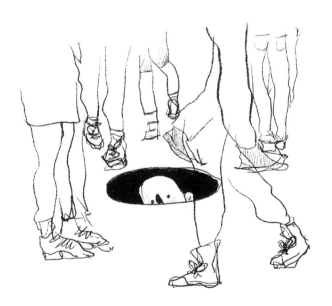

바다에서 사람의 손만 한 작은 구름이 떠오르나이다.

열왕기상 18:44

1961년 9월 7일 나는 막 태어난 아기를 안았다. 첫 아이. 전혀 상상할
수 없었던, 내가 통제할 수 있는 범위를 넘어선 놀라운 에너지로 태어
난 생명. 마치 지진이 내 안에서 요동을 치며 일어난 것 같기도, 아득히
먼 곳으로 폭발하고 있는 것 같기도 했다. 어쨌든 찰나에 일어난 일이었
는데, 어쩌면 너무 빨랐는지도 모르겠다. 아기는 산도를 통과하면서 머
리를 들이받은 것처럼 보였다. 그러나 안은 순간, 나는 이 아기를 좋아
하기로 결정했다. 보드라운 살 냄새와 솜털 같은 머릿결이, 아기가 내
게 둥지를 튼 것 같은 느낌이 좋았다. 다만 한 가지 걱정이 있었다. 아기
가 계속해서 울어댄다. 작지만 높은 소리의 울음이다. 간호사와 의사에
게 뭐가 잘못되었느냐고 물어도 그들 모두 절대 아니라고만 대답했다.
아이의 아빠도 울음소리가 걱정되는지 일주일 전 태즈매니아(호주 동남
쪽에 있는 큰 섬, 옮긴이)에 사는 아들에게 가기로 한 약속을 취소해야 하나
고민했다. 나는 엘리스에게 가라고 하고는 그러지 말걸 하고 후회했다.
　다음 날 아침, 세 명의 의사가 동방 박사 세 사람처럼 내 침대 발치에
서 있었다. 그러나 별도 없고 아기도 없었다.

"아기가 뇌 과민 반응 증상을 보입니다."

"검사를 위해 아기를 어린이 병원에 데리고 가겠습니다."

"크게 걱정할 일은 아닙니다."

잠시 후 분홍색 옷차림의 여자들 중 하나가 환하게 웃으며 뛰어 들어왔다. 그는 자원봉사자로 내게 매우 호의적이다. 그가 신은 하얀색 테니스화가 바닥에 끌리며 끽끽대는 소리를 내고, 밀고 있는 카트에서 컵들이 흔들렸다.

"아기가 도착했어요. 살아 있어요."

나는 뇌 과민 반응이라는 말과 의문 부호를 양쪽 끝으로 삼은, 불안이라는 이름의 높은 줄에서 아슬아슬하게 균형을 잡고 있었으나 곧 무너져 내렸다. 가정의학과 의사가 천천히 걸어 들어왔다. (그는 쾌활하고 사무적인 사람으로, 나중에 관광버스 운전을 위해 의사직을 그만 둔다.) 내게 아기가 세례를 받기 원하느냐고 물었다.

"만약을 위해." 걱정스럽게 들리지 않도록 애쓰며 그가 말했다. 나는 괜찮다고 말했지만 더 밑으로 무너져 내렸다. 그가 방을 나간 후 눈물이 쏟아졌다.

다음 날 산부인과 의사가 병실로 들어와 뇌 과민 반응은 뇌출혈 때문이라고 엄숙하게 말했다. 뇌출혈이란 뇌 안에서 출혈이 생긴 것을 뜻한다. 왜 신생아의 뇌 안에서 출혈이 일어났을까? 나는 너무 무서워서 '아', '고맙습니다' 외에는 아무 말도 하지 못했다. 사람들은 충격을 받았을 때, 설명을 더 들어야 하는데도 대부분 거의 질문을 하지 못한다는 사실을 다시금 떠올려본다. 담당 간호사와 수간호사가 진정제를 주겠다고 했지만 싫다고 했다. 그들의 제안이 의심스러워 정신을 바짝 차리고 싶었다.

　다음 날 엘리스가 돌아왔다. 그를 보니 마음이 놓였다. 우리는 아기가 있는 어린이 병원으로 갔다. 때는 이른 봄으로, 주차하고 길을 건너는데 가랑비가 얼굴을 적셨다. 내 안에 커다란 구멍이 뚫린 것 같고, 바깥은 영문을 알 수 없는 정지 상태에 머물러 있는 것 같았다. 어린이 병원은 보기 흉한 벽돌 건물이다. 우리는 엘리베이터를 타고 올라간 뒤 복도를 따라 인큐베이터가 가득 놓인 병실로 갔다. 아기들은 살균된 유리 자궁 같은 인큐베이터에 누워 여러 개의 주사 바늘을 꽂고 있었다. 주사 바늘은 튜브에 연결되어 있고 튜브는 다시 수액과 연결된다. 아기들은 주사 바늘과 튜브를 고정하기 위한 작고 흰 테이프 조각들을 코 밑과 몸에 붙이고 있었다. 그들이 너무 가냘파 보여 충격을 받았다. 그 순간, 한 아기가 더 이상 그냥 '아기'가 아닌 '우리 아기'가 되어 다가왔다. 집중 치료실 안으로 손을 넣어 아기를 쓰다듬으며 모든 것이 괜찮아질 거라 말해주고 싶지만 그럴 수가 없다. 마음만은 너무나 간절해서 인큐베이터를 쓰다듬고 또 쓰다듬었다. 견습 간호사가 펜을 들고 왔다 갔다 하면서 아기의 이름을 물어보았다. 아직 이름을 정하지 못했지만 그렇게 말하고 싶지 않았다. 아기를 환영하지 않는 것처럼 보일 수 있어서다. 그런데 엘리스가 중얼거리듯 '조너선'이라고 말하자 간호사가 받아 적었다. 마음이 놓이고 기뻤다.

　다음 날 우리는 소아과 의사를 만나러 다시 병원에 갔다. 여러 명의 레지던트와 간호사를 동반하고 들어온 그는, 뇌출혈의 원인이 무엇인지 알 수 없으며 뇌손상 여부도 알 수 없다고 말한 뒤 나를 쳐다보았다.

　"모유 수유를 해도 됩니다."

내가 잔뜩 긴장한 채 아기를 안자 모든 사람이 나를 둘러싸고 진지한 얼굴로 지켜보았다. 아기를 체크무늬 병원 담요로 너무 꼭꼭 싸맨 탓에 내가 제대로 안은 건지도 확실치가 않았다.

'오, 하느님, 이 아기가 나를 받아들이지 않으려고 해요. 죽으려고 해요. 그러면 모든 게 제 잘못이 될 거예요.'

그러자 아기는 날 이해했는지, 조용히 젖을 빨았다.

"잘하네요. 이제 매일 와서 아기에게 젖을 먹여도 돼요. 간호사, 산모에게 집에 가져갈 유축기를 주세요."

조너선이 태어날 즈음, 우리 부부는 돈이 거의 없어서 시내에서 차로 한 시간 정도 걸리는 곳에 살았다. 작은 차의 타이어를 갈 돈조차 없었다. 그래서 날마다 최고의 모유를 담은 병을 신문지로 싸고 다시 등나무로 만든 휴지통에 잘 담아 감싸 안고서, 아주 천천히 운전을 해 병원을 찾아갔다.

몇 주 후 조너선을 집으로 데려가도 된다고 했다. 나는 온 힘을 다해 아기를 보호하기로 결심했다. 모든 악령과 귀신과 긴 다리 달린 괴물과, 밤에 마주칠 모든 것들로부터 내 아기를 보호할 것이다. 이 세상에서 가장 아름다운 아기가 될 때까지 보살피고 먹일 것이다. 그런데 집에 도착하자마자 조너선이 울기 시작했다. 밤낮으로 울고 젖을 먹일 때만 유일하게 울음을 그쳤다. 한밤중에 깨 있는 동안, 아기와 나는 유리창을 향해 손가락 모양의 그늘을 드리운 커다란 나무들과 함께 있었다. 조너선의 짙은 색 눈을 들여다보면 그 눈이 다시 나를 쳐다본다. 깜박이지 않고. 아기를 흔들어보고 싶었다.

반년 정도 지났을 때 조너선이 웃었다. 이 일은 기적과도 같아서, 빛을 흠뻑 받은 것 같아서 나도 모르게 달려 나가 이웃을 불렀다. 더 좋은 건 조너선이 더 자주 웃고 덜 운다는 사실이었다. 마치 이곳에서 자신의 인생을 시작해도 안전하겠다고 결정한 것처럼. 그즈음에 소아과 의사 가 조너선의 신체 결함을 발견하지만 지적 손상이 있는지 여부는 여전 히 알지 못했다. 조너선은 몸 한쪽 근육이 약했다. 그래서 왼쪽 다리와 왼쪽 팔이 약하고 목의 왼쪽 근육도 약한데, 이 때문에 머리가 한쪽으로 기울어졌다. 매일 운동을 시켜 몇 달 뒤에는 근육이 강해지고 체중도 늘 었다. 조너선은 잘 먹었다. 대부분의 아기가 걷기 시작할 무렵에 조너선 도 걸었고, 대부분의 아기가 말을 시작할 무렵에 말도 했다.

조너선이 두 살이 되었을 때 의사는 이제 아무 문제가 없다고 했다. 그 러나 나는 아이의 머리가 여전히 아주 약간 한쪽으로 기우는 것을 알았 다. 또 낮 동안은 눈에 띄게 안정적이었지만 밤에는 악몽으로 힘들어했 는데, 자랄수록 더 심해져 일생을 악몽에 시달렸다.

다섯 살이 되자 몽유병이 시작되었다. 얼마 동안은 한여름에도 여러 벌의 재킷을 껴 입겠다고 고집을 부렸다.

조너선이 일곱 살 때, 하루는 바닷가에서 친구들과 함께 있는 것을 보 았다. 아이들과 어울리지 않고 바깥에서 그들 주위를 베돌았다. 나는 불 안으로 몸이 떨렸다. 조너선은 걸어서 등교했는데 가끔 학교에 가지 않 을 때가 있었다. 이따금 학교에서 집으로 바로 오지 않기도 했다. 그는 새들에게 말을 하고 나무에게 귀 기울였다. 그는 어기 있지만, 여기 있 지 않았다.

한 번은 조너선이 내 무릎에 앉아 말했다.

"엄마를 보면 엄마 얼굴이 자꾸 마녀로 변해요."

이 말을 내게 속삭이고 나를 꼭 끌어안았다.

"사람들 얼굴이 가끔 그렇게 되나요? 끔찍한 얼굴로 변해요?"

조너선은 가끔 겁을 먹을 때도 있지만 어떤 때는 충분히 건강하고 정상적으로 보였다. 사랑스럽고 사려 깊은 아이여서 자랄수록 함께 있는 것이 즐거웠다. 그러나 그로부터 몇 년이 지나 오래된 가족 사진을 보았을 때, 사진 속 아이는 겁먹은 듯 머리를 한쪽으로 떨군 채 모든 사람의 가장 뒤에 서 있었다. 불안해 보였다.

2장

조너선이 아픈 것 같아요

모든 것이 해 아래 조화를 이루고 있으나

해는 달이 뜨면 저문다.

핑크 플로이드

1979년 4월 우리는 막 남호주로 이사를 했다. 애들레이드는 똑바로 뻗은 도로와 담으로 둘러싸인 정원이 있는 집들이 늘어선 품위 있는 도시다. 이따금 시내 중심가에서 속바지를 벗어 던지고 거친 말을 하고픈 충동을 느낄 때도 있었다.

이른 가을 어느 일요일 저녁, 교회에서 울리는 종소리를 들으며 주방에서 수프를 만드는 중이었다. 건축가가 저녁을 준비하고 조지아와 조슈아는 정원에 있었다. 앞문이 열렸다가 '쾅' 하고 닫히더니 조녀선이 친구 폴의 부축을 받으며 들어왔다. 둘은 주말 동안 캠핑을 갔었다. 당시 조녀선은 열일곱이고 조지아는 열넷, 조슈아는 열 살이었다.

폴이 조녀선 쪽으로 고갯짓을 하며 말했다.

"조녀선이 아픈 것 같아요."

조녀선은 긴 금발머리 위로 베이지색 비니를 눈과 코가 거의 가려질 정도로 푹 눌러썼다. 길고 곧은 코는 이 년 전 수영장에서 친구들이 그에게 뛰어들다 생긴 상처로 인해 중간이 약간 휘었다. 창백한 피부색에 갈색 눈을 지닌 그는 예민해 보였고, 키가 아주 크지만 아직도 자라는 중이었다. 때로 조너선은 이탈리아 르네상스 시대의 그림에 나오는 천사처럼 아름다웠다. 너무 감상적으로 들릴 것 같아 말로 거의 표현하지 않았지만, 조너선은 무척 아름다웠다. 그는 여전히 머리를 한쪽으로 기울였고 웃으면 볼우물이 들어갔다.

그날 저녁 조너선은 모두에게 무관심했고 혼자 중얼거리거나 낄낄대며 방을 왔다 갔다 했다. 이층으로 올라가서 안아주자 아이는 팔을 옆으로 축 늘어뜨린 채 머리 위로 나를 내려다보았다. 식탁에 둘러앉았지만 저녁은 엉망이 될 것 같은 느낌이 들었다. 소란스러운 10대나 시끄러운 개와 함께하기보다는 촛불 켠 식탁에서 모차르트의 음악을 들으며 식사하고 싶었던 건축가는 지적인 대화를 이어가고자 힘겨운 노력 중이었다. 그는 우리에게 노먼 메일러(Norman Mailer 1923~2007, 미국의 소설가, 옮긴이)를 어떻게 생각하느냐고 물었다. 조지아는 구닥다리라고 대답했다.

조너선은 수프 그릇을 식탁 위에 뒤집어놓고 패턴을 만들면서 마치 음모를 꾸미는 사람처럼 중얼거렸다.

"그래, 그래."

고개를 계속 끄덕거리고 눈을 희번덕거리며 방을 둘러보는 모습이 겁에 질린 듯했다. 나는 뱃속 깊은 곳에서 불안이 꿈틀대는 것을 느꼈다.

조너선이 갑자기 일어서자 식탁이 흔들렸다. 마라톤을 시작하려는 사람처럼, 무슨 계획이 있는 양 정원으로 걸어 나갔다. 머리를 앞으로 향한 채 팔꿈치는 날갯짓 하듯 푸득거렸으며, 입술은 자신과 중요한 대화를 나누는 듯 계속해서 달싹거렸다. 이렇게 갑작스레 움직일 때 굉장한 에너지가 뿜어져 나왔고 시작만큼이나 또 갑작스레 멈췄다. 조너선은 자두나무 아래로 가 멈춰 섰다. 어둑한 하늘 아래 다리 하나를 반대쪽

다리에 올린 채 나무줄기 마냥 서 있었다. 흐드러지게 익은 짙은 빨간색 자두 열매를 단, 그야말로 아름다운 나무였다. 조녀선은 바닥에 그득히 떨어진 자두 열매를 기계적으로 뭉개기 시작했다.

건축가는 걱정스런 목소리로(그는 다정한 사람이므로) 친구 폴과 같은 말을 했다.

"내 생각엔 조녀선이 아픈 것 같아."

조녀선이 다시 들어왔다. 자두를 먹어 입술이 붉게 물들어 있었다. 우아하게 식사를 마무리할 수 있게 되자 건축가는 곧 자리를 떴다.

우리는 모두 잠자리에 들었다. 나는 누워서도 걱정이 들었다. 보통은 걱정하는 편이 아니지만 그날 밤은 달랐다. 검은색 공단 시트를 덮은 화려한 서양배 모양의 침대도 전혀 도움이 되지 않았다. 집은 모두가 함께 살기 전, 건축가가 우리의 정착을 위해 일 년 동안 빌려둔 공간이었다.

특이한 형태로 지은 집으로 정면은 통유리로 되어 있고 그 중 일부는 밝은 초록색으로 칠을 했다. 배(船)처럼 정면이 둥글게 튀어나온 외관으로, 일생의 대부분을 남극해에서 보낸 남자와 그를 기다리며 살았다는 순한 인상의 여자가 주인이었다. 여자는 남자를 기다리는 동안 헤어 롤러와 비둘기에게 줄 새모이를 벽장 가득 채워놓았다.

침대에 누워 깜빡 잠이 들었지만 마음은 여전히 불안했다. 귀와 눈과 머리와 온몸을 뒤흔드는 소리에 잠이 깼다. 집이 흔들리고 있었다. 처음에는 무슨 영문인지 몰랐지만 곧 시끄러운 음악 때문임을 알았다. 더듬거리며 아래층으로 내려가 거실 문을 열었다. 마루를 깐 ㄴ자 형태의 거실에는 플라스틱 팔걸이 의자가 놓였고 벽에는 치우려 하면 움직이는 섬뜩한 금속 조각품이 몇 점 걸려 있었다. 핑크 플로이드의 '다크 사이드 오브 더 문(Dark Side of the Moon)'이라는 음악이 천둥 치듯 울려대서 손으로 귀를 막아야 할 지경이었다. 따뜻한 밤인데도 조너선은 전기 벽난로 위에 몸을 구부린 채 앉아 있었다. 난로의 열선은 벌겋게 달아올랐고 그가 신은 운동화에서는 고무 타는 냄새가 났다. 조너선은 마치 자신을 붙들어 매려는 듯, 팔로 몸을 감싸 안은 채 앞뒤로 흔들면서 입술을 계속 달싹였다. 내가 음악을 끄자 벌떡 일어나 음악을 다시 켜고 내 손목을 잡았다. 그러고는 얼굴에 침을 뱉었다.

"나쁜 년."

조너선이 내뱉은 낮은 소리에서 섬뜩한 살기가 느껴졌다. 얼굴을 닦아낸 나는 화가 나 소리를 질렀다.

"하지 마!"

"나쁜 년!"

조너선이 다시 소리를 지르더니, 머리를 두 손으로 때리다가 이내 벽에 부딪치기 시작했다. 쥐에 대해서 뭐라고 소리를 질러대는데 그게 괴성 중 내가 유일하게 알아들을 수 있는 말이었다.

"쥐, 쥐가 내 뇌를 먹고 있어."

나는 다급하게 조너선을 끌어안고 나지막이 중얼거렸다.

"쥐는 없어, 없어, 없어."

조너선이 나를 뿌리쳤고 그 힘이 너무 강해 마룻바닥으로 넘어졌다. 위를 올려다보니 조지아와 조슈아가 문가에 서 있었다. 조지아는 입을 막고 있었다. 아마도 소리를 질렀던 것 같다.

"그러지 마, 조너선. 그러지 마, 조너선."

그러나 그 순간 조녀선도 같이 소리를 질렀다. 음악은 계속해서 쿵쿵거리며 우리 머리를 지나고 우리 소리를 지나갔다. 조슈아가 음악을 껐다. 조녀선은 조슈아를 잡으러 가다가 마음을 바꿨다. 그는 다리를 벌린 채 바지에 손을 집어 넣고 섰다.

"팔레스타인 해방 기구가 널 체포할 거야."

조녀선이 바닥에 침을 뱉으며 으르렁거렸다.

"이제 꺼져, 꺼지라고!"

모두 물러갔다. 조지아와 조슈아는 다시 잠자리에 들었고 나는 거실로 갔다. 조녀선은 전기난로로 돌아가 몸을 앞뒤로 흔들고 있었다. 음악 소리는 더 이상 들리지 않고 조녀선이 가늘고 낯선 높은 음으로 흥얼거리는 소리만 들렸다. 나를 본 조녀선이 다시 흥분해서 일단 자리를 떴다. 의사를 부를까 생각했지만, 지금까지의 상황이 너무 이상하고 예기치 못했던 일이라 충격을 받았고 어리벙벙해서 아무것도 판단할 수 없었다. 머리가 아팠지만 깊이 잠들어야 할 시간에 깬 데다 너무 놀란 탓이라고 생각했다. 침묵으로 불안해진 나는 나오다 발을 헛디뎌 계단 아래로 넘어졌다. 조녀선은 팔걸이 의자에서 팔다리를 쭉 뻗고 잠이 들었다. 얼굴이 발갛게 상기돼 있는 것만 아니면 정상적인 동네의 정상적인 집에서, 정상적인 밤 시간에 잠든 소년처럼 보였다. 난로를 끄고 문을 닫았다.

다음 날, 우리는 모두 지쳐 있었다. 조녀선은 자기 방으로 올라가 문을 콩 닫고는 옷을 입은 채 침대에 누웠다. 오후 2시쯤 되어서야 아래층으로 내려온 그는 곧장 빵을 담아둔 바구니 쪽으로 향했다. 커다란 빵

조각에 잼을 발라서 바닥에 다리를 꼬고 앉아 며칠 굶은 사람처럼 빵을 입에 쑤셔 넣었다.

"어제 무슨 일이 있었니?"

그가 낄낄거렸다.

"쥐가 네 뇌를 먹고 있다고 했잖아."

조너선은 다시 대답 없이 낄낄거리고 집 밖으로 걸어 나갔다. 뒤따라 나갔지만 워낙 잰 걸음이어서 그냥 가게 내버려둘 수밖에 없었다. 그가 손을 주머니에 넣은 채 맨발로 걸어가는 것을 지켜보았다. 알록달록한 술이 달린, 오래된 티베트풍의 회색 줄무늬 모직 재킷을 입고 있었다.

그날 일찍 건축가에게 전화하려고 했지만 그는 외출 중이었다. 조지아와 조슈아는 학교에 갔고 애들레이드에는 아는 사람이 거의 없었다. 나는 조너선만큼이나 많은 양의 빵에 잼을 발라 먹으면서 스스로를 달랬다. 그러다 길 끝에서 청소년 쉼터를 본 기억이 떠올라 곧장 그리로 갔다.

쉼터의 직원들은 젊고 자신감 있어 보였다. 그들은 내가 그렇게 공격적으로 대응할 필요가 없었다고 했고, 나도 그 말에 동감했다. 약물 때문에 그런 일이 생길 수도 있다면서 가정의학과 의사의 이름과 약물 알코올 상담센터 전화번호를 건넸다. 가정의학과 의사는 아이를 데려오라고 했고 상담센터에서는 아이가 스스로 와야 한다고 했다. 그러나 조너선은 이미 사라진 상태였다.

그날 저녁, 식사를 하러 온 건축가에게 무슨 일이 있었는지 말해주었다.

"세상에, 오늘 밤은 그런 일이 안 일어나면 좋겠네."

그날 밤은 그가 자고 가는 날이었고 그는 인생이 규칙적으로 돌아가야 하는 사람이었다.

정원에서 저녁을 먹는 동안 조너선이 들어왔다. 눈을 아래로 내리깐 채 우리와 함께 앉아 있던 그는 입술을 굳게 다문 상태로 단음절을 반복했다. 다른 두 아이는 조용했고 우리는 모두 긴장했다. 신경을 곤두세우고 잠자리에 들었지만 모두가 별 일 없었다. 집은 조용했다. 모두 잠들거나 자리에 누운 듯했다. 희미한 달빛이 하늘에 낮게 드리워졌다.

다음 주 그리고 그다음 주까지 조너선은 회색 나방처럼 집에 잠깐씩 들어왔다 나가곤 했다. 원래 조너선을 병원과 상담센터에 데려가본 후 일자리를 알아보기로 했지만 그는 대개 이른 오후가 지나서야 나타났고, 곧장 주방으로 가 뭔가를 먹은 뒤 방에 들어갔다. 밤에는 중얼거리거나 낄낄거리면서 왔다 갔다 하거나 아래층으로 내려가 핑크 플로이드를 틀고 또 틀었다. 헤드폰을 사주자 가끔은 그걸 사용하기도 했다. 종종 음악을 들으면서 몸을 앞뒤로 흔들고 뭔가를 반복해서 읊조렸다. 몇 번은 현관문을 활짝 열어놓은 채 아침 일찍 나가기도 했다. 머리는 떡 진 채 쩍 달라붙었고 옷도 갈아입지 않으려 했다. 이 모든 일들 중 가장 염려스러웠던 점은 조너선이 주위의 모든 사람들로부터 멀어지려 한다는 것이었다. 우리가 마음을 열고 다가가려 하면 그는 바로 집을 나가버리거나 화를 냈다. 머릿속에서 금방이라도 폭발할 것 같은 엔진이 내달리듯, 아이 안에 에너지가 쌓여 있는 것 같았다.

걱정이 되니 의사를 만나보는 게 어떻겠냐고 하자, 조너선은 마치 고문실에 가보자는 말을 들은 것처럼 나를 쳐다보았다. 그리고 유라이어힙(찰스 디킨스 소설 〈데이비드 카퍼필드〉에 나오는 악한, 옮긴이)처럼 손을 흔들며 아첨하듯이 말했다.

"괜찮아요. 별로 좋은 생각이 아닌 것 같네요. 아무튼 고마워요."

조녀선에게 약물에 관한 이야기도 꺼내보았다. 그가 고등학교에 들어간 무렵은 히피 문화가 거의 막바지에 다다른 때로 약물(주로 마리화나)을 쉽게 구할 수 있었다.

"아니야. 그런 게 아니야."

그는 풀이 죽어 중얼거리고는 낄낄거리면서 황급히 사라졌다.

끝도 없이 낄낄거리는 것 때문에 우리는 거의 미칠 지경이었다. 우리도 같이 낄낄거려야 하는지 아니면 그만하라고 해야 하는지 알 수가 없었다.

'여기선 웃는 게 금지되어 있어.'라고 말하면 어떻게 될까?

친구 폴에게도 연락을 해보았지만 그는 방어적이었다. 캠핑을 갔을 때 마리화나를 조금 피우긴 했어도 그리 많은 양은 아니었고, 어쨌든 자기는 아무 일도 없지 않느냐고 했다. 조녀선이 일요일 아침에 일어난 뒤 떨면서 이상한 행동을 시작한 것 말고는 무슨 일이 일어났는지 전혀 모른다고 했다.

시드니에 사는 조녀선의 아버지, 엘리스에게 전화하자 매우 안타까워하며 걱정했다. 엘리스와 제니(그의 새 아내)는 바로 며칠 전에 우리와 부활절을 함께 보냈다. 엘리스는 아이를 병원에 데려가라고 했다. 그러려 했지만 아이가 가지 않으려 한다고 답했다.

"당신이 안쓰러워서 심장에서 피가 쏟아지는 것 같아."

과장해서 말하기는 했지만 그는 자신이 암에 걸렸다는 사실을 얼마 전에 알았다. 똑같은 상황에서 내가 더 잘할 수도 있지 않았을까 하는 생각이 들었다. 수화기를 내려놓자 외로움이 밀려왔다. 당시의 나는 가족이 절실했지만, 부모님은 아이들이 어릴 때 모두 돌아가셨고 오빠와 남동생은 외국에 살고 있었다.

나무 꼭대기와 하늘이 보이는 조너선의 방으로 올라갔다. 아이는 어릴 적부터 그림을 그리고 색칠을 했다. 주로 선이 뚜렷하게 드러나는 그림이었다. 그러나 그날은 목탄을 손에 꼭 쥐고선 작고 답답한 자국만 만들고 있었다. 그는 뱀, 거미, 이상하게 일그러진 얼굴, 나치당 표시, 기관총, 버섯구름, 칼 등을 그렸다. 목탄을 너무 꼭 쥐어서 뭉그러지자 무슨 일이 일어났는지 모르는 것처럼 다른 조각을 집어 들었다. 그는 낄낄거렸다.

"말해줘…."

내 목소리가 절망적으로 울렸다.

"네?"

"네게 무슨 일이 일어나고 있는지 말해줘."

"아무 일도 아니에요."

"그렇지만 느껴져…."

맙소사, 대체 뭘 느낀다는 건가? 두렵고 혼란스러운 느낌? 그가 알고 싶어하지 않든지 이해하지 못하든지 간에, 그가 이상하게 행동한다는 걸 알게 해줄 필요가 있다는 그런 느낌인가?

조너선이 얼굴과 몸을 내게 너무 바투 들이밀어 이마에 그의 숨결이 닿았다. 내 주위를 몇 바퀴 돌더니 가시눈을 하며 말했다.

"마즈바(초콜릿 바 이름, 옮긴이), 넌 빌어먹을 마즈바야."

43

나를 앞뒤로 흔들었고 난 울음을 터뜨렸다. 그러자 조너선은 행동을 멈추고 팔로 날 감싸 안았다.

"미안해요."

"조너선, 너 괜찮은 거니?"

"괜찮아요. 죽이기 전에 이제 나가시지."

그는 아무렇지도 않게 이렇게 말하고 계속해서 그림을 그렸다. 내가 나가지 않자 올려다보며 소리를 질렀다.

"나가!"

친구가 내게 두 명의 정신건강의학과 의사를 소개해주었는데 그들 모두 수 주간 예약이 차 있었다. 한 명은 조너선 본인이 반드시 예약을 해야 한다고 했다. 다른 한 명은 주립 병원 의사였는데, 아이를 만나주겠지만 내가 그를 데리고 와야 한다면서 청년기 반항인 것 같다고 했다. 그날 오후, 조너선은 주방에서 접시 두 개를 집어 던졌고 주스 한 병을 바닥에 쏟아부었다. 제인 폰다가 자기 엄마라고 하면서 나를 길 쪽으로 밀었다. 그날 밤 우리는 그가 거실을 내달리며 울부짖는 소리를 들었다. 그건 반항의 울부짖음이 아니었다. 고통의 울부짖음이었다.

정신건강의학과 의사와 만날 약속을 잡고 조너선을 데려가려고 했지만 어디서도 그를 찾을 수가 없었다. 그래서 나 혼자 갔다. 의사는 젊고 열의가 있었다. 내가 인생의 세세한 부분까지 모두 이야기하는 동안 그는 많은 양의 메모를 했다. 그러고 나니 내장을 다 들어낸 것 같았다. 정신건강의학과 의사나 가정의학과 의사 모두 집으로 와달라는 부탁을 거절했다.

  사회복지사를 만났는데 그러지 말 걸 하는 생각이 들었다. 샌들에 면치마 차림의 그는 내 팔을 몇 번 다독였다. 모든 문장 끝을 올려 말하는데 대면 상담 코스를 들어서 그렇다고 생각했다.

  "낙담하지 마세요."

  "내가 어떻게 해야 할까요?"

  "아드님을 사랑한다는 걸 보여주세요."

  "그래서, 어떻게 해야 하나요?"

  이를 갈며 말한다는 표현이 상투적이라는 걸 알지만, 실제로 이를 갈아서 턱이 조개껍데기처럼 단단하게 느껴졌다.

  사회복지사는 계속해서 미소를 지었다.

  "그가 부적절한 사회적 반응을 보이는 건 사실이에요. 사고 과정에 약간의 불안함도 있고요."

  목소리에 긴장이 서리기 시작했다.

  "미약하게나마 행동으로 나타내는 듯해요."

  "왜요?"

  "당신에게 앙갚음을 하는 거죠."

  "왜요?"

  "애들레이드로 이사를 왔기 때문에요."

  "그렇지만 그 애도 오고 싶어했어요."

  그는 한숨을 살짝 내쉬었다.

  "이봐요, 10대들이 항상 속마음을 내보이는 건 아니랍니다."

  분노로 눈물이 흘러 눈이 씀벅거렸다. 나는 그를 노려보면서 소리질렀다.

"그런 게 아니에요!"

사회복지사가 재빨리 끼어들었다.

"함께 약속 이행표를 만들어서 그걸 보기 편한 곳에 붙여놓으면 어떨까요? 냉장고 문 같은 데 말이에요."

그가 우아한 미소를 지어 보였다.

약속 이행표라면 신물이 난다. 부모 역할 지침서를 보면 약속 이행표가 좋은 생각인 듯하지만, 우리 아이들에게는 도통 통하질 않았다.

"엄만 정말 이상해."

조너선은 좀 더 신랄하게 말했다.

"엄마는 뇌에 이상이 있는 것 같아."

다음 날 전화기 옆에 붙여둔 메모를 보았다:

앤 여왕께, 이상한 조(조너선의 애칭, 옮긴이) 올림.

더 이상 아무도 나랑 놀려고 하지 않아요. 조가 바라는 건 단지 나무를 맴돌며 함께 춤추고 노래할 친구 몇이 필요한 것뿐이라고요.

눈물이 났다. 애들레이드로 이사를 온 후부터 아이들은 친구가 거의 없었다. 폴은 멀어졌고 아무도 조너선을 찾지 않았다. 아이의 고립감은 더욱 커져만 갔다.

문득 소년이 담을 사이로 세상과 떨어져 알 껍데기 속에 웅크리고 있는 호크니(David Hockney 1937~, 영국의 화가)의 그림이 생각난다. 그림의 복사본을 샀는데, 보고 있으면 너무 슬퍼져서 어딘가에 넣어두었다.

조너선의 행동 때문에 때로 분노가 치밀거나 고통스럽기도 했지만, 대부분은 혼돈스럽고 걱정이 되었다. 사춘기는 반항적인 독립심부터 고통스러울 정도의 연약함에 이르기까지 양극을 오가는 시기일 수 있고, 어른들의 세계로 뛰어들어 자신만의 정체성을 찾는 시기일 수도 있다. 조녀선은 정체성을 찾지 못하고 방황했다. 우리가 보기에 그는 성격이 천천히 변해갔다. 뭔지 모를 두려움에 사로잡힌 것 같다는 생각이 들어 그를 자유롭게 해주려고 애썼지만, 길을 찾지 못했다.

조지아와 조슈아도 힘든 시간을 보냈다. 그들은 낯선 도시에서 낯선 학교를 다녀야 하는 것도 모자라, 맏형제가 갑자기 괴물로 변하면서 예측할 수 없는 시간에 예측할 수 없는 방법으로 위협을 당했다. 한 아이가 눈물을 터뜨렸다.

"조녀선이 정말 미워."

아이들은 집에서 조녀선을 피하려고 도망 다녔다. 얼굴은 하얗게 질렸고 긴장돼 보였다. 그들을 제대로 대해주지 못했지만 달리 어떻게 해야 하는지 알 수가 없었다. 폭발 사고로 한 사람이 다치고 다른 두 사람은 단지 망연자실해 있는 현장에 있는 것과 같았다. 그러면 몸이 산산조각 난 아이에게 모든 에너지를 쏟아야 하고 다른 아이들에겐 잠시 후에 가보겠다고 한다. 그렇지만 문제는 '잠시 후'라는 시간이 좀처럼 오지 않는다는 것이다. 조지아와 조슈아는 당연히 받아야 할 관심을 오랜 시간 동안 받지 못했다.

어느 날 조지아가 분홍색으로 칠한 주방에 아침을 먹으러 내려와선 접시와 컵을 신경질적으로 테이블에 내려놓는 바람에 나도 모르게 아이를 올려다보았다. 금발에 푸른 눈의 딸은 항상 행동이 모범적인데 이날은 쌀쌀맞아 보이고 화가 나 있었다.

"나쁜 꿈을 꿨어요. 오빠가 총으로 나를 쏘려고 했어요. 소리 질러 엄마를 불렀고 엄마가 달려왔죠. 엄마는 내겐 관심도 없고 총을 빼앗지도 않았어요. 그러더니 '조녀선, 기분이 어떠니?' 그러잖아요."

나는 언젠가부터 조녀선 생각만 하게 되었고 죄책감으로 지쳐 있었다. 조녀선이 이상한 짓을 하는 못된 아이로 변해가는 건 아마 모두 내 잘못 때문일 수도 있다. 아마도 그에게 너무 많은 걸 요구했기 때문일 수도, 아니면 그 반대일 수도 있다. 아마도 내가 일을 했기 때문일 수도 있고, 이혼 때문일 수도 있다. 아마도 모두를 뒤흔들어 애들레이드로 이사 오지 말았어야 했을 수도 있다. 점점 비판적으로 변해가는 시사 만화의 말풍선처럼, '아마도'가 내 주위를 떠돌며 낮이고 밤이고 날 괴롭혔다. 아마도 내가 다시 행복해질 수 있다는 생각만으로도 벌을 받을 것이다. 아마도 난 행복할 자격이 없었을 수도 있다.

나는 어른이 될 때까지 몇 가지 환상을 가졌었는데, 그 중 하나가 집에 관한 것이다. 영국에 있는 집에는 어머니와 아버지가 계신다. 깨끗이 닦인 주방 식탁 위에는 집에서 구운 빵이 놓여 있고 스토브 위에는 수프가 담긴 커다란 냄비가 있다. 환상을 좀 더 풍성하게 하고자 살을 덧붙이자면, 벽난로 양쪽으로 과일 병조림을 올린 선반이 있다. 황도, 붉은 자두, 살구, 퀸스(모과처럼 생겼지만 작고 달아서 주로 잼을 만든다, 옮긴이). 이 병조림들은 절대 시어서도 안 됐다.

그런데 어느날 시드니 중심에 있는 도로를 건너던 중 길 한가운데에서 별 이유도 없이, 연애 소설이 평범한 연애와 거리가 먼 것처럼 내 어린 시절도 평범한 가정과 거리가 멀었다는 사실을 문득 깨달았다. 현실에서의 아버지는 말레이 반도에서 고무 농장을 운영하셨다. 그는 어마

어마한 양의 시를 외우고 빅토리아풍의 악극(간단한 줄거리를 바탕으로 춤과 음악이 어우러진 대중적인 악극, 옮긴이)에 나오는 노래를 부르곤 하셨다. 나는 아버지를 거의 만나지 못했다. 어머니는 패션 디자이너였다. 프랑스산 실크 속옷을 입었고 비가 올 때 우리를 데리고 버터 브라질스(브라질너트에 버터스카치를 입힌 사탕, 옮긴이)를 먹으면서 산책을 했다. 그렇지만 어머니도 자주 보지 못했다. 세 살 터울인 오빠는 당시 영국 중산층이 주로 그랬듯이 일곱 살에 기숙 학교에 들어갔다. 나는 주로 고리타분한 유모가 돌봐주었다. 그는 내가 네 살 때 <타임즈(The Times)> 신문 읽는 것을 가르쳐주었고 '호미로 막을 것을 가래로 막는다.', '마귀는 게으른 사람을 꾀여 못된 짓을 하게 한다.' 같은 속담을 알려주었다. 또 '착한 아이는 밥을 다 먹고 나서 케이크를 먹는다.', '착한 아이는 음식을 남기지 않는다. 안 그러면 굶주리는 인도 사람들에게 불공평한 일이다.' 같은 말을 들려주기도 했다.

아홉 살이 되었을 때 나는 아버지와 같이 살기 위해 어머니, 오빠와 영국에서 말레이 반도까지 배를 타고 갔다. 아버지는 우리가 독일과의 전쟁에서 살아남아야 한다고 생각했다. 우리가 도착한 당시는 일본과 전쟁 중이었고 서호주로 망명을 가야 했다. 아버지는 그곳에서 군에 입대했고, 대침공을 대비해 말레이어를 가르쳤지만 그런 일은 일어나지 않았다. 나는 어린 시절의 대부분을 다른 난민 세 가족과 한 집에서 보냈다. 아이 여섯에 어머니 넷. 아버지는 없었는데 우리 아버지만 예외적으로 아주 가끔 휴가를 받아 집에 오곤 했다. 그리고 우리는 모두 돈이 없었다.

그날 시드니에서 갑자기 이 모든 것이 환상이었다는 사실을 깨닫기 전까지, 나는 내 어린 시절에 대해 행복한 가족 이미지를 갖고 있었다. 아마도 이것이, 시작은 좋았지만 끝은 나빴던 결혼 생활을 그토록 오래 붙들고 있었던 이유 중 하나였는지도 모르겠다. 떠나야 할 때임을 알았으면서 내 어린 시절 꿈이 그려진 캔버스가 모두 산산조각 나고도 한참을 집착했다.

　결혼 생활을 청산한 지 이 년 만에 건축가와 함께 살기 위해 애들레이드로 왔다. 나는 가족이라는 틀에 다른 캔버스를 끼워 그림을 그리려고 했다. 문제는 건축가와 내가 마음속에 서로 다른 그림을 그리고 있다는 사실이었다. 우리는 서로 같은 생각을 하고 있는 줄 알았다. 그렇지만 그가 감청색이라고 생각하는 것이 내게는 그을린 황토색으로 보였다. 이 이야기의 교훈은 이렇다: 그림을 그리기 전, 테이블에 미리 물감을 올려놓아라.

　그러나 크리스마스 다음 날 세 아이와 개 두 마리, 고양이 한 마리를 차에 태우고 차 지붕에는 짐 가방과 냄비, 팬을 싣고서 시드니에서 애들레이드까지 수천 킬로미터 길을 출발했을 때, 나는 이 모든 사실을 알지 못했다. 애들레이드에 도착한 뒤 낯선 환경 속에서 이상하게 생긴 초록색 집 주위를 걱정스레 도닐었다. 건축가는 그 집이 디자인의 완결이라고 계속 말했지만 정작 그는 그 집에 살지 않았다. 그러다 자두나무가 눈에 들어왔다. 자두가 아직 영글지는 않았지만 기대에 차 지켜보게 되었고 2월의 어느 날 세 아이를 부추겨 함께 자두를 땄다. 자두를 씻어 병에 담고서야 병뚜껑을 꽉 고정할 고무줄이나 클립이 없다는 사실을 깨달았다. 그날은 토요일 오후였고, 내 자두 병조림 꿈이 이뤄지려면 가게 문을 여는 월요일까지 기다려야 했다. 월요일이 되자 자줏빛 자두

가 부풀어 올라 새어 나왔고 어떤 것은 곰팡이가 펴 대부분을 버려야만
했다. 그다음 수확은 혼자서 했는데 열매가 작고 처음처럼 실하지 않았
다. 그러면 어떠랴. 일단 병에 담아두면 아무도 차이를 알지 못할 텐데.

자두는 천천히 끓고 있었고 나는 지루해져서 올라가 글을 썼다. 다시
아래층으로 내려오자 주방이 수증기와 톡 쏘는 냄새로 가득했다. 너무
오래 끓인 것이다. 어떤 것은 완전히 분해되어 노란색 줄로 변했다. 젠
장, 젠장, 젠장 할. 그래도 하나도 남김없이 병에 담았는데, 다음 날 내려
와보니 과일이 모두 위에 떠 있었다. 흐린 핏빛 바다에 떠 있는 작은 배
같아 보였다. 나는 설탕을 빼고 자두만 병에 담았다. 단 것을 싫어하는
건축가를 존중해서였는데 이제 와 생각해 보니 안전하지 않았을 수도,
어쩌면 맛이 끔찍했을 수도 있었겠다.

"자두 병조림 안 먹어요?"

언제나 배고파하는 조슈아가 말했다.

"안 먹어."

"그럼 그냥 쳐다만 보고 있어야 하는 거네요. 그렇죠? 자두 병조림은
그냥 저기 계속 있는 거구요. 맞죠?"

"왜 먹을 수 없어요?"

조지아가 물었다.

"식중독."

갑자기 어릴 적 기억이 밀려와 이렇게 말해버렸다. 식중독. 우리가 먹
을 수 없는 이유였다. 서호주에서 곁방살이를 하던 아홉 살 때, 뚱뚱한
주인 아주머니가 들려준 조카의 죽음에 관한 얘기를 정신이 홀딱 팔려
들었던 기억이 났다.

"복숭아 병조림을 조금 먹고 바로 쓰러져 죽었어. 바로 내 눈 앞에서."

그래서 우리는 자두를 먹지 않았다. 애들레이드에서 살았던 육 년 동안 세 번 이사를 했는데 그때마다 자두를 가지고 다녔다. 그러나 아무도 병을 열지 못하게 했고 버리지도 못하게 했다.

"사뿐히 밟으소서. 그대 밟는 것 내 자두이오니."

친구에게 이렇게 말한 적이 있다. 그러나 예이츠의 시(예이츠의 시 '하늘의 천'에 '사뿐히 밟으소서. 그대 밟는 것 내 꿈이오니'라는 구절이 있다, 옮긴이)를 읽지도 않았고 자두가 내게 어떤 의미인지도 알지 못하는 그는 어리둥절해할 뿐이었다.

애들레이드로 이사한 지 얼마 되지 않았을 때 이런 저런 모임이 많았다. 지역 고위층 가정에서 열린 일요일 점심 파티에 갔던 기억이 난다. 모두 우아한 얼굴 뒤로 속마음을 감추고 있지만 때때로 가시 돋친 말들이 오가는 그런 종류의 파티였다. 누구를 빗대 한 말인지를 알아보기 위한 화살들이 오고 갔다. 너야? 아니야? 그럼 우리 중 하나?

태양은 빛나고 하늘은 푸르고 고요했다. 정원에는 포도와 무화과와 복숭아가 자라고 있었다. 테니스를 치다가 내가 넘어졌다. 조너선도 테니스를 쳤다. 그는 크림색 바지와 하얀색 크리켓 셔츠를 입고 있었다. 나중에 파티를 연 집 부인이 내게 다가와 말했다. 저렇게 매력적인 아이들을 둔 건 정말 행운이라고, 저토록 안정되고 지적이며 유쾌한 열일곱 살 남자아이를 보는 경우는 정말 드물다고.

몇 달 후 조지아의 옷장을 사러 중고 가구점에 갔다. 조너선이 시드니의 병원에서 퇴원해 돌아온 뒤였다. 그의 눈에 드리워 있던 모든 유쾌함은 사라졌다. 그는 얼룩진 바지와 줄어서 배가 다 드러나는 카키색 재킷을 입고 있었다. 머리는 기름이 져 있었고 신발도 신지 않은 채, 앞서 가는 게 두려운 아이마냥 내내 내 뒤에서 걸었다. 고개를 떨구고 땅을 쳐다보다가 가게 밖에 세워둔, 어두운 초록색과 빨강색으로 칠해진 커다란 낡은 우유 통 앞에서 멈춰 섰다. 통 안에는 다 낡아빠진 테니스 라켓 두어 개가 있었다. 그 중 하나를 집어 들더니 세워보려고 했다.

"즐거운 파티였어요."

마치 어제 일처럼 그가 말했다. 그러더니 머리를 보통 때보다 더 옆으로 젖혔다.

"그렇지만 난 안 좋았어."

"좋아 보였는데."

"아니, 갈가리 찢어졌어.

그는 라켓으로 머리를 두들겼다.

"난 몰랐어."

"아니."

그는 침울해 보였다.

"산산조각 나 사방으로 흩어졌지."

그는 남의 이야기를 하듯 감정 없이 말했다. 이게 우리가 수 주 동안 나눈 대화 중 가장 긴 것이었다. 그러나 그는 복용 중인 약의 영향으로 근육이 경직돼 팔을 양옆으로 꼿꼿이 늘어뜨린 채로, 이미 가게 밖으로 나가 있었다. 로봇처럼 걷는 청년. 마음이 산산조각 나 사방으로 흩어졌다고 말하는 청년. 조각난 마음을 어떻게 다시 모을 수 있겠니? 너무 다급해서 하마터면 큰 소리로 말할 뻔 했지만, 나를 두려움에 떨게 만든 또 다른 질문이 그 말을 삼켜버려 말하지 못했다.

"그 조각들을 다시 모아 붙이지 못하면 어쩌지?"

몇 년 후, 열아홉 살에 처음 정신병이 발병한 젊은 여자와 이야기를 한 적이 있다.

"처음 병이 났을 때, 주방 바닥에 달걀이 떨어진 것 같았어요. 껍질 조각이 아직도 느껴져요. 껍질은 다 깨져 흩어졌고 나 자신은 줄줄 새 나오는 노른자 같았어요. 그리고, 다시는 그걸 주워 담을 수가 없어요."

이야기가 딴 데로 흘렀다. 애들레이드에 도착하고 두 주 후 조너선은 학교에 다시 다니기로 결정했다. 그는 일 년 전 시드니에서 학교를 그만두었다. 별 탈 없이 자라던 조너선은 열두 살 이후로 종종 수면장애를 겪었는데, 상담을 한 심리학자는 지나치게 예민해서 그런 거라고 했다–아이에게 문제가 있을 때 우리가 흔히 사용하는 애매한 말 중 하나다. 쓰기 과목이 형편없었는데 요즘 같으면 아마 난독증으로 진단받았을 것이다. 그럼에도 일반 상식이 매우 풍부해서 초등학교 때까지는 그럭저럭 해나갔다. 너무나 많은 것에 대해 어쩌면 그렇게나 많이 알고 있는지 나도 놀라웠다. 그러나 학교 공부는 거의 하지 않았다. 열 살쯤 되었을 때 미술을 아주 좋아하고 또 잘해서 방과 후에 미술 교실을 다니기 시작했다. 소심한 성격에 비해 놀랍도록 자신감 있게 그림을 그렸다.

열두 살에 중학교에 들어가서는 성적이 상위권에 들었다. 처음에 그는 친구들을 사귀었고 활동적으로 학교 생활을 했다. 그는 달리기와 수영을 잘했지만 경쟁은 아주 싫어했다. 풋볼 경기를 하고도 옷이 깨끗한 채로 집에 돌아오는 유일한 남자아이였다. 볼이 조너선 쪽으로 오면 마치 수류탄이라도 날아오는 것처럼 무서워하며 피하곤 했기 때문이다.

그가 열세 살 때 시골에 간 적이 있다. 그물 철조망 문에 발이 걸린 어린 말이 공포에 질려 발길질을 하는 바람에 아무도 가까이 갈 수 없었다. 농부는 그 말이 죽게 될 거라고 했다. 조너선은 겁에 질린 말을 쓰다듬고 말을 걸어 진정시킨 다음 천천히 조심스럽게 발을 풀어주었다.

고등학교에 가서는 성적이 곤두박질치기 시작했다. 쓰기는 더 형편없어졌고 집중력에 문제가 생겼으며, 자신의 생각을 순서대로 정리하는 데 어려움을 겪었다. 그는 큰 학교에 적응하는 과정에 어려움을 느끼는 듯했다. 아침에 일어나는 것을 힘들어했고 거의 매일 학교에 늦었다. 점점 더 멍해졌고 친구들과 멀어지기 시작했으며 사람들이 자기를 싫어한다고 말했다.

조너선이 쓴 작문 때문에 학교로부터 긴급 호출을 받았다. 학교에서는 그가 조현병을 앓고 있는 것 같아 무척 걱정스럽다고 했다. 그는 작문에서 음성이 들리며 자기가 걸어 다닐 때 누군가가 자기를 내려다보며 걷는다고 썼다. 시간이 계속 늘어나고 공간이 움직인다고도 했다. 학교에서 교육부에 속한 심리학자를 소개해주었는데 그는 상담 시간 내내 나를 '어머니'라고, 조너선을 '아들'이라고 불렀다. 그는 우리의 의견이 일치하지 않는 영역이 무엇인지 알고 싶어 했다. 조너선이 요즘 밤에 나이가 몇 살 더 많은 남자아이들과 해변에 나가고 싶어했지만 열세 살 아이에게는 너무 이르다는 생각이 든다고 말했다. 내 생각에는 그 애들이 분명히 마리화나를 피우러 해변에 나가려는 것 같다고 했다. 조너선은 내가 너무 지나치게 자신을 보호하려고 하며 자유를 주지 않는다고 했다.

"정말 옳으니까."

내가 말했다.

"제 생각에 아드님은 정신적인 문제가 전혀 없어요, 어머니. 오히려 어머니가 대화 진행에 문제가 있어 보이네요."

그러면서 심리학자는 내게 부모 역할 지침서를 소개해주었다.

확실히 해두기 위해 나와 엘리스는 조너선을 다른 심리학자에게 데리고 가 테스트를 받았고 괜찮다는 말을 들었다. 그에게 아무 문제가 없는지도 모른다. 작문이 풍부한 상상력의 산물인지, 실제로 그가 시공간을 인지하는 과정에서 그런 움직임이 있었는지 누가 알겠는가? 그가 보는 세계와 우리가 보는 세계가 같은 것인지 누가 알겠는가? 어린 시절, 사람들의 얼굴이 마녀의 얼굴로 변한다고 말했을 때 환영이 시작된 건지 누가 알겠는가?

고등학교 2학년 시작 무렵, 조너선의 성적은 하위권으로 떨어졌고 그는 낙심했다. 더 잘할 수 있다는 걸 알지만 학교를 그만두고 싶다고 했다. 그는 기숙 학교에 가고 싶어 했고 친구들이 간 시드니에서 좀 떨어진 곳에 있는 작은 학교로 옮기고 싶어 했다. 그렇게 옮긴 새 학교에 만족했고 첫 학년이 끝날 즈음에는 대부분의 시험에서 일등을 했다. 그는 소규모의 사회와 잘 짜인 구조가 주어지면 잘 해냈지만, 다양한 선택과 상황에 놓이면 당황했다. 조너선의 담임 선생님은 지금도 그를 생생하게 기억한다.

"그는 정말 재미있고 지적인 아이였어요."

그러나 첫 학년을 마치고는 기숙 학교에 돌아가지 않겠다고 했는데 이유는 말하지 않았다. 그는 전에 다녔던 학교에 다시 가고 싶다고 했다. 또다시 상위권에서 시작했으나 전보다 더 빨리 하위권으로 떨어졌다.

1970년대 히피 문화의 끝자락은 그 세대나 더 많은 젊은이들이 권위에 도전하던 시기였고 반항은 유행처럼 번져 있었다. 조녀선의 경우는 더욱 그랬다. 그는 행복하다 우울해지기를 갈마드는 기분의 급격한 변화를 겪기 시작했다. 어떤 경우든 분노를 참기 어려워했다. 무단 결석을 하고 숙제도 거의 하지 않았다. 교복을 입지 않으려 했고 몸을 다 덮을 정도로 큰 아버지의 오래된 연미복을 입고 학교에 갔다. 귀를 한쪽만 뚫고 조개껍데기를 귀걸이로 달겠다고 고집을 피웠다. 학교에서 조개껍데기 귀걸이를 허락하지 않자 조녀선도 그걸 하지 않고는 학교에 가지 않겠다고 했다. 나는 한쪽 귀에 조개껍데기를 달고 다니는 아이를 받아줄 수 있는지 알아보려고 시드니에 있는 학교에 전화를 걸어볼 생각까지 했다. 그러나 조녀선은 계속해서 사라졌고 나는 계속해서 그를 찾아다녔다. 그는 많은 양의 마리화나를 피웠고 종종 정신이 몽롱해져 있었다. 그는 사람들이 자기를 싫어하며 자기를 해치려고 음모를 꾸민다고 생각했다.

조녀선이 규칙적으로 하는 유일한 일이란 그림을 그리는 것뿐이었다. 평생 교육원에서 하는 미술 교실을 다녔는데 유쾌한 분위기의 누드가 그려진 커다란 캔버스를 들고 돌아왔다. 목탄으로 그린 누드화는 천사 같은 얼굴에 풍만한 가슴과 그보다 더 풍만한 허벅지를 지닌 그림이었다. 그의 그림은 오렌지색과 파란색의 신화적인 창조물이 하늘로 승천하는, 다소 우화적인 것이었다.

어찌어찌해서 고등학교 2학년을 겨우 마친 조녀선은 학교를 그만두고 직업을 갖겠다고 했다. 그의 나이 열여섯이었다. 엘리스와 나는 그를 말려보려고 했지만 꿈쩍도 하지 않았다. 우리는 그해 초에 이미 헤어진 상태였다. 결혼 생활은 꽤 오래 전부터 폭풍 같았지만 헤어지고 나서는 싸우지 않았다. 내 생활은 차츰 평온해졌고 조너선도 안정되기를 바랐다. 그는 엘리스와 잘 지낸 적이 없었다. 내가 보기에 엘리스는 조너선의 꿈꾸는 듯한 기질을 못 견뎌 했고 항상 최악의 경우를 상상했다. 조너선은 아버지를 예측할 수 없어서 무서워했고 그래서 그를 피했다.

그다음 해 1월, 조너선은 채소 가게에서 일을 시작했지만 과일 박스 더미 위로 넘어지면서 하루 만에 해고되었다.

"사고였다고."

그가 짜증스럽게 말했다. 약국에서 일할 때는 배달하는 걸 잊어버려서 해고되었는데, 왜 잊었는지를 모르는 것 같았다. 가정용 청소 세제 방문 판매도 했지만 내가 사준 게 유일한 매출이었다. 그는 어린 새가 날갯짓하는 것마냥 의욕적으로 새 일을 시작했지만 언제나 바닥으로 떨어져 허물어졌다.

3월에 조너선은 선열에 걸려 몇 달을 앓았다. 그가 내성적으로 변하고 우울해져서 시드니에서 꽤 괜찮은 병원에 있는 청소년 정신건강의학과에 예약을 했다. 이후로 꽤 오랫동안 일주일에 한 번씩 그곳에 다녔는데, 어느 날 자기는 더 이상 상담이 필요 없다고 잘라 말했다. 정신건강의학과 의사는 그가 좋은 아이고, 학교 생활과 아버지와의 관계에 문제가 있었을 수도 있지만 지금은 정서적으로 상당히 안정된 상태여서 잘 해나갈 수 있다고 했다.

조너선은 애들레이드가 새롭게 시작할 수 있는 기회가 될 거라고 생각했다. 학교에 다시 다니겠다고 결심했고 학교도 직접 골랐다. 나는 그에게 주도적이라고 칭찬해주었다. 조녀선은 음악과 미술에 자신감을 보였고 첫날은 잘 해냈다. 저녁 식사 시간 내내 학교에 관한 이야기를 하며 신이 나 있었고 긍정적이었다. 문제는 이삼 주 정도 지나 생기기 시작했다. 그는 학교가 바보 같고 수업도 바보 같고 자기도 바보 같다고 했다. 머리를 양손으로 감싼 채 책 앞에 앉아 있었는데 책에 무슨 내용이 써 있든 머릿속으로 들어가지 않으리라는 것을 쉽게 알 수 있었다. 집에 와서는 주방을 바장거리면서 사람들이 자기에게 불리한 음모를 꾸미고 있으며 아무도 자기를 좋아하지 않는다고 화를 내며 말했다. 익숙한 이야기였다.

그는 학교를 그만두고 대신 미술 학교에 다니겠다고 했다. 그러고는 교장 선생님을 만날 약속을 잡고 예의 바르지만 단호하게 말했다.

"학교를 그만둬야겠어요."

나도 교장 선생님을 만날 약속을 잡았다. 교장 선생님은 미안하지만 그가 도울 수 있는 일이 없다고 했다. 내가 보기에도 그랬다.

이런 일이 일어난 시기가 정확히 생각나지 않는다. 너무나 많은 일들이 있었다. 내가 지금 아는 지식을 그때 알았더라면 그 일이 일어나기 몇 달 전, 아니 몇 년 전부터 조녀선이 가팔막을 향해 달려가고 있다는 사실을 분명히 알았을 것이다. 이 글을 읽는 여러분 역시 너무나 명백한 일이라 생각할 것이고 말이다. 그러나 나는 과잉 반응을 하지 않는 동시에 무기력하게 방치해서도 안 된다는, 오래된 부모 역할의 딜레마로 고심하며 이 둘 사이에서 균형을 잡느라 애를 쓰고 있었다. 그리고 그러는 사이 일요일이 온 것이다. 일요일, 빌어먹을 일요일.

그날 폴이 조너선을 데리고 주방에 들어서서 말했다.

"조너선이 아픈 것 같아요."

그날 이후의 시간들은 결코 전과 같을 수가 없었다.

계절이 가을에서 겨울로 넘어가면서 조너선은 점차 안정을 찾아가는 듯했다. 더 이상 화를 내거나 우울해하지 않았다. 때로 낄낄거리거나 혼 잣말을 하긴 했지만 그와 정상적인 대화를 나눌 수 있었다. 그는 다시 그림을 그리기 시작했고, 종종 걸어서 갈대가 높이 자란 토런스 강기슭까지 산책을 다녔는데 그렇게 하면 머릿속이 맑아진다고 했다.

5월 초 고통스러웠던 이디 아민(Idi Amin 1925~2003, 우간다의 독재자이자 학살자, 옮긴이) 시대 이후의 삶에 대한 이야기를 잡지와 텔레비전에 내보내기 위해 우간다에 가라는 제안을 받았고 이를 받아들였다. 나는 몇 년간 다큐멘터리와 라디오 프로그램을 제작하는 저널리스트의 일과 다양한 정부 기관과 조직의 사회정의 문제에 관련한 일, 두 가지를 해왔다. 애들레이드로 이사 와서는 이 모든 것을 포기하고 영화 대본 쓰는 일에만 집중했지만, 조너선의 일에 너무 신경을 쓰느라 그리 큰 진척을 보이지는 못했다. 하지만 나는 여전히 나와 세 아이를 부양해야 하는 유일한 가장이었다. 건축가는 우간다에 가라고 했다. 그의 다 큰 딸 중 하나가 집안일을 봐줄 거라고 했다. 건축가에게는 몇 년 전 끝난 결혼에서 얻은 딸이 셋 있었다. 둘은 성인이었고 막내는 조슈아와 같은 나이였다. 딸들은 우리와 함께 살지 않았지만 발랄하고 사랑스러웠으며, 우리가 겪은 고통에 비한다면 놀라울 정도로 서로 잘 지냈다.

월드비전의 후원을 받은 팀과 함께 우간다로 갔다. 우간다는 탄자니아의 도움을 받아 아민의 독재에서 벗어났지만 나라의 많은 지역이 전쟁으로 파괴되었다. 그곳은 식량, 물, 연료와 의약품이 심각하게 부족했다. 많은 사람들이 굶주렸다. 팔 년간의 아민 정권은 우간다를 경제적 파탄으로 몰아넣었다.

우간다에 대한 가장 뚜렷한 기억은 공포다. 그곳에서 만난 거의 모든 사람들은 가족 중 누군가가 죽었거나 감옥에 갇혔거나 고문을 받았거나 성폭행을 당했다. 나는 비슷한 이야기를 끝도 없이 들었고, 생각하는 것만으로도 견디기 어려워 더 이상 그들에 대한 생각을 하고 싶지 않을 정도였다.

우리는 국립 조사국이라는, 가당치도 않은 이름으로 알려진 아민 정부의 비밀경찰 본부를 방문했다. 그곳은 매일 밤 200명 이상의 사람이 살해된 곳이었다. 옅은 분홍색의 현대식 건물은 나무에 둘러싸여 있었고, 차로 정문을 통과해 수용소 벽에 높다랗게 쌓여 있는 시체 더미를 보기 전까지는 교외에 있는 작은 호텔 같아 보였다. 팔 년에 걸친 아민의 잔인한 통치 기간 중 50만 명에 이르는 우간다 국민이 살해되었다. 아민은 3,000명에 이르는 비밀경찰이 조직망을 형성한 뒤 사회 모든 영역에 침투하도록 조종했기 때문에 그 누구도 안전할 수 없었다.

죽을 운명에 처한 죄수들은 눈이 가려진 채 국립 조사국의 감방으로 끌려와 대형 망치로 머리를 두들겨 맞았다. 때때로 간수들은 죄수들이 서로에게 망치질을 하도록 시켰다. 여자들은 망치질을 당하는 대신 목이 잘려 나갔고 아이들은 목이 졸려 죽었다. 감방에 들어가기 위해서는 손전등을 사용해야 했는데 시체 냄새가 너무 지독해 견디기 어려웠다. 벽과 바닥은 피로 떡칠이 되어 있었고 발치에는 옷가지와 슬리퍼, 아이 재킷, 여자 옷들이 애처롭게 널려 있었다.

우리는 검문소를 지나 캄팔라 대주교의 사택에서 머무르기 위해 시골로 갔다. 캄팔라 대주교는 체구가 크고 선의와 유머가 넘치는 멋진 사람이었다. 우리가 도착하기 며칠 전 아민의 군인들이 불을 질러 그의 집과 숙소가 다 타버리는 바람에, 우리는 몇 채의 군용 텐트에서 지내야 했다. 도착 첫날 밤에는 연회를 열었다. 캐드베리사의 핫초콜릿과 열일곱 가지 다른 방법으로 요리한 고구마를 먹었는데 그게 남아 있는 유일한 음식이었다.

나는 미국 중서부 지방에서 온 복음주의 저널리스트와 한 텐트를 썼다. 이름은 베버리로 금발에 와인 스크루처럼 감아 말은 머리를 하고 희고 고른 치아와 주근깨가 있었으며 악수를 열정적으로 하는 사람이었다. 여성은 항상 아름답게 보여야 한다고 생각하는 그는 전기 헤어 롤러와 분홍색 나일론 잠옷을 가지고 다녔다. 잠자리에 들기 전에 화장실에 가려면 밖으로 나가지 말고 텐트 안의 요강을 사용하라는 주의 사항을 들었다. 캠프 주위에 지뢰가 묻혀 있기 때문이었다. 베버리의 턱 모양을 보고 믿을 수 없어 하는 걸 금방 알 수 있었는데, 요강이 석유통인 것을 보고는 더욱 그랬다. 그는 소리 나는 깡통을 사용하느니 차라리 지뢰밭에 가겠다고 결심하고는 밤중에 분홍색 잠옷 차림으로 밖으로 나갔다. 나는 좋으신 하느님이 안전한 땅으로만 인도해 그의 단정함을 보상해주시기를 기도했다.

우리가 떠나기 전날 밤, 조녀선 또래의 젊은 수도 사제가 내게 다가와 다정하게 웃었다.

"앤 자매님, 앤 자매님, 언제 구원받으셨나요?"

"아, 구원받았다고 생각하지 않아요."

내가 중얼거렸다.

그가 환하게 웃었다.

"그렇다고 너무 걱정하지 마세요, 앤 자매님. 자매님이 구원받을 수
있도록 제가 기도할게요."

정말 그렇게 되기를 간절히 바랐다.

우간다에서 돌아오자, 내가 없는 동안 조녀선의 상태가 더 악화되었
다는 걸 알았다. 그는 모든 사람들을 괴롭혔는데 특히 조지아에게 심하
게 굴었다. 나는 화가 나는 동시에 죄책감이 들었다. 서로 상반된 요구
가 가득한 길목에 내가 서 있었다. 가족의 생계를 위해 돈을 벌어야 한
다는 요구, 좋은 엄마가 되어야 한다는 요구, 일과 나 자신의 평온을 동
시에 유지해야 한다는 요구, 사적인 관계에 대한 요구, 모든 것이 정상
인 척해야 한다는 요구. 이 모든 것은 장점이기도 하며 단점이기도 한
나의 기질 때문이다. 더 이상 그런 척을 할 수 없는 시간이 닥쳐올 때까
지 나는 그렇게 했다.

돌아온 지 몇 주가 지난 6월의 어느 날 밤 11시. 조녀선이 조슈아의 방
에 들어가 불을 켜고는 책을 책꽂이에서 꺼내 바닥에 내던졌다. 그런 뒤
조지아의 방에 불을 켜고 똑같은 일을 했다. 그는 말리려는 우리를 방바
닥에 내동댕이쳤다. 우리 모두는 내 방에서 씨름을 하고 있었다. 날아오
는 주먹을 피하면서 나는 영화 <진 브로디 양의 전성시대(뮤리엘 스파크의
소설, 옮긴이)>의 진 브로디처럼 단호하게 소리 질렀다.

"정신 차려!"

모두가 소리를 질렀던 것 같다. 두 아이에게 방 밖으로 나가라고 소리를 질렀고, 그런 뒤 우리는 복도에서 공포에 질려 떨며 부둥켜안았다. 조너선은 여전히 미쳐 날뛰었다.

최근에 친구들 소개로 만난 적 있는 젊은 정신건강의학과 의사에게 전화를 걸었다. 그는 그 동안 일어난 일에 대해 이미 어느 정도 알고 있었다. 내가 흐느끼며 그날 밤 일어난 끔찍한 일에 대해 이야기하자 그는 듣고 나서 분명하고 단호하게 말했다.

"조너선은 정신이상이에요."

누군가가 이렇게 명확하게 말해준 건 이때가 처음이다.

"정신이상이라고요?"

"조너선은 거의 확실하게 조현병에 걸렸다고 봐야 해요."

이 말의 효과는 놀라웠다. 나는 말할 수 없는 안도감을 느꼈다. 조너선이 날뛰는 것, 이상한 행동, 괴이한 환상, 이 모든 것이 이치에 맞을 수 없었다는 맥락에서 앞뒤가 들어맞았다. 사람들은 문제가 무엇인지 알아야 그 문제에 대해 솔직히 말할 수 있다. 그는 자신이 직접 조너선을 보지 못했으므로 그의 의견을 확진으로 받아들여서는 안 된다고 주의를 주면서, 되도록 빨리 조너선을 전문가에게 데려가야 한다고 했다. 그는 애들레이드에서 가장 큰 정신병원 두 곳 중 한 곳에서 근무하는 의사의 이름을 알려주면서 그에게 이야기해두겠다고 했다.

그때 조너선은 집에 없었고 조지아와 조슈아는 잠자리에 들었다. 나는 책을 뒤져 정신의학의 역사에 관한 책을 찾아냈다. 책에 따르면 정신병은 늘 우리와 함께 있었고 두렵고 경이롭게 여겨지기도, 조롱거리가 되기도 했으며 동정을 받기도, 부당하게 괴롭힘을 당하기도 했지만 치료된 경우는 거의 없었다.

이 사실은 그다지 좋은 소식이 아니었다. 이번에는 가정의학 사전을 꺼냈다.

조현병은 비합리적인 사고와 불안한 감정 그리고 타인과의 의사소통 실패 등을 특징으로 하는 심각한 정신장애이다. 원인은 알려지지 않았으나 생화학적 결함의 가능성이 제기되고 있다. 조현병이라는 명칭(schizophrenia, 그리스어로 'schizos'는 'spirit'를 의미하며 'phrenos'는 'mind'를 뜻한다.)은 1911년 독일의 정신건강의학과 의사인 오이겐 블로일러(Eugen Bleuler, 1857년 취리히 출생, 옮긴이)가 명명한 것이다.

조현병에 대한 대부분의 지식은 영화에서 얻은 것이었다. 마지막으로 본 영화는 <뻐꾸기 둥지 위로 날아간 새>인데 조너선이 너무 좋아해서 세 번이나 영화관에 갔다. 영화에서 주인공 잭 니콜슨은 결국 뇌엽절리술을 받게 된다. 조너선이 조현병이 아닐 수도 있다는 성급한 생각이 들었다. 그렇지만 만약 아이가 의사를 만나지 않겠다고 하고 의사들은 그를 보러 오지 않겠다고 하면, 도대체 어떻게 조현병인지 아닌지를 알 수 있을까?

병원에 가 만난 정신건강의학과 의사는 기꺼이 조너선을 진단해주겠다고 했지만 자진해서 검사에 응하지 않으면 내가 병원에 입원시켜야 할 거라고 말했다. 이것은 그가 자신이나 다른 사람에게 위협이 될 수 있다는 사실을 입증하지 않는 한 불가능하다. 누구도 그를 입원시킬 수 없다. 앞이 안 보였다. 다시 원점으로 돌아갔다.

건축가에게 진작에 도움을 요청했어야 했다는 생각이 들었다. 조너선이 이상해진 첫날을 제외하면, 건축가가 조너선이 나쁜 거지 미친 건 아니라고 생각하는 게 당연했다. 되도록이면 조너선의 행동을 그가 모르게 하려고 애썼기 때문이다. 그러나 조너선이 내가 가장 아끼는 그라마폰 레코드 몇 장을 부수고 나를 위협한 어느 날 오후가 되자 이런 생각이 들었다.

'그래, 이런 게 정말 인생이라면 더 이상 숨기려고 할 게 뭐야.'

나를 사랑한다면 내 아이들도 사랑해야지 하는 생각이 들었다. 건축가는 항상 어떤 종류의 대립도 힘들어했지만, 스스로 나서서 조너선과 이성적인 대화를 나누려고 노력했다. 조너선은 건축가의 레코드도 부수고 그의 엉덩이에 큰 칼을 꽂겠다고 했다.

'조너선, 넌 지금 나의 애정 생활도 내가 새로 이루려는 행복한 가정도 위협하고 있는 거야. 조너선, 내게 이러지 마. 우리에게 이러지 마.'

이제 6월 초의 어느 날 밤에 있었던 이야기를 하려고 한다. 아래층에서 발소리, 웃음소리, 시끄러운 헤비메탈 음악 소리 등이 들려 잠이 깼다. 시계를 보니 새벽 3시다. 아래층으로 내려가자 거실을 가득 메운 낯선 사람들이 파티를 열고 있다. 조너선이 내가 아는 유일한 사람으로, 발을 앞으로 쭉 뻗은 채 팔걸이 의자에 고꾸라져 있다. 그는 술에 취해 곯아떨어졌다. 남자들은 모두 검은색 가죽 재킷을 입고 뒤축에 징을 박은 부츠를 신었다. 키가 가장 작은 남자는 머리를 모두 밀고 두피를 특이한 자줏빛으로 염색했다. 모두 문신을 심하게 했는데 그 중 한 남자는 엄청나게 많은 뱀이 손가락 끝부터 양쪽 팔 위까지 감겨 올라간 문신을 뽐내고 있다. 여자들도 술이 달린 가죽옷을 입고 하얀색이나 오렌지색으로 머리를 염색한 듯하다. 맥주 캔들이 아무렇게나 널려 있다. 이 낯선 사람들이 나를 침입자라도 되는 것처럼 보자 가슴이 마구 뛴다.

"집이 좋네요, 부인."

자둣빛 머리는 내가 벽을 등지고 설 때까지 나를 민다.

"이층엔 뭐가 있어?"

뱀 팔이 말한다.

이층에는 조지아와 조슈아가 있다. 나는 완전히 겁에 질렸다. 여자들 중 하나가 음악을 더 크게 틀고는 맥주 캔 위로 넘어진다. 이건 마치 B급 영화 같고, 나는 영화 중간쯤에 체포된 사람 같다. 나는 본능적으로 매우 정중해진다.

"제 이름은 앤 데버슨이에요. 조너선의 엄마죠. 만나서 반가워요."

자둣빛 머리가 뒷걸음치는 모습이 거북스러워 보인다.

아주 좋은 실크 가운이라도 입은 양 가운을 잘 여미고, 방을 돌며 모든 사람들과 악수를 한다. 나는 그들에게 차를 대접한다.

"우유나 설탕을 넣으실래요?"

내가 자둣빛 머리에게 도와달라고 부탁하니 그는 어찌할 바 몰라하며 발을 지적거린다. 여자들 중 한 명이 벌떡 일어나 대신 돕겠다고 한다. 그는 셰릴이라고 했는데 다리가 예쁘다.

차를 다 마시고 나서 그들에게 와줘서 고맙다고 인사를 하고 시간이 늦어 모두 피곤하니 괜찮다면 가주면 안 되겠냐고 묻는다.

자둣빛 머리가 모두를 데리고 나가면서 말한다.

"좋은 집이에요, 부인."

조녀선에게 담요를 덮어주고 문과 창문이 잘 잠겼는지 모두 확인한 후 방으로 올라온다. 아프다. 달콤한 꿈을 꾸고 싶다.

"제게 좋은 꿈을 하나만 주세요, 제발. 하느님."

꿈 속에서 나는 우유를 끓이는 냄비다. 약간 찌그러졌지만 튼튼한 냄비 속에는 우유가 가득하다. 화력이 너무 센 스토브 위에서 우유가 모두 끓어 넘쳤다. 금방 타버릴 것이다.

이 일이 있은 후로 몇 주 간 비슷한 일들이 꼬리를 물고 일어났다. 그런데 그때 프랭크가 생각났다. 그는 애들레이드 지역 의료센터의 정신 건강의학과 의사로, 정부가 사 년 전 세운 인간관계 왕립 위원회의 위원으로 있을 때 알게 되었으며 건전한 상식을 지닌 좋은 사람이라는 인상을 받았다. 왕립 위원회는 가족, 사회, 교육, 남성과 여성의 관계에 대한 법률적, 성적 양상 등에 관한 조사를 시작했는데 범위가 너무 넓어 간략하게 추리는 데 사람들의 상식이 필요했다.

프랭크는 훌륭한 도예가이기도 하며, 제도의 권위를 비웃으면서도 생기가 넘치고 무한한 에너지를 지닌 사람이었다. 그는 나를 반갑게 맞이하고는 계단을 앞서 가볍게 뛰어 올라갔다. 잃어버리지 않으려고 보라색 리본으로 묶은 열쇠 꾸러미가 주머니 밖으로 달랑거렸다. 내 이야기를 들은 그는 행동 계획을 제안했다. 그 계획에는 우선 누군가를 집으로 보내 조녀선을 만나게 하고, 프랭크 자신도 필요할 때 언제든지 도와주겠다는 내용이 포함되었다. 누군가가 실질적인 도움을 주겠다고 한 것은 이번이 처음이어서 나는 안도감에 울고 싶어졌다. 다쳐서 피를 철철 흘릴 때, 우리는 부상의 성질에 대한 이론적인 논문이 필요한 게 아니다. 우리에게 가장 먼저 필요한 건 출혈을 멈추게 하는 것이다.

프랭크는 샐리라는, 광범위한 청소년 정신장애 방면에서 일하는 젊은 여자 동료를 보내주었다. 어느 늦은 오후에 그가 방문했다. 조녀선은 의자에 구부리고 앉아 레게 머리 사이로 그를 응시했지만 말을 하려고 하지 않았다. 샐리는 두어 번 더 왔고 두 번째 방문 때 조녀선이 입을 열었다. 대부분 자신이 그리는 그림에 대해서였다. 그는 조녀선이 약물 중독성 정신병이나 정신이상을 앓고 있을 가능성이 있으며, 이 상태에서 빠져나올 수도 있다고 했다. 그에게 또다시 심각한 급성기(조현병 환자에게 망상, 환청, 사고 장애 등 정신병적 증상이 나타나는 시기, 이러한 증상이 없는 시기는 안정기라고 한다, 옮긴이)가 오면 즉시 도움을 요청해야 한다고 했다.

그다음 몇 주 동안 조녀선의 행동은 계속해서 들쑥날쑥 갈마들었고, 9월의 끝자락 어느 날 아침에 아버지를 만나러 가겠다고 했다. 엘리스는 상태가 점점 악화되어 병원에 막 입원을 한 참이었다. 조녀선의 상태가 여전히 안정적이지 않아서 시드니에 가는 것이 그리 달갑지 않았다. 사실 이건 헛소리다. 당시의 나는 너무 지쳐 있어서, 할 수만 있다면 조녀선을 달나라 어느 곳에라도 보냈을 것이다. 그래서 적극적으로 가라고, 항공료를 내주겠다고 했다. 이런 마음을 드러내고 나니 마음이 꺼림직하다. 준비를 거의 하지 않은 상태의 조녀선은 시드니라는 먼 곳으로 가는 비행기에 몸을 싣지 말았어야 했다. 그러나 나는 현 상태를 변화시키기 위해서는 무슨 일이든 해야 한다고 생각했다. 만약 조녀선이 나를 너무 의지해서 삐딱한 행동을 하는 거라면(어떤 전문가의 의견이다.), 내가 곁에 없게 되면 더 이상 하지 않을 것이다. 만약 문제가 약물이나 조현병, 아니면 이 둘 모두 때문인데(또 다른 전문가의 의견이다.) 내가 돕지 않는다면, 그는 아마 무너져버릴 것이다. 그러나 그가 무너져버린 다면 최소한 우리는 도움을 받을 수 있게 된다.

조너선은 전에 다니던 학교 친구의 집에 머물겠다고 했다. 엘리스의 상태가 너무 심각해서 제니가 조너선까지 데리고 있을 수는 없었다. 친구 부모와 일정을 확인하면서 아이의 상태가 썩 좋지 않다고 알려주었다. 나는 한숨 돌릴 수 있다는 생각으로 기운이 나는 동시에 그에 대한 걱정으로 우울해하며 조너선을 공항에 데려다주었다. 그는 그때 열여덟이었다.

조너선은 친구 집에 가지 않았고 제니에게 전화하지도 않았다. 며칠 동안 사라진 것이다. 우리는 경찰에 신고를 했고, 나는 죄책감과 두려움으로 속이 메슥거렸다. 어느 늦은 밤 제니가 전화를 했다. 조너선이 집에 왔는데 앞뒤가 맞지 않는 말을 하는 데다 아프다고 했다. 제니의 설득으로 조너선은 그날 밤을 그 집에서 보냈다. 제니는 조너선을 친절히 대해주었다. 조너선도 제니를 좋아하고 신뢰했으며, 나 역시 지금까지도 제니가 보여준 관대함과 인내를 고맙게 생각한다. 다음 날 나는 시드니로 날아갔고 조너선, 제니, 나 그리고 앤디(지역 의료센터에서 일하는 젊은 정신건강의학과 의사이며 우리 가족의 친구로, 이후 몇 년간 조너선의 일에 여러 번 관여하게 된다.)는 제니 집의 둥그런 식탁에 둘러앉았다. 조너선은 앤디를 좋아했고 우리가 시드니에 살 때 가끔 그와 함께 재즈를 듣곤 했다. 앤디는 사람을 기분 좋게 만드는 웃음소리를 지닌 사람이다.

조너선은 양손을 포개 올리고 눈을 아래로 내리깐 채 전등이 낮게 드리워진 식탁 위에 앉아 있었다. 그는 수척해 보였고 눈은 멍한 채였다.

앤디가 그에게 조용히 말을 걸었다.

조녀선은 귓속말 정도의 작은 소리로 대답했다.

"난 괜찮아요."

"넌 괜찮아 보이질 않아."

"그들이 날 따라다녀요."

"무섭니?"

"네."

"병원에 가면 안전할 거야."

"그럴까요?"

"그래."

그날 밤 아주 늦게, 앤디가 조녀선을 차에 태워 시내에 있는 병원에 데려갔다. 그곳에서 자의로 온 환자로 분류되어 입원을 할 수 있었고 얼마 지나지 않아 조현병으로 진단을 받았다. 돌이켜보면 확진을 받고 마음이 놓였던 기억이 난다. 적어도 우리가 앞으로 헤쳐나가야 할 것이 무엇인지 알게 되었기 때문이었다. 당시의 나는 조녀선이 병을 이겨낼 수 있을 거라고 확신했으며, 우리 앞에 무슨 일이 기다리고 있을지는 전혀 짐작하지 못했다.

그 당시에는 정신병을 부끄러운 것으로 여겼기 때문에 드러내놓고 이야기하는 일이 거의 없었고 따라서 정보도 얻을 수가 없었다. 이런 금기는 지금까지도 여전하다. 조현병은 아마도 질병 중 가장 잘못 알려지고 잘 모르며 관심받지 못하는 병일 것이다. 그러나 조현병은 다른 어떤 병보다 많은 병상을 차지하고 있으며, 경제적, 사회적 상태나 인종, 문화와 관계없이 누구에게나 일어날 수 있는 질병이라는 사실이 일반적인 견해이다. 조현병은 모든 정신이상의 75퍼센트를 차지한다. 백 명 중 한 명이 일생 중 어느 시기에 조현병에 걸리는데 전 세계적으로는 4,000만 명 정도가 된다(1990년 당시 인구수를 감안한 통계, 옮긴이). 이들 중 75퍼센트 는 열여섯에서 스물다섯 사이의 젊은이들이다. 남성과 여성의 발병 비율은 거의 비슷하지만 남성의 경우가 좀 더 어린 연령에, 좀 더 심한 형태로 나타난다. 조현병 환자의 25퍼센트는 단 한 차례만 발병하고 완치된다. 그러나 나머지는 일생 동안 계속되는 발병과 싸우는 힘겨운 노력을 하게 될 것이다. 질병 후기에는 젊은 시절에 비해 덜 격렬해지는 경향을 보이긴 하지만 많은 경우 만성 질환으로 남을 수 있다. 이 투쟁은 견뎌내기가 너무 힘들어서 10~15퍼센트 정도는 자살을 할 것이다. 조현병의 원인은 아직 완전히 밝히지 못했고 어떻게 완치할 수 있는지도 알지 못하지만, 치료가 개선되어서 더 이상 희망이 없는 질병은 아니다.

애들레이드로 돌아온 후 나는 도서관에서 의학 서적을 읽는 데 전념했다. 내가 얻은 정보들은 서로 일치하지 않았다. 중심축은 여전히 조현병을 뇌의 질병으로 보는 생물학적 이론과 가족과 사회의 압박에 대한 반응으로 보는 사회심리학적 이론 사이를 넘나들고 있었다. 지나치게 단순화하긴 했지만 그 당시 조현병을 둘러싼 혼동과 여전히 가족을 비난하려는 경향은 우리에게 일어날 일에 지대한 영향을 미치게 되었다. 얼마 지나지 않아 우리는 조녀선의 조현병뿐만이 아니라 무지와 두려움에도 대처해야 한다는 사실을 깨달았다. 어떤 이들은 그의 인격이 분열되어 '아름다운 조녀선이 나쁜 조녀선으로 변한다'고 생각했다. 다른 이들은 그가 꾀병을 부리는 거라고 생각하거나 아니면 병이 난 것은 양육 방법 때문이라고 생각했다. 초기에는 한 의사로부터, 처음에는 내가 아주 나쁜 부모일 거라고 생각했지만 점차 생각이 바뀌었다는 이야기를 듣기도 했다.

시드니에서 조너선을 담당한 정신건강의학과 의사는 보다 관대했다.

"조너선은 미소가 참 아름다워요. 그건 주변 사람들로부터 사랑을 많이 받았다는 뜻이죠."

그 당시 나는 공격을 많이 받아서 몹시 방어적이었는데 그의 말은 정말 마법과도 같았다. 나는 그를 끌어안고 싶어졌고 아마도 그랬던 것 같다.

조현병은 여전히 많은 노력과 도전이 요구되는 의학적 연구 분야이다. 이 질병에 대한 많은 부분이 여전히 수수께끼로 남아 있으나, 기술의 진보로 인해 다양한 방법으로 뇌 활동을 기록할 수 있게 되었다. 뇌기능에 있어 이 질병을 앓는 사람과 그렇지 않은 사람 간의 구체적인 차이점을 규명해낼 수 있게 됨에 따라 점차 그 복잡한 특성에 대한 빗장이 풀리고 있다. 조현병 환자는 뇌의 핵심적인 절차가 교란되어 있어서 생각하고 세상을 경험하는 방법을 왜곡한다. 낡은 전화 교환대가 잘못된 곳으로 전화를 연결하는 것처럼 메시지가 잘못된 반응으로 연결되는 것이다. 게다가 이런 잘못된 정보가 물밀 듯 들어와 뇌를 압도하게 된다. 이러한 기능 장애가 왜 일어나는지는 아직 아무도 모른다. 어떤 종류의 취약성이 시스템 내에 만들어지는 것 같은데, 이것은 임신 후기, 출산 즈음에 뇌세포 발달에 영향을 미치는 유전적, 환경적 또는 이 두 가지 모두의 결함이 원인인 듯하다. 예를 들어 바이러스 감염이나 난산일 경우 발생할 수 있는 산소 결핍, 또는 발달 장애 등이 이러한 취약성을 조성하고, 이것이 나중에 기능 장애를 일으키게 되는 것이다. 여기에 환경적인 스트레스에서 약물 중독, 호르몬 변화에 이르기까지 많은 요인들이 방아쇠 역할을 할 수 있다. 조현병은 다른 질병과 마찬가지로 화학, 유전, 환경적인 요소가 끝도 없이 복잡한 순열 속에 섞여 있다.

조현병이라는 범주 안에서도 다양한 증상이 있으며 심각성의 정도도 매우 상이하다. 좀 더 흔한 유형은 청소년기 이전까지는 완전히 드러나지 않고 점진적으로 발병이 진행되는 경우이며, 다른 주요 유형으로는 성인이 되면서 갑자기 발병하는 것이다. 완치되는 경우는 후자의 유형에서 더 많이 나타난다.

이 질병의 특성에 대해 더 많이 알게 되면서, 시간이 지나고 난 지금에야 조너선의 이상한 행동을 더 잘 이해할 수 있게 되었다. 우리를 더욱 두렵게 만드는 증상들 중 많은 경우는 마음이 내적인 소용돌이를 이해하려고 애쓰는 과정에서 오는 것일 수도 있다. 이들은 자신이 예수 그리스도라고 믿거나 이웃이 자신의 마음을 훔쳐갔다는 망상을 갖기도 한다. 또 환청을 듣기도 하는데, 이때 어떤 특정한 방식으로 행동하고 생각하라고 명령하는 음성을 듣는다. 이 음성은 다정하기도 하지만 주로 잔인하고 가학적이다. 환영은 플래시 불빛 같거나 설명할 수 없는 형태로 나타난다. 후각과 미각이 변하기도 하며 시간과 공간에 대한 인식이 변하기도 한다. 일 분을 백 년처럼 느낄 수도 있고 친구의 얼굴이 갑자기 분해되거나 일그러져 어떤 무서운 형태로 보일 수도 있다. 사고 과정이 와해되기도 해서 자신의 경계에 대한 모든 감각이 사라지고 세계가 자신의 몸과 마음을 침입하고 있는 것처럼 느끼기도 한다. 다시는 돌아올 수 없는 깜깜한 소용돌이 속으로 빨려들어가는 것처럼 느낄 때도 있다.

조너선이 벽에 머리를 부딪치며 소리를 지른다.

"날 내버려둬!"

조녀선이 거울을 들여다보면서 얼굴을 만지고 다시 거울을 만지고는 한숨을 내쉰다.

"조, 너 거기 있니?"

조녀선은 자기 머리 안에서 또는 밖에서 환청을 듣는다. 그들은 그가 계단을 올라갈 때 왼발을 먼저 내딛지 않으면 죽을 거라고 말한다.

조현병은 급성기와 안정기가 있는데 이 둘이 겹치기도 한다. 망상, 환청, 사고 장애 등과 같은 더 격심한 증상은 급성기나 이 질병의 정신병적 상태(현실과 환상을 구별하지 못하는 상태)에서 나타난다. 반면 조현병 안정기의 사람들은 극도로 지쳐서 멈춰 있는 것처럼 보이는데, 이는 아마도 이렇게 행동하는 것이 그들의 불안을 다루는 유일한 방법이기 때문인 듯하다. 그들은 우울해지고 집중력이 결여되어 있으며 건강해 보이지 않는다. 그들은 기운이 다 빠지고 너무 우울해 움직일 수 없게 되어 하루 중 대부분을 침대에 누워 있는다.

이 질병의 흥미로운 점은 증상이 전 세계적으로 놀라울 정도로 비슷하다는 것이다. 이런 사실 때문에 일반적인 생물학적 장애설이 제기되기도 한다. 연구에 따르면 발병은 뇌의 변연계(내부나 외부에서 받는 모든 메시지를 정리하고 처리하는 필터 같은 기능을 하는 뇌의 부분, 옮긴이) 내에서 발생하는 것으로 알려져 있다. 사람들이 겪는 증상은 그들의 문화적, 교육적 배경과 관련되어 있다. 나이지리아의 열대 우림에 사는 한 남자는 주술사가 자신의 마음을 훔쳐갔다고 말하고, 뉴욕에 사는 여자는 텔레비전에서 자신의 가장 비밀스러운 생각을 방송하고 있다고 생각한다. 조녀선은 시드니의 병원 침대에 앉아 귀에 워크맨 헤드폰을 꽂은 채, 자신이 핑크 플로이드와 교감을 나누고 있으며 해와 달로 여행을 간다고 믿는다.

나는 조너선이 들을 수 있도록 음악을 두고 올 수는 있었지만 애들레이드에서 기다리는 두 아이 때문에 나를 그곳에 둘 수는 없었다. 집에 돌아오니 국제 장애인의 해를 맞아 방영될 6회분의 텔레비전 시리즈를 만들어보겠냐는 호주 국영 방송국의 제안이 와 있었다. 역설적으로 우리는 장애를 극복 중인 사람들의 이야기를 촬영할 계획이었다. 시리즈 중 몇 편은 애들레이드에서, 나머지는 주로 시드니에서 촬영할 예정이었는데 이는 내가 조너선을 더 많이 볼 수 있다는 걸 의미했다.

조현병 진단을 받은 후 처음 조너선을 만났을 때 그는 흰색 가운을 입고 양털 부츠를 신고 있었다. 체중이 늘어서 얼굴이 달처럼 둥글었고 금발 머리는 반짝거렸으며 팔을 양쪽으로 축 늘어뜨리고 걸었다.

"안녕, 앤. 오늘은 기분이 어때요?"

그가 내 볼에 키스를 했다.

더 이상 사납게 날뛰는 조너선이 아니었다. 온순하고 로봇 같은, 내가 알던 조너선과 전혀 다른 조너선이었다.

그는 계속해서 같은 말을 되뇌었다.

"착한 아이가 될게요, 엄마. 착한 아이가 될게요."

열여덟 살인 그는 마치 세 살짜리 아이 같았다. 그런데 갑자기 담배에 불을 붙였다. 이건 세 살짜리 아이의 행동이 아니었다. 재떨이에 꽁초가 수북하고 담배 연기가 가득했는데, 이건 후에 내가 방문한 모든 정신병원에서 볼 수 있는 익숙한 광경이었다.

체중 증가나 나무토막처럼 뻣뻣한 모습은 조너선에게 나타난 조현병의 정신이상 증세를 억제하는 데 사용한 약물 때문이었다. 제니의 집에 나타났던 그날 밤에 그는 자신이 비밀 경찰에 쫓긴다고 믿었고 그를 산 채로 불태워버릴 거라는 환청을 들었다. 그는 공포에 질려 있었다. 약물은 정신이상 증세를 완화시키기는 했지만 의사가 기대한 것만큼 효과가 좋지는 않아 재발 가능성이 있었다. 조너선은 또한 자신의 병에 대해 아는 바가 전혀 없어 보였다. 그는 자신은 건강하고 다른 사람들이 모두 병에 걸렸다는 말을 계속 반복했다. 자신의 모든 감각을 앗아가는 병에 걸리면 너무나 두려워져서 외부 세계에 대해 자신이 약하다는 사실을 인정할 수 없게 된다.

시드니에 갈 때면 기분이 우울해졌다. 오전에 호주 국영 방송과 제작 회의를 하고 오후에는 엘리스에게 들렀다가 조너선을 만나곤 했다. 두 병원은 시내를 중심으로 각각 반대편에 있었다. 엘리스는 체중이 많이 줄고 아파 보였는데도 침대에서 일어나 앉아 '늙은 뱃사람(영국의 시인 콜리지(Samuel Coleridge)의 시, 옮긴이)'에 나오는 시구처럼 앞을 내다보는 말을 하곤 했다. 그의 은빛 머리는 화학요법 때문에 가느다래졌는데, 이걸 빗대 씩씩하게 농담을 하기도 했다.

"당신은 절대 날 못 잊을 거야."

그는 야윈 손가락을 흔들며 말했다.

조너선을 만나러 병원에 가면 그가 말했다.

"집에 가고 싶어요, 엄마."

슬픔이 너무나 생생하게 느껴져서 종종 배가 아프기도 했다. 애들레이드로 돌아오는 비행기에서 숨을 죽이고 울면 고무 같은 분홍색 고기 조각과 노란 치즈가 든 축축한 샌드위치에 눈물이 떨어지곤 했다. 좌석 벨트가 나를 자리에 잡아두지 않으면 바닥에 쌓인 부스러기 더미로 스르르 기어 내려갈 수도 있겠다는 생각이 종종 들었다. 집으로 돌아오면 조지아와 조슈아는 자기들을 방치했다며 화를 냈다. 건축가도 자기가 버려졌다고 생각해 화를 냈다. 나는 가지를 모두 쪼여 맨살을 드러낸 과일나무 같았다.

조너선이 퇴원을 해야 할 때가 되었다. 그는 더 이상 정신병적 상태가 아니었다. 양이 줄긴 했어도 여전히 약을 먹어야 했다. 전반적인 건강 상태는 좋아졌다. 조너선이 집에 오길 바라는 한편으로 오지 않기를 바랐는데, 이는 정신적 충격을 받을 일이 더 생길까 두려웠기 때문이었다. 나는 내 자신과 대화를 나눴다.

'조너선이 집에 오면 좋겠어. 집에 오지 않으면 좋겠어…. 그 애는 집에 와야 해, 어찌 됐든…. 우리가 또다시 공포에 질리지 않을 거라고 확신할 수 있을 때만 집에 올 수 있어…. 집에 와, 조너선, 네가 집에 오면 좋겠어.'

조너선이 최종 결정을 내렸다.

"애들레이드는 따분해요. 시드니는 그렇지 않아요. 난 집에 가지 않을래요."

의사가 조너선을 위해 병원 근처의 호스텔을 알아보았고, 그를 계속 주시하겠다고 했다. 나는 조너선이 그곳에서 이삼 주 지내는 동안 한 번도 만나지 않았다. 아이는 유쾌한 젊은 거인 조너선에서 불쌍한 올드 조로 변해 있었다. 이건 그가 자신을 묘사한 말이다. 그는 내가 두고 간 옷가지 모두를 잃어버린 게 분명했다. 재킷 세 개를 입고 있었는데 모두 작아지고 더러웠다. 바지는 너무 작아서 자기 것이 아닌 게 틀림없었다. 그는 바지를 추슬러 끈으로 묶었는데 걸을 때마다 희고 연약해 보이는 엉덩이의 갈라진 부분이 보였다.

호스텔은 주로 알코올 중독자와 약물 중독자를 위한 곳이었다. 거기 말고는 적합한 데가 없었다. 그때나 지금이나, 정신질환에 걸린 젊은이들을 위한 숙박 장소는 절대적으로 부족하다. 이 호스텔에서 지내는 사람들 대부분은 조녀선보다 나이가 훨씬 많았다. 그는 쫓겨나려고 일부러 맥주 몇 병을 가지고 들어갔다. 건물은 가슴도 영혼도 없는 삭막한 빅토리아식 저택이었다. 주방에는 하느님이 우리를 사랑하신다는 문구의 종이가 붙어 있긴 했지만, 그 위로 다시 설거지에 관한 메모가 덕지덕지 붙어 있었다. 그곳은 축축한 양말과 썩은 재떨이 냄새, 때로는 소변과 구토 냄새로 찌든, 열여덟 살 청년을 위한 장소가 아니었다.

나는 조녀선에게 집에 가자고 단호하게 말했다. 조녀선은 거절했다. 우리는 저녁을 먹으려고 나왔다. 땅거미가 내려앉아 어스름한 무렵이었고 비가 내렸다. 불이 꺼진 집 사이로 난 뒷골목을 따라 걸어 내려갔다. 조녀선이 내 뒤를 따라 느럭느럭 걸었다. 나는 화가 났다. 우리 사이의 흐름은 모두 끊어지고 날카로운 긴장만 남았다. 조녀선이 중얼거리기 시작했다. 그는 길바닥에 침을 몇 번 뱉고서 남의 주의를 끌기에 충분할 정도로 소변을 철철 보았다. 오줌 줄기를 회전 폭죽마냥 공중에서 둥글게 둥글게 돌려댔다. 나는 웃고 싶었지만 그 대신에 쇳소리를 지르는 내 목소리가 들렸다.

"그렇게 하면 안 돼!"

"꺼져!"

"너나 꺼져!"

눈이 부신 불빛과 경적 소리로 가득한 도로에 들어설 때까지 나는 발을 쿵쿵거리며 걸었다. 멈춰 서서 뒤를 돌아보자 조너선은 여전히 우울하고 외로운 모습으로 서서 양쪽으로 몸을 흔들고 있었다. 다시 돌아가 내 팔을 그의 팔 사이로 밀어넣었다.

"밥 먹으러 가자."

그다음 시드니에 갔을 때, 평소처럼 호스텔에 전화를 걸었지만 조너선은 거기 없었다. 호스텔 매니저는 그가 어디로 갔는지 몰랐고 병원에서도 알지 못했다. 그의 친구들과 다른 병원에 전화를 걸었고 경찰에 신고했다. 아무런 연락도 없었다.

애들레이드로 돌아오는 내내 속이 아파왔다.

'조너선이 없어졌다. 조너선이 없어졌어.'

그는 전에도 없어진 적이 있다.

조지아가 짜증이 곤두서 날선 목소리로 말했다.

"걱정하지 마세요. 조너선은 곧 나타날 거예요."

나흘이 지났다. 새벽 3시에 조너선의 예전 학교 친구 엄마에게서 전화가 왔다. 주방에서 나는 소리에 잠이 깼는데 조너선이 낄낄거리며 냉장고에서 햄을 꺼내 먹고 있었다고 했다. 뒤쪽에 난 창문을 깬 뒤 기어들어왔고 손에 상처를 입어 피가 나지만 심각한 건 아니라고도 했다. 그는 일관성이 없고 여위었으며 지저분하다고 했다. 나는 그다음 날 시드니로 날아갔다.

하얗게 칠한 주방은 햇볕이 잘 들었으며 잘 정돈되어 있었다. 조너선은 아직도 자는 중이었다. 파란색과 흰색이 섞인 이불을 덮고 침대에 누웠는데 이불 아래로 발이 삐져나와 있었다. 머리는 엉겨붙었고 입을 약간 열고 있었다. 나는 그날 밤 다시 애들레이드로 돌아왔다가 그를 집에 데리고 오기 위해 또다시 시드니로 갔다. 조너선은 내가 돌아가기 전에 이미 그곳을 떠났다. 그를 찾아다니느라 이삼일을 더 머물다가 포기하고 애들레이드로 돌아왔다.

이틀 후 조너선은 시드니에 있는 또 다른 친구 집에 찾아갔고 통로에 드러누워 움직이려 하지 않았다. 며칠 동안 장거리 전화로 조너선, 또 친구의 가족과 통화하면서 그에게 통로에서 계속 자면 안 되는 이유를 말했지만, 그는 종종 거기에 드러누웠다. 그는 남쪽에서 북쪽 방향으로 눕지 않고 북쪽에서 남쪽 방향으로 누워 자면 괜찮아질 거라고 말했다.

그 집 엄마는 스트레스를 받았고 아버지는 몹시 화가 난 것 같았다. 아버지는 아이를 병원으로 데려가지 않으면 경찰을 부를 수밖에 없다고 했다. 다시 시드니로 돌아가서 보건국과 한 번 더 씨름해봐야겠다고 결정했다. 그러나 조너선은 경찰이 도착하기 바로 전, 내가 도착하기 오래전에 또다시 사라졌다. 그는 꽤 막강한 조정자, 올드 조가 되어 있었다. 그는 나를 요요처럼 시드니에서 애들레이드로 왔다 갔다 하게 만들었다. 그는 사람들의 삶을 혼란스럽게 하는 방법으로 헌터스힐에 있는 몇 집을 우려와 분노 사이로 몰아넣었고, 그들을 지치게 만들었다.

몇 주 동안 조너선은 그가 자란 시드니 교외 주위를 배회했다. 어떤 때는 매우 이른 아침에 활기차게 자신과 대화를 나누면서 도로를 따라 어슬렁거리는 게 눈에 띄기도 했다. 그는 때가 덕지덕지 끼어 회색에서 갈색으로 변한 오래된 티베트풍 재킷만 입고 다녔다.

시간이 얼마나 흘렀는지는 하느님만 아신다. 몇 주 정도 지난 것 같은데 (그 이전이었을지도 모른다.) 낯선 사람에게서 전화를 받았다. 그는 예의 바르고 걱정스러운 목소리로 방해해서 미안하다고 했다.

"아드님이 제 정원 끝에 있는 동굴에서 살고 있어요."

"동굴이요?"

"강기슭에 있어요. 제가 매일 아드님을 위해 음식을 두고 옵니다."

"고맙습니다. 정말 고맙습니다. 아이는 괜찮은가요?"

"아니요, 짐승 같아요. 동굴에 사는."

그는 걱정을 말끔히 없애줄 내 대답을 기다리며 말끝을 올려 말했다.

나는 하나만 생각할 수 없었다. 더 이상 조너선을 계속 책임질 수 없으며, 그의 병이 사라지지 않을 것이란 사실을 인정해야 했다.

나는 조너선이 동굴에 사는 모습을 보지 못했다. 앤디에게도 조너선의 친구들에게도 그를 돌봐달라고 부탁하지 않았다. 내가 시드니로 갈 수 있었을 때 그는 이미 자리를 옮겼다. 그가 전에 떠돌던 곳을 차를 몰고 찾아다니다 거의 포기하려고 할 무렵, 예전에 우리가 살던 집 근처에서 길을 따라 터벅터벅 걷고 있는 조너선을 발견했다. 처음엔 괴롭다가 곧 화가 났다. 그는 이렇게 살 필요가 없었다. 집에 돌아오지 않은 건 오로지 그의 선택이다.

안도감이 화를 모두 쓸어버렸다. 우리는 서로 껴안고 햇볕이 드는 담장 위에 걸터앉았다. 그는 낡은 군인 코트를 입었고 머리는 길러서 뒤로 묶었다. 맨발에 상처투성이었지만 꽤 괜찮아 보였다. 그는 여러 친구들 집에서 묵고 있으며, 곧 애들레이드로 돌아가겠지만 아직은 아니라고 했다. 담배를 사게 몇 달러만 주면 좋겠다고 하고는 돈을 집어 들고 서둘러 길을 따라 걸어갔다.

조너선은 사회보장연금을 받고 있었다. 이는 이론적으로 그가 먹고 살 만한 돈이 충분하다는 의미였다. 그는 친구들도 있었다. 본인이 가장 힘들고 다른 사람들을 가장 힘들게 할 때조차 언제나 사람들이 자신을 도와주게끔 만드는 재주가 있었다. 아마도 그들은 조너선을 저주했을 수도, 그 때문에 분노가 치밀었을 수도, 슬픔이 가득 찼을 수도 있었을 텐데 거의 언제나 도와주려고 했다. 그들은 짐이 너무 무거워질 때까지 버틴 다음에야 내게 전화를 했다.

　12월이 되자 엘리스가 살 날이 얼마 남지 않은 것이 확실해졌다. 그가 50대였을 때, 그는 죽음에 대한 악몽으로 잠이 깬 침대에 일어나 앉아 있곤 했다. 죽음은 그가 어찌할 수 있는 게 아니었고 어찌할 수 없는 것을 제압할 수는 없었다. 이제 그는 그것을 받아들여야 했고 놀랍게도 그는 모든 것을 용감하게 받아들였다.

　어느 날, 병원에 가서야 엘리스가 모두를 부른 걸 알았다. 그의 삶에 자취를 남긴 것과 동일한 느낌으로 이제는 그의 죽음을 기억할 아내 셋을 침대 주위에 불러 모았다. 그는 우리에게 차례로 가장 사랑했던 사람이라고 말했다. 아마 그랬을 수도 있다. 아마도 가장 사랑했던 사람이 많을 수도 있을 것이다. 다시 시간이 지난 어느 날 나는 조너선을 어렵게 찾아내 병원에 데려갔다. 그들이 서로 손을 잡고 깊은 이야기를 나눴다고 말하고 싶지만, 조너선은 시선을 아래로 떨구고 있었고 엘리스는 절망적이고 지쳐 보였다. 크리스마스 바로 전 어느 늦은 오후에 엘리스를 만나러 갔는데 그것이 마지막 방문이 될 거라는 느낌이 들었다. 조화로 만든 크리스마스 홀리와 반짝이를 두른, 유동식과 탄산음료를 싣고 덜컹거리며 다니는 카트가 있는 곳에서, 우리는 손을 잡고 서로에게 상처

준 시간에 대해 사과하고 함께했던 좋은 시간에 대해 감사했다. 그리고 작별 인사를 했다. 나는 떠나는 게 쉽지 않다는 걸 배웠다.

다시 애들레이드로 돌아오자 크리스마스가 다가오고 있었다. 건축가는 바다 근처에 별장을 예약했다. 덧문을 댄 창문이 있는 네모난 돌집이었다. 둘레에는 아몬드나무와 올리브나무 그리고 차가운 바닷바람 부는 겨울 저녁에 불 피우기 좋은 솔방울을 떨군 소나무가 있었다. 여름이라 잔디는 바짝 말라 황갈색이 되었고 주위에는 제라늄이 구부러진 긴 가지에 분홍빛, 붉은 빛으로 피어 있었다. 흰색으로 칠한 커다란 주방에는 긴 나무 테이블이 놓여 있었고 보통보다 두 배는 큰 거실은 바닥이 기울었다. 집에서 바다는 볼 수 없었지만 바다 내음을 맡을 수 있었고 좀약 냄새가 나는 옷장에서 꺼낸 하얀 침대 시트 사이를 기어다니면 몸에 소금이 묻어났다.

우리는 크리스마스를 그 집에서 보내기로 했다. 엘리스가 방송 일을 한창 하던 때 그와 함께 일했던 클레어도 함께 지내려고 왔다. 클레어는 하얀 피부의 아름다운 아일랜드 사람이었다. 그는 아버지가 얼마 전에 돌아가셔서 아직도 슬픔에 잠겨 있었다. 검은색과 흰색이 섞인 카프탄(튀르키예 사람들이 주로 입는 긴 옷, 옮긴이)을 입고 종종 손을 가슴에 포갠 채 침대에 누워 있거나, 긴 붉은 머리를 어깨까지 늘어뜨리고 정원에 앉아 명상을 했다.

나는 엘리스가 어떻게 되었는지 알아보려고 저녁마다 길 끝에 있는 공중전화 박스에 갔다. 크리스마스 이틀 전에 전화했더니 제니는 그가 죽었다고 했다. 집으로 돌아오는 길에 우리가 함께했던 이십 년, 아니 그 이상의 시간을 돌이켜보려고 했지만 아무것도 생각나지 않았다. 나는 내 영혼이 지닌 몫을 다 써버린 사람처럼 감정이 메말라 있는 것을 느꼈다. 감정이라는 게 재생되지 않을 수도 있는 건지 누가 알겠는가?

클레어는 계속해서 우리에게 울라고 말했다. 건축가는 우리가 이미 울었다고 했다. 얼마나 울어야 제대로 운 건지 논쟁을 벌이는 그들을 남겨둔 채 나는 해변으로 갔다. 하얗게 빛나는 모래를 따라 달리다가 바다로 뛰어들자 물꽃이 발목을 적셨고 짠내나는 공기가 폐를 채웠다. 크게 소리를 지르니 내 목소리가 울려 퍼졌다. 흰 갈매기들이 머리 위로 솟아오르고 작고 검은 게들이 바위에 난 물웅덩이로 잰걸음질 하는 모습이 경이롭게 느껴졌다. 발을 잡아당기는 물결이 좋아 다시 소리를 질렀다. 짠 물방울이 이내 눈물이 되었다.

건축가의 가족과 우리 가족 그리고 클레어가 크리스마스 저녁 식사를 함께했다. 우리는 계획을 바꾸지 않기로 결정했다. 긴 테이블을 뒤 베란다로 옮겼고 건축가는 한쪽은 채식주의자를, 다른 한쪽은 칠면조를 먹는 사람을 위해 식탁을 차렸다. 우리는 칠면조가 있는 쪽에 앉았다. 건축가의 전처는 마음이 따뜻하고 감수성이 풍부한 사람이었는데 내 옆에 앉아 엘리스의 죽음에 대해 우리 모두를 걱정해주었다. 조지아와 조슈아 건너편에 앉은 나는 아이들이 감정을 거의 드러내지 않지만 속으로는 걱정하고 있다는 사실을 걱정했다. 아마도 우리는 얼어붙은 슬픔으로 인해 고통스러워했던 것 같다. 건축가의 어머니는 70대의 건강한 분으로 남편이 얼마 전 세상을 떠났다. 그는 클레어 옆에 앉아 죽음과 건강하게 죽는 것에 대해 이야기했다. 건축가는 크리스마스가 자신이 바라던 대로 되지 않자 기분이 나빠졌고 식사가 끝나기 한참 전에 잠자리에 들고자 자리를 떴다. 우리는 각자 자신의 불행에 너무나 집중한 나머지 아무도 그가 사라진 것을 알아채지 못했다.

크리스마스 다음 날, 엘리스의 장례식에 참석하기 위해 조지아와 조슈아를 데리고 시드니로 날아갔다. 아이들은 긴장해서 얼굴이 하얗게 질렸다. 그리고 조너선? 아, 조너선. 나는 장례식 전날 조너선을 찾았다. 그는 전처럼 바지를 끈으로 추슬러 묶고 맨발로 나타났다. 옷을 갈아입히려고 해보았지만 그가 부아를 내고 괴로워해서 그냥 내버려두는 게 나아 보였다.

장례식 도중 작달비가 쏟아졌다. 참석자들은 옷을 잘 차려입었고 우리는 인내심을 가지고 식이 시작되기를 기다렸다. 엘리스가 일했던 호주 국영 방송국에서 목사님을 보내주었는데 그는 엘리스가 얼마나 인내심 많고 침착한 사람이었는지 이야기했다. 나는 엘리스의 좋은 점을 많이 생각해낼 수 있었지만 인내심과 침착성에 관한 한 할 말이 거의 없었다. 목사님은 엘리스를 에릭이라고 불렀다. 엘리스는 자기를 에릭이라고 부르는 걸 싫어했을 것이다. 장의사가 커다란 글씨로 엘리스의 이름을 적은 카드를 목사에게 슬쩍 밀어주었다. 아마도 장의사들은 이런 경우를 대비해 항상 카드를 가지고 다니는 것 같았다.

내가 죽으면 모차르트의 다단조 대미사곡과 '내 안에 계신 주님' 그리고 아직 결정하지 못했지만 세속적인 어떤 음악이 있었으면 좋겠다. 그러나 야외 장례식에는 음악이 없다. 조너선이 연주를 해주었다. 그가 낄낄거렸다. 낄낄거리는 소리가 점점 커져서 더 이상은 모르는 체하기가 어려웠다. 짙은 파란색 수레국화가 덮인 관을 내려다보던 나는 그 소리가 마치 죽음의 끝자락을 떠도는 것처럼 느껴졌다. 조너선이 낄낄대는 소리가 우리를 어떤 곳의 끝자락으로 데려가는 것 같았다. 내가 닿을 수 없는 어떤 곳, 내가 이해할 수 없는 어떤 곳으로.

3장

바닷가의 집

멀고도 멀어라, 멀고도 없어라,

점블리 가족이 사는 땅.

그들의 머리는 푸르고 손은 파랗다네.

체를 타고 멀리 바다로 떠났다네.

에드워드 리어

1980년 1월 나는 애들레이드 해안지구에서 초록색 쓰레기 봉투 더미 위에 앉아 이 모든 것이 중대한 실수라는 생각을 하고 있었다. 쓰레기 봉투는 쿠션과 옷가지들이 가득 차 불룩했고 그 중 하나에서는 국물이 새면서 시큼한 냄새가 풍겼다. 우리는 이사를 하는 중이었다. 조너선은 열여덟, 조지아는 열다섯, 조슈아는 열한 살이었다.

엘리스가 죽은 뒤 조너선, 조지아, 조슈아와 나는 애들레이드로 돌아왔다. 건축가와 나는 애들레이드에 집을 하나 사두었다. 이것이 이렇게 지독히 더운 여름날, 속세의 소유물 모두를 길가에 흩어놓고 또 길 한편에 쌓게 된 이유이다. 정정한다. 건축가는 속세의 소유물 모두를 가져오지는 않았다. 그는 자신의 작업 책상과 그림 두어 점만 옮기기로 했다.

'조심성 많은 인간 같으니.' 나는 속이 시어 중얼거렸지만 조너선의 병 때문에 조심성 많던 건축가가 사실상 꽤 무모해지고 있다는 걸 인정해야 했다. 조지아와 조슈아가 가방과 책을 한아름 옮기는 동안 건축가는 커다란 옷장 밑으로 몸을 숙여 이삿짐 운반 회사 사람 두 명과 함께 들어올린 다음, 이것을 한 번에 계단 두 칸씩 옮기려고 했다. 그리고 조너선은 길 아래 어딘가를 배회하다가 없어졌다.

조너선은 훨씬 좋아 보였고 나는 그와 가능한 한 멀리 거리를 두었다. 내가 왜 그토록 예민했을까? 아마도 내 재킷들을 여기저기 찾아다니다가 국물이 줄줄 새는 쓰레기 봉투 속에 든 걸 보았기 때문일 수도, 아니면 건축가가 '당신 짐이 너무 많네.'라고 퉁명스럽게 말해서일 수도 있다. 아마도 그냥 피곤했을 수도 있다. 나는 쓰레기 더미에서 몸을 일으켜 멋들어진 우리의 새집을 올려다보았다.

재작년 후반부터 집을 사려고 건축가와 보러 다니기 시작했지만 보는 집마다 항상 마음에 안 드는 점이 있었다. 어떤 건 너무 크고, 어떤 건 너무 작고, 어떤 건 북향이고, 어떤 건 남향이고, 어떤 건 정원이 있고 어떤 건 없고, 이런 식이었다. 해안을 따라 달리는 차 안에서 이건 우리가 함께 살고 싶다는 바람에 대해 무언가를 말해주는 걸 수도 있다고 막 결론 내리려던 참에, 바닷가에 있는 그 집을 발견했다. 집은 너무 멋졌고 건축학적으로도 흠잡을 데가 없었으며 가격도 적당해서 우리 중 누구도 사지 않을 구실을 댈 수가 없었다.

집은 '마린'이라고 알려진, 한 줄로 늘어선 열 채의 푸른 색 돌집 중 하나로 집의 규모가 크고 건축학적으로 웅장해서 해안선을 압도했다. 이 집들은 1880년대에 그레인지(Grange)라고 하는 바닷가 교외에 들어섰는데 애들레이드 지역 내 투기적 개발의 첫 번째 예 중 하나로 꼽혔다. 이후 그레인지는 모나코의 몬테카를로처럼 되었다. 개발업자들의 자금이 부족해져 보기 싫은 다세대 주택과 발코니가 있는 이층집들이 섞이게 되면서 흉측하게 변했다.

우리가 그레인지에 사는 동안 마린의 집들은 주로 단층이나 방 단위로 세를 놓았으며 그 중 세 채는 단독 주택으로 개조했다. 우리 집이 그 중 하나였다. 이 집은 넓은 지하실까지 합쳐 사층짜리 건물이었다. 일층 부터 각 층마다 화려한 장식의 주철 난간이 달린 넓은 베란다가 있었고, 베네치아풍의 붉은 기둥 또한 인상적이었다. 내부에는 마호가니 계단 이 길게 나 있었고 대리석 벽난로가 있는 널찍한 방들이 있었다. 이 집 은 거주자들에게 고상한 요구를 하는 그런 집이었다: 너희는 구석에 쭈 그리고 만화책을 읽거나 토피(캐러멜을 굳힌 사탕 종류, 옮긴이)를 먹으면 안 된다. 이런 집에서는 안 된다.

　조지아, 조슈아, 조녀선, 건축가, 나 우리 모두가 집에 함께 있는 날도 있었지만 계단을 지날 때를 빼고는 서로 전혀 볼 수가 없었다. 주방이 집 뒤쪽에 있어서 춥고 불편했다. 거실은 빅토리아 식으로 말해 응접실 이었는데 존경심을 강요하는 것 같았다. 맨 위층에 있는 침실의 길이는 10미터가 넘었다. 어느 부동산 직원은 그 방을 당구실이라고 했고 또 다 른 직원은 연회실이라고 했다. 우리는 그곳 침대에 누워 바다를 바라보 았고 바다는 일 년 내내 부드러운 잿빛에서 눈부신 초록빛 그리고 파란 빛으로 색깔을 바꿔갔다. 베란다의 붉은색 난간 외에는 전망을 방해하 는 것이 전혀 없어서, 우리는 해안을 따라 항해하는 여객선에, 혹은 지 중해에 있다는 상상을 했다. 그러다 좀 더 대범해지면 케이프혼(남미 최 첨단에 있는 섬으로 파도가 심해 항해사들의 무덤이라고 불렸다, 옮긴이) 근처라고 상 상하기도 했다. 그럴 때면 파도를 함께 상상해야 했지만 사실 이곳은 만 류 지역이라 파도가 없었다.

　해변은 길고 곧게 뻗었고 해안선이 끝없이 펼쳐졌다. 텅 빈 바다에는 해안선을 격자 모양으로 단정하게 나눈 것마냥 가끔씩 아주 긴 나무 방파제들이 누워 있었다. 방파제는 수직으로 세운 목재 기둥 위에 있었고 기둥 모두 폭풍과 파도에 두들겨 맞아 이상한 모양으로 변해갔다. 방파제는 사람들이 해거름이나 이른 아침에 산책을 하거나, 몇몇이 낡은 배낭이나 작은 미끼 꾸러미를 가지고 낚시를 하러 모이는 실용적인 장소였다. 그들 중 많은 수가 그리스인이나 이탈리아인 가족이었다. 이들은 그냥 편안하게 낚시를 하는 사람들이라 누군가가 (어떤 크기든) 무언가를 잡은 것을 본 적은 거의 없었다. 그러나 우리는 플라스틱 통을 들여다보고 꿈틀대는 작은 물고기에 대해 의례적인 감탄을 해주곤 했다. 한번은 조슈아가 꽤 큰 물고기를 잡아서 아침 식사로 요리한 적이 있다–적어도 내 기억으로는 조슈아가 꽤 큰 물고기를 잡았다. 어쩌면 이것도 인생이 이러이러하게 되어야 한다는 내 환상 중 하나일까?

그레인지 바닷가에 있는 적갈색 벽돌 건물에는 매점이 있었고 색색의 플라스틱 리본이 입구에서 펄럭거렸다. 그곳에서는 파이, 페이스트리, 찬 음료, 아이스크림을 팔았다. 빨간색과 주황색이 섞인 수영복에 모자를 쓴 구조대원들은 여름이 되면 어린 아이들에게 경주와 구강 대 구강 인공호흡법을 연습시켰다. 겨울 바다는 적막했지만, 구조대원들이 소리 높여 서로에게 지시를 하면서 보트에 올라타 노를 젓곤 했다.

이른 아침, 바다와 하늘이 굴빛 회색의 물비늘을 만들며 반짝거릴 때 우리는 모래사장을 달리고 말들은 아침 안개 속에서 우리를 향해 달리곤 했다. 마음이 평온한 날이면 그들이 오로라(로마 신화에 나오는 여명의 신, 옮긴이)의 말이라는 상상을 즐겼지만 때때로 악몽을 꾼 날이면 그들은 (한두 마리 차이가 있을지는 몰라도) 계시록에 나오는 종말의 네 마리 말 이 되었다. 그리고 좀 더 일상적인 아침에는 이른 아침 경주 훈련을 하기 위해 길 위쪽에 서 있는, 마구간에서 온 평범한 말들이었다. 말들은 커다란 글씨로 문구를 쓴 표지판을 지나 달려가곤 했다.

그레인지 비치에 오신 것을 환영합니다.
즐거운 하루 되시길 바랍니다.
공놀이 금지
말 출입 금지
개 출입 금지
불 피우기 금지
음주 금지
자전거 금지

나는 그 아래에 이렇게 적어놓고 싶었다: 사람 출입 금지

그레인지는 지구 끝에 있는 느낌이 들게 하는 곳이었다. 평평했다. 너무 평평해서 너무 멀리 걸어나가거나 달려가면 떨어질 수도 있을 것 같은 그런 곳이었다. 또 순수했다. 마치 시간이 정지된 곳 같았다. 어린 남자아이는 아직도 구부린 핀을 미늘 삼아 낚시를 하고 여자들은 플라스틱 보형물을 넣은 꽃무늬 수영복을 입었다. 바닷가에는 라디오에서 흐르는 음악 소리도 오일을 바르는 사람도 거의 없었고, 가슴을 드러내는 것에 대한 문제로 인해 지방 의회 의원들이 안절부절못하는 그런 곳이었다. 표지판에 가슴을 드러내지 말라고 쓰려면 과연 뭐라고 써야 할까?

여름이나 겨울이나, 바람이 불 때면 커다란 해초 더미가 바닷가에 높다랗게 쌓이고 공기 중에서는 요오드 냄새가 물씬 풍겼다. 때로 나는

95

그해초 더미 속으로 뛰어들어가 오래도록 누워 있으면 다시 태어날 수 있을 거라는 희망을 꿈꿨다. 때로는 그곳에 숨을 생각도 했다. 영원히.

집의 규모 때문에 주눅이 들었다. 가장 작은 방을 내 서재로 삼았는데 안전하다는 느낌을 주는 유일한 장소였기 때문이다. 그 방은 전에 옷방으로 쓰던 곳으로 책상과 등받이 의자, 책 몇 권이 들어가기에 딱 적당했다. 여기 앉아 글을 쓰다가 커피를 가지러 아래층에 내려갔다 돌아오면 창문으로 날아들어온 모래가 종이 위에 노란 필름처럼 덮여 있었다. 나는 어떤 거대한 모래시계 속에 갇혀 있고 누군가가 내 시간을 재고 있는 것 같았다. 아니면 시간이 그들 것이고 내가 침입자일까? 여러분은 내가 얼마나 쉽게 환상으로 빠져드는지 알아챘을 것이다. 나는 종종 우리 삶이 현실이 아니라 타인 인생의 한 부분을 연기하는 것이라고 느낄 때가 있다. 때때로 창가에 서면 외로움이 엄습해와 '샬롯의 아가씨(기사 란스롯을 짝사랑한 엘레인의 이야기에 관한 알프레드 테니슨(Alfred Tennyson)경의 장편 시, '두 개의 강이 옆으로 나란히 누워 있고/ 길게 뻗은 보리밭과 호밀밭이/ 고원의 들판을 덮고 하늘까지 맞닿아 있네.'로 시작한다, 옮긴이)'를 암송했다. 그러나 이곳에는 길게 뻗은 보리밭과 호밀밭이 없었다. 오직 잿빛 바다와 햄버거 종이를 공중에 날리는 바람 그리고 눈에 들어오는 모래가 있을 뿐이다. 이것이 겨울 풍경이었다. 너무도 사나운 바닷바람에 현관문을 열려면 두 사람이 필요한 그런 곳이었다. 그러나 우리가 이사를 한 그 여름은 푸르고 빛나는 날들이어서 다시 한번 새롭게 시작할 수 있겠다는 생각을 했다.

건축가는 자기 집을 사무실과 피난처 용도로 계속 사용하기는 했어도 거의 대부분을 바닷가 집에서 지냈고 해안 지구 개발에 관한 지역 투쟁을 이끌었다. 조지아와 조슈아는 학교로 돌아갔고 새집과 바다가 마음에 든다고 했다. 우리 모두가 가정 생활의 소소한 것들을 즐기기 시작했다. 앞 베란다에 쌓인 모래를 쓰는 일, 함께 시장에 가는 일, 식사 당번을 정하는 별것 아닌 일조차 좋아했다. 아침을 먹기 전에 수영을 했고 때로는 점심 시간에도, 또 종종 밤에도 수영을 했다. 밤에 하는 수영은 신비로웠다. 바다는 깜깜하고 금지된 곳처럼 보였지만 물 속으로 들어가면 검은색은 흩어져 빛을 발했고, 나는 환희를 맛보곤 했다.

조너선은 미술 학교에 가고 싶다고 했다. 그는 포트폴리오를 들고 가 입학 허가를 받았고 나는 낙관했다. 그 당시 우리 가족의 오래된 친구가 집에 머물고 있었다. 70대의 이 멋진 여성은 여전히 활발하게 활동 중인 언론인으로 아이들이 어렸을 때부터 알고 지냈다. 조너선은 두 팔을 활짝 벌려 바바라를 안아주었고 그는 조너선에게 정말 잘 생겼다고 했다.

그러나 어느 날 아침에 그가 내게 말했다.

"자기야, 조너선이 웃을 일이 없는데도 계속 웃어대는 걸 알고 있어?"

알았지만 모른 척하고 있었다. 바바라는 또, 조너선이 화가 났을 때 공간 개념이 없는 사람처럼 사람들에게 얼굴을 바투 들이댄다는 사실도 알아차렸다. 아이가 열세 살 때 초록색 교복 재킷을 입고서 바바라에게 얼굴이 거의 닿을 정도로 들이대고 소리질렀던 기억이 퍼뜩 떠올랐다. 평상시에 온화한 아이가 하기에는 이상하리만치 적대적인 행동이었다. 조현병의 예후 중 하나는 감각이 왜곡되는 것이다. 소리가 더 크게 들리거나 작게 들릴 수도 있고 색깔이 더 밝게 보일 수도, 촉각이 갑작스럽게 혹은 냄새가 더 자극적으로 느껴질 수도 있다. 때로 사물이 일그러지고 무섭게 보이기도 한다. 자동차 운전대가 뱀처럼 보이기도 한다. 모든 사람이 지켜보고 있다는 느낌이 점점 강하게 들 수도 있으며 환청이 따라다닐 수도 있다. 시간이 사라졌다가 천천히 흐르고 갑자기 빨라지는 것 같을 수도 있다.

문제는 조녀선이 약을 복용하지 않으면서 이러한 예전 증상들이 다시 서서히 나타나기 시작한다는 것이었다. 현재는 조현병 치료에 항정신성 약물이나 안정제로 알려진 다양한 종류의 강력한 약물을 사용하고 있다. 이 약물은 질병 자체를 치료하지는 않지만 사례의 70퍼센트 정도 내에서 환청이나 망상 같은 정신질환 증세를 완화시키는 데 도움을 주고 환자들이 질병을 조절할 수 있도록 도와준다. 단지 욕구 상실과 금단 증세 같은 만성 증상을 치료하는 데는 효과가 그다지 좋지 않다. 아직까지 이러한 약물이 어떻게 작용하는 것인지를 완전하게 밝혀내지는 못했지만, 뇌에서 신경 세포 간에 정보를 전달하는 화학 물질인 도파민을 차단하는 것과 관련이 있다. 조현병에 걸린 사람들은 도파민이 과다 분비된다고 알려져 있다. 약물은 매우 다양한 이름으로 출시되어 있으며 알약, 시럽, 근육 주사 형태로 투약할 수 있다. 모든 개개인이 약물에 다르게 반응하므로 가장 효과적인 약물의 종류와 복용량을 알기 위해서는 상당한 시간이 걸린다. 나 역시 최근에 알게 된 사실인데 특히 약물은 종종 신경학적인 부작용을 일으킨다. 그러나 정신병적 증상을 계속해서 통제하고 싶다면 약물 복용을 꾸준히 해야 한다.

약물이 개발된 1950년대 이전에는 조현병을 효과적으로 치료할 방법이 없었다. 병에 걸린 대부분의 사람들은 다시 바깥 세상으로 돌아올 수 있는 가능성이 거의 없이 편도 티켓만을 가지고 정신병원에 갔다. 나는 약물치료가 알려지기 전 시대에 운영하던 병원 중 한 곳에 가본 적이 있다. 병을 완화시킬 방법이 전혀 없던 때 정신질환으로 고통받던 사람들에 대한 기억이 아직까지도 생생하다. 그들은 울부짖으며 앞뒤로 몸을 흔들고 끊임없이 웃어댔으며 자기 자신에게 또는 말을 들어줄 누구에게나 말을 했다. 어떤 사람은 손가락으로 무언가를 가리켰고 어떤 사람은 소리를 질렀으며, 또 어떤 사람은 초록색 리놀륨 바닥에 낡은 짐꾸러미처럼 몸을 웅크리고 누워 있었다. 건물에서는 소변, 대변, 소독약 그리고 절망의 냄새가 났다.

정신병에 관한 역사를 보면 이 질병을 앓는 사람들이 물려받은 그리고 여전히 맞서 싸우고 있는 억압의 무게를 이해하는 데 도움이 된다. 이러한 과정을 통해 우리가 병을 바라보는 방식이 이를 대하는 방법에 영향을 미치며, 대하는 방법이 치료 결과에도 영향을 미친다는 것을 알게 된다.

정신병을 악마의 표시로 여기던 중세에는 증상을 지닌 사람을 마녀로 몰아 태워 죽이거나 외곽으로 쫓아내 떠돌게 했다. 그들은 '바보들의 배'라는 배에 실려, 유럽의 운하를 떠돌며 끝나지 않는 절망의 여행을 해야만 했다. 런던에 있는 베들레헴 병원(베들렘이라고 알려짐)에서는 1770년까지 환자가 사슬에 묶여 감방에 갇히거나, 일반인이 동전 한 푼을 내면 전시관에 있는 환자들을 동물원에 갇힌 동물처럼 구경할 수 있었다.

빅토리아 시대(1837~1901년 영국의 빅토리아 여왕이 통치한 시대, 옮긴이)에는 정신병이 대개 '기질의 유약함에서 오는 퇴행 상태'라는 믿음에 근거를 두고 치료를 했다. 당시 대부분의 정신질환자는 정신병원에 수용되었는데, 치료 방법이 때로는 인간적이기도 했으나 많은 경우 잔인함과 모욕, 굶주림을 견뎌야 했다. 어떤 곳은 회복되는 경우가 3퍼센트에도 미치지 못했다.

1950년대까지는 정신병원이 대부분의 정신질환자를 치료하는 주요 장소였다. 빅토리아 시대에 행해진 쫓아내거나 때리거나 물에 빠뜨리는 등의 방법은 충격을 주어 병에서 빠져나오게 하려는 의도였을 것이다. 이 시기에 이르러 인슐린요법이나 충격요법 그리고 뇌엽절리술(치료 방법을 찾아내기 위한 야만적이고 필사적인 노력을 짐작하게 하는) 등으로 대체되었다.

1920~1930년대의 정신분석학자들은 조현병의 원인이 신체적인 것인지 아니면 어린 시절의 충격적인 경험이나 잘못된 양육 방법 때문인지에 대해 의문을 갖기 시작했다. 이러한 이론은 반정신의학 운동이 조현병을 '정상 궤도를 벗어나거나 함께 살기가 어려운 사람들을 희생양으로 삼기 위해 딱지를 붙인 것'이라고 이해한 1950~1960년대에 이르러 더욱 발전했다. 이러한 믿음은 어느 것도 타당한 연구에 의해 입증되지 않았고 따라서 신빙성 없는 것으로 여겨졌지만, 오랫동안 조현병 환자의 가족들에 대한 날카로운 비판을 이끌어왔다.

1950년대에 항정신성 약물이 개발되면서 드디어 정신질환을 앓는 사람들이 그들의 병을 감당할 수 있게 되고 공동체 내에서 살 수 있게 되었다. 이 약물이 조현병을 완치하지는 못해도 치료 결과가 오늘날까지 꾸준히 향상된 덕분에, 삼십 년 전 조현병 진단을 받은 사람의 약 60퍼센트 정도가 완전히 회복되거나 병세에 큰 호전을 보였다.

세계 제2차대전 동안 군 정신병원에서 집단 장애를 처음 발견한 시드니의 정신건강의학과 의사 존 엘라드(John Ellard)는 사람들이 난폭해지고 소변으로 옷을 적시고 대변을 머리에 묻히곤 했다고 말했다.

"그건 일반적으로 나타나는 현상이었어요. 요즘 그들이 내게 찾아와서 말해요. '나는 제대로 생각을 하지 못해서 도서관에 가 닥치는 대로 책을 읽었어요. 내 생각에 나는 조현병에 걸렸던 것 같아요.'라고."

엘라드는 조현병의 발생 빈도가 줄었을 뿐 아니라 증상이 완화되고 있으며 결과가 좋아지고 있다고 믿는 많은 정신건강의학과 의사 중 한 사람이다.

조현병의 회복률은 다양한 종류의 사회에서 상당히 다르게 나타나는 것으로 알려져왔다. 세계보건기구가 이십 년에 걸쳐 실시한 다국가 연구에 의하면, 개발도상국에서 정신질환을 앓는 사람이 선진국의 경우보다 훨씬 높은 호전율이나 완치율을 보인다고 한다. 정신질환은 전 세계적으로 나타나는 질병이므로 환경이 치료 결과에 영향을 미친다는 것이 거의 확실하다는 사실을 제외하면 이 연구의 원인은 아직 완전히 밝혀지지 않았다. 그러나 약물이 정신질환을 다루는 데 있어 여전히 주된 수단이 되는 것만은 확실하다. 그래서 약을 복용할 필요가 있을까 하는 회의가 들 때마다, 나는 약이 사용되기 이전의 상태를 떠올려보곤 한다. 그러나 당시 내게 닥친 문제는 조너선이 악화되고 있으며 그가 복용하는 약물이 어떤 약인지, 얼마나 먹어야 하는지, 먹지 않으면 어떤 일이 생기는지 아무 것도 알지 못한다는 사실이었다.

이런 문제로 프랭크에게 전화를 하자 그는 관련 정보를 알아봐주었을 뿐만 아니라, 약물에 대한 경과를 주시하기 위해 조너선을 매주 자기 병원으로 데려오라고 제안했다. 조너선이 동의했고 처음에는 병세가 호전되었다. 나는 아이가 하는 일이 마뜩잖아 잔소리하는 것을 그만두기로 프랭크와 약속했다. 조너선은 독립을 배워야 한다. 그래서 그가 방문하는 것은 언제나 환영이지만 집에 함께 살지는 않을 것이다. 우리는 그가 동료 학생과 함께 살도록 학교 근처에 집을 구하는 것을 도우면서 반 년 동안 이 일을 준비하기로 했다.

조녀선도 이런 계획이 좋을 것 같다고 해서 그와 집을 보러 다녔다. 우리는 애들레이드의 오래된 지역 중 하나인 프로스펙트라는 교외의 학생 주거 지역을 돌아보았다. 프로스펙트의 길은 머틀, 비어트리스, 올리브, 어제일리어 등 식물 이름을 붙인 곳이 많았다. 집들은 대부분 골함석 지붕과 둥그런 베란다, 잘 정돈된 정원이 있는 아담한 규모거나 옛 영화를 떠올리게 하는 푸른색 돌로 지은 커다란 저택들이었다. 가게들은 두서없이 뒤섞여 있었고 우스꽝스러울 정도로 유행에 뒤떨어졌다.

얼마 전, 그때의 기억을 되살려보려고 그곳에 다시 갔다. 한 중고품 가게의 안으로 낡은 난로, 노랗고 까만 실로 짠 장갑이 가득 든 바구니, 싸구려 유리컵을 올려놓은 선반과 길게 줄을 낸 먼지 자국이 보였다. 길에는 크롬 도금을 한 빨간 의자와 유행 지난 옷이 가득 걸린 옷걸이를 내놓았다. 그 옆 꽃가게의 진열장에는 조화와 결혼식에 쓰일 장식품이 꽉 들어차 있었다.

조녀선과 이 가게들을 지나가면서 쓸 만한 보물이 있는지 들여다보던 기억이 났다. 어떤 중고품 가게에서 사납게 생긴 셰퍼드 한 마리가 튀어나와 시끄럽게 짖어댔다. 조녀선도 사지를 아래로 내리고 짖었다. 개가 조녀선의 얼굴을 핥자 그가 나를 올려다보고는 낯꽃처럼 웃었다.

"토비가 있으면 좋겠어."

토비는 우리가 시드니에서 데려온 두 마리 개 중 하나다. 이가 튀어나오고 한쪽 귀는 위로 솟고 다른 쪽은 아래로 쳐진 모습으로, 다른 개인 '리자'보다 더 작은 호주산 테리어였다. 토비는 그 전에 기르던 개가 차에 치여 죽은 후 우리 집에 왔다. '푸들'이라고 적힌 우리에 앉아 있었지만 누구도 그렇게 믿지 않게 생긴 강아지를 백화점에서 사온 것이다. 사실 토비는 우리가 새 강아지를 맞을 마음의 준비를 하기도 전에 오는 바람에 미움을 받았다. 토비도 똑같이 되갚음을 했다. 그는 쓰레기통이나 바짓가랑이에 오줌을 쌌고 체구가 작은 할머니들을 물었으며 아이들을 보고 짖어댔다.

토비는 꽤 신이 나서 조너선의 집으로 옮겨갔다. 그때가 3월, 애들레이드 페스티벌이 있는 달이었다. 그해의 페스티벌은 훌륭했고 스페인 인형극단 '라 클라카'는 미로(Joan Miro 1893~1983, 스페인의 초현실주의 화가, 옮긴이)가 그린 거대한 마스크를 사용한 멋진 공연을 펼치기도 했다. 나는 그곳에 두 번 갔는데 두 번째는 조너선이 미로의 마스크를 좋아할 거라는 생각에 그와 함께 갔다. 조너선은 극에 깊이 몰두해서 악당들이 이기면 화를 냈고 지면 환호성을 질렀다. 조너선이 스페인의 정치적 배경을 충분히 이해하고 있는 듯해서 신기했다. 그는 어릴 적 책을 아주 많이 읽었지만 이 당시에는 집중할 수가 없어서 책을 거의 읽지 않았다. 그는 텔레비전도 잘 보지 않았고 오로지 라디오로 음악만 들었다. 그러나 자신을 둘러싼 세계로부터 마치 삼투압을 하는 것처럼 엄청난 양의 지식을 마구 모은 것 같았다. 그는 때로 아주 빠른 속도로 그것을 내뱉기도 하고, 갑작스럽게 침묵 속으로 물러나기도 했다.

4월 초 건축가는 전국적으로 방송되는 텔레비전 프로그램에 출연해 도시 환경을 보전할 필요성에 관한 이야기를 했다. 그는 잘 해냈다. 그때 우리는 둘 다 바닷가의 집에서 일을 했다. 나는 삼층에서 글을 썼고 건축가는 사층을 사용했다. 당시에 나는 다양한 정부 기관과 대학의 위원회 일에 관여하고 있었다. 소속감이 필요했기 때문이었다.

조녀선은 세인트 코랜틴에서 프랭크와 정기적으로 만났다. 세인트 코랜틴은 성적 장애를 전문으로 다루는 지역 정신의료센터로, 나무와 관목 담장에 둘러싸인 흰색의 아름다운 빅토리아풍 저택이었다. 보통 복도 끝에서 조녀선을 기다리는 동안 클래피스 씨와 정기적으로 대화를 나누곤 했다. 그는 멋진 콧수염을 길렀고 조녀선처럼 복도를 쉬지 않고 바장였다.

"결혼했어요?"

"아니요."

"남편은 어디 있어요?"

"죽었어요."

"결혼 안 한 게 확실해요?"

"네."

"그럼 나랑 결혼해요."

나는 몇 달간 계속 청혼을 받았다. 클래피스 씨는 청혼을 할 때 목소리를 바꾸는 법이 없었고 대답을 원하는 것 같지도 않았다.

조녀선이 우리와, 특히 나와 떨어져 살아야 좋다는 조언과 현실은 달랐다. 조녀선은 미술 학교에 겨우 서너 번 갔을 뿐이었다. 그는 또다시 사람들이 자기를 싫어한다고 했다. 지난 해에 잠시 다닌 고등학교에서 알게 된 믿을 만한 친구 한두 명을 포함해서 주변에 친구들이 있는 듯했지만, 누구도 그와 함께 며칠 이상을 살려하지 않았다. 그들은 조녀선과 사는 것이 혼돈 그 자체라고 말했다.

때로 사람들은 그를 이용했다. 조너선의 집에 들어가 집세를 내지 않고 살다가 물건 대부분을 훔쳐서 나갔다. 집주인과 부동산 중개인은 집 보증금을 낸 내 연락처를 알았다. 조너선이 쓰레기를 집 밖에 쌓아두고 밤새 불을 켜고 문과 창문을 모두 열어둔 채 집을 비우고, 또 핑크 플로이드의 울부짖는 소리로 잠을 깨웠다고 이웃들이 화가 나 전화한 기억을 떠올리면 아직도 몸이 움찔한다. 조너선의 질병 수당으로 집세를 내기로 했지만 그는 수표를 잃어버리거나 모두 써버리곤 했다. 때로는 수당이 이유 없이 지급되지 않기도 했다. 담당 직원은 컴퓨터나 우체국의 실수라며 사과했고 조너선은 낄낄거렸으며, 나는 수도 없이 항의 편지를 썼다.

친구들은 개입을 하지 말라며 나를 나무랐다. 프랭크는 조너선이 독립하는 법을 배워야 한다고 되풀이해 말했다. 그러나 다음 번에 내가 아무것도 안 하면 조너선은 집세를 못내 쫓겨날 것이고 그의 물건은 다 없어질 것이며, 그러면 한밤중에 집비둘기처럼 우리에게 돌아올 것이다. 청소 문제 또한 마찬가지다. 아이를 그냥 놔두면 반쯤 먹다 만 음식이 집 안에 널브러져 있을 것이고 바닥에는 구더기들이 기어다니게 될 것이다. 그는 자신도 제대로 먹지 않았고 토비도 제대로 먹이지 않았다. 우리는 청소 도우미와 사회복지사들에게 연락을 해 그들을 집에 부르려고 했지만, 청소 도우미들은 그곳에 들어가려 하지 않았고 사회복지사들은 조너선이 들어오지 못하게 했다. 6월 말경, 조너선은 세 곳의 집과 보건부에서 운영하는 한 곳을 포함한 자취집 세 곳에서 쫓겨났다.

프랭크가 안타까워하며 말했다.

"조너선이 다시 나빠지고 있어요."

증세가 악화된 주원인은 그가 다시 약을 먹지 않았기 때문이었다. 조현병 환자 중에는 약 먹는 것을 잊어버리는 사람이 많다. 다른 경우는 그들이 자신의 병이나 약의 필요성을 받아들이려고 하지 않거나, 아니면 자신이 좋아지고 있다고 생각하기 때문이다. 한편으로, 많은 사람들은 불쾌한 부작용을 경험하기 때문에 자기 마음대로 복용을 중단한다. 일단 복용을 중단하면 조현병 증세가 다시 나타난다. 그러나 정신이 제대로 작동하지 않는다는 것은 도움이 필요하다는 말이다. 사람들은 수년에 걸쳐 반복되는 조현병과 관련한 사건들을 겪고 나서야, 그들이 지속적인 관리가 필요한 질병을 가졌다는 사실을 받아들인다.

이런 경우 조너선이 다시 약을 먹게 하는 유일한 방법은 입원을 시키는 일이다. 그러나 그는 타의에 의해 입원할 만큼의 정신이상이 아니며, 이런 점이 전 세계에서 정신 보건법(또는 행정 당국)의 주요 맹점으로 지적되고 있다. 여러분은 사랑하는 사람이 점점 미쳐가는 것을 보고 있지만, 증상이 매우 심해져 그 자신이나 다른 사람에게 위험하다는 판단이 내려질 때까지는 할 수 있는 일이 아무것도 없다는 사실을 깨닫게 된다. 우리가 만약 '신체적 질병'에 대해 똑같은 태도를 취한다면 사회가 어떻게 반응할지 궁금해하곤 했다. 예를 들어 누군가의 다리가 감염되었다고 하자. 의학적 도움을 주기 전에, 괴저가 될 때까지 그들을 기다리게 한다면 어떻게 될까?

정신 보건법은 나라나 주마다 다르다. 어떤 곳은 다른 곳보다 낫다. 그러나 이를 시행할지의 여부는 모두 의사와 변호사의 의지에 달렸다. 정신질환자에 대한 심각한 학대가 자행되어 왔다는 것과 변호사들이 이런 학대를 기소하는 데 도움을 준 것은 사실이다. 그러나 인간의 권리를 보호하려는 열정으로 인해, 우리는 정신질환자들이 때로 자유는 지키지만 마음의 줄은 놓쳐버리게 하는 분위기를 조성해왔다. 시민의 자유에 관한 논의는 때로 방치에 대한 변명거리로 사용되기도 한다.

그러는 동안 다시 돈이 바닥나고 있었다. 우리 집과 조너선 집, 두 집을 유지하는 것은 재정적으로 버거운 일이었다. 조너선은 항상 모든 것을 잃어버려서(옷, 돈, 가구까지도) 물건들을 계속해서 다시 채워 넣어야 했다. 그래서 결국 나는 소말리아 난민에 관한 다큐멘터리를 촬영하자는 제안을 받아들였다. 이것은 그해 말에 한 상업 방송 채널에서 방영될 예정이었다. 그러나 그 결정이 결코 간단하지는 않았다. 건축가는 집에서 지내고 있었고 조지아와 조슈아도 그랬지만 조너선은 그렇지 않았다. 그의 병세를 예측할 수 없다는 사실로 미루어보면 모든 것이 잘못될수도 있다. 내가 갈 수 있을까? 갈 수 없을까? 나는 갔다.

우리 다큐멘터리 팀은 오 년 전 에티오피아의 기근을 촬영했을 때 방문한 지역인 오가덴 사막까지 갔다. 소말리아와 에티오피아는 오가덴 사막 중간 지점 어딘가에서 국경을 마주하고 있으며 수년간 서로 전쟁을 하고 있었다. 만약 미국과 러시아가 소이탄을 포함한 대규모 군사 지원을 하지 않았다면 이 전쟁은 부족 간의 소규모 분쟁 정도로 남아 있었을 것이다. 대리전은 가장 더러운 종류의 전쟁이다. 탐욕, 권력, 공포의 가면을 쓴 정치적 이데올로기라는 미명 아래서 사람들이 학살당하고 삶의 터전은 파괴된다. 사상자는 샘물이 오염되어버린 사막 지역의 유목민들이었으며, 그들은 기아와 질병으로 수천 명씩 죽어나갔다. 이제 그들은 더 이상 샘물에서 샘물로 옮겨다니지 않았다. 대신에 이 난민 캠프에서 저 난민 캠프로 옮겨다녔다. 난민들의 실상은 국제적인 원조를 이끌어낼 만큼 비참했다. 얄궂게도 우리가 촬영한 어떤 가족들은 오 년 전 에티오피아측 국경에서 촬영한 바로 그들이었다. 우리는 서로를 알아보았다.

우리는 주로 북소말리아의 라둬르라는 지역에 있는, 규모가 가장 큰 난민 캠프 중 한 곳에서 촬영을 했다. 그곳은 어릴 적 악몽에서 보았던 지옥과도 같았다. 베이스 캠프에서 난민 캠프까지 매일 세 시간을 운전해 다녔는데 한낮의 열기가 우리를 덮치기 전에 가능한 한 많은 일을 하고자 새벽에 출발을 하곤 했다. 우리가 탄 지프가 작은 언덕을 오르면 수도 없이 흩어져 있는 텐트와 검은 플라스틱 지붕을 얹은 판잣집들이 내려다보였다. 시야에 닿는 모든 곳이 황량했다. 나무란 나무, 잡목 숲이란 잡목 숲은 모두 오래 전에 집을 짓거나 땔감으로 쓰기 위해 베어져나갔다. 아침 11시쯤이면 열기가 너무 뜨거워 말하는 것조차 고통스러웠다. 입은 바짝 말라들었고 입술이 갈라졌다. 카메라의 윤활유조차 마를 지경이었다.

처음에는 아이들이 예상했던 것보다 좋아 보인다고 생각했는데 다른 아이들은 텐트에 숨겨놓았다는 말을 들었다. 엄마들이 자기 아이들의 상태를 내보이는 걸 부끄럽게 여긴다는 것이었다. 나는 죽어가는 아기의 젊은 엄마와 시간을 보냈다. 그 아기를 안아보았다. 아기가 너무 연약해서 부서질까 봐 겁이 났다. 아기의 볼을 쓰다듬자 뜨거운 열이 느껴졌다.

'나의 힘을 이 아기에게 줄 수만 있다면, 오, 하느님, 제 손을 통해 그렇게 하소서.'

아기 엄마도 나를 쳐다보고 있었다. 진지하게, 너무나 절망적으로. 우리는 손을 잡았다. 아무 말도 하지 않았다.

우리는 텐트와 텐트를 오가며 뜨거운 태양 아래 몇 시간을 일하던 젊은 중국 의사를 촬영했다. 그는 홍콩에서 왔다. 이삼십 명의 아이들이 날마다 영양실조, 이질, 홍역으로 죽어갔지만 약이 없었다. 의사가 우리에게 몸을 돌려 말했다.

"살면서 이렇게 무기력함을 느껴본 적이 없어요."

나는 아프리카 원정 촬영이 고통스럽다는 생각을 했지만, 한편으로 집에서 일어나는 드라마에서 벗어나 삶의 아름다움과 잔인함을 받아들이게 도와주는 장대한 규모의 드라마로 옮겨왔다는 생각도 들었다. 그러나 우리가 무엇도 할 수 없다는 사실이 우리가 아무것도 하지 않는다는 뜻은 아니다. 우리는 굶주리는 아이나 다 타버린 마을, 죽어가는 사람들에게서 도망치지 않았다. 그리고 미쳐버린 아들에게서도.

"네가 어디서 다시 정신을 되찾겠니?"

돌아와서 조너선이 남긴 메모를 보고 나는 낙담하며 말했다:

인어를 잡으러 감. 걱정 말고. 젊음을 지킬 것.

6월 초 조너선이 또다시 없어졌다. 조너선의 집을 몇 번이나 찾아갔지만 그는 가뭇없이 사라졌다. 토비가 머리를 한쪽으로 기울이고 눈을 반짝이며 매트리스 위에 앉아 있었다. 그때 시드니에서 걸려온 전화를 받았다. 조너선은 그곳까지 차를 얻어 타고 가서, 옛날 학교 친구 엄마의 아파트 바닥에서 자고 있었다. 그녀는 조너선이 전에 찾아간 적 없는 새로운 인물이었다. 나는 비행기를 알아보았다. 그 엄마는 내가 그렇게 해주면 고맙겠다고 하면서 아이를 거기 계속 둘 수가 없다고 말했다. 조너선과 토비가 모두 집으로 들어와야 한다는 것은 너무나 분명했다. 그러나 나의 결정은 그리 좋은 반응을 얻지 못했다.

"조너선은 집에 안 들어올 거죠? 그렇죠?"

"이곳은 조너선의 집이기도 해."

"그러면 내가 나가겠어요."

"넌 나갈 수 없어. 넌 아직 어려."

나는 내가 내뱉은 상투적인 말에 얼굴이 찌푸려졌다.

그리고 건축가도 있었다. 자기 가구를 옮겨오겠다고 약속해놓고서 절대로 그렇게 하지 않은 인내심 많은 남자.

"내가 조너선과 살 수 있을지 잘 모르겠어."

건축가는 미안해하며 말했다. 그는 칫솔과 몇 가지 옷을 두고 다녔지만 우리가 함께한 나머지 시간은 과도기 상태에서 떠돌았고 이후로 자신의 물건들을 조금씩 가지고 나갔다. 그러면서 항상 '당신 집'이라 말했지 '우리 집'이란 표현을 절대 쓰지 않았다.

토비가 먼저 들어왔다. 사흘 동안 그는 구조대원 두 명의 발목을 물었고 남편과 함께 집으로 걸어가던 할머니를 물었다. 그 남편은 내게 이런 편지를 보냈다:

내 아내가 작은 개에게 공격을 당했는데 그 개는 사납게 짖어댔고 굉장히 위험해 보였습니다. 나는 우산으로 그 개를 쫓아냈어요. 당신네 동물은 안전하지 않습니다. 부탁하는데, 치워주세요. 안 그러면 고소하겠어요.

결국 나는 신문에 의인화해서 쓴 광고지를 끼워넣었다:

토비는 집이 필요해요.

다음 날 새벽 6시부터 전화가 울리기 시작했고, 자신에게 왜 반려견이 절실히 필요한지 이야기하는 외로운 사람들의 이야기를 거의 온종일 들어야 했다. 처음 전화한 사람은 벤츠를 타고 찾아왔다. 부자 동네에 사는 여자였는데 토비를 위해 가짜 다이아 장식이 있는 목줄을 가져왔다. 토비는 벨벳 쿠션 위에 앉아 그의 차를 타고 떠났다.

이틀 뒤 밖에 내놓은 가구를 구세군이 가져갔는지 확인하려고 조너선의 옛집에 갔다. 얼마 지나지 않아 그것을 다시 사야 할지도 모르겠다. 코너를 돌아서는데 매트리스가 아직도 길가에 있는 것을 보았다. 토비가 그 위에 앉아 있었다. 나를 보더니 꼬리를 흔들었다. 새 주인 집에서 이곳까지, 한 번도 다녀본 적 없는 길을 찾아온 것이다. 새 주인은 동네 학교의 아이들이 토비가 무사히 돌아오기를 기도하고 있다고 하면서 한 번만 더 기회를 달라고 간청했다. 토비는 한 번 더 벤츠에서 뛰어내렸고 이후로 그냥 우리 집에서 살았다. 만약 조너선에게 똑같은 가짜 다이아 장식 목줄을 매줄 수 있다면 우리의 끝도 없는 헌신 또한 모두 잘될 수 있을까? 물론 그렇지 않다는 걸 알고 있었다. 가족들은 죄책감에 빠지고, 죄책감은 사랑과 증오가 뒤섞인 감정을 마주할 때 더욱 심해진다. 나는 때로 그를 미워하기 시작했고 조너선의 병과 행동을 구분하는 걸 당시에는 배우지 못했다.

조너선을 찾으러 시드니로 날아갔지만 그는 집에 가고 싶지 않다고 되풀이해 말했다. 나는 그의 친구 엄마와 마주 앉아 그가 스스로를 돌보지 못한다는 사실을 깨닫게 하려고 애썼다. 그는 길가에 앉은 채로 자신은 행복한 히피가 되고 싶다고 했다. 아마도 행복한 히피가 되고 싶다고 말할 때가 앞으로 몇 번 더 있을 것이고 그의 말을 믿어줄 사람도 몇몇은 더 있을 것이다. 그들은 야심 찬 중산층 엄마가 아들을 부끄럽게 여기며, 이것이 문제의 주된 원인이라고 생각할 것이다. 문제가 그렇게 단순했으면 좋겠다.

"행복한 히피가 돼!"

내가 소리를 질렀다.

"그런데 네 발에 난 상처를 좀 봐. 네 얼굴의 상처도. 돈도 없잖아. 넌 여기 바닥에서 잘 수도 없어."

친구의 엄마는 나보다 침착했다.

"넌 괜찮지 않아, 조. 집에 가야 해."

발에 난 상처를 들여다본 조너선은 아무 말도 없었다.

두 번이나 그를 공항에 데려가려고 했다. 두 번이나 그가 사라졌지만, 결국은 해냈다. 조너선이 집에 왔다. 사람들이 이 일 때문에 나를 미워했다고 쓰고 싶지만 그건 너무 신파극 같다. 내가 물어보길 피했기 때문에 이 일로 사람들이 나를 미워했는지 어떤지 알 수가 없다. 아무리 고통스럽다고 해도 모든 이들의 감정을 모르는 척하는 것보다는 인정하는 편이 낫다는 사실을 그때는 아직 배우지 못했다.

조슈아는 운동을, 조지아는 학업을 피난처로 삼았다. 건축가는 자신의 정돈된 별장으로 물러나 있었다. 한 번은 조지아와 조슈아가 이야기 나누는 소리를 들었다.

"청부살인업자를 구해."

한 아이가 말했다.

"하지만 조너선은 우리 형제야."

다른 아이가 대답했다.

그해 초부터 우리와 함께 지낸 청소 도우미 버나뎃이 가장 수용적이었지만, 그는 그때 우리와 살지 않았다.

"조너선은 사랑스러운 아이예요."

버나뎃은 어떤 경우이든 그 상황에서 최선을 다하라는 실용적인 인생철학을 지녔다. 그녀가 최선을 다해야 하는 일에는 외동딸이 지적 장애가 있고 거의 시각 장애인이라는 사실을 받아들이는 것도 포함되었다.

나는 지하실을 조너선을 위한 방으로 꾸몄다. 조너선은 때로 거기서 지냈고 가끔은 친구들에게, 혹은 빈 건물로 가버렸다. 그가 며칠 이상 계속해 한 곳에서 지내는 것은 불가능해 보였다. 프랭크에게도 가지 않았고 나는 이 문제로 그와 다투는 것을 포기했다.

프랭크는 무심하게 말했다.

"그가 옳아요."

나는 조너선이 집에 불을 지르지 않을까 두려웠다. 그는 담배를 심하게 많이 피웠는데 담배꽁초가 마루나 테이블에 놓여 있는가 하면 침대에서 타고 있는 것을 발견한 적도 있었다. 그는 친구들을 불러들였고 그들은 때로 자고 가기도 했다. 지하실에 찾아오는 사람들은 옷차림이 이상했다. 옷이 전혀 구색이 맞지 않았고 대개가 구중중했다. 머리는 며칠씩 빗거나 감지도 않았다. 눈꺼풀이 반쯤 감긴 멍한 눈을 하고 있었다. 냄새도 났는데 그 눅눅한 냄새가 집 전체로 스며들기 시작했다. 그들 중 몇은 약물 중독이었고 몇은 아니었지만 모두가 정신질환자였다. 그런 이상한 사람들이 드나들어서 두 아이가 걱정되었지만, 이곳은 조너선의

113

집이기도 하고 그들은 그의 친구였다.

"가장 슬픈 일은 엄마가 이 모든 걸 정상으로 받아들인다는 사실이에요."

조지아가 말했다.

조지아가 그들 중 한 명에 대한 시를 썼다. 그때 조지아는 열다섯 살이었다.

마틴

나는 그를 보기 전 그의 냄새를 맡았지,

찌든 땀 냄새와 담배 냄새.

집의 모든 틈과 구석에 쳐들어와,

그러면 나는 몸을 움츠렸지.

그는 또 다른 사람일 뿐임을 알기에;

열여덟 아니면 열아홉, 집, 없고,

직업, 없고, 미래, 없고, 그리고 시간은 너무 많고

할 일은 거의 없는.

그는 한 달쯤 있을지도 아니면 더 있을지도.

언제든 문을 두드리고

우리 가슴을 살짝 내려앉게 하지.

아침에 일어나면 그가 들어와 있는 걸 보곤 해.

아니면 대게 변명을 대지;

조녀선은 없어, 그는 자고 있어, 미안해,

나중에 와,

신경을 써 미소를 짓고, 문을 쾅 닫지.

그러나 이미 늦었어,

그는 집 어딘가를 통해 스며들어와 있지.

여기저기에 소소한 암시들;

냄새, 담배꽁초, 몇 마디 말.

우리가 아무리 애를 쓴대도

그의 존재를 쓸어낼 수 없지,

그는 사람이니까.

그가 점점 망각 속으로 사라질 때

또 다른 누군가가 그의 존재를 대신할 테지;

또 다른 누군가가….

마틴은 뉴질랜드에서 왔다. 그는 스물다섯이었고, 발작을 일으켜 망상성 조현병이라는 진단을 받기 전에는 물리학과 학생이었다. 그는 짙은 적갈색 머리를 어깨까지 늘어뜨리고 길고 붉은 수염을 아무렇게나 기른, 양가죽처럼 하얀 피부의 여리고 섬세한 청년이었다. 그는 종종 팬티만 입고 있었다. 나는 마틴과 일관된 대화를 할 수가 없었다. 그는 초조해하며 주방으로 재빨리 들어와 팔 밑에 낀 그래프 용지 만 것을 아일랜드 식탁 위에 펼친 다음, 빨간색과 파란색 패턴을 교대로 사각형 안에 채워 넣는 일을 몇 시간이고 했다. 그에게는 누군가가 이 사각형을 쳐다보고 잘한다고 말해주는 것이 중요했다. 빨강, 파랑 패턴이 무얼 뜻하냐고 물으면 그는 종이를 얼굴에 바투대고 뚫어지게 쳐다보며 말하곤 했다.

"내 인생이죠."

어딘가에서, 어느 곳에서 마틴의 엄마는 그로 인해 슬픔에 잠겨 있을 것이고 내가 조녀선 때문에 그러하듯 아파하고 있을 것이다. 마틴의 엄마에게 편지를 보내기 위해 주소를 알고 싶었지만 내가 물을 때마다 그는 고개를 흔들고 방을 서둘러 나가버렸다.

그리고 사이먼이 있었다. 거리의 시인 사이먼은 열여섯 살이지만 일흔 살이 넘어 보였다. 작고 지략 있게 생긴 소년이었는데 모택동 모자를 눈 위까지 눌러쓰고, 종이를 잔뜩 넣어 볼록하게 튀어나온 캔버스 배낭을 항상 메고 다녔다. 그는 오랫동안 병을 앓고 있는 사람처럼 보였다. 치아는 약물로 인해 이미 검게 변했고, 계속해서 잎담배를 피우는 탓에 이층에 나타나기 한참 전부터 기침 소리를 들을 수 있었다. 사이먼은 한 쪽짜리 주간 시 신문을 만들어 거리의 코너에서 나눠주었다.

당신만의 시를 출판하세요. 자, 오늘은 공짜! 시를 보내주세요.
진정한 친구는 좋은 사람들, 그들 없이 나는 울지 않네.
그들은 내가
돕는 사람들
내가 살아갈 수 있도록

가장 기억에 남는 사람은 클레이턴 프링이다. 클레이턴은 20대 후반의 잘생긴 청년으로 보라색 양말을 신고 보라색 베레모를 썼다. 시와 철학에 대해 너무나 유창하게 이야기를 해서 그의 말 중 많은 부분이 말이

안 된다는 것을 알아채려면 시간이 좀 걸렸다. 그의 눈은 매우 짙은 파란 색이었는데, 다음 주 일요일에 아틀란티스 섬(대서양에 있다가 사라졌다는 전설 속의 낙원, 옮긴이)이 다시 솟아오를 거라고 말하면서 그 눈으로 (여러분을 넋이 나가게 할 정도로) 강렬하게 쳐다보곤 했다. 클레이턴은 주황색과 검은색 표지를 두른 책을 쓰고 출판을 했으며 이것을 성 바이터스의 혼동이라고 했다. 그는 우리에게 한 권을 건네주며 안에는 이렇게 썼다:

조와 그의 엄마에게. 사랑과 평화

이 책에는 네 개의 헌사가 있었다:

헌사 I. 호주 정신병원 강제 약물치료 폐지

헌사 II. 호주 감옥 수감 시간 8시간제 허가

헌사 III. 토지 분리의 견실한 운동을 위하여

헌사 IV. 호주 북서부의 원주민 정부, 또는 북서부 지역 분리의 성공을 위하여

작가의 말도 있었다:

이 책을 쓴 방법은 새 호주 영어의 기준에 따른다. 그러나 그뿐만 아니라 영국, 잉글랜드, 미국 영어를 혼합했으므로 새 호주 영어다. 이것은 어떤 사람에게 완전히 그리스어처럼 들릴 수도 있다. 놀랄 일이 아니다.

클레이턴의 책은 다음과 같은 말로 시작했다:

나는 나의 에고라는 코쿤 안에 둘러싸여 있다. 에고는 지구의 차원을 초월하여 천상의 영원한 수평선으로 비행했다. 코쿤은 그곳에서 내가 인간에서 벗어나 죽음이 없는 천사가 되기를 희망한다. 그러나 죽음은 모두의 정복자이다. 그

러나 죽음조차 죽음에 맞서야 하므로 죽음은 자신에 의해 패배할 것이다. 죽음의 묘석에는 영원한 생명이 새겨져 있다. 이것은 일렉트릭시티(Elect Trick City)에서 그리스도였던 자가 시도했던 사실이다.

클레이턴은 더럽고 고된 그 당시 전위예술학교, '히피 세계'에서 성장했다고 말했다. 그는 자신에 대해 이렇게 묘사했다:

그를 지지하는 사람들은 그를 메시아와 호주의 가장 위대한 천재라고 칭송하였으나, 똑같은 방법으로 그를 반대하는 사람들은 그를 비난하였다.

그는 인도에서 돌팔매를 당한 적이 있는데, 막대기로 의식을 잃을 때까지 맞았고 성난 군중에 의해 교수형에 처해질 뻔했다고 했다. 그때 그는 쉬르디 사이 바바(인도인들이 존경하는 성자의 이름, 옮긴이) 마을에서 깊은 우정을 나누었으며 그곳에서 이름을 알렸다고 했다. 이후 호주로 돌아와 애쉬톤 크리스탈라이트 개혁이라는 단체를 설립했으며 비밀경찰에게 심한 박해를 받고 있다고 했다.

어느 날 그가 주방으로 씩씩하게 들어와 찌그러진 파란색 찻주전자에 차를 끓이더니, 내게 크리스탈라이트 개혁 사회를 위해 기부해서 자신이 인도에 갈 수 있게 해주겠냐고 물었다.

"아니, 그럴 돈이 없단다, 클레이턴."

클레이턴이 찻주전자를 빙빙 돌리자 주전자가 팽이처럼 돌아갔다. 그는 베레모를 집어 들어 머리에 쓰고 희생양을 찾아다니는 불 뿜는 용처럼 코를 벌름거리면서 가장 가까이에 있는 주방 의자에 뛰어 올라가 선언했다.

"나 클레이턴 프링은 앤 데버슨에게 전쟁을 선포하노라. 나의 대포들은 그대의 집을 겨눌 것이요, 나의 총들은 그대를 겨눌 것이다. 죽을 때까지, 부인."

그는 의자에서 뛰어내려 빗자루를 움켜잡고 행주를 깃발처럼 씌운 뒤 행진해 나갔다.

그날 밤 나는 불안해하며 클레이턴의 대포를 생각했다. 그가 정말로 대포를 가지고 있다고 가정하면? 그것을 라즈베리 줄기와 포도 덩굴 아래 숨겨놓았다가 발사해서 우리가 지붕을 뚫고 높이 솟아 달을 넘어 어두운 밤바다까지 날아갈까?

지하실에 오는 여느 사람들과 달리 클레이턴은 옷을 잘 입었다. 그러나 그는 항상 오는 손님이 아니었다. 주로 노스애들레이드에 있는 빈 건물에서 지냈는데 그곳은 여기저기 떠도는 사람들이 살고 있는 버려진, 그러나 오래된 멋진 집이었다.

어느 초겨울 오후, 마틴은 주방 아일랜드 식탁에서 빨강, 파랑 네모를 그래프 용지에 채워 넣고 있었다. 조너선이 현관문을 열어둔 채 들어오자 문이 바람에 흔들리며 바다 내음이 집을 채웠다. 그는 내가 전에 본 것보다 더 흥분한 상태로, 물건을 집어 들었다가 다시 내려놓으며 주방을 급하게 맴돌았다.

"신은 국화야, 나도 국화야, 노랗고 아주 둥글고 끝내주게 힘이 세. 나는 뭐든 할 수 있어. 나는 태양이고 달이야. 나는 모두야. 밝고 붉은 피가 사방에서 떨어지고, 신은 무덤이야. 그리고 갑자기 별들이 사방에 나타났어. 그리고 내가 그 국화야. 그리고 내가 신이야."

조너선은 우리가 해독할 수 없는 이상한 비밀 메시지를 적은 쪽지를 집 안 전체에 남겨두기 시작했다. 그는 굵은 검은색 사인펜으로 글을 쓰고, 거기에 일 년 전 방에서 그렸던 것과 같은 고통스러운 얼굴을 그려 넣었다:

만약 내 네잎클로버 모자가 갖고 싶으면 조지아의 격자무늬 옷 아래를 봐.

종이 조각이 사방에 널려 있었다. 전화번호부, 책, 버스 시간표 등을 찢은 조각을 곳곳에 두었는데 거기에는 자기 자신에게, 또는 다른 이에게 하는 명령이 적혀 있었다:

거울을 보지 말라.

그들에게 네가 메트로놈이 없는 마음이라고 말해라.

나는 뇌에 있는 접착제를 잃어버렸다.

오른쪽 눈을 감지 말라.

조현병이 있는 사람이 급성기에 있을 때는 사고를 논리적으로 이어나갈 수 없으며 언어를 연결해나가지도 못한다. 때때로 언어가 터무니없게 들리고 단어를 마구 뒤섞어놓은 것 같기도 하다.

"검불-파도-덤불."

어느 날 조녀선이 말했다.

"그래."

나는 이렇게 말하며 받아 적었다. 때로 언어가 생각과 반대되는 것을 투영하기도 한다. 때로는 단순히 생각과 생각, 또는 소리와 소리의 지루한 연결이기도 하며, 그저 지루할 뿐이어서 뭔가가 약간 이상하다는 느낌만 남게 된다.

"나는 말 못 하는 혀가 있어. 말하는 걸 가르치려면 자(ruler)가 있어야겠어."

조너선은 조지아를 괴롭히는 습관이 생겼다. 조지아를 '정부', '레즈비언'이라고 부르면서 따라다녔다. 조지아가 피하려고 했지만 조너선에게는 조지아를 놀려대는 묘한 능력이 있는 것 같았다. 그러나 아이들이 어렸을 때는 매우 우애가 좋았다. 가족 앨범에는 금발에 갈색 눈의 아이와 파란색 눈의 아이가 도담도담 노는 사진이 가득하다. 보통 있는 형제간의 다툼을 하긴 했어도 세 살 많은 조너선은 항상 동생을 보호했고, 모험놀이를 할 때면 항상 조지아를 이끌어주었다. 조너선이 여덟 살, 조지아가 다섯 살 때 내가 찍은 사진이 있다. 둘 다 잠옷 위에 가운을 입었고 조너선이 조지아의 어깨를 감싸고, 조지아는 빛나게 웃으며 조너선을 올려다보고 있다. 나는 종종 조지아의 심정을 생각했다. 사랑하던 오빠가 지금은 너무나 악의적이고 고통을 준다는 사실을 감당한다는 게 정말로 어려울 거라고 말이다.

조지아는 신랄한 유머 감각을 키웠고 이것을 자신을 보호하는 갑옷처럼 입고 다녔다.

조지아가 주방에서 아침을 차리면서 말했다.

"조너선에게 달걀을 줘도 돼요?"

"그럼."

"남에게 대접받고자 하는 대로 너희도 남을 대접하라. 그리하면 그들도 대접을 할 것이니."

"아, 물론이지. 조너선에게 달걀을 줘. 그러면 못되게 굴지 않을 거야."

조슈아도 고통을 당하고 있었다. 조슈아는 조너선보다 여섯 살 아래

121

로, 함께 크리켓을 해주고 책을 읽어주는 형을 우러러보았다. 겨우 일 년 전, 우리가 애들레이드에 왔던 그해에 조너선은 조슈아에게 수영을 가르치려고 했다. 친구의 수영장에서 수영을 했는데 그 친구는 두 아이가 함께 노는 것을 보고 조너선이 온화하다고 말했다.

"조너선은 정말 사랑스러운 청년이야. 너는 복 받은 거야."

조너선은 노스애들레이드의 빈 건물로 거처를 옮겼고 클레이턴은 자기가 그를 잘 돌보겠다고 했다. 클레이턴은 사랑의 힘에 대해 이야기하면서 마당으로 난 길을 왔다 갔다 하고 방을 들락날락거렸다. 나도 사랑의 힘을 믿어서 빈 건물의 모든 사람이 언젠가는 잿더미에서 피닉스처럼 다시 날아오를 거라고 생각하기까지 했다.

여러분은 그들이 왜 다시 날아올라야 하냐고 물을지도 모른다. 일전에 대안 학교의 한 청년이 내게 말한 것처럼, 그들은 어째서 자신의 모습 그대로 행복하지 않을까? '바로 지금, 있는 그대로', '지금 병이 진행되는 그 상태 그대로'라면 그들 대부분은 아주 아프고 불행해 보이므로, 어떤 형태나 모습으로 다시 일어설 필요가 있다고 생각했던 것 같다.

빈 건물의 방들은 어둡고 낯선 형태로 어질러져 있었다. 사람들이 몸을 태아처럼 구부리고 있어서 손과 발, 다리와 팔, 여자와 남자를 구별하기 어려웠다. 그들 대부분이 마약에 취해 있었고 몇몇은 정신질환자였다. 매트리스는 울퉁불퉁하고 얼룩져 있었으며 가끔은 높게 쌓아두기도 했다. 청바지, 티셔츠, 더러운 재킷, 샌들, 넝마 등의 옷가지들이 바닥에 흩어져 있었다.

나는 마약에 관한 문제로 어려움을 겪었다.

"조녀선은 약물 중독이에요. 뭘 기대하세요?"

이렇게 말하면서 조녀선과 관계를 끊은 사람들과 특히 그랬다. 또 조너선이 병실에서 마리화나를 피웠다고 병원이 그를 받지 않으려 했을 때도 그랬다. 대부분의 정신의료센터는 정신질환자들에게 마약 문제가 있는 경우 받으려 하지 않고, 대부분의 약물 알코올 중독센터에서는 정신질환자를 받으려 하지 않는다.

"그 사람들은 기록이 깨끗한 사람만 좋아해요. 유순하고 치료하기 좋은 사람들 말이에요."

지역 의료 학교 교수인 이안 웹스터가 말했다. 그는 일주일에 한 번, 집 없는 남자들의 쉼터에서 자원봉사를 하는 관대하고 지혜로운 친구이다.

조현병 환자들은 거리에서 쉽게 구할 수 있는 약물을 빈번히 접하게 되는데, 이렇게 하는 것이 그들이 병을 다루는 방법이기도 하다. 조현병 분야의 세계적이고 독보적 권위자 중 한 사람이자 워싱턴에서 치료와 연구를 동시에 하는 정신건강의학과 의사 풀러 토리(E. Fuller Torrey 1937~)박사는, 그의 저서 <조현병의 모든 것(한국어판 제목, 옮긴이)>에 다음과 같이 썼다:

예를 들어 인생에서 처음으로 환청을 듣는다는 것은 매우 두려운 경험이다. 이때 여러분이 해시시, 피시피(PCP, 환각제의 일종)나 다른 유사한 약물을 시작한다면, 이런 약물은 환청을 듣는 이유를 이해하는 데 도움이 된다. 약물을 사용하면 마음이 뭔가 잘못될 거고, 아주 잘못될 거라고 말하는 자신과의 불쾌한 대치 상태를 끊을 수 있다. 말 그대로, 여러분은 마음을 잃는다. 약물과 알코올은 모두 증상을 부분적으로 완화시킨다. 이런 경우 이 사람들은 스스로 치료를 하는 것이라고 말할 수 있다.

 약물(치료약, 알코올, 담배, 거리에서 파는 약물을 포함하여) 자체는 조현병을 일으키지 않는다. 그러나 이미 조현병에 걸렸다면 마리화나를 포함한 많은 향정신성 의약품은 정신병 증세를 악화시킬 수 있으며, 약물치료의 효과를 무력하게 만들 수 있다. 또한 이러한 약물에 의존하면 조현병과 유사한 증상을 나타내기도 한다. 암페타민, 엘에스디(LSD, 환각제의 일종, 옮긴이), 피시피는 환청과 망상 사고 장애를 일으킬 수 있으며, 장기간 사용할 경우 마리화나도 마찬가지다.

 나는 조너선이 마리화나를 피운다는 것을 알았고, 그가 진정제와 감기약을 혼합한 것(모르핀 성분 때문에)을 먹는 것도 알고 있었다.

 "헤로인 해본 적 있어요? 내가 해봤는데 성부와 성자와 성령을 봤어. 그리고 아들 머리 위에 있는 둥그런 게 동심원이 되는 거야. 그래서 기분이 너무 좋았지. 그리고 하느님의 음성을 들었다는 생각이 들었어. 그래서 짐을 배낭에 싸서 사막에 갔죠. 그런데 이틀 동안만 그랬어요. 신경 쇠약이 왔어. 내가 바보짓을 했다는 걸 알았죠."

 어느 날인가 그는 입술을 꾹 다물고 집으로 들어온 후 이렇게 말하면서 방을 도닐었다.

 조너선은 그리스 신화에 나오는 복수의 세 여신 중 하나가 따라다니며 괴롭히는 것마냥 에너지를 주체할 수 없는 시기를 지나고 있었다. 그는 자기가 헤로인 중독이라고 주장했다. 나는 어디쯤에서 조너선의 현실 세계가 끝나고 환상의 세계가 시작되는지 알 수가 없었다. 그때까지 그의 위업에 너무 단련이 되어 있어서 웬만한 일에는 충격도 받지 않았다. 조너선은 병원에 입원해 있을 때 헤로인 반응 검사를 두 번 받았지만 결과는 모두 음성이었다.

"왜 헤로인을 했다고 말했니?"

내가 물었다. 나는 설거지를 하느라 등을 돌리고 있었다.

그가 다가와 양손을 물에 담그고 나서 내 귀에 대고 대질렀다.

"약쟁이는 폼 나. 정신병자는 구리잖아."

"장미는 빨개. 제비꽃은 파래, 나는 정신병, 나도 정신병인데."(정신병의 유형 중 하나인 다중인격장애를 놀리는 말로 내 안에 나와 또 다른 '나'가 존재하는 걸로 착각하는 환자를 놀리는 말, 옮긴이)

아이들이 놀이터에서 큰 소리로 떠든다.

"정신병자가 좋은 경우는 죽었을 때뿐이죠."

라디오에서 농담하는 소리가 들린다. 가장 잘 팔리는 잡지 <살인자를 키우는 병>의 머리기사이다:

정신병자들의 극장… 색광증자, 방화범, 연쇄 살인자, 발 성도착증자, 강박, 조현병 환자… 암흑 세계의 축제, 광란과 흥분의 도가니

우리는 정신병에 대해 무지하고 이를 경멸의 대상으로 여기는 사회에 살고 있다. 그러나 잠시 동안이라도 이것을 낭만적으로 묘사하고 싶다. 나는 빈 건물 같은 누추한 곳에서조차 집 없이 떠도는 사람들이 서로에게 유대감을 느끼고 서로를 인정하고 돌본다고 믿고 싶었다. 그래서 채소 씨앗을 가지고 가 오랫동안 버려져 있던 정원에 심었다. 그러나 아무도 물을 주지 않아서 모두 말라 죽었다. 가끔 음식도 가져갔다. 가끔은 조너선과 클레이턴을 데리고 애들레이드 시내에 있는 시장에 갔

다. 그곳은 만남의 장소이자 좋은 냄새와 멋진 볼거리가 가득한 장소이다. 신선한 채소와 과일 더미, 독일 소시지와 잘 구워진 달콤한 빵, 검은색과 초록색 올리브를 담은 통, 쌀자루, 볶은 커피의 짙은 내음, 수제 초콜릿. 우리는 시장 주변에 늘어진 좌판을 좋아했는데 거기에서는 인도 의상과 보석, 샌들과 은제품, 중고책과 신선한 허브 화분 등을 팔았다.

시장에 다녀오면 조너선은 집으로 와 서성이곤 했다. 때로는 이 발에서 저 발로 걸음을 옮기거나 고개를 끄덕이거나 중얼거렸다. 아니면 현관이나 거실, 베란다에 등을 대고 납작 누웠다.

그는 자신이 스트레스를 받고 있다고 말했다. 그는 환청으로 인해 평화가 거의 없었다. 환청은 그를 괴롭히고 꼬드기고 협박했다.

'네 뇌가 쪼그라들고 있어, 조너선. 조… 네 뇌는 암에 걸렸어…. 썩어가고… 너는 악마야… 아무 쓸모가 없어…. 왼발을 먼저 내밀지 않으면 넌 죽을 거야…. 이제 왼발을 먼저 내딛어.'

때때로 환청으로 농담을 듣고 킬킬거리기도 했다. 그는 자신이 듣는 환청에 대해 거의 말하지 않았고 환청이 들린다는 사실도 대부분 부인했다. 환청이 정신이상과 관련이 있다는 사실을 알았기 때문이다.

"그리고 난 미치지 않았어!"

그가 갑작스럽게 식탁을 내리치자 포크, 나이프가 흩어졌고 우리는 모두 놀라서 펄쩍 뛰었다.

모두가 알아볼 수 있는 지도책이 존재하는 세상에 사는 우리가 미쳤다는 것에 대한 헤아릴 수 없는 공포를 이해하기란 어려운 일이다. 우리는 사랑하는 사람들의 얼굴을 바라보면서 그 얼굴이 눈앞에서 와해되지 않을 것이라는 사실을 안다. 유리잔을 잡으려고 손을 뻗으면 그것은 있으리라 예상하는 위치에 있다. 우리는 자신을 죽이라고 말하는 소리를 듣지 않는다. 텔레비전에서 우리의 가장 비밀스러운 생각을 방송한다고 믿지 않는다. 우리 아이들을 바라볼 때 그들의 얼굴이 사악한 얼굴로 일그러지지 않는다. 세상의 모든 사람들이 우리에 대해 음모를 꾸미고 있다고 믿지 않는다.

조너선은 그가 겪고 있는 일에 대한 초자연적인 설명을 찾아다녔다. 타로 읽기, 점성술, 룬 문자(고대 북유럽의 문자로 점을 칠 때 사용한다, 옮긴이)를 알아보고 예지자를 만나려고 했다. 그는 모든 사람의 별자리를 알고 싶어했다. 손금을 봐달라고 했고 책꽂이에서 성서를 꺼내 책장을 넘겨가며 뭔가를 찾아 헤맸다. 우리 가족 중 누구도 종교에 헌신적인 사람이 없었고 교회는 결혼식, 세례식이 있을 때와 부활절이나 크리스마스 때 가는 정도였기 때문에, 조너선이 성서에 몰두하는 것을 보고 놀랐다. 조너선이 아는 종교에 대한 지식은 학교 성서 시간과 독서를 통해서였다. 조너선은 신이 그에게 말씀을 해줄지도 모른다고 생각했고 이 때문에 흥분되어 있는 것 같았다. 정신병이 걸렸을 때, 특히 초기 단계에서 어떤 경우에는 희열과 높은 인식 상태를 경험하게 된다. 어떤 이는 이것을 신의 계시로 경험하고, 또 어떤 이는 구원을 찾고자 신에 귀의한다.

그러나 신은 응답하지 않은 것 같았고 조너선은 마음을 안정시키기 위해 다른 방법을 찾아다녔다. 그는 명상을 배우고 싶다면서 내게 함께 가자고 했다. 명상이 내게도 좋을 것이라고 했다. 나는 선험 명상센터에 가서 우리 둘을 위해 2회분을 예약했다.

센터는 애들레이드에서 가장 좋은 지역 중 한 곳에 위치했고 푸른 돌로 지은 저택이었다. 그곳에서는 기분 좋은 향 냄새가 났다. 첫 수업에서 우리는 마하리시(Maharish Mahesh Yogi 1917~2008, 인도의 초월 명상법을 창시하고 발전시킨 사람, 옮긴이) 사진 외에는 아무 것도 없는 커다란 방에 들어가 스무 명 정도의 사람들과 함께 앉았다. 가부좌를 틀고 앉아야 했는데, 조녀선은 그 시간 대부분 발을 들여다보며 굳은살에 붙은 각질을 뜯어냈다. 수업을 맡은 젊은 여자는 신성한 영이 우리 모두를 비춰줄 거라고 말했다. 조녀선은 고개를 끄덕였고 기분이 좋아 보였다.

다음 날 우리는 두 번째 수업을 받았다. 조녀선과 센터에서 만나기로 했는데, 수업의 반이 넘도록 오지 않던 그는 끈으로 묶는 샌들을 신고 발을 질질 끌며 들어왔다. 바지는 낡은 넥타이로 묶고 자루를 땅에 끌며 들어와서는 다리를 쭉 뻗고 바닥에 드러누워 바로 잠이 들었다. 그곳의 참선자는 조녀선이 매우 예민해져 있어서 많은 격려가 필요하다고 했다. 그는 내게 명상을 계속하라고 충고하며 최대한 빨리 추가 예약을 하라고 했다.

"나에 대한 책임은 누구에게 있는 거죠, 앤?"

"네게 있지."

"나한테 있다고요? 힘들게 해서 미안해요, 앤."

조녀선은 좋아지지 않았다. 나는 상담이 뭔가 도움 될까 싶어 알아보기로 하고 그래함과 수전이라는 두 명의 심리치료사에게 예약을 했다. 우선 나 혼자 수전에게 갔고 그는 조녀선을 만나보겠다고 했다. 조녀선이 동의한 건 그들이 의학적으로 접근하지 않을 것이란 이유 때문이었다. 조녀선은 몇 달 전 샐리를 쳐다보던 때와 똑같이 그를 뚫어져라 쳐다보며 단음절로만 말을 했다. 상담이 끝났을 때 고맙다고 인사하고는 다시 가지 않겠다고 했다.

조녀선이 도움을 거절했음에도 나는 내 자신을 버티게 해줄 모든 종류의 도움이 필요했다. 그래서 스스로를 위해 마라톤이라고 알려진, 수전과 그래함의 집중 치료 과정을 예약했다. 마라톤은 이틀 과정이었다. 사람들은 이곳에서 가장 깊숙이 자리 잡고 있는 자신의 모든 문제를 쏟아냈고, 이것들을 다시 일요일 오후 5시까지 주워 담을 수 있기를 바랐다. 그래함과 수전은 경험이 많은 뛰어난 심리치료사였으며 자신이 무엇을 하는지 알고 있었다. 감정적 카타르시스 치료법은 치료사가 경험이 없을 경우에만 위험하다.

우리는 갈색의 벨벳 콩 주머니와 보드라운 인형이 가득한 방에서 만났다. 나는 곁눈질로 자이언트 팬더를 보았고 가능한 한 멀찍감치 떨어져 앉았다. 스무 명 정도 되는 여러 사람이 섞여 있었다. 우리는 어머니, 아버지, 할머니, 할아버지 그리고 우리 삶에서 관계가 끝나지 않은 모든 사람에 대해 대화를 나눴고 중간중간 서로를 껴안았다. 그중 두 사람은 치료의 일환으로 떼를 쓰는 아이로 퇴행을 했고 모두가 너무나 예쁜 아이라고 말해주었다. 그러고 나서 분노 전반에 대한 연습을 했는데, 내가 기다려온 시간이었다. 몇 사람이 앞으로 나와 남편에게, 아내에게, 애인에게, 상사에게, 또는 과거나 현재에 그들을 괴롭힌 모든 인간 말짜들에게 소리를 지르면서 푹신한 방망이로 콩 주머니를 내리쳤다.

"나는 분노를 표현하는 게 어려워요."

나는 항상 호감을 사려고 애쓴다고 말했다.

"치료 시간이 좀 지날 때까지 기다려보세요."

누군가가 조언해주었다.

나는 망설이다가 이 기회를 놓치지 않기로 마음 먹었다. 무대 공포증과 앵글로 색슨족 특유의 쑥스러움이 그 순간 내가 느꼈을지 모를 모든 분노를 삼켜버렸음에도 불구하고 나는 머뭇거리면서 콩 주머니를 향해 팔을 휘두르다가, 힘없이 내젓는 자신에 대해 화가 났다. 자, 넌 더 잘할 수 있어. 겨냥을 하고 휘둘러, 내려쳐!

아파서 내지르는 소리가 들렸다. 콩 주머니 대신 치료사를 때린 것이다. 많은 사람은 내가 무의식 속에서 이런 행동을 의도한 것이라고 했다. 깊숙이 들여다보면 퇴행한 분노를 내보이고 싶어하는 나쁜 아이가 드러난 것이라고 했다. 나는 당황해 얼굴이 빨개져서 아니라고 했고 수업이 끝날 때쯤 살금살금 기어나왔다.

센터에는 다시 가지 않기로 했지만 그즈음 나는 자신의 예상치 못한 행동에 스스로 놀라고 있었다. 어디로 가는지 혹은 어디서 출발한지도 모른 채 운전하고 있다는 것을 깨달았고, 갑자기 울기 시작해 멈출 수 없을 때도 있었다. 한 번은 바닷가 끝 쪽에 차를 세워둔 채 창문을 모두 닫고 목이 쉴 때까지 소리를 지르기도 했다. 내 차는 안전한 공간이 되었다. 차 안에서는 내 감정을 온전히 내어놓을 수 있었다. 어느 날 오후에는 조슈아의 학교로 운전해 가던 중 버스와 정면 충돌을 할 뻔했다. 역주행을 한 것이다.

수전과 그래함이 나를 도울 수 있으리라 믿고 그들을 다시 찾아갔다. 그들은 기꺼이 나를 도와주었다. 일주일에 한 번 가는 그룹 치료 교실은 마음의 평정과 우정을 얻기 위해 내가 할 수 있는 최고의 투자였다. 그들은 조녀선의 상태를 심각하게 받아들였고, 인도 방갈로르로 그를 데리고 가보라고 조언해주었다. 그곳에서 재키 쉬프라는 미국인 심리치료사가 조현병에 걸린 젊은이들을 위해 국제센터를 운영한다고 했다.

나는 조너선을 인도로 데려가려는 생각을 염두에 두면서 재키 쉬프에게 편지를 썼다. 내 머릿속에는 의사, 심리치료사, 동종요법사, 침구사, 성직자, 심령론자, 점성가, 주술사 등에 의한 정통 요법과 대체 요법 모두에서 얻을 수 있는, 조현병에 관한 정보로 꽉 찬 카드 색인표가 있었다. 청년센터, 청년쉼터, 캠프장, 자취집, 실직 청년을 위한 프로그램, 사회복귀 훈련 시설, 직업기술센터 등의 목록도 가지고 있었다. 책, 의학 저널, 논문, 테이프도 모았다. 이 모든 것들은 내 삶의 희망을 이어주는 끈이었다. 나는 매번 새로운 것을 시도해보았지만 그것은 기적적인 치료가 되지 않았고, 다시 다음 계획으로 넘어가고 또 다음 계획으로 넘어가는 일을 반복했다. 나는 절대로 포기하지 않겠다고 다짐했다.

이 시기의 어느 때쯤, 시드니에 사는 두 젊은 친구 앤과 앤드루의 편지를 받았다. 앤드루는 조현병을 앓다가 자살한 청년을 알고 있었는데 자신이 조너선을 도울 수 있다고 생각했다. 시드니에서 두 시간 정도 차를 타고 가야 하는 곳에 약간의 땅을 갖고 있던 그들은 조너선이 그곳에 와 함께 지내기를 원했다. 편지의 내용은 이랬다:

정신 에너지와 신체 에너지를 연결하는 것이 열쇠입니다. 조너선을 그가 신뢰하는 사람들과 있게 하고 우리가 농장 일구는 일에 참여하게 하는 것도 좋은 생각일 수 있어요. 우리가 꿈을 꾸고 있는지도 모르지만 한번 해보고 싶어요.

조너선에게 앤의 편지를 보여주었더니 꽤 괜찮은 생각인 것 같다고 말했다.

나는 앤에게 편지를 썼다:

내가 시드니에 갈 일이 있을 때, 조너선을 데리고 갔다가 아무 부담 없이 그곳에 들러보는 것이 가장 좋은 계획일 듯싶어요. 일이 잘 안 된다고 해도 마음이 상하지 않을 테니까요. 만약 이 일이 그를 고쳐보려는 시도라는 걸 조너선이 알게 되면 불안해져서 일을 그르치게 될 거예요.

앤이 답장을 했다:

우리가 할 수 있는 일이란 우리 자신과 장소를 제공하는 것뿐이라는 생각이 듭니다. 어느 선까지를 원하는 건지 조너선 스스로가 결정을 할 수 있겠죠. 계곡 반대편에 자기만의 텃밭과 동물을 돌볼 수 있는 거처를 갖는 게 그가 원하는 전부가 될 수도, 그 이상일 수도 있을 겁니다. 우리에게 어느 정도를 원하는지 알려주셨으면 합니다. 또한 부인에게도 언제든 올 수 있는 시골이 생긴 셈이지요.

조너선은 앤과 앤드루의 생각대로 하지 않았지만, 이 이야기는 사람들이 치료 방법을 찾아보려고 애쓰던 과정에서 나온 여러 가지 창의적인 생각 중 하나였다.

그해에는 조너선의 병세가 점차 악화되면서 위기가 계속되었다. 고빗사위마다 그를 입원시키려는 시도가 끼어 있었지만 매번 실패했다. 그가 급성기에 있을 때 프랭크가 보았다면 입원을 시킬 수 있었을 것이다. 그러나 조너선은 급성기일 때 도깨비불마냥 우리 삶 속에 살짝 들어왔다 빠져나갔다. 방금 그를 보았는데 금세 보지 못하는 것처럼, 도움이 필요할 거라는 제안을 눈치채는 순간 그는 도망갔다. 한번은 조너선이 아프고 두렵다고 말을 해서 그를 설득해 거의 병원 문 앞까지 데려갔다. 그러자 거기서 그는 팔짱을 끼고 말했다.

"나를 도로 데려다줘. 집에 가고 싶어. 나를 도로 데려다줘. 집에 가고 싶어. 데려다줘!"

"그래, 데려다줄게."

조너선이 병원에 가지 않으려 한 부분적인 이유는, 아무리 좋은 병원이라도 환자보다는 시스템에 맞춰 운영되고 권위주의적인 기관이 되려는 경향이 있기 때문이었다. 다른 이유는 자아의식이 너무 연약해서 자율성의 마지막 흔적을 가져가려는 어느 누구에게도, 어느 곳에도 자신을 맡길 엄두를 내지 못했기 때문이었다. 그는 누가 자기를 삼켜버리는 것도, 블랙홀 속으로 영원히 사라지는 것도 원하지 않는다고 했다.

그는 여기저기 옮겨다니며 살았는데 빈 건물이나 공원, 집 등 항상 다른 곳에 머물렀다. 그는 종종 한밤중에 나타났다. 가끔 그는 바다를 마주한 높은 창문을 통해 들어왔고 그것마저 열어두었다.

한 번은 새벽 2시쯤 아래층에서 '쾅' 하는 소리를 듣고 내려가보니, 비옷을 입은 낯선 남자가 창문으로 기어들어오고 있었다. 물 위에 어린 달빛이 길고 차가운 동그라미를 그리며 찰랑거렸다.

"원하는 게 뭐예요?"

나는 적어도 한 옥타브는 올라간 목소리로 말했다.

그 남자가 깜짝 놀란 것 같았다.

"에릭을 찾고 있어요."

"에릭은 여기 없어요."

내가 말했다. 심장이 쿵쾅거렸고 무서웠다.

"사람들이 여기 산다고 했어요."

"그 사람들이 틀린 거예요. 제발 가주세요."

그는 순순히 돌아갔다.

조녀선이 집에 있건 나가 있건 간에, 그와 산다는 것은 끊임없는 위험 속에 노출되어 있다는 의미였다. 현관문을 열어두고 밤새 가스레인지를 켜두었으며 집이 홍수가 날 때까지 샤워기를 틀어두었다. 나는 조녀선이 방에 들어오기 전 노크하게 만드는 것도 포기했다. 그는 내 열쇠를 열쇠고리에서 빼내 가져간 뒤 잃어버리곤 했지만, 어쨌든 언제나 들어오는 방법을 찾아냈다. 필요하다면 쇠막대기로 창문을 열거나, 아니면 유리를 부수고서라도 들어왔다.

우리는 모두 긴장을 하며 살았다. 조지아가 시를 한 편 써 내게 주었는데 아름답고도 충격적이었다.

엄마의 딸

I

종종 당신은 나를 보지요
눈에 수심이 어린 채.
그리고 나에 대해 질문을 하지요
왜 대답을 못 하는지.
왜 참된 나는 그토록 깊숙이 묻혀 있는지 난 모르겠어요.
그러나 당신을 사랑한다고 말할 수는 있어요,
말하지 않는다고 느끼지 않는 건 아니지요.
기억해주세요, 내가 당신의 일부라는 걸
그리고 내 모든 것이라는 걸.
당신이 결코 찾을 수 없을 거라고 말하는 것,

당신 안에 있어요.

II

때로 나는 모르겠어요
우리의 역할이 얼마나 바뀌었는지.
당신이 울면 나도 울어요
당신이 웃으면 나도 웃어요.
당신은 당신의 고통을 내게 말하지만
나는 그냥 내 속에 묻어요.

당신은 나의 엄마이고
난 당신의 딸이에요.
그러나 당신을 향한 내 마음,
엄마 같아요.
당신이 마음을 쏟아낼 때
내 손에 떨어지는 물과 같아요.

나도 당신에게 똑같이 해야 한다는 걸 알아요,
하지만 두려워요;
당신 손가락 사이가
너무 넓어 모두 흘러내릴 거예요,
먼지 속으로 사라지는 물처럼.
나를 영원히 잃을까 봐.

그 당시 나는 장애인에 관한 에이비시(ABC, Australian Broadcasting Corporation, 옮긴이) 텔레비전 시리즈를 촬영하고 있었다. 첫 번째는 지적 장애를 가진 젊은 여성에 관한 이야기이고 두 번째는 사지가 마비된 젊은 이들의 관한 이야기이며, 세 번째는 중증 뇌성마비에 걸린 남자의 이야기였다. 이들은 모두 자신의 장애를 받아들이는 법을 배운 사람들이었다. 그때까지도 나는 조현병이라는 현실을 받아들이지 못했기 때문에, 조현병을 장애로 생각해본 적이 없었다. 언젠가는 지나갈 그런 것이다. 조너선은 좋아질 것이다.

그러나 이제 나는 이 병이 지나가기보다는 오히려 머무를 것 같다는 가능성과 마주해야만 했다. 우리가 이겨나갈 더 나은 길을 찾을 수 없으면 이 병과 함께 찾아온 드라마 같은 일과 고통도 갈 길을 찾을 수 없을 것이다.

11월 14일 금요일, 조너선이 밤새 몇 건의 절도 혐의로 체포되어 그 다음 날 법정에 서야 했다. 경찰은 보석금 500달러와 보증금 400달러를 요구했고 재판은 12월 15일 월요일로 연기되었다. 경찰 기록에 따르면 조너선은 금발에 보통 체격으로 검정색 재킷을 입고 갈색 비니를 썼으며 노랑 고무장갑을 꼈다. 그는 사는 곳 근처에 있는 집에 들어가 새러리 제과점 애플 파이와 5달러어치의 동전을 훔치려다 잡혔다. 경찰 기록에는 조너선이 경찰서에서 수사관에게 다음과 같이 말한 것으로 되어 있었다.

'솔직하게 말해도 될까요? 7월에 했던 몇 가지 절도 침입에 대해 말하고 싶은데요.'

조너선은 달걀 열두 알, 레코드 열세 개, 디지털 라디오, 고급 포트 와인 여섯 병을 훔쳤다고 주장했다.

'포트 와인은 다 마셨고 라디오는 텐 방송사 뒤에 있는 토런스 강물 속에 있어요. 애플 파이와 달걀은 먹었고 돈은 써버렸어요.'

조너선을 보석으로 풀어주자 나는 마음이 꺼림칙하고 부끄러웠다. 그를 집으로 데리고 올 때쯤에는 쓸모없는 것을 훔쳤다는 사실에 화가 났다. 그러나 그는 조금도 뉘우치는 기색이 없었고, 초콜릿 바 훔친 일을 설명하는 아이처럼 무슨 일이 일어났는지 가들막거리며 반복해 말했다. 병이 난 이후 조너선의 정신 연령은 실제 나이보다 훨씬 어린 것 같았다.

그는 팔을 흔들고 거실을 왔다 갔다 하면서 빠른 속도로 말했다.

"그게 이런 거야, 앤. 내가 창가에서 칼로 방충망을 찢어, 내 낚시 칼로. 그리고 안으로 기어들어가는 거야. 그렇지만 들키지 않지. 좋아. 가져갈 게 무지 많아. 보석, 귀중품. 하지만 나를 위한 건 아니지. 그렇지?"

"그러다가 돼지 저금통에 든 돈이 보이는 거야. 지문을 남기지 않으려고 엄마가 쓰는 노란색 고무장갑을 끼고 저금통에서 돈을 꺼낸 다음, 냉장고에서 애플파이를 꺼내고 다시 기어나와. 그런데 경찰이 나를 보고 있을지도 모른다는 느낌이 확 드는 거야. 정말 경찰이 있더라고. 경찰들이 나를 쫓아와. 그래서 잽싸게 코너를 돌아 길 아래로 도망치다 하수구에 숨었지."

"그런데 좋은 생각이 떠오르는 거야. 나는 파란색 재킷을 입고 있었는데 안에 재킷 두 개를 더 입고 있었어. 그래서 파란 재킷을 벗고 나면 갈색 재킷이 나오잖아. 그건 내가 위장을 했다는 말이야. 경찰이 계속 따라와. 그래서 갈색 재킷을 벗고 회색 재킷을 입었지. 또 위장을 하는 거지. 나는 계속 달리고 방향을 바꾸는데 그 사람들이 내 뒤로 와서 말을 해. '잡았다'"

"그래서 손을 올리고 말했지. '알았어요. 얌전히 있을게요.'"

"그러니까 경찰이 이러는 거야. '너는 주거 침입자야.'"

"그래서 내가 말했어. '아니, 난 주거 침입자가 아니에요.'"

"잘 들어, 너는 주거 침입자라고."

"아니에요, 난 주거 침입자가 아니라고요."

"들어봐, 저 차가 보이지? 저 안에 두 명이 더 있는데 우리가 너를 도랑에 던지고 엉덩이를 걷어찰 수도 있어. 너는 주거 침입자니까."

"알았어요. 난 주거 침입자예요."

"그래야지, 젊은 친구."

"그리고 경찰서에 도착했는데 경찰 한 명이 말을 하는 거야. '내가 수사관에게 갈 때 같이 가줄게. 그 사람들이 네 엉덩이를 때릴 수도 있으니까. 왜냐면 넌 주거 침입자이니까. 알았어?'"

"'알았어요.' 내가 말해. '난 주거 침입자예요.'"

맙소사. 그의 이야기를 듣고 난 뒤 나는 범죄를 저지른 것에 대해 생각하는 대신, 그가 그 일에 대한 이야기 쓰는 일을 해야 한다고 생각했다.

11월 21일 조녀선은 다시 빈 음료수 병 여섯 개를 훔친 혐의로 기소되었다. 그는 분명 경찰들에게 인기가 없었다. 우리가 애들레이드 치안법원에 도착했을 때는 그가 이미 유죄를 인정하고 난 뒤였다. 그는 근신하고 보호관찰관의 감독 아래 있으며, 집행 유예에 따른 준수사항을 따른다는 조건을 붙인 집행 유예 3년과 벌금 100달러를 내고 풀려났다. 이 일로 우리는 브렌다를 알게 되었다. 브렌다는 조너선의 보호관찰관으로 재판이 끝난 뒤 조너선을 데리고 나왔고, 나도 데리고 나왔다. 그는 재산 손실은 회복되었다고 얼굴을 찌푸린 채 말하고는 조너선에게 준수사항을 읽어주었다.

조너선은 중얼거리면서 왔다 갔다 했으며 듣지 않는 것 같았다. 브렌다가 그의 어깨를 툭툭 쳤다.

"조너선, 이건 중요한 일이야."

조너선이 낄낄거렸다.

"알고 있어요."

"좋아, 그럼 들어."

"들었어요."

그는 눈동자를 발둥거리며 방을 둘러보고 피새를 내며 말했다. 그러고 나서 긴 다리를 앞으로 쭉 뻗고 앉아 준수사항 전부를 한 자 한 자 외우기 시작했다. 멈추지 않고 아무 감정 없는 목소리로 말했다. 그때 그가 외우는 걸 들으면서 놀랐는데, 몇 년이 지나서야 이것이 조현병의 징후라는 것을 알게 되었다. 조현병에 걸린 사람이 급성기에 있을 때 그들의 감각은 모든 사람과 모든 것, 아주 작은 소리와 움직임에 대해서도, 또한 대화 중 미묘한 차이에도 면도날처럼 날카로워진다. 동시에 그들의 뇌는 이 모든 메시지로 뒤죽박죽이 되어서 그들이 가진 생각을 마음으로 폭포수처럼 쏟아낸다.

"나는 뇌가 세 개 있는데 어떨 때는 네 개야."

조너선이 종종 이렇게 말하는 건 놀랄 일이 아니었다. 그가 갑자기 무섭도록 빠른 속도로 말 할 때는 아마도 머릿속의 내달리는 활동을 따라 잡으려고 하기 때문이었을 것이다.

브렌다도 조너선이 외우는 걸 듣고 똑같이 놀랐다.

"천재구나, 조!"

조너선이 낄낄거렸다.

"네, 그런데 상은 안 주나요?"

브렌다는 병에 걸린 조너선에게 가장 친절하고 도움이 된 사람들 중 한 명이었으며, 나는 그에게 말로 다 할 수 없는 마음의 빚을 졌다. 그는 영국에서 태어났고 머리색이 짙었으며 늘 생기가 있고 멋지고 자연스러운 유머 감각을 지닌 사람이었다. 여러분이 은행 다섯 곳을 털고 알코올 중독자와 결혼을 하고 브렌다의 현관 앞에서 토한다 해도 그는 여러분을 위해 기꺼이 시간을 내줄 것이다. 몇 년 후 이 책을 처음 쓰기 시작했을 때, 나는 애들레이드로 가 그레이트노스로드에 있는 패스트푸드점에서 브렌다와 만났고 함께 옛일을 회상했다.

오늘처럼 더웠던 날 기억나요? 조너선은 군인 롱 코트와 재킷 세 벌을 입겠다고 우겨댔고…. 그 애 바지가 항상 엉덩이 반쯤 내려와 있어서 우리는 또 얼마나 벨트랑 끈을 모았는지…? 한 번은 경찰이 엉덩이를 내놓고 다닌다고 체포도 했었죠? 그 애를 찾느라 빈 건물들을 돌아다녔던 것 기억나요? 당신이 해야 할 일은 다 조를 찾으러 다니는 거였죠. 그들은 다 조를 알았어요…. 당신이 한 말이 기억나, '고마워요, 앤, 고마워. 그가 근방에 있을 거고 어쩌면 미쳐 있을지도 모른다고 알려주어서.' 기억나요…?

나는 11월에 있을 재판 때문에 변호사(또 다른 앤드루)를 선임했다.

11월 28일 앤드루가 조너선을 만났고, 조너선은 변호를 위해서 의사 소견서를 사용하고 싶어하지 않는다고 기록했다:

그는 정신의학적 지원이 필요하지 않으며 단지 그의 모친이 본인의 의도에 따라 그렇게 한 것이라고 생각한다고 말했다. 그가 주거 침입을 해서 물건을 훔친 이유는 배가 고팠고 돈이 없었기 때문이며, 돈을 구하려다 구하지 못해서, 돈을 얻으려면 주거 침입을 할 수밖에 없었다고 했다. 이것이 그가 주거 침입과 절도를 한 이유였다.

나는 이 내용을 읽고 화가 났다. 조너선은 사회보장연금을 받았으며 집에도 언제나 올 수 있었다. 게다가 나는 자주 그에게 용돈을 주었다.

12월 5일 브렌다가 쓴 글이다:

조너선을 보기 위해 공동체를 방문함. 오전 11시, 그는 바닥에 매트리스를 깔고 그 위에 펼쳐놓은 침낭에서 아직도 자고 있었다. 방이 어두워서 조너선이 마약에 취해 있는지 아니면 급성기 상태인지 알아보기 위해 그의 눈을 들여다볼 수가 없었다. 그러나 그는 내가 누구인지, 왜 왔는지 알고 있었으며 병원에 가고 싶어하지 않았다.

재판을 준비하기 위해 담당 변호사는 프랭크에게 편지를 써서 그가 정신병원에 입원하게 되면 유익한 치료 방법이 있는지 여부를 물었다. 조너선은 병원에 대해 생각을 바꾸긴 했지만 약물치료는 받지 않겠다고 했다.

12월 11일 프랭크가 답변했다:

오늘 조너선을 만나서 약 사십오 분 정도 이야기를 나누었습니다. 처음에 그는 생각이 좀 비현실적이었고 이상적이기는 했지만 어느 정도는 이성적이었습니다. 그러나 뒤로 갈수록 그가 사고에 장애를 겪고 있음이 명확해졌고 환청을 듣고 있다는 사실을 인정했습니다.

그의 어머니는 때때로 그가 웃어대면서 혼자 중얼거리고 창가에서 얼굴을 이상하게 찡그리거나 밤중에 집을 쉬지 않고 돌아다니면서 아주 고통스러워한다고 말을 합니다. 또한 때때로 그가 완전히 망상에 사로잡혀 자신이 세계를 책임지고 있다든가 이와 유사한 이야기를 한다고도 알려주었습니다. 그는 지적인 노력을 기울여 정신을 차릴 수 있기 때문에, 물론 이러한 사실을 부인할 수 있으며 따라서 이러한 사고 장애가 나타나지 않는 것처럼 보일 수 있습니다.

모든 사람의 말을 종합해 보면 조너선은 현재 정신이상이며 과거의 기록을 통해 그가 지속적으로 또는 간헐적으로 수년간 정신이상이었다는 것을 알 수 있습니다. 그는 시드니에서 자발적으로 정신건강의학과 치료를 받은 적이 있으며, 그곳에서 약물치료를 통해 진전을 보이긴 했으나 그가 계속해서 치료받기를 거부했기 때문에 그 이후로는 전반적인 호전을 보이지 않았던 것 같습니다.

조너선은 수감을 대신하는 경우가 아니면 글렌사이드 병원(당시 애들레이드에 있던 정신병원, 옮긴이)에 자의로 가지 않을 것입니다. 그는 휴식과 음식과 지낼 곳을 제공받음으로써 그의 육체적인 건강이 개선될 수도 있다는 전제 아래 그 조건을 받아들일 것입니다. 저는 그가 어떠한 의학적 치료도 받지 않을 것이라고 믿으며 그가 그렇게 한다면 병원에서 받아주지 않을 것이고, 그러면 그는 퇴원을 하게 되거나 스스로 퇴원을 할 가능성이 아주 높다고 봅니다.

조너선은 자신의 생활을 통제하려 하거나 조절하는 사람 누구에게나 매우 분노하는 경향이 있으며, 그가 원하는 것을 꼭 하기 위해 다른 사람의 도움을 당당하게 요구합니다. 어려운 일이 생기면 어머니에게 도움을 청하는데 그러면 어머니는 그가 처한 운명에서 그를 구해주기 위해 상당한 노력을 기울입니다. 일단 어려움에서 빠져나오면 그는 다시 돌아갈 권리를 주장하고 다시 그가 원하는 대로 하겠다고 합니다. 제 소견으로는, 조너선은 현재 분명히 정신이상이며 누군가가 제게 진단서를 부탁한다면 저는 기꺼이 진단서를 쓸 것입니다. 그의 어머니는 그와의 관계를 염려하여 진단서를 부탁하지 않았습니다. 그는 어머니의 헌신적인 도움에도 불구하고 그에게 매우 적대적이며 때로 폭력을 가하기도 합니다.

조너선을 수감하는 일은 바람직하지 않다고 봅니다. 그는 압력에 매우 예민하며 어떠한 권위에도 매우 분개합니다. 그는 곧 심각한 어려움에 빠질 것이며, 때때로 그가 지능적으로 자신의 비정상적인 정신 상태를 감출 수 있으므로 다른 사람들이 이것을 인지하지 못할 수도 있습니다. 그러고 나면 그가 몇 가지 방법을 통해 악의적이거나 적대적인 행동을 할 수도 있습니다.

그때 프랭크가 조너선의 진단서를 써줄 의향이 있다는 것을 알았는데도 왜 나는 그에게 부탁하지 않았을까? 그 이유는 내가 조너선의 분노에 맞설 만큼 충분히 강하다고 생각하지 않았기 때문이다. 또한 조너선의 의지에 반해 그를 병원에 입원시킬 수 있는 유일한 방법은 경찰을 부르는 것뿐일 텐데 그것은 너무나 적대적인 것 같았다. 만약 조너선이 맹장염이었다면 그는 구급차를 타고 병원으로 옮겨졌을 것이다. 그러나 정신병원은 범죄를 저지른 것처럼 다뤄진다. 신체적 질병은 동정을 받지만 정신병은 수치심만 줄 뿐이다.

12월 15일 치안 판사의 심문이 있는 날이다. 우리는 힘든 밤을 보냈다. 조너선은 잠을 잘 자지 못했고 우리도 그랬다. 그는 눈이 머리에서 튀어나와 매달려 있다고 말하며 집을 돌아다녔고 몇 가지 쪽지를 썼다:

조너선을 죽이지 마라, 조 불로우 서명.

또 내 머리가 깨져서 뇌가 바닥에 쏟아지는 걸 볼 수 있다고 말했다. 결국에 잠자리에 들긴 했지만 새벽 4시가 다 되어서였다. 조지아와 조슈아는 학교에 갔고 나는 9시에 브렌다에게 전화를 했는데 긴장하고 지친 나머지 울음을 터뜨렸다. 11시까지 법정에 가야 해서 삼십 분 후 조너선을 깨웠다. 그는 가장 더러운 옷을 입은 채 주방에 들어왔다. 발에는 새까맣고 냄새가 나는 신발을 신고 있었다. 바닷가에서 신는 것으로 걸을 때마다 밑창이 펄떡거렸다.

"갈아입는 게 어떠니?"

"싫어."

"좋아. 하지만 그렇게 가면 판사는 네가 자신을 돌보지 않고 신경 쓰지 않는다고 생각할 지도 몰라."

"그래?"

"네가 좋은 옷을 입으면 판사가 이렇게 생각할 지도 모르지. 저기 저 사람이 다시 정신을 차리고 살려고 하는구나."

"그래."

그 생각이 마음에 들었는지 빙그레 웃었다.

조녀선은 삼십 분 후에 새 옷으로 갈아입고 주방을 돌아다녔지만 여전히 맨발이었다.

"신발은?"

"싫어."

조녀선은 주방을 왔다 갔다 했다. 우리가 서 있는 곳에서 복도를 지나면 열린 현관문을 통해 바다와 하늘이 보였다. 파란 바다는 물비늘을 만들며 빛에 몸을 맡긴 채 춤추고 있었다.

"애들레이드에 있으면 피해 망상에 걸릴 거 같죠, 앤? 폭력성이 느껴지지? 판사에게 나는 조용한 좋은 장소와 오랜 휴식이 필요하다고 말해야겠어."

나는 조녀선이 병원을 염두에 두고 한 말이기를 바랐지만 그러기에는 현실성이 없어 보였다.

조녀선은 비닐봉투에 낡은 옷을 담아 들고 법정으로 갔는데 봉투를 아무도 건드리지 못하게 했다. 낡은 옷가지가 그가 선택한 정체성이었지 내가 사준 새 옷은 아니었으며, 그는 당연히 새 옷을 아주 싫어했다.

법원 밖에서 조녀선은 새 신발을 신었다. 말이라는 친구가 함께 와주었다. 말은 진심을 다해 도와주었고, 재미있고 다정하며 시간을 아낌없이 내주었다. 우리는 말이 내 궂은 날 친구라는 농담을 했다. 브렌다도 도착했다. 모두 모여 법원 건물 입구로 막 들어서려는데 조녀선이 바닥에 사지를 쭉 뻗고 드러누워 법정 입구를 막는 바람에 사람들이 그를 넘어가야만 했다.

"우리 엄마는 젊은 아들이 행복한 히피가 되지 못하게 해."

145

내 앞에서 넉장거리를 하고 누워 있는 조너선의 발을 내려다보았다. 새 신발이 이쪽 끝에서 저쪽 끝까지 찢겨 있었다. 분명히 출발하기 전에 찢었을 것이다.

나는 마음속으로 말했다.

'그래, 올드 조, 적어도 너는 일관성이 있구나.'

그가 갑자기 일어나 담배를 좀 피우고 와야겠다고 했다. 말이 뒤따라 달려갔다. 그들이 함께 돌아왔고, 조너선이 이번에는 바닥에 태아처럼 몸을 말고 드러누웠다. 그의 이름이 호명되자 브렌다가 발로 그를 건들며 쾌활하게 말했다.

"일어나, 조, 네 차례야."

"일어나라, 일어나라, 예수를 위해."

이렇게 말하며 그가 일어섰다. 조너선 사건은 중앙지법 형사법원으로 회부되었다. 보석금 400달러와 법정 출두 서약 담보에 대한 보증금 500달러가 다시 부과되었다. 사건에 대한 재판은 다음 해로 넘어갔는데 아마도 1월 말경이나 돼야 할 것 같았다.

12월에 소말리아 다큐멘터리가 9번 채널에서 방영되었다. 방영 직전 나는 <호주 주간 여성> 기자와 인터뷰를 했다. 지금 그 기사를 다시 읽어보니 부모 역할에 대한 질문에 내가 여러 소리를 늘어놓은 것이 눈에 들어온다.

모든 사람은 좋은 부모가 되고 싶다는 바람이 있어요. 그러나 사람들은 너무나 많은 것을 기대하죠. 자신에게 너무 엄격해요. 죄책감이요? 사실, 난 그런 거 없어요. 부모가 된다는 게 언제나 쉬운 일이라고는 생각하지 않지만 즐거운 일일 수 있다고 생각해요. 아이들에게서 더 많이 배울수록 마찬가지로 모두가 더 많이 성장하죠.

오, 저 용감한 태도! 내 죄책감은 여름날 정원의 잡초처럼 무섭게 자라고 있었고 하나를 뽑으면 천 개나 더 그 자리에서 자라났다.

가장 힘들었던 한 해가 끝나가기 전, 조너선은 내 서재로 들어와 바다를 바라보았다. 그는 낡은 티베트풍 재킷을 입고 있었다. 태양이 바다 위에 물비늘을 흩뿌렸다. 개 한 마리가 바닷가를 달리고 있었다. 이 순수의 순간에, 조너선은 조용히 창문 밖을 응시했다. 그리고 돌아섰다. 그는 예닐곱 살 된 작은 소년처럼 보였고 시르죽고 예의 바른 말씨로 말했다.

"제발 엄마, 내게 정상이라는 증명서를 주세요. 나는 정상 증명서가 필요해요."

4장

치료를 찾아서

가라, 가서 떨어지는 별을 잡아라.

맨드레이크의 뿌리가 아이를 갖게 하라.

말해다오, 지나간 날들이 모두 어디에 있는지

아니면 누가 악마의 발을 갈라놓았는지.

존 던

1981년 1월 모든 연령의 친구들이 집으로 들고 나는 확장의 시간이었
고 커다란 집들이 그래야 하듯, 집이 처음으로 사람들로 꽉 들어찼다. 1
월은 수영하기 좋은 때이다. 노을이 주황색, 분홍색의 기다란 줄이 되어
바다로 번져가는 것을 바라보며 누군가와 말없이 베란다에 앉아 있는
계절이다. 또 1월에 우리는 처음으로 톰을 만났다. 그는 길 바로 위쪽에
있는 자취집에 살면서 매일 해거름에 동네 개들을 바닷가로 데리고 나
와 산책시키는 일을 했다. 톰은 여든 살이었는데 안짱다리지만 건장했
으며 낡은 모자를 머리 뒤로 눌러썼다. 그는 개들을 줄로 한데 묶어 걷
다가 바닷가에 이르러 끈을 풀어주며 노래하듯 말했다.

"자, 가라, 예쁜 것들."

톰은 우리 개를 가장 늦게 데려다주었다. 매일 저녁 문을 두드리고는
리자를 품에 안은 채 '너를 다시 집에 데려다줄게, 캐서린'이라는 노래
를 부르며 서 있었다.

그가 항상 노래를 부르는 건 아니었다. 때로는 이렇게 짧은 말을 할
때도 있었다.

151

"캐서린이 왔어요."

톰은 내게 중요했다. 그는 결코 일을 거르는 일이 없었고, 그래서 내 인생에 몇 안 남은 안정감의 흔적 중 하나가 되었다.

조너선도 재킷을 여러 벌 껴입고 바닷가로 나가 앉아 있곤 했다. 가끔 나와 함께 걷기도 했는데 눈을 아래로 내리깔고 종종 물가로 다가갔다가 겁에 질린 채 뒤로 물러서고는 했다. 그는 여위고 창백한 열아홉 살 청년이었다.

1월 19일은 조너선이 중앙지법 형사재판에 출두해야 하는 날이었다. 브렌다와 나는 조너선이 법정에서 조현병 증상을 보여 판사가 치료 명령을 내리기를 바랐다. 그러나 조너선은 그것을 원치 않았다. 그는 아프지 않다고 말하며 법적으로 성인인 점을 이용해 직접 자신의 변호사를 지명했다.

몇 년 전, 매일 방송하는 라디오 프로그램 진행을 맡고 있을 때 시민의 자유와 정신병이라는 주제에 대해 길고 힘든 논쟁을 벌이곤 했다. 나도 이전에는 강제 치료를 위해 법정 판례를 이용하려는 생각에 대해서 질겁을 하곤 했었다. 그러나 조너선은 점점 더 악화되고 있었고 나는 절망의 구렁텅이에 빠지는 중이었다.

1월 15일 브렌다의 기록:

모든 사람들이 법정에서 조너선의 정신질환 문제를 언급하지 말아야 할 윤리적인 이유가 있는 것 같아 보인다. 조너선이 그 문제를 꺼내지 말라고 요구했다. 이것은 마치 내 책임이 무엇인지 알고 있음에도 내게 더러운 일을 하라고 내모는 것 같다. 누구도 그 문제를 판사에게 알리지 않는다면, 내가 보호 관찰 보고

서의 형식으로 보고해야겠다는 결론에 이르렀다.

조너선은 브렌다의 보고서가 판사에게 전달되는 것을 원하지 않았고 판사는 그것을 요구하지 않았다. 왜 그랬을까? 아마도 상대적으로 경범이었기 때문에, 법정의 다른 사건들보다 관심이 적은 만큼 조너선의 진료 기록에 대해 아는 게 없는 것 같았다. 조너선은 열두 달간 보호 관찰 없는 보석으로 풀려났다. 이것은 법적으로 좋은 결과였다.

그날 밤 조너선에게 급성기 증세가 나타났다. 그는 다시 욕실 거울을 들여다보며 자신을 점검하기 시작했다.

"잘 했어, 조. 너 정말 조야? 그래, 조 맞네."

내가 쳐다보는 것을 눈치채자 그는 행동을 멈췄다. 나는 누군가의 사적인 대화를 엿들은 것 같은 기분이 들었다. 그래서 미안하다고 말했던 것으로 기억한다.

1월 20일 변호사 앤드루가 판결 결과가 흡족하지 않다고 했다. 그는 조너선이 치료가 필요하다는 사실을 깨달았다. 그러나 서로의 이해 때문에 갈등이 있으므로 우리 가족의 친구로서, 앞으로는 조너선을 위해 일하지 않는 것이 좋을 것 같다고 생각했다. 나는 일기에 이렇게 썼다:

이러한 법률 만능주의는 불합리하다. 법은 분명 나의 이해보다 조너선의 이해에 부합한다. 그래서 그가 좋아질까?

1월 21일 조너선은 조지아에게 구더기라고 했고 내게는 자본주의 독버섯이라고 했다. 저녁 식사 자리엔 긴장이 감돌았다. 건축가가 있었지만 저녁 식사 후에 돌아갔다. 어떤 면에서는 걱정해야 할 사람이 하나 적어졌다는 걸 의미해서 마음이 놓였다. 조너선이 우리가 눈에 띌 때마다 저주하면서 계단을 오르락내리락거리는 동안 마가렛이라는 또 다른 좋은 친구가 커피를 마시러 왔다. 조너선에게 음악을 틀어주자 그제서야 잠자리에 들었지만 한밤중에 다시 일어났다. 다음 날 프랭크에게 전화를 해야겠다고 결심했다.

1월 22일 프랭크는 출장 중이었다. 조너선은 좀 수굿해진 것 같았다. 그는 낮에 친구들을 만나러 간다며 외출했다. 해가 기울 무렵, 조너선이 길 한 가운데로 걸어가는 것을 발견했을 때 나는 차로 노스애들레이드를 지나고 있었다. 그가 멈추라고 손을 흔들었다. 밀크셰이크를 사달라고 해서 카페로 가 몇 분간 이야기를 나눴다. 그런데 돌연 가시눈을 하고 중얼거리기 시작했다. 재판을 기다리며 보냈던 지난 몇 주간의 긴장이 폭발하면서 모두 내게로 쏟아졌다. 조너선은 초콜릿셰이크에 대고 바람을 불었다. 그러더니 셰이크를 내 얼굴에 던지고 소금과 후추까지 던진 다음, 테이블을 뒤집고 의자를 내게 내던졌다. 사람들이 놀라서 입을 막았고 종업원이 달려왔지만 조너선은 그를 내치고 문밖으로 나가 거리로 향했다.

나는 우유를 털어내고 눈에서 후춧가루를 닦아내려고 했지만 상태가 더 심해질 뿐이었다. 종업원이 설명을 들어볼 요량으로 서성거렸다. 삼십 분 이내에 변명거리를 생각해낼 것 같지 않아서 그냥 돈을 내고 나왔다.

브렌다와 마가렛은 내가 조너선을 폭행 혐의로 고발해야 한다고 생각했다. 그들은 내가 한계를 정해야 한다고 말했다. 그 생각은 끔찍했다.

그러나 나는 정말 화가 났다. 조너선이 나를 공격한 것이 화가 났고 그를 도와주지 않는 제도에 화가 났고 그 병에 대해 화가 났다. 가장 다루기 힘든 분노는 역설적인 상황 때문에, 정확히는 조너선 때문에 일어난 분노였다. 어떤 사람이 그렇게 공격적으로 변한 이유가 병 때문이라면 사람들은 과연 그에게 화를 낼 수 있을까? 그러나 나는 화가 났다. 너무 화가 나서 아무나, 누구나 두들겨주고 싶었다. 너무 화가 나서 격분을 쿠션에 풀어놓아야 했다. 그런데 그런 자신이 너무나 무기력해 보여서 그 후로도 화를 가라앉힐 수가 없었다.

1월 23일 조너선이 브렌다와 만나기 위해 걸어야 할 전화를 하지 않아서, 그를 찾으러 공동체를 방문한 브렌다가 보고서를 썼다:

조너선이 매트리스에 몸을 반만 걸치고 누워 있었다. 내가 말을 걸었지만 대답하지 않았고 라디오만 요란스럽게 울려대고 있었다. 그가 매우 창백해 보여서 처음에 그가 죽었다고 생각했지만, 숨을 쉬는 것을 확인하고 마음이 놓였다. 약물 같은 것을 한 흔적은 없었다. 급성기에 그가 거의 무의식 상태가 된다는 것을 이해하고 있어서 나는 그곳에서 나왔다. 방은 항상 그렇듯 아주 지저분했고 주변에는 버스 티켓이 널려 있었다.

1월 24일 조너선이 한밤중에 창문을 부수고 집에 들어왔다. 급성기 상태여서 웃고 혼잣말을 하다가 높은 소리로 낄낄거리면서 계단을 오르락내리락거렸다. 어느 순간 모든 의학 서적을 끄집어 내린 다음 성서까지 끄집어 내렸다. 함께 바닥에 앉아 무슨 일이 일어나고 있는지 물었지만 그는 나를 무시한 채 꾸며낸 단어들을 큰 소리로 읽고, 종이를 구

155

겨가면서 빠르게 돌아가는 연속 필름처럼 책장을 넘겼다. 위기관리센터에 전화를 했지만 그들은 경찰에 전화를 하라고 했다. 경찰에 전화했지만 그들이 도착한 시간은 두 시간 후였으며, 그때 조너선은 이미 떠나고 없었다.

다음 날 일찍 내 차에 갔다가 조너선이 차 바퀴에 엎어져 있는 것을 발견했다. 의식이 없거나 죽은 것 같아 보였다. 다행히 둘 다 아니었다. 차에 타는 순간 그가 내 손가락을 잡고 아주 세게 무는 바람에 너무 아파서 소리를 질렀다. 내 머리를 좌석에 억지로 밀어넣어서 숨이 막혀왔다. 그러는 동안에도 계속 손가락을 꽉 물고 있었다. 그가 낄낄거렸다. 그러고 나서 손가락과 목을 풀어주더니 갑자기 차 밖으로 뛰쳐나가 거리로 내달렸다. 나는 차 안에서 손가락을 움켜쥐고 울면서 약 오 분 정도 앉아 있다가 몸을 이끌고 집으로 들어갔다. 아프고 매우 외로웠다.

주로 내가 조너선의 폭력성이 폭발하게끔 부추기는 사람처럼 보였다. 급성기에 있을 때 그는 나를 자신의 망상과 결부시켰으며, 나를 해치라고 명령하는 환청을 듣곤 했다. 그는 끔찍한 내적 갈등을 겪었을 것이다. 조너선은 자신이 머무르던 빈 건물의 얼룩투성이고 곰팡이 핀 벽에 검은색 사인펜으로 크게 써놓았다:

앤을 해치지 마.

수년 동안 나는 그가 비슷한 명령들을 휘갈겨 쓴 종이 조각을 발견하곤 했다. 조너선이 미쳐갈수록 그가 느끼는 공포는 더욱 커져갔고 자신을 보호하려는 욕구도 더욱 강해졌다. 한번은 하느님에게서 내가 악마이며 파괴해야 한다는 말을 들었다고 했다. 아마도 나를 볼 때 얼굴 표정이 많이 일그러져 있으면 내가 악마처럼 보였을 것이다.

그 당시 우리 가족은 사나운 폭풍에 휩쓸린 배와 같았다. 우리가 이 위기에서 저 위기로 쓸려 다니는 동안 조지아와 조슈아도 압도당할 듯한 위협을 느꼈을 것이다. 조지아는 그때 열여섯이었고 조슈아는 열두 살이었다. 그들이 조너선을 친구들과의 모임에 끼워주면 무수히 많은 이상 행동을 했는데, 어떤 면에서는 그를 받아들이려는 동생들의 시도를 거부하는 고의적 의도가 있는 것 같기도 했다. 그는 정원에 소변을 보았고 트림을 하고 방귀를 뀌었으며, 할 수 있는 가장 잔인한 말로 조지아를 할퀴어댔다. 아이들이 조너선을 제외시키면 그의 빈자리는 무거운 죄책감으로 모두를 휘감았다. 아이들은 분노와 슬픔이라는 그들만의 역설과 마주해야 했다. 조너선이 자신들에게 어떻게 했는지에 대한 분노와 사랑했던 형제를 잃었다는 슬픔. 그들은 또한, 나에 대한 분노와 잘못한 사람이 모든 관심을 받는다고 느끼는 데서 오는 분한 감정과도 마주해야 했다.

젊은 작가 애미 브로도프(Ami Brodoff)는 이러한 갈등 경험과 감정에 대한 글을 미국 조현병 회지에 올렸다. 그는 자신의 오빠 앤디가 조현병에 걸린 후 일어난 일을 이렇게 묘사했다:

우리 가족이 오빠로 인해 이 응급 상황에서 저 응급 상황으로 휘청거리고 밀물과 썰물처럼 들쑥날쑥한 그의 감정 변화가 그날의 주요 관심사가 되면서, 나는 건강하다는 이유로 방치되고 있다는 느낌이 들었다. 나의 걱정거리는 종종 앤디의 더 큰 문제 때문에 별것 아닌 게 되었고 나의 기쁨이나 성공은 사소한 일로 취급받았다. 나는 부모님으로부터 좀 더 많은 관심과 인정을 받고 싶은 마음이 간절했지만, 앤디가 더 많은 도움이 필요하다는 것이 확실했기 때문에 이러한 바람에 대해 죄책감이 들 뿐이었다. 너무나 힘든 순간에는 내가 부모님의 사랑을 얻을 수 있는 유일한 방법은 나도 아픈 길 밖에는 없다고 생각했다. 그러나 정신병은 치러야 할 대가가 너무나 커서 사랑으로도 메울 수 없는 것이란 사실을 나는 알았다.

조슈아는 줄곧 크리켓을 탈출구로 삼았다. 그는 슈퍼마켓에서 상상 속의 크리켓 방망이를 휘둘렀다. 카드 색인 시스템으로 독창적인 크리켓 게임을 만들어냈고, 한 개당 일 점짜리 점들을 카드 위에 올려놓으면서 몇 시간을 보내기도 했다. 나의 어린 아이들인 그들은 최전방에서 살았지만 상처를 내보이지 않았고 상황을 미뤄볼 때 엄마가 최선을 다했다는 것을 알았다. 그들은 이런 일이 일어나지 않기 위해서라면 내가 무슨 대가라도 치를 거란 사실을 아는 동시에 내가 그들을 사랑한다는 것도 알았다. 그러나 아는 것과 느끼는 것은 별개의 일이다. 알고 있는 아이 속에는 오랜 시간 동안 갈망하는 아이도 있었다. 그리고 건축가는? 우리가 함께하는 시간이 줄어들기 시작했고, 그 시간마저도 조녀선이 어느 때든 우리의 사적인 공간에 불쑥 나타날 수도 있다는 염려가 드리워져 있었다. 내게 필요했던 도움은 한 사람이 감당하기에는 너무 엄청난 것이어서, 가장 튼튼한 관계나 오래 지속되어온 관계까지도 위협을 받곤 했다. 그러나 우리의 관계는 오래되지 않았고 꽤 취약했다.

우리 중 조녀선이 가장 큰 고통을 겪고 있었다. 그는 병에 대한 공포, 미래에 대한 상실감, 자기 자신에 대한 상실감을 모두 견뎌야 했다.

2월 2일 아래층에서 들려오는 조녀선의 목소리에 잠이 깬다. 나는 바다 소리만 들으려고 애쓰면서 그대로 누워 있다.

'하느님, 제발, 제가 눈을 감는다면 그리고 아주 운이 좋다면 아마 조녀선이 가겠지요. 왜냐하면 저는 피곤해요. 너무 피곤해요. 그래서 아래층에 내려갈 기운이 없을 것 같아요.'

조녀선이 구두덜거리면서 복도를 왔다 갔다 한다.

"바보, 바보, 바보, 바보, 바보, 너를 해치지 마. 바보, 바보, 바보, 자면 안 돼, 바보, 바보."

나는 맨발로 아래층에 내려간다. 처음엔 천천히, 그러다 조녀선이 자해를 할까 봐 두려워서 이내 뛰어 내려간다. 조슈아와 조지아도 잠이 깼는지 그들 방문이 열린다.

조녀선은 벽에 머리를 부딪치며 소리를 지르고 또 지른다.

"너를 해치지 마."

그가 나를 밀쳐내고 욕실로 달려가 거울에 비친 얼굴을 쳐다본다. 그는 머리를 이쪽저쪽으로 기울인다. 그러다 낄낄댄다. 내가 팔로 감싸자 나를 밀어내고 말한다.

"누구세요, 부인은? 당신은 악마야, 그렇지, 부인? 엄마, 저 여자 내보내요. 내보내!"

조녀선은 오래된 보이 스카우트 칼을 손에 쥐고 있다. 칼날에 손가락을 댄 채다.

'싸구려 드라마 같은 일 하지 마.'

나는 하마터면 이렇게 말을 할 뻔한다. 그러나 그럴 만한 배짱이 없다. 갑자기 그가 나를 주방으로 밀어넣더니 커다란 검정 사인펜을 집어들어 벽에다 끌쩍거린다.

159

'꺼져, 바보."

그는 다시 머리를 부딪치면서 소리를 지른다.

"조녀선, 내가 누구도 너를 해치지 못하게 할 거야."

그러자 그가 내게 소리지른다.

"나는 미쳤어, 앤, 바보, 바보. 저기 내 심장이 있어, 새빨간 피가 바닥에 있어. 앤, 너도 피 칠을 했잖아. 바보, 바보, 네가 미쳤다는 걸 알면 어떨 것 같아?"

나도 소리를 질렀던 것 같다.

"아, 하느님, 좀 도와주세요."

"나를 내버려 둬."

그가 나를 떠민다.

나는 이층으로 올라간다. 내 서재는 조슈아 방 옆에 있다. 조슈아가 깨어나 침대에 바짝 얼어 있다. 그가 속삭인다.

"무슨 일이에요?"

조슈아를 달래고 조지아에게 말하고 나서 병원에 전화를 건다. 병원에서는 위기관리센터에 전화를 하라고 한다. 브렌다가 벌써 센터 사람들과 통화를 했는데도, 수화기 저편에서 들리는 목소리는 담당 의사에게 전화를 하라고 한다. 프랭크에게 전화를 건다. 그가 자리에 없다는 녹음 메시지가 들린다. 비명 소리가 계속 들려서 위기관리센터에 다시 전화하자 젊은 남자가 말한다.

"우리는 정신병에 걸린 사람 때문에 걸려오는 전화는 받지 않습니다. 경찰에 전화를 하세요."

경찰에 전화를 건다. 경찰은 위기관리센터에 전화를 하라고 한다.

조너선이 전화 소리를 듣고 전처럼 달아날까 봐 겁이 난다. 그는 아래층 거실에서 가구를 방 한쪽에 몰아넣고 바닥에 가족 앨범과 성서를 흩어놓았다. 그러나 내가 들어가자 벽난로 위에 걸린 커다란 거울을 노려보고 있다. 손가락으로 자신의 얼굴 선을 따라 그린다. 얼굴을 거울에 바투대고 있다.

"예수는 백설 공주였어, 백설 공주와 바보. 그리고 넌 사악한 마녀야."

그가 지하실로 서둘러 내려간다.

경찰에 다시 전화를 거는데 손가락이 떨린다.

"이리로 와야 한다고요!"

내가 강력하게 요구한다.

"좋아요, 부인. 우리가 가보죠."

"언제요?"

"네 시쯤이요."

"두 시간이나 있어야 하잖아요!"

내 목소리가 신경질적으로 들린다. 정말 신경이 극도로 예민해지는 것을 느낀다.

"가능한 한 빨리 가보도록 하죠."

나는 어둠에 잠긴 지하실로 내려간다. 조너선이 벽을 등지고 서서 울부짖고 있다. 그것은 음울하고도 원초적인 소리다. 여름인데도 나는 떨고 있으며 팔에 난 털이 곤두선 게 느껴진다. 오래된 에티오피아 은 십자가를 찾아 들고 갔는데, 이렇게 하면 내가 악마가 아니라고 그를 설득할 수 있을 것 같아서이다. 내가 십자가를 높이 치켜든다.

"저리 가. 저리 가, 악마야."

"조녀선, 나는 악마가 아니야. 이것은 하느님의 사랑이고 하느님이 '편히 가라'고 하셨어."

내 말이 조녀선을 안정시킨 것 같다. 그의 손을 잡고 이층 주방으로 올라갔다. 그가 문을 잠가 나를 못 들어가게 할까 봐 그에게 등을 보이지 않는다. 두렵다. 나는 차를 끓이고 거실에서 음악을 좀 듣자고 한다. 모차르트를 튼다. 조녀선은 무릎을 끌어안은 채 바닥에 앉아 있고 나는 커다란 팔걸이 의자에 앉는다. 음악이 멈춘 걸 보니 노루잠이 들었던 것 같다. 된바람이 불어와 카펫이 펄럭거린다. 조녀선은 아직도 바닥에 앉아 있다. 머리를 무릎 사이에 파묻고, 조용히.

전화벨이 울린다. 경찰이다. 그들은 자신들이 도착하는 즉시 조녀선이 좋아질 것인지를 알고 싶어 한다. 경계하는 것이다. 그들은 정신병자를 병원에 보낸 경험이 있었으나 의사가 오자마자 바로 정신이 돌아온 경우뿐이다. 정신이 돌아오는 시간은 보통 아주 짧지만 경험이 없는 의사들이 이상 없다고 판단하기에는 충분한 시간이다. 조녀선이 이렇게 행동하는 걸 본 적이 있는데, 마치 두려움이 갑자기 강력한 에너지를 몰고 와서 흐트러진 마음 조각들을 다시 주워 모으게 하는 것 같았다. 나는 조녀선에게 어떤 일이 생길지는 모르지만 경찰이 오지 않고 무슨 일이 내게 생긴다면 그들에게 책임을 물을 것이라고 말한다.

조녀선에게 다시 가면서 내가 유다 같다는 생각이 든다. 나는 왜 경찰에게 전화했다고 그에게 말하지 않는가? 그렇게 하면 그가 밤중에 나가 버릴 게 분명하기 때문이다. 한 시간쯤 지나자 초인종이 울린다. 익숙한 작은 소리지만 지금은 매우 크게 느껴진다. 조녀선에게 경찰이 왔고 왜 경찰을 불렀는지 설명한다. 그의 눈에는 눈물이 그득하다.

경찰관 세 명이 집으로 들어온다. 두 명은 체구가 큰 남자이고 한 명은 젊은 여자인데 손전등을 들었다. 조너선은 얼굴이 백지처럼 하얘져서 손을 떨고 있다.

"정말 죄송해요, 경찰관님. 어머니와 동생들을 겁주려고 그런 건 아니에요. 정말 죄송해요, 경찰관님."

그의 목소리는 애달프고 시선을 아래로 두고 있다. 나는 두려움의 냄새를 맡을 수 있다. 나이 든 경찰관이 나를 한쪽으로 데리고 간다. 그는 무슨 일이 있었다는 사실은 의심하지 않지만, 조너선이 멀쩡하게 행동하고 사뭇 이성적으로 말하기 때문에 병원으로 데려갈 방법은 없다고 말했다.

"의사가 '이 사람은 미치지 않았어요. 괜찮아요.'라고 말할 거예요."

"괜찮지 않아요."

나는 이를 갈며 말한다.

경찰관이 내 손을 다독이며 말한다.

"알아요."

경찰관이 주방으로 가서 조너선에게 도움이 필요하며 병원에 가면 좋아질 거라고 말한다.

"괜찮아요, 경찰관님. 괜찮아요."

"자네가 안 좋아지면 우리는 바로 자네를 병원으로 데려가야 할 거야. 밖으로 나가 걸으면서 생각해 봐."

조너선이 세탁실로 나가 문을 닫는다. 침묵이 흐른다. 세탁실 문 밖으로 가서 뒷문을 통해 나가버렸을까? 그러나 몇 분 후 그가 돌아온다.

"가겠어요."

경찰이 병원에 전화를 건다. 지직거리는 소리와 함께 무전기 너머로 목소리가 들린다. 경찰관이 병원에서 하는 말을 중계한다.

"의사 말이 어머니와 같이 있다가 내일 아침에 올 수 없겠냐고 하는데요?"

나는 할 말을 잃는다. 경찰관이 나를 대신해 대답한다:

그가 엄마를 위협했고 이상하게 행동하고 있다고요.

무전기가 지직거린다. 경찰관이 말한다.

"의사가 뭐가 문제냐고 물어보는데요?"

"조현병이요."

의사에게 조현병임을 전달한 경찰관이 말한다.

"의사가 조현병 같은 건 없다고 하는데요."

나는 그 긴 밤과 공포 그리고 조녀선의 고통을 생각한다. 경찰관에게서 무전기를 뺏어 들고 말하기 시작한다. 이 바보, 멍청이. 말도 안 되는 교과서 이론으로 무장한 의사가 어떤 조치를 취하지 않으면 아주 골치 아픈 일이 생길 거라고 생각할 때까지 멈추지 않는다. 그가 항복한다. 아마 날 상대하느니 차라리 조녀선을 상대하는 게 낫겠다고 생각했는지도 모른다.

주방도 춥고 차도 식었고 나도 춥다. 조녀선은 혼잣말을 하면서 왔다 갔다 하고 있다. 다른 경찰관 두 명은 마치 공식 만찬에 참석한 사람들마냥 높은 스툴에 등을 꼿꼿이 세우고 앉아 있다. 그들은 앞을 응시하고 있는데 아마도 당황한 듯했다.

나이든 경찰관이 조녀선에게 말한다.

"이제 자네는 어머니와 함께 갈 거야. 더 이상 말썽 피우지 말게. 우리가 뒤따라갈 테니."

병원에 도착하자 조너선이 의사에게 말한다.

"죄송해요, 선생님."

"제가 보기엔 괜찮은 것 같은데요."

의사가 눈썹을 치켜올리고 말하는데, 나는 맥이 다 풀리는 것 같다. 이 사람은 조현병 같은 것은 없다고 한 윤똑똑이다. 그러나 너무 피곤해서 싸울 기운이 없다. 손으로 머리를 감싼 채 조너선이 하는 말을 듣는다.

"제 생각엔 선생님이 제 죄를 벌하려고 이리로 데려온 것 같아요. 저를 전기 처형하지 말아주세요, 선생님."

조너선의 목소리가 한숨 속으로 사그라진다.

나는 마음이 놓였어야 했다. 그런데 말할 수 없이 슬프다.

병원에서 집으로 돌아온 때는 먼동이 틀 무렵이었다. 돌 같은 잿빛 바다를 바라보다가 나도 조너선처럼 거울을 들여다본다. 거울이 이 끝에서 저 끝까지 갈라졌어… 내게 저주가 내렸구나. 샬롯의 아가씨가 울부짖는다(알프레드 테니슨(Alfred Tennyson)의 장편 시 '샬롯의 아가씨', 옮긴이). 그러나 거울은 갈라지지 않았다. 내가 갈라졌다. 거울을 들여다보면서 나는 내 얼굴과 내 속의 감정들을 연결할 수가 없었다. 내 얼굴은 익숙했지만 감정들은 형언할 수가 없었다. 이건 마치 결코 끝나지 않을, 말도 안 되는 인내심 테스트 같았다.

다음 날 아침에 나는 갈아입을 옷을 가지고 조너선에게 갔다. 병원은 밖에서 보면 모텔처럼 보였고 실내는 공항 라운지 같았다. 주간 휴게실에서 그를 만났다. 녹음된 음악이 흐르는 그곳에는 꽁초가 수북이 쌓인 철제 재떨이와 인조 가죽 의자가 있었고, 앉거나 돌아다니면서 담배를 피우는 사람들로 가득했다. 그들은 가운에 플라스틱 슬리퍼 차림이거나 혹은 평상복을 입고 있기도 했다.

조너선이 행주걸이처럼 뻣뻣하게 쭉 뻗은 팔로 나를 안아주었다.

"내가 뭐가 문제예요?"

잠시 후 의사가 유쾌하게 말했다.

"오늘 오후에 아드님을 데리고 가도 됩니다."

나는 잠을 자지 못해 머리가 욱신거려서 순간 내 귀를 의심했다.

"하지만 아직 검사도 안 했잖아요. 선생님은 무슨 일이 일어났었는지도 모르시고요. 그리고 제 아이에게 적절한 치료를 할 시간도 없었을 텐데요."

의사는 난처한 표정을 지었다.

"잠시 후 제게 오세요."

의사에게 가 우리의 긴 이야기를 들려주었다.

"그런 경우라면 아직 집에 가지 않는 게 좋겠네요."

의사의 목소리는 분명했다. 이미 그는 조너선이 조현병이라는 진단을 내렸다. 그는 조너선을 집으로 데려가야 한다는 데서 극적으로 방향을 바꿔 병원에 두어야 한다는 데 동의했다. 의사들은 가족들이 강력하게 주장하지 않는 한 그들의 말을 주의 깊게 듣지 않는다는 사실을 배워가고 있었다. 조너선의 격노가 계속될까 봐 두렵다고 하니, 의사는 다른 주로 이사하는 것을 고려해보는 것이 좋겠다고 했다.

사회복지사를 만났더니 그가 끈적끈적한 목소리로 말했다.

"당신이 아주 바쁜 여성이라는 걸 알아요. 하지만 아드님을 사랑하려고 노력해보세요."

어떻게 감히 이런 말을 할 수 있을까? 나는 그를 후려치고 싶었다.

"나는 내 아들을 아주 사랑해요. 세상에! 아주 사랑한다고요!"

이제 나의 분노는 눈물 속에 가라앉고 있다. 나중에 그 사회복지사는 내가 다른 두 아이를 더 사랑해서 조너선의 유년기에 애정 결핍이 있었던 게 틀림없다고 브렌다에게 말했다. 그 일이 있고 얼마 지나지 않아 다른 전문가는 아마도 내가 조너선에게 지나치게 개입하고 있었던 것 같다고 말한다. 그런 걸 '숨 막히는 사랑'이라고 한단다.

이건 이길 수 있는 상황이 아니다. 나는 내가 알고 있던 아들을 잃었다. 다른 두 아이는 공포와 긴장 속에서 살아가고 있다. 건축가와의 관계는 빠르게 사그라지는 중이다. 나는 저주를 받았고 외롭다. 내 몸의 모든 부위가 울부짖는 소리에 온몸이 아리다. 의사가 나와 함께 복도를 걸어간다.

"괜찮으세요?"

목소리가 놀란 것 같다. 의사는 나를 갈색 방에서 갈색 가죽 팔걸이 의자에 앉아 갈색 파이프 담배를 피우는 갈색 머리의 정신건강의학과 의사에게 보내주었다. 유쾌한 그 의사는 내 말을 집중해서 듣더니 내 부모와 어린 시절, 결혼 생활, 건축가에 대한 질문을 했다. 두 시간이 지난 후 그는 나와 상담을 계속할 수 있을 거라 생각한다고 말했지만, 그러기 위해서는 매주 와야 하며 내 우울증을 치료하려면 시간이 좀 필요하다고 했다.

"고맙습니다."

집에 오는 길에 속은 것 같아서 부아가 나기 시작했다. 내게 분석은 필요 없었다. 실질적인 도움이 필요했다. 우울증이 생길 충분한 이유가 있어서 우울한 것이었다. 눈물이 볼을 타고 흘러내려서 차를 멈춰야 했다. 공중전화 박스 옆에 차를 세우고, 내게 애정이 없다고 말한 그 사회복지사에게 절망적인 심정으로 전화를 걸었다.

"지지 그룹이 없나요? 나 같은 사람들과 이야기할 수 있는 그런 곳 말이에요."

"그런 걸 들어본 적이 없어요."

그는 못마땅한 소리로 말했다.

"정말 필요해요."

"좀 알아볼게요. 내가 연락을 안 하면 그런 모임이 없는 거라고 생각하세요."

"내 장례식에나 와요."

나는 소리를 질렀지만 이미 전화는 끊긴 상태였다.

조너선이 개방 병동에서 도망치려 해서 앤더슨 하우스라는 폐쇄 병동으로 옮겨졌다. 그곳은 장미와 후추나무들 사이에 있는 붉은 벽돌 건물이었다. 그 병동은 엄숙했다. 리놀륨 바닥은 반짝거리는 붉은색이었다. 대기실에서 기다리자 조너선이 머리를 앞으로 빗질해 매끄럽게 만든 모습으로 나타났다. 다른 사람의 옷을 입어서 바지는 강동했으며 파란색 재킷은 너무 짧았다.

"안녕, 안녕? 나는 엄마를 보고 있어요."

"왜?"

"얼마나 슬픈가 보려고. 내가 슬프게 했다면 미안해요."

그를 껴안았다.

"나를 계속 안아줘요. 너무 추워요. 내가 엄마를 해쳐서 나를 여기다 집어넣었어요?"

"아니, 아니야."

"집에 가고 싶어요."

"나도 네가 집에 왔으면 좋겠어. 하지만 네가 좋아지기 전에는 안 돼."

조녀선이 고개를 숙이고 몇 발짝 물러서더니 다시 다가왔다.

"좀 어때요?"

"괜찮아. 너는?"

"몽롱해요. 신경 안정제 때문에. 내가 좋아질 거라고 생각해요?"

"그래, 넌 좋아질 거야."

"목이 너무 말라요. 기분이 정말 안 좋아요."

"우리 불쌍한 조."

"내 심장에 이상이 있을 것 같지 않아요? 심장이 아파요. 내 생각에 심장이 부서진 것 같아요."

"이리와. 안아줄게."

"내가 원하는 건 소박한 삶이에요."

그가 슬프게 말했다.

담당 의사는 조녀선이 약에 잘 반응하지 않는다고 했다. 조녀선은 생각을 그리 명확하게 하지 못하는 것 같았으며, 움츠러들고 우울해했다.

"그에게 전기충격요법을 쓰지 않을 거죠, 그렇죠?"

담당 의사는 놀란 것 같았다.

"전기충격요법은 보통 조현병 환자에게 사용하지 않아요."

169

"그럼, 어떻게 되는 건지 내게 알리지 않고는 하지 마세요."

조너선이 전기충격요법을 무서워한다는 걸 알고 있었기 때문에 물어보았다. 그는 <프랜시스>, <뻐꾸기 둥지 위로 날아간 새>와 같은 영화를 보고 전기충격요법에 대해 알게 되었다. 전기충격요법은 때로 잔인하게 시행되고 과잉 처방된 탓에, 1930년대에 치료법이 소개된 이후로 정신의학계에서 논란이 되고 있었다. 지금은 주로 마취 상태에서 심각한 우울증 치료에 사용하는데 이유는 아직까지 충분히 밝혀지지 않았지만 증상을 완화할 수 있다.

다시 조너선을 방문했을 때 그는 개방 병동에 있었다.

"내가 여기에 사 주나 더 있어야 한대요. 엄마, 왜 날 여기에 보냈어요? 내가 샌드위치를 먹겠다고 하고 배가 고프다고 해서 그랬어요? 난 소박한 아이에요. 그저 여자 친구가 있고 즐거우면 돼요."

열여섯 살 정도 된 소년이 우리에게 다가온다. 그는 펑크 스타일의 머리를 하고 문신을 심하게 했다.

"조 엄마죠? 난 람보예요."

그가 킬킬거린다. 조너선도 킬킬거린다.

우리는 재떨이를 사이에 두고 플라스틱 팔걸이 의자에 앉았다. 조너선은 오렌지를 들고 있었다. 오렌지 껍질을 벗기려고 했지만 약물치료로 손이 떨려 힘들어 하고 있었다. 오렌지가 무릎에 떨어져서 플라스틱 슬리퍼를 신은 발 사이로 굴러갔다.

조지아가 시를 썼다.

힐크레스트 방문

그들은 네게서 너를 훔쳐갔다.

나는 그것을 길고 어두운 복도에서 보았어.

그리고 무덥게 난방을 한 휴게실에

거기 그들이 앉아 있어.

멍한 눈빛, 중얼거림, 로봇 같은 움직임,

이따금 들리는 웃음소리.

말끔하게 풀 먹인 옷을 입은 간호사가

테이블에 오렌지를 놓아.

네 손이 떨리고

네가 그걸 벗기려고 할 때;

무너져 내린 몸의 껍질

자존감의 마지막 흔적을

어찌할 수 없는 떨림 사이로 빠져나가게 하지 마.

과거든 미래든 아무 흔적 없이 얼어붙은 눈

탈출구도 없이 그저 빗소리를 들을 뿐.

윙윙거리는 라디오 위로

리놀륨 바닥에서 나는 발자국 소리.

내 마음이 떠났고 난 마음을 따리가

복도를 지나

아이들이 놀고 있는 잔디밭으로.

네가 나를 따라와,

네가 문을 나설 때

나는 네가 이해하고 있다는 걸 알 수 있어, 그리고 그 이해 속에

옅은 희망도.

그날 밤 조너선이 전화를 했다. 목소리가 가라앉았다. 저물녘이라 바다가 검붉었다.

"엄마, 내가 여기 얼마나 있었죠? 사람들은 내가 여기 사 주 더 있어야 한다고 말해요. 엄마는 내가 아프다고 생각해요? 사람들은 내 목소리가 내 생각이랑 연결이 안 되어 있대요. 내 목소리가 죽었어요?"

"아니, 안 죽었어. 그렇지만 피곤한 것 같아. 좀 어떠니?"

"무서워요."

"왜 무섭니?"

"내가 또 아플까 봐서 아니면 그들이 날 해칠까 봐, 아니면 내가 엄마를 해칠까 봐."

"아무도 다치지 않을 거야."

다음 날 병원에 관한 뉴스가 나왔는데 끝부분만 보았다. 조너선이라는 환자가 다른 환자를 샤워기에 묶어놓았다고 했다. 뉴스를 들으면서 손으로 입을 막았다. 숨이 멎었던 것으로 기억한다. 그러고 나서 그 사람이 다른 조너선이라는 걸 듣고는 이내 잊어버렸다.

2월 12일 브렌다가 조너선을 방문하고 그가 우울해 보인다는 보고서를 썼다. 그는 너무나 혼란스럽다며 머리를 벽에 부딪쳤다. 더 이상 삶을 마주할 수가 없다고 말했다.

"왜 나야, 왜 나야, 왜 나냐고?"

그가 물었다. 그러는 내내 나도 물었다.

"왜 조너선이야, 왜 조너선이냐고?"

차라리 왜 하늘에 달이 뜨고 밤에 별이 빛나는지, 홍수가 나고 불이 나는지, 전염병이 도는지를 묻는 편이 나을 뻔했다. 나는 받아들인다는 것을 배우고 있었는데 이것은 체념과는 다른 것이다.

조너선의 상태는 거의 변하지 않았다. 여전히 약에 잘 반응하지 않았고 규칙적인 간격으로 병원에서 도망쳤다. 한번은 새벽 세 시에 전화벨이 울렸다. 간결한 말투의 어떤 사람이 자기는 수백 킬로미터 떨어진 지역의 경찰서에 근무하는 경사라고 했다.

"우리가 아드님을 데리고 있습니다. 본인이 정신병자라고 합니다. 탈출했다고 합니다. 오셔서 데리고 가시기 바랍니다."

"지금요?"

"그렇습니다."

"이렇게 이른 새벽에요?"

"그렇습니다."

나는 깜빡 노루잠이 들었다. 전화벨이 다시 울렸다.

"부인, 그가 제인 폰다를 안다는데, 정말로 알고 있습니까?"

조너선과의 여행이 끝나기 전, 나는 이른 아침에 걸려오는 긴급전화에 너무나 익숙해지고 이런 전화는 잠들고 일어나는 패턴 속에 자리잡게 될 것이다. 지금까지도 예기치 않게 잠에서 깨면 가슴이 내달리고 이상한 생각이 떠오른다.

"조너선…."

"조너선이 내일 절차를 위한 준비를 거의 마쳤어요."

며칠 뒤 애들레이드 병원으로 전화를 걸어 조너선의 상태를 물어보자 젊은 간호사가 밝은 목소리로 대답했다. 나는 시드니에 있었다.

"무슨 절차요?"

"전기충격요법이요."

신의 진노가 내릴 것이라고 협박을 해서 의사가 전에 약속했던 것처럼, 내가 의사와 상의하기 전에는 전기충격요법을 하지 않겠다는 약속을 받아냈다.

나는 만들던 필름을 집어 던지고 다음 날 곧장 애들레이드로 날아갔다. 담당 의사는 조너선이 더 이상 정신이상 증세를 보이지는 않으나 심각한 우울증을 앓고 있다고 말했다. 전기충격요법은 대개 최후의 방법이었다. 나는 조너선의 우울증은 그가 병에 걸린 사실을 슬퍼하기 때문이고 병원에 있다는 사실이 슬퍼서이며, 병세를 호전시키기 위한 약 복용을 끔찍하게 싫어해서라고 말했다. 그러한 상황이라면 나도 우울증에 걸릴 것 같다고 생각했다.

나는 조너선이 병원을 무서워한다는 것을 알고 있다. 그리고 조만간 그가 구속복과 안전 패드를 두른 방으로 가게 될 거라고 확신했다. 영상이 전설에 무게를 실어주듯 조너선은 정신병에 관한 무수히 많은 영화를 보았고 그것이 그의 염려에 색깔을 덧입혔다. 그는 약물치료가 너무 힘들어 약 먹기를 거부했고 약을 변기에 버리기도 했다. 밤에 잠을 이루지 못했고 병동을 왔다 갔다 해서 사람들을 깨웠다. 음악을 너무 크게 틀었고 병원 정책에 따르기를 거부했다.

그로부터 몇 년 후, 나는 저명한 스코틀랜드인 정신건강의학과 전문의인 로널드 데이비드 랭(Ronald David Laing 1927~1989, 반정신의학계의 선두적인 인물로 7장에 앤이 인터뷰한 내용과 그를 만난 흥미로운 일화가 있다, 옮긴이)과 이야기를 나눌 기회가 있었다. 그는 내게 약간 과장된 목소리로 물었다. '왜 병원들이 더 병원다워질 수 없을까요?' 병원에서는 이러한 통제를 유지하기 위해, 일어나서 잠드는 순간까지 많은 약물을 사용할 수 있다. 예를 들어 정신질환을 앓는 많은 사람들의 바이오 리듬은 일반적인 사람의 그것과는 반대로 움직인다. 밤에 깨어 있고 낮에 잔다고 해서 이걸 본질적으로 병이라고 하지는 않는다. 그러나 정신병동에서 이렇게 할 수 있는 가능성은 전혀 없다.

"세상 어디에서 정신병자들이 달빛에서 발가벗고 목욕을 하게 허락해준답니까?"

랭이 말했다.

랭은 또 다른 저명한 멤버인 토마스 사즈(Thomas Szasz), 데이비드 쿠퍼(David Cooper)와 함께 1960년대 반정신의학 운동을 이끌어왔다. 이 운동은 조현병이 생화학적 이상이라는 생각에 반대하였고 정신질환을 정신의학과 정신건강의학과 의사들이 권력을 확장하려는 수단이며, 사회가 받아들이기 어렵거나 다른 관점을 지닌 사람들을 희생양으로 삼아 꼬리표를 붙인 것이라는 정치적인 관점에서 바라보았다.

반정신의학 운동은 정신분석학자들이 조현병에 대한 의학적 기반에 의문을 갖기 시작할 무렵인 1920년대와 1930년대에 정신분석학파에서 갈라져 나왔다. 조현병은 유아기 초기에 경험한 충격의 결과, 특히 '조현병을 만드는'이라는 이름표가 붙은 차갑고 거부적인 '엄마로부터 받은 경험'의 결과라고 했다. 가족은 '유독' 또는 '유해'라는 말로 묘사되었다. 정신분석학적 이론은 가족 상호작용 이론으로 발전되었는데, 이에 의하면 가족 내에서 일어나는 비정상적이고 파괴적인 의사소통이 조현 병의 발병을 유도할 수 있다고 했다. '이중맹검(double-blind)'이라는 말 은 정신의학에서 일반적인 용어가 되었다. 부모가 자녀에게 '동전의 앞 면이 나오면 내가 이기고 뒷면이 나오면 네가 진다.'라는 메시지를 전달 할 때 발생하는 것이라고 한다.

로널드 랭 같은 훌륭하고 재치 있는 대변인이 출현하게 되면서 반정 신의학 운동은 성과를 내기 시작했다. 젊은 의료 전문가 세대가 정신질 환을 부모들의 잔인한 억압으로부터 해방시키기 위해 전면에 나섰다. 부모들은 자녀의 질병이라는 문제를 대면해야할 뿐 아니라 지속적이고 상당히 잔혹한 희생양 삼기에 맞서야 했다. 이러한 가족 상호작용 이론 은 설득력 있는 증거가 없다는 이유로 받아들여지지 않았으나 이후로 가족을 비난하는 경향은 수년 동안 이어졌다. 나 역시 종종 그와 유사 한 태도와 마주쳤는데, 비참했던 당시의 순간에는 부분적으로 그러한 생각을 믿기도 했다.

조너선은 그때까지 두 차례 조현병 진단을 받았고 급성기가 찾아올 때마다 악화되어갔다. 의사들은 그가 특이한 유형의 조현병을 앓는 탓 에 약물에 잘 반응하지 않아서 통제하기가 어렵다고 했다. 그들은 더 이 상 조너선을 위해 할 수 있는 일이 없다고 했고, 나는 전기충격요법 치 료를 거부했다. 나는 대안을 찾아 나서겠다고 결심했다.

심리치료사 수전과 그래함을 통해 알게 된 인도에 있는 국제치료센터 를 또다시 떠올렸다. 미국인 심리치료사 재키 쉬프가 운영하는 센터는 혁신적이어서 논란이 많은 곳으로 알려졌다. 그곳은 조현병으로 고통받는 17~35세 사이의 젊은이를 위한 장소였다.

재키 쉬프가 처음 조현병을 다루게 된 것은 그가 1960년대 미국 버지니아주 샬로트빌에 살 때였다. 재키의 남편 모리스는 의과 대학에서 사회복지사로 일했다. 1965년 이들은 과대망상성 조현병으로 진단받은 심각한 정신장애 청년 데니스를 집으로 데려왔다. 데니스는 후에 재키에게 입양되어 아론으로 이름을 바꿨다. 재키는 그를 멍청하고 맥 빠진 얼굴에 유난히 체격이 크고 힘 센 소년이었다고 묘사했다. 그는 말도 못하게 더러웠고 심각한 두피 발진이 있었다. 몇 달 지나지 않아 쉬프 부부의 집은 중증 정신장애 젊은이들로 꽉 찼고 이들 대부분은 조현병 환자였다. 그러다 보니 약물치료와 병원이 아닌 대안을 찾아야 한다는 필요성이 점점 더 커지게 되었다.

재키 쉬프는 조현병의 시발점을 어린 시절 가족 환경에 있다고 보고, 회복을 위해서는 그러한 충격적인 경험을 한 어린 시절로 퇴행을 해야 한다고 믿었다. 퇴행이란 유아기로 되돌아가는 것을 의미하며 치료사들은 때때로 자신보다 더 거대한 '유아들'에게 기저귀를 채워주고 우유병을 준다. 퇴행 이후에는 성장기로 다시 넘어가는데 따뜻한 분위기의 치료 공동체 안에서 새로운 '수양 부모'와 함께한다. 이러한 방법으로 사람들은 새로운 유형의 행동과 타인과의 관계를 발전시킬 수 있다(조현병의 원인이 초기의 충격적인 경험이라고 보고, 퇴행을 통해 치료하려는 시도는 현재 의학적으로나 과학적으로 근거가 없는 이론이라고 보고 있다, 옮긴이).

1972년, 재키와 모리스가 헤어진 지 일 년이 지나 재키는 정신질환 치료를 위한 혁신적인 접근 방법을 연구하고 개발하는 비영리 교육 기업, 카섹시스 협회(Cathexis Institute)의 설립을 도왔다. 부모 협회인 카섹시스는 아직도 캘리포니아에서 연구를 계속하고 있다. 1970년대에 재키는 인도로 옮겨와 주거 공동체를 설립했는데, 비용이 절감되고 간섭을 덜 받을 수 있는 곳이라는 이유 때문일 것이다. 그 공동체는 아스마 샤크티 비달라야(Athma Shakti Vidyalaya)라고 한다.

그해 초, 그러니까 1월에 아스마 샤크티 비달라야의 멤버에게서 편지를 받았다:

당신은 아마도 수양 부모에 대한 설명을 읽어서, 그것이 치료의 일환으로 환자가 직원 중 한 명을 새 부모로 선택하고 그들과 동질감을 갖는 것이라는 사실을 충분히 알 거라고 생각합니다. 당신도 알고 있어야 하는 점은, 이렇게 하면 아이들이 더 이상 그들의 원래 가족과 동질감을 갖고 싶어하지 않는 일이 꽤 자주 일어난다는 사실입니다.

우리는 단체라기보다는 대가족에 훨씬 더 가까우며, 제가 아는 한 조현병으로 고통받는 사람들이 그들의 필요를 채우고 무시당하거나 괜찮지 않은 사람으로 대접받지 않으면서 치료받을 수 있는 유일한 곳입니다. 이곳이 정상적으로 돌아가기 위해서 아이들에게 요구사항이 주어지며 이것이 스트레스를 줄 수 있습니다. 그러나 우리는 우리의 치료 방법이 효과가 있으며 사람들이 치료를 받았다는 수많은 확실한 증거를 가지고 있습니다.

조너선이 치료의 일환으로 나를 버리고 재키나 다른 치료사를 엄마로 받아들인다면 기분이 어떨까? 사실 기분이 어떨지 알고 있었다. 재키에게 답장을 보냈다:

조너선이 그곳에 머무른 뒤 우리와 더 이상 관계를 유지하지 않고 싶어할 수도 있다는 사실을 알았습니다. 그래요, 그렇게 되면 많이 힘들 거예요. 그래서 그런 일이 일어나지 않기를 바랍니다. 그러나 그를 우리에게 묶어두어 고통 속에 있게 하느니, 차라리 그가 낫게 되기를 바랍니다.

재키도 조너선에게 편지를 썼다:

조너선에게,

너의 엄마로부터 네가 여기에 올 수도 있다는 편지를 받았단다. 인도에 온다는 생각이, 특별히 어떤 형태로든 어려움을 겪고 있는 사람에게는 너무나 엄청난 일이라는 걸 알아. 상황이 그리 좋지 않다고 해도 익숙한 환경을 포기한다는 것은 정서적인 문제를 가진 사람에게는 항상 힘든 일이지.

그러나 사람들은 여기서 정말 회복하고 있고 너도 좋아질 수 있다고 다시 한 번 말해주고 싶구나. 네가 해보겠다는 의지를 갖고 몇 가지 힘든 일을 직면해야 한다는 사실을 이해한다면, 많은 사람들이 그랬던 것처럼 너도 할 수 있단다.

네가 어떤 결정을 내리든 행복하길 빌며.

재키는 조너선에게 병원에서 나오면 편지를 쓰라고 했지만 조너선은 약 때문에 손이 떨려서 대신 널따란 거실 바닥에 앉아 테이프로 녹음을 했다. 조너선은 약물에 특별한 반응을 하지 않았지만, 여러분은 오 주간의 입원과 약물치료가 조너선을 어떻게 바꿔놓았는지를 알 수 있을 것이다. 이 테이프를 들어보면 그는 사려 깊고 일관성 있으며, 아마도 처음으로 자신에게 도움이 필요하다는 사실과 어떤 종류의 도움을 원하는지를 인지했다.

저는 그곳에 대한 더 많은 정보를 얻고 싶습니다…. 얼마나 큰지, 제가 갇혀 지

내게 되는 건지, 어떤 시스템인지와 같은 정보를요. 저는 그곳이 큰 단체처럼 운영되고 있지 않다는 걸 압니다. 제가 거기서 얼마나 지내야 하는지를 알고 싶고, 당신이 제 병을 위해 어떻게 일하시는가에 대해 더 알고 싶습니다.

편지를 받고 정말로 힘을 얻었습니다. 저를 위해 할 수 있는 뭔가가 있다는 느낌을 받았습니다. 특히 저는 병원에서 준 약을 먹는 걸 좋아하지 않았기 때문에, 약물치료 없이 도움을 받을 수 있다는 사실이 좋습니다.

앤: 거기 간다는 생각에 대해서는 어떤 기분이 드니?

조너선: 음, 좋아지고 싶어요. 나는 거기서 보낼 시간에 대해 많이 긴장하고 걱정하고 있어요. 아, 잘 모르겠어요. 나는 정말 신경에 뭔가 문제가 있어요. 사람들은 그게 조현병이래요. 그렇지만 내 말은 조현병이 뭐예요? 그 사람들도 몰라요. 하지만 나는 머리에 압박이, 아주 심한 고통이 느껴져요. 꽤 오랫동안 그랬어요. 현실에서 동떨어져서요.

앤: 무슨 말이야?

조너선: 나는 사회가 내게 그럴 필요가 없는 꼬리표를 붙인 데 대해서 분노를 느껴요. 흘려야 할 눈물이 많은 것 같은 느낌이에요. 저기 앉아 있다가 언제든 떠날 것 같은 변덕스러운 기분이 들어요.

앤: 어떻게 도움받고 싶니?

조너선: 아주 많은 사랑과 이해로, 사람들과 많이 이해하고. 약이나 벌 없이. 나는 합리적인 사람이고 대부분 사리에 맞게 행동하려고 해요. 그것에 관해 그 사람들과 이야기를 나누고 싶어요. 그들에게 편지를 보내줘서 고맙다고 하고 싶어요. 정말 고맙게 생각해요. 그리고 곧 만나기를 바라요.

인도로 가는 일은 아직 확실하지 않았기 때문에 다른 가능한 대안들을 급하게 알아보기로 결정했다. 두 번째 대안은 캘리포니아에 있는 카섹시스 본부였지만 조너선이 미국 비자를 받기가 어려울 거라는 것이 명백해졌다. 세 번째 대안은 로널드 데이비드 랭의 이야기로 거슬러 올라가 '아버(The Arbours)'라고 알려진 런던에 있는 공동체였는데 그곳도 비자 문제와 너무 비싼 비용 때문에 포기했다. 대체 심리치료사가 운영하는 퀸즐랜드(호주 동쪽에 있는 주, 옮긴이)에 있는 공동체를 알아보았지만 이곳은 조너선이 며칠 내에 시드니나 애들레이드로 차를 얻어 타고 내려올 일이 훤히 보였다. 같은 이유로 시드니 근처 산속에 있는 치료 공동체도 제외했는데 어쨌거나 그곳은 정신병을 앓고 있는 사람들을 제대로 감당할 수 있을 것 같지도 않았다.

그리고 애들레이드 카리스마틱스(신에게서 특별한 재능을 받았다고 믿는 기독교 파, 옮긴이)라는 곳이 있는데 그들은 조너선에게서 악마를 쫓아내주겠다고 했지만 조너선은 자기가 악마를 좋아하기 때문에 내쫓고 싶지 않다고 했다.

나는 어느 날 오후에 조용한 애들레이드힐에서 케네스 맥캘 박사와 차를 마셨다. 그는 정신질환을 약물치료보다는 악령을 쫓아 치료하려는 일흔네 살의 파견 선교사이자 정신건강의학과 의사였다. 그는 평생을 중국에서 일했으며, 많은 질병이 고통받는 영혼과 선조부터 내려온 가계에 존재하는 귀신의 징후라고 했다. 그가 행하는 치료 방법은 죄를 용서받지 못한 떠도는 영혼들을 찾고, 기도와 교감을 통해 그들에게 안식을 주는 것이었다.

맥캘 박사는 에딘버그 대학에서 수련받은, 자격증을 가진 정식 의사였다. 그는 세계 일주를 하면서 의학계 사람들을 만나고 단체를 만들었다. 머리가 벗겨지기 시작한 수줍은 성격의 남자로, 회색 울 카디건 차림으로 직접 즐겁게 준비한 듯한 차와 스콘을 예의 바르게 권했다. 그를 종교에 빠진 괴짜라고 쉽게 일축해버릴 수도 있지만 내게는 진지한 마음을 가진 사람으로 다가왔다. 그는 정신질환의 많은 부분이 신체에 원인을 두고 있다는 데 동의하면서도 몇몇 질병, 특히 치료에 반응하지 않는 질병의 원인은 정신적인 데 있다고 굳건히 믿었다.

"혹시 가족 중 누군가가 있지 않나요?"

맥캘 박사의 목소리는 온화하고 미안해하는 듯했다.

나는 우리 가계도에서 고통받았던 영혼을 생각해내려고 했으나 그러지 못했다. 그래서 엘리스의 가족사를 일러바쳤다.

"가혹한 판사는 어떤가요? 아이들을 많이 두었는데 70대에 열여섯 살짜리와 도망을 갔어요."

"그럴 수도 있지요."

"그러고 나서 훨씬 더 많은 아이들을 두었지요."

맥캘 박사는 건조하고 엷은 미소를 지었다.

"그러면 그가 지금도 우리 주위를 떠돌아다닐까요?"

나는 잠시 말을 멈춘 후 사과했다.

"조금 전에 쓸데없는 말씀을 드려서 죄송해요."

맥캘 박사는 쓸데없는 소리를 용서하고 말했다.

"누가 떠돌아다니는지 어떻게 알겠습니까? 우리 기도할까요?"

내가 알아본 또 다른 대안은 분자교정요법 또는 영양학적 접근법이었다. 분자교정요법을 치료의 일환으로 삼은 정신건강의학과 의사들은 조현병이 많은 부분 미네랄과 비타민의 부족에서 온다고 믿는다. 분자교정요법 정신의학은 그들의 주장을 뒷받침하는 연구가 없다는 이유로 주류 정신분석학계에서 인정을 받지 못했다. 조현병에 대한 또 다른 영양학적 이론들도 모두 근거가 없기는 마찬가지다. 그러나 주류 정신의학이 한때 정신분석학과 가족 상호작용 이론을 지지했으나 이 이론들도 연구가 뒷받침되지 않았다는 사실을 고려하면, 영양학적 이론을 단순한 유행으로 일축해버리는 것은 앞뒤가 맞지 않는다. 나는 조현병을 식이요법으로 조절했다고 굳건히 믿는 학교 교사를 만났다. 그는 자신을 보살피고 지지하는 생활 방식을 받아들여 건강을 누리고 있었다. 아직도 때때로 급성기 상태가 되곤 하는데 그럴 때면 병원에 입원을 하고 그곳에서 자신의 식이요법을 유지할 수 있도록 직원들의 허락을 받느라 전쟁을 치르곤 해야 했다. 그러나 인간이 자신의 삶을 용감하게 잘 관리하고 어떤 특정한 접근법을 신뢰한다면, 그 방법이 해로운 것이 아닌 이상 누가 그걸 막을 수 있단 말인가?

조너선에게 건강한 음식을 주려는 데 따르는 가장 큰 어려움은 (입증이 되었든 아니든 간에) 비타민과 미네랄의 조합은 둘째치고, 그가 건강한 생활 스타일을 거부한다는 점이다. 조너선은 이곳저곳 옮겨다니며 산 탓에 종종 음식을 급히 먹었고 결코 일정한 시간에 먹지 않았다. 그는 콜라, 자파스(작은 오렌지 모양을 한 초콜릿 볼 이름, 옮긴이), 감자튀김 등의 정크 푸드를 너무 좋아했다. 나는 건강한 음식을 보충하려는 요량으로 그의 음식에 영양제를 숨겨 넣으면서 정크 푸드와의 전쟁을 벌이느라 애를 쓰곤 했다. 샌드위치에 비타민을 집어넣었고 그걸 갈아 가루로 만들어 스튜에 넣기도 했으며, 자기가 먹고 싶은 유일한 음식이 마즈바

(초콜릿 바 이름, 옮긴이)라고 했을 때는 비타민 알약을 마즈바에 쑤셔 넣었다. 조슈아는 소금까지도 맛이 이상하다고 불평했는데 아마 그 애의 말이 맞았을 것이다.

몇 년 후 내가 친구에게 대체 요법을 찾아 나섰던 경험을 이야기하자 그는 내게 지진이 난 지역에서 알약을 팔러 다닌 남자에 대한 이야기를 해주었다.

한 남자가 쉬지 않고 소리쳤다.

"지진을 치료하는 약입니다."

어떤 이가 다가와 그 늙은이에게 말했다.

"알약으로 지진을 치료할 수는 없소."

"나도 알고 있소. 하지만 그러면 당신의 대안은 뭐요?"

우리는 치료라는 개념을 신뢰하는 문화에 속해 있다. 따라서 사랑하는 이들을 치료하지 못하면 그들과 함께 희망이라는 긴 여정을 떠나려 한다. 나도 다르지 않았다. 나는 다른 사람들의 노력을 비웃지도 않았으며, 설령 이상하다고 해도 내가 그것을 찾을 수 있을지도 모른다. 목적을 달성하지 못한다 해도 이러한 여정은 희망을 가져다줄 것이다.

그러는 동안 조너선은 여전히 약물치료를 거부했다. 자신은 아프지 않으며 약 때문에 오히려 아주 나쁜 부작용이 생긴다고 말했다. 종종 많은 치료약이 이러한 부작용을 해결해야 한다고들 주장한다. 이런 부작용에는 의도하지 않은 근육의 움직임, 언어와 사고 과정의 저하, 몽롱한 상태, 체중 증가, 구강 건조, 근육 피로, 경직, 가면 같은 얼굴 표정 등등, 꽤 큰 강타를 날릴 수도 있는 것들이 포함된다. 몇몇 신경학적 부작용은 회복이 불가능할 수도 있다. 조현병에 걸린 젊은이들은 '멜라릴(항정신성 약물, 옮긴이) 말더듬이', '스텔라진(항정신성 약물, 옮긴이) 걸음걸이'에 대한 농담을 한다. 이런 부작용은 많은 사람이 약을 개수대에 버리는 또 다른 이유이기도 하다(항정신성 약물은 1990년대 이후 상당히 개선되었고 여기서 묘사한 부작용도 현저히 줄었다, 또한 약물은 시간을 가지고 천천히 용량을 조절하면서 맞는 약물의 종류와 양을 찾는 것이 매우 중요하다, 옮긴이).

조너선이 병이 난 지 이 년째 되던 해다. 한 번은 공포에 질려 얼굴을 찡그린 채, 목이 너무 뒤틀려서 마치 머리가 뒤로 돌아간 것 같은 상태로 내 방에 왔다. 숨이 막힌 그는 애타게 자기 입을 가리켰다. 혀가 부어 튀어나왔다. 나는 그가 죽는다고 생각했다. 모든 근육이 경련을 일으킨 것 같았다. 그를 도와 계단을 세 개쯤 내려갔을 때 그도 넘어지고 나도 넘어졌다. 서로가 서로를 부축해서 겨우 조너선을 차에 태운 다음, 나는 조지아와 조슈아에게 우리가 어디로 가는지 알리기 위해 이층으로 올라갔다.

'하느님, 제발 저 애가 무사하도록 도와주세요.' 머릿속으로 주문처럼 이 말을 되뇌었다. '내가 가기 전에 조너선이 질식해 죽으면 어쩌지?'

조너선은 질식해 죽지 않았다. 그는 약에 대해 심각한 반응을 일으킨 적이 있었고, 다른 약의 부작용을 막기 위해 먹어야 할 약을 먹지 않았다. 그러나 아무도 내게 이런 상황에 대해서 알려주지 않았다.

한밤중의 병원은 어둡고 조용하며 텅 비어 있었다. 간호사들은 서둘러 조너선을 데리고 가서 경련을 멈추는 주사를 놓았다. 젊은 의사가 조너선과 함께 돌아왔고 그에게 온화하게 말했다.

"정말 끔찍했겠어요."

조너선의 눈에서 눈물이 흘러 넘쳐 앉아 있던 의자 팔걸이에 떨어져 내렸다. 누군가가 보내는 몹시 고통스러운 시간을 전문가가 알아주는 것은 아주 작은 일인 것 같지만 아주 많은 것을 의미한다.

"정말 끔찍했겠어요."

의사가 이렇게 말을 할 때, 이 말은 그 자체로 치료 효과가 있는 감정적인 반응이다. 이런 일은 자주 일어나지 않는다.

"의사들은 우리를 인간으로 생각해 말을 걸거나 쳐다보는 일이 거의 없어요. 그들이 하는 말이란 '약이 어떤가요?'가 전부예요. 하지만 난 알약이 아니에요. 나는 영혼이라고요. 정신건강의학과 의사들은 '영혼'이라는 단어를 사용하지 않아요. 그들은 '사랑'이라는 말을 전혀 쓰지 않죠. 어떤 이들은 우리가 사랑을 할 수 없다고까지 해요."

거의 십오 년간을 조현병과 힘겹게 싸우고 있는 젊은 화가 사이먼의 말이다.

일생 동안 조현병을 지니고 살아온 발명가 레이는 이렇게 말한다.

"나는 어떤 약이 내게 맞고 어떤 약이 맞지 않는지 알고 있어요. 그래서 의사를 만나 (처음 보는 의사, 항상 처음 보는 의사예요.) 그가 처방전을 써주면 내가 말해요. '그 약은 내게 맞지 않아요.' 그러면 그는 진료 카드에 이렇게 써내려가죠. '환자가 말이 많음. 협조 안 함.' 그리고는 복용량을 두 배로 늘려요."

정신질환을 약물로 치료하는 것에 대해 격렬한 논의가 진행되고 있다. 어떤 비평가들은 강요된 약물은 시민의 자유권을 침해하는 것이라고 믿는다. 약물은 의학적 권력에 대한 복종을 강요하기 위해 고안된 화학적 구속복과 같은 작용을 한다고 믿는다. 그들은 의사들이 걸핏하면 약 처방을 하면서 부작용을 무시한다고 주장한다. 다른 이들(대개가 환자 가족들)은 의사가 정신병 약 처방을 꺼려한다거나 모든 환자들이 자신의 약을 관리할 것이라고 기대하는 비현실적인 이야기를 하거나, 가족들에게 복용량과 부작용에 대한 정보를 주지 않는다는 이야기를 한다. 미국 시러큐스에서 조현병에 관한 회의에 참석했을 때, 수많은 부모들은 의사로부터 받은 '뭐가 뭔지 모를 지시'에 대해 화가 나서 이야기를 했다.

"나는 당신에게 약을 먹지 말라고 말하지 않았습니다. 그러나 당신이 약을 먹어야 한다고 주장하지도 않습니다."

약을 먹고 증상이 좋아진 경우는 상대적으로 매우 적으며 조현병 환자들은 때때로 약이 잔인하다고 분노한다. 환자들은 자신에게 가장 잘 맞는 약이나 정확한 복용량을 알 만큼 충분한 시간을 갖지 못한 채 퇴원을 하기도 한다. 한편으로 약물 과다 복용이 문제가 될 수도 있다. 많은 경우에 의사들은 투병 중 새로운 국면이 발생하는 이유를 찾아내지 못한다. 그러나 이것을 단순히 복용량을 늘리는 방법으로 대처한다. 아마도 이런 처방은 조현병 환자가 감정을 느끼지 못한다고 생각했던 시대부터 이어진 것일지도 모른다. 그런데 사실은 그 반대이다. 조현병 환자는 자신을 둘러싼 환경에 극도로 예민하다. 그 때문에 고통스러운 날 것 그대로의 감정이 정신병적 행동을 유발시킬 수 있으며, 또는 모든 통로를 닫아버리고 긴장증(조현병으로 인해 오래 움직이지 못하는 증상, 옮긴이)이라는 증상 속에 숨어버릴 수도 있다.

최근의 연구에 의하면 약을 처방할 때 조현병 환자와 그 가족에게 병세와 질환 관리에 대한 더 많은 정보를 주는 경우 병원 재입원율이 현저하게 감소하는 것으로 나타났다.

3월 12일 브렌다의 기록:

앤이 더 이상 극심한 긴장 속에 있지는 않지만 목소리가 피곤하고 가라앉은 것으로 보아 뭔가가 잘못된 것을 감지했다. 그는 이제 더 이상 긴장과 흥분 속에 살지는 않지만, 위기에 처했을 때보다도 상황에 더 잘 대처할 수 없을 것 같은 기분이 든다는 것을 인정했다. 사실 그는 경미한 우울증 증세가 있으나 자신에게 무슨 일이 일어나고 있는지를 잘 인지하고 있으며 적절한 도움을 받고 있다고 말한다. 가족 전체가 상당히 긴장하는 조짐이 보인다.

조지아에게 운전 연수를 시켰는데, 조지아가 쓰레기통을 들이받았다고 소리를 지르고 난 뒤로 포기했다. 누군가를 가르치기에는 내가 너무 예민했다.

조지아가 속상해하며 말했다.

"우리가 잘 자른 흰 빵 가족이었으면 좋겠어."

"무슨 말이야?"

"흰 빵 샌드위치는 삼각형으로 자르고 집에서 만든 케이크는 사각형으로 잘라서 포도 한 송이랑 같이 싼 거. 우리처럼 가게에서 파는 빵 한 봉지랑 치즈 한 덩어리, 멍든 사과 같은 거 말고."

조지아는 여전히 시를 써서 내 방 문 밑에 두었다.

조현병

내 칼이 달그락댄다.

그리고 테이블에 아무렇게나 뒹군다.

모든 것이 따라가

네 긴 손가락이 음식을 헤쳐들 때마다

그리고 깊은 망각이 너를 뒤덮은 듯.

짐승 같은 배고픔과 어찌할 줄 모르는 고독감

헝클어진 머리 사이로 입을 벌린 채

너는 웃는다.

누런 이와 현실에서 완전히 벗어난,

아주 작은 혐오감이

우리의 눈에서 깜박인다.

여전히 바라보지만,

대화는 얼어붙고,

그리고 그녀의 눈에 맺히는 눈물.

그의 아픈 마음을 정말로 이해하는

유일한 사람, 그녀이기에

아니면 그녀를 울게 하는 것은 그저 그녀일지도.

아들과 엄마를 나누는 건 어렵지.

직장과 집안일 사이에 균형을 유지하며 동시에 해낸다는 것이 극도로 어려운 상황이 되었다. 그러나 일을 하지 않으면 쓸 돈이 없었다. 내가 없을 때 믿을 만한 사람이 집에 있어야 한다는 아주 복잡한 일을 미리 해결해야 했다. 때로 뭔가 어려운 일이 터지면 일을 하다 말고 다시 애들레이드로 날아와야 했다.

중압감이 꿈으로도 나타나기 시작했다. 어느 밤엔가 세 아이들과 길을 걷다가 사람들이 차를 마시고 있는 집으로 들어가는 꿈을 꾸었다. 방은 따뜻했고 손님들은 옷을 잘 차려 입었다. 큰 체구의 남자가 등에 자루를 짊어지고 방으로 들어왔다. 그는 건장했고 힘이 넘쳤다. 그는 방 안의 모든 귀중품을 집어 자루에 넣었다. 그리고 음식도 가져갔다. 아무도 그를 말리려하지 않았고, 그가 떠나고 나자 우리는 암울해지고 배가 고팠다.

다음으로 우리는 사나운 폭풍이 몰아치는 바다에서 배를 타고 있었다. 배가 이리저리 기울고 흔들렸지만 아이들과 나는 모든 것이 잠잠한 양 갑판 의자에 앉아 있었다. 거대한 너울이 배 옆쪽으로 부서지며 우리를 적시자, 나는 조슈아를 등 뒤로 보내고 팔로는 조지아와 조녀선을 감싸 안고서 파도가 닿지 않는 갑판 꼭대기로 올라가려고 했다. 갑판은 썩어서 구멍이 가득했고 바다는 발 밑에서 이글거렸다. 갑판 꼭대기의 계단도 썩어 일부가 떨어져나갔다. 나는 숨을 헐떡였고 아이들이 내 손아귀에서 미끄러져 나가는 것을 느낄 수 있었다. 두려웠지만 이대로 그냥 있을 수는 없다고 생각했다.

그런 후 우리는 가파르고 바위투성이인 산길을 따라 걸었다. 키가 큰 남자가 내 옆에서 걸었는데 우리가 협곡 아래로 떨어지지 않도록 보호하려는 것처럼 한쪽 팔을 뻗었다. 세 아이는 내 뒤에서 걸었고 우리는 한 줄로 연결되었다. 나는 그 남자 덕분에 안정감을 느꼈다. 갑자기 거대한 바위가 우리 위로 떨어졌고 그 남자가 추락해 죽었다.

네 번째이자 마지막 꿈에서 나는 거의 가파른 산마루에 이르렀다. 나는 혼자였다. 한 사람이 다가와 나를 건드리지 않고 앞에서 걸었다. 그가 남자인지 여자인지는 몰랐다. 언덕을 오르고서야 그의 존재감을 느

껐다. 언덕배기에 오르니 사람들이 악기를 연주하고 아이들은 웃고 있었으며 나는 기름진 푸른 초원에 서 있었다. 그곳은 마치 어린이 성경에 나오는 총천연색 그림판 같았다. 나는 그 어느 때보다 행복했다. 조녀선에게도 이런 행복한 꿈을 꾸게 해줄 수 있을까? 아니, 꿈은 혼자서만 꿀 수 있다. 다른 영혼을 위해서 꿈꿀 수는 없다.

3월 11일 조녀선이 가정의학과 의사에게 가겠다고 동의를 해서 병원에 갔다. 의사는 조녀선에게 건강을 신경 써야 한다고 했다. 조녀선은 바닷가를 달리겠다고 했고 나도 그러겠다고 했다. 의사가 나를 보더니 말했다.

"제 생각에 부인은 걷는 게 낫겠어요."

3월 12일 조녀선이 다시 체포되었다. 작년 7월에 저지른 것과 같은 죄목이었다. 그는 휴대용 라디오와 10달러를 훔쳤다. 이번 일로 인도에 가는 계획이 수포로 돌아갈 수 있었다. 만약 법원에서 정상대로 처리한다면 재판은 5월까지 열리지 않을 것이고 그렇게 되면 너무 늦어서 인도에 갈 수 없게 된다. 재키가 5월 초에는 미국에 돌아가기 때문에, 조녀선이 늦어도 4월 말까지는 도착해야 한다고 했다. 앤드루는 재판을 앞당겨달라고 강력하게 청원을 넣었고 다행히 받아들여졌다.

4월 2일 재판일이다. 조녀선이 온갖 비행을 저질러 징역형을 받을 수도 있었다. 아무리 좋은 병원 기록이 있다 해도 법원은 '그래도 그렇게 하라'고 말해야 할 수도 있다고, 판사가 이야기했다. 담당 변호사인 앤드루는 조너선이 인도에 갈 수 있도록 보석 처리를 요구했다. 철테 안경을 쓰고 머리가 벗겨진 앤드루는 젊은 시절 레닌처럼 보였다. 그는 집요했다. 그는 수감이 아무 소용 없는 일임을 지적하면서 강변했다.

"우리는 어머니가 대단히 모험적인 시도를 하려는 것을 보고 있습니다…. 아들을 고치기 위해 이미 해볼 수 있는 모든 것을 다 했지만 성공하지 못했기 때문에 나온 마지막 방법입니다."

다음으로 브렌다가 증인석에 섰다.

"저는 이 젊은이와 그의 가족과 이 사회에 대해 몹시 우려하고 있습니다…. 저는 가능한 모든 치료를 찾아보아야 하며, 그에게 인도에 갈 수 있는 기회를 주어야 한다고 생각합니다. 저는 또한, 존경하는 판사님께서 성공할 만한 치료법을 찾으려는 이 어머니의 엄청난 노력을 고려해주시기를 부탁드립니다."

존경하는 판사님은 조너선을 돕기 위해 기울였던 노력에 대해 꽤 후한 언어를 사용할 수는 있다고 감정 없이 말했다. 조너선은 삼 년 동안 근신해야 한다는 당부를 받았다. 이로써 그는 인도로 여행을 떠날 수 있게 되었다. 그가 인도에 가지 않으면 보호관찰관의 적법한 지시를 따라야 했다.

판사가 조너선에게 말했다.

"치료는 본인이 치료를 받을 의지가 있을 때에만 유효합니다. 만약 피고에게 의지가 있다면 일이 잘 될 거란 희망이 있습니다. 피고에게 의지가 없다면, 나는 이번 시도가 그리 효과 없을 것이라고 생각합니다."

"네, 판사님."

조너선은 어깨를 늘어뜨리고 머리를 숙인 채 고개를 끄덕이며 이렇게 대답하고는 법정을 떠났다.

4월 7일 나는 조녀선과 함께 멜버른으로 가 재키가 지명한 심리치료사를 만났다. 그가 인도 공동체에 잘 적응할 수 있는지를 평가하기 위해서였다. 치료사는 인도로 가는 것이 조녀선에게 매우 유익할 것이라고 했다. 조녀선은 치료사를 만나지 않으려고 했다. 돌아오는 기차역에서 그가 플랫폼으로 걸어 내려가 소리를 질렀다.

"당신을 그 젠장할 인간관계 위원이라고 불러 봐. 자기 아들은 집 밖으로 내몰고서. 여러분, 듣고 있어요? 앤 데버슨, 저 제기랄 인간관계 위원이 자기 아들을 없애버리려고 인도로 보낸대요."

나는 하늘을 올려다보고 기찻길을 내려다보다가 자기 아들을 버리려는 그 못된 여자를 찾으려고 주위를 둘러보았다.

4월 13일 병원에서 조녀선이 자신은 헤로인 중독이라고 주장했다는 사실을 보고했다. 그는 테스트를 받았고 확실히 중독이 아니라는 판정을 받았다. 그가 집안을 중얼거리며 돌아다녔다.

"나는 건강 마니아야. 나는 하루에 담배 육십 개비를 피워."

4월 14일 나는 조녀선이 또 다른 범죄를 저지르고 도망치거나 방갈로르에 가기 전에 급성기 증세가 나타날까 봐 걱정이 되었다. 가능한 한 빨리 그와 함께 남호주를 벗어나야겠다고 결심했다. 다음 날 서호주로 가는 비행기를 예약했고, 비행기가 출발할 때까지 일주일 동안 그곳에 있는 친구 집에서 머물기로 했다.

4월 15일 조너선이 없어졌다. 그는 차를 얻어 타고 와이앨러(애들레이드 북서쪽에 있는 작은 도시, 옮긴이)에서 열린 민속 축제에 갔다.

4월 16일 조슈아가 석간 신문을 가져왔는데 국내선 항공사 파업이 있다는 기사가 실렸다. 조너선은 아직도 나타나지 않았다.

4월 22일 조너선이 민속 축제에서 돌아왔다. 그는 인도에 가는 것이 아주 좋다고 말했다. 조너선이 감옥에서 다섯 달을 보내느니 인도에서 오 년을 보내는 편이 신비로운 경험일 거란 생각에서 결정한 것이 분명하다고, 브렌다가 냉소적으로 말했다.

국제선 항공사도 파업에 동참했다. 출발 지연은 모두에게 힘들었다. 조너선은 다음 날 아침 친구들을 만나겠다고 떠나더니 개구리 소리가 나는 배수로에 쭈그리고 앉아 있었고, 브렌다가 그를 발견했다. 파업이 있건 없건 우리는 출발을 하기로 결정했다. 원래 계획한 대로 퍼스로 운전을 해 가거나 멜버른으로 가서 인도행 첫 비행기를 기다리기로 했다. 브렌다와 프랭크는 퍼스로 가는 것에 반대했다. 그들은 사막을 지나가야 하는 장시간 동안 차 안에서 조너선이 급성기 증세를 보일지도 모른다고 우려했다.

4월 24일 우리는 송별회를 했다. 아직도 그때 사진을 가지고 있다. 조너선이 건강해 보이지는 않지만 행복한 저녁이었던 것으로 기억한다. 나는 무척 낙관적이었다.

4월 25일 이틀에 걸쳐 운전해서 멜버른으로 갔다. 가는 도중 두 번이나 조너선이 겁에 질려 내 팔을 때렸다. 한 번은 차가 방향을 갑자기 틀어 길을 벗어났다. 우리는 식당에서 저녁을 먹었는데 조너선이 트림을 하고 굶적거렸다.

이튿날은 그의 상태가 좀 나아져서 우리는 아이들이 하는 게임을 하면서 갔다. '하얀 말을 찾아라'라는 놀이를 했는데 하얀 말은 우리를 즐겁게 해주었다. 해가 막 넘어가려 할 때쯤 멋진 하얀 말을 찾았다.

멜버른에서는 에바의 집에 머물렀다. 에바는 그 당시 라트로브 대학에서 인력자원센터 회장을 지냈다. 그는 풍성한 곱슬머리를 한 얄캉한 몸피의 여자로 굉장히 활발하고 따뜻한 사람이었다. 우리가 도착했을 때 에바는 끊임없이 전화를 받은 뒤 연구 보고서를 끝내고 저녁을 준비하고는, 곧바로 인도에 관한 이야기를 꺼내 조너선을 기쁘게 해주었다. 이후로 열흘 동안 우리는 파업이 끝나기를 기다리면서 조너선이 차를 얻어 타고 애들레이드로 돌아가지 않도록 설득하는 데 시간을 보냈다. 한번은 막 차를 얻어 타려는 순간 에바가 보고 말리기도 했다. 에바가 조너선이 떠나면 보고 싶을 거라고 하자 조너선은 아름다운 머리로 눈을 덮은 채 보는 사람의 마음을 녹일 것 같은 꽃웃음을 지었다. 그는 에바를 부축해 길을 성큼성큼 걸어 집으로 왔다.

이틀 뒤 조너선이 머리를 자르겠다고 해서 쇼핑 센터에 갔다. 나는 커피를 마시러 갔다. 내가 돌아오자 그는 짧은 분홍색 머리에 귀에는 달랑거리는 안전핀을 단 미용사와 신이 나서 이야기를 나누고 있었다. 분홍 머리는 그가 열네 살 때 안전핀을 젖꼭지에 꽂기도 했으며 소매치기에 헤로인 중독이었다고 이야기했다.

"세상에, 좋아지려고 인도까지 갈 필요 없어, 친구. 내가 바로 여기서 진짜로 좋은 곳에 데려다줄 수 있어, 정말이야, 친구."

분홍머리는 또, 모든 병원은 감옥이며 의사는 다 정신이상자들이고 약은 모두 독이라고 했다.

나는 신음 소리를 냈다. 멜버른에 있는 그 많은 미용사 중에 하필이면 왜 이 사람을 선택했을까? 조녀선이 걸어 나오면서 자기는 다음 버스를 타고 애들레이드로 가겠다고 선언했다.

"애들레이드로 가는 버스는 없어."

내가 말렸지만 너무 늦었다. 그는 이미 지나가는 버스에 올라탔다. 우리가 할 수 있는 일이란 어찌 어찌해서 그가 에바의 주소를 기억해 돌아오기를 바라는 것뿐이었다.

우리는 블랙커피를 마셨다. 10시쯤 조녀선이 걸어 들어왔는데 기분이 좋아보였고 태양이 자기의 심장이라고 말했다.

"그러니까 지금 네가 내 머리 위에서 내려다보고 있는 거네. 뭐가 보이니?"

에바가 말했다.

"소년이 보여요." (액자에 있는 사진을 보고 말한 거였다.)

"그는 내 아들이란다."

"아주 올곧은 아이군요. 재미있고 영리하구요. 나를 좋아하는 것 같아요. 아, 아줌마 레코드 표지에 이 여자가 있네요. 내가 이 여자와 동시에 이야기를 하고 있어요. 이 여자도 나를 좋아해요."

그는 계속 걸어 다녔는데 에너지가 번쩍거리는 게 느껴졌다.

"나는 하늘의 영과 교통하고 있고 구름이 증발하는 것 같은 기분이야.

파란 에너지에 하얀 게 반짝, 반짝거려. 내 모든 긴장이 사라지지. 나는
해바라기라고 하는 소년의 사진을 보았어. 그는 나와 같이 잠시 살았어.
그리고 요전 날 밤 졸라라고 하는 우주 생명체와 접촉했는데 그는 진짜
멋졌어. 화살 같은 날개가 있고 화살 끝마다 작은 공이 달려 있거든. 그
들은 다 똑같이 생겼고 비행접시에 붙어 있어. 그들은 우주의 일부야.
가끔 엄청 많은 수가 나한테 붙어 있는데, 그러면 나는 엄청난 힘이 내
몸을 통해 흐르는 걸 느낄 수 있어. 어느 날 밤에 나는 베토벤을 듣다가
완전 뽕 가서 의자에서 떨어질 뻔했어. 그리고 어떤 때는 비엔나의 아름
다운 숲 속에서 왈츠를 추고 있는 거야. 내 다리가 왈츠를 추면서 동시
에 끝도 없이 쭉 뻗은 고속도로를 수백 마일이나 달려. 나는 길고 아름
다운 머리에 정신이 맑은 아름다운 소녀인데 끝도 없는 고속도로를 휙
휙 움직이며 다니고 있어."

　그가 시작했던 것과 거의 똑같이 갑자기 말을 멈췄다.

　드디어 파업이 끝났다. 마지막 날 밤에 조너선은 가방에 새 음악 카세
트 테이프, 핑크 플로이드 레코드, 어디에나 가지고 다니는 책 <반지의
제왕>을 넣었다. 나는 아직도 그 책을 가지고 있다. 짐을 다 싸고 나서
그는 가방을 발로 차며 선언했다.

　"나는 인도에 안 가. 경찰과 싸워야 해서 애들레이드로 갈 거야, 그럼."

　"경찰과 싸우지 마, 조. 넌 다칠 거야."

　에바가 말했다.

　"응, 그러면 나는 천막 도시를 지을 거야. 난 해야 할 일이 있어, 이 사
람아."

　"나는 인도에 가보고 싶어, 이 사람아."

조녀선이 웃었다. 낄낄거린 게 아니었다. 그는 에바를 업고 방을 돌았다. 행복해 보였다. 조녀선은 기분이 빨리 변했다. 어느 순간에는 피해망상에 사로잡혔다가 작은 농담에 금방 폭발할 듯 웃곤 했다. 그날 밤 그는 따뜻한 우유를 마시고 평화롭게 잠들었다.

5월 1일 에바는 공항까지 따라와 우리를 배웅해주었다. 비행기에서 조녀선은 오랫동안 화장실에 가 있었다. 뭘 하고 있었을까? 혼잣말을 하며 거울을 들여다보았을까? 혼잣말을 하지 않고 거울을 들여다보며 거울 속의 그가 정말 자기인지 확인하고 있었을까? 아니면 자기를 내던져버렸을까? 자기를 땅에 내던지고 거기서 기적적인 착륙을 해서 그 충격으로 병이 나을까? 기적은 아름답게 줄을 자은 거미줄 같다.

조녀선이 화장실에서 돌아왔다.

"인도에 가면 나는 내게 멋진 자전거를 사줄 거야. 그래서 그걸 타고 다니면서 여자들과 성자들을 만날 거야. 콜라 좀 마셔도 돼요?"

5월 2일 봄베이 공항은 위험했다. 공기는 무더웠다. 사람들이 우리에게 몰려들었다. 어린 소년들이 피라냐처럼 달라붙어 우리의 다리, 팔, 가방을 움켜잡았다.

"이봐요, 선생님, 좋은 대마초 구하고 싶으세요? 코카인은요?"

"네, 네."

"조녀선, 이리 와, 조녀선!"

조녀선은 거지 한 명에게 가진 돈 전부를 주었다.

"거지에게 준 돈 중 가장 많은 게 얼마였죠, 앤?"

방갈로르로 가는 비행기를 타려면 몇 시간을 더 기다려야 해서 나는 타지마할 호텔로 가는 택시를 예약했다. 거기가 더 안전할 것이고 음료도 주문할 수 있고 시원할 것이다. 타지마할로 들어가는 입구에서 조녀선이 내렸다. 피라냐들이 다시 나타났다.

"싼 대마초 있어요, 선생님. 아주 싸고 아주 좋은 대마초예요, 선생님."

내가 따라갔다.

"오, 맙소사! 조녀선을 잃어버리겠어!"

나는 인파에 휩쓸려 넘어졌다. 샌들이 망가졌다. 하얀 사리를 입은 몸집이 큰 여성을 들이받고 지나쳐서 조녀선의 소매를 꼭 부여잡았다. 우리는 줄다리기를 했다. 어린 소년들이 그를 잡아당겼다. 나도 잡아당겼다. 내가 이겼다. 조녀선이 낄낄댔고 나는 울고 싶었다.

조녀선이 말했다.

"나한테 오토바이가 있으면 엄마를 태워서 인도를 돌고 다시 돌아올게요."

우리는 봄베이 타지마할 호텔 안에서 짧은 시간을 안전하게 보냈다. 누군가를 기다리는 척하며 로비에 앉아 있었다. 커피숍에 갔다가 시원한 것을 마시려고 바에 갔다가 다시 커피숍에 갔다가 다른 가게에도 들렀다가, 승강기를 타고 오르락내리락거렸다. 우리는 영혼과 성자들에 대해 이야기를 했고 음식에서 나는 냄새, 사람의 외면뿐 아니라 내면을 보는 것, <젠과 오토바이 정비의 예술>이라는 책에 관해서도 이야기를 나눴다. 조녀선은 공항으로 돌아가는 길에 도망가지 않겠다고 약속했다.

방갈로르로 가는 비행기는 4시에 출발했다. 비행기는 꽉 찼고 대부분이 남자였는데, 몇몇은 어두운 색 정장을 입었고 반짝거리는 서류 가방을 들었다. 다른 사람들은 도티를 두르고 물건을 바구니에 담아 팔에 걸었다. 조너선과 나는 비행기 중간쯤에 앉았다.

방갈로르에 착륙하기 직전, 조너선이 동요하기 시작했다.

"너는 젠장 할 더러운 인간이야. 나는 그 젠장 할 곳에 가고 싶지 않아. 네 귀를 물어뜯고 싶다구!"

나는 조너선의 손을 잡고 말했다.

"좋아질 거야."

조너선이 내 귀를 물어뜯으면 좋지 않겠지만 나는 그가 그러지 않을 거라고, 상당히 안일하게 생각했다. 그런데 갑자기 극심한 고통이 느껴졌다. 조너선이 내 머리를 내리쳤다. 한 번, 두 번, 세 번. 나는 비틀거리며 소리를 질렀다.

"그만해!"

승무원이 달려왔다. 정신이 혼미한 상태에서 기내의 남자들이 모두 피터 샐러스(영국의 영화배우, 옮긴이)처럼 보였는데 그들은 조너선에게 손가락을 흔들며 구호를 외치듯 말했다.

"엄마 머리를 때리면 안 돼요."

"너 때문에 아프잖아."

"미안해요."

조너선이 내 머리를 잡았다.

"여기, 내가 안 아프게 해줄게요."

그가 내 머리를 짓눌렀다. 나는 조너선의 배를 주먹으로 때렸고 그는 그냥 내버려두었다.

"왜 그러는 거야?"

"내가 머리에 문제가 있잖아요."

그가 낄낄거렸다.

"고맙구나. 이제는 나도 머리에 문제가 있다."

나는 멍들고 욱신거리는 머리와 그가 꽉 눌러서 아픈 얼굴 옆 부분을 문질렀다. 아프고 화가 났다. 방갈로르에 도착해 비행기를 나설 때 내 얼굴은 굳었고 여전히 떨고 있었다.

꼬불거리는 갈색 머리에 청바지와 티셔츠를 입은 젊은 여자가 우리를 보더니 자신을 샤론이라고 소개했다.

"저는 직원이에요. 엄마는 집에 계세요."

조너선은 담배를 피웠다.

"조너선, 아스마 샤크티에서는 담배를 피우지 못해요. 그러니 끄는 게 좋겠어요."

"난 중독이에요."

"상관없어요. 여기서는 담배를 피울 수 없어요."

"하지만 난 중독이라고요."

"끄세요."

"나가서 마지막으로 한 대만 피워도 돼요?"

"안 돼요. 끊으려고 한다면 가장 좋은 시간은 지금이에요. 그리고 내게 말을 할 때는 담배를 입에서 빼세요."

우리는 차를 타고 아스마 샤크티로 향했다. 모든 길에 표지판이 있었지만 움푹 파인 곳이 많아서 차들이 하얀 먼지구름을 일으켰다. 교통은 끔찍했다. 나는 목이 아프고 머리도 아팠다. 얼굴 옆쪽으로는 붉은 자국이 남아 있었다. 눈이 시커멓게 된 건 아닌지 궁금했다.

차가 이층짜리 흰색 건물 앞에 멈춰 섰다. 건물에는 무늬 철창을 댄 창문과 파란색 덧문, 빛 바랜 푸른 모자이크 장식이 있었다. 주위에 가지가 성긴 나무 몇 그루가 있었고, 길을 따라 장난감 마을처럼 메마르고 먼지가 낀 주사위 모양의 집들이 흩어져 있었다. 나는 두려움을 느꼈다. 조너선도 분명 두려웠을 것이다. 그의 손을 꼭 잡고 말했다.

"힘내."

샤론은 활짝 열린 문을 지나서 우리를 안내했다.

우리가 방문한 당시 그곳에는 40명 정도의 사람들이 공동체를 이루어 살고 있었다. 이들 중 25명은 환자들 또는 '아이들'이었다. 대다수는 미국과 영국에서 왔고 나머지는 인도, 일본, 유고슬라비아, 스웨덴, 이탈리아, 이스라엘, 프랑스에서 왔다. 대부분이 20대 후반에서 30대 초반이었다.

치료사들과 수습 직원들은 정신건강의학과 의사, 심리학자, 심리치료사와 가정의학과 의사들이었다. 그들도 모두 세계 각지에서 왔다. 재키 바로 밑에 있는 행크는 이곳에 오기 전 인도에서 쓰레기를 줍는 사람들과 함께 일하던 미국 예수회의 사제였다.

샤론은 우리를 데리고 입구를 지나 대리석 바닥의 커다란 거실로 들어갔다. 다양한 연령의 많은 사람들이 바닥에 책상다리를 하고 큰 원을 이뤄 앉아 있었다. 몇몇은 인도인이었고 몇몇은 유럽인이었다. 모여서 집단 토의를 하는 중이었다.

헐렁한 검정 면바지와 긴 웃옷을 입은 아주 작은 여자가 앞으로 나와 우리에게 인사를 했는데 그가 바로 재키였다. 그는 턱선이 단호해 보였

202

고 밝은 회색빛 눈은 최면을 거는 듯했다. 가볍게 볼 수 있는 사람이 아니었다. 그는 어깨가 떡 벌어졌으나 부드러웠다. 부드럽게 구불거리는 잿빛 머리에 화장을 하지 않았고, 거의 50세가 다 되었을 텐데도 피부가 젊은 여성처럼 매우 고왔다. 놀랍게도 외모와 어울리지 않게, 목소리는 마치 어린 소녀처럼 높고 날카로웠다.

"환영합니다."

그는 우리를 사람들에게 소개했다.

조너선이 담배를 꺼내 입에 물고 불을 붙였다.

"우리는 여기서 담배를 피우지 않는다, 조너선. 담배를 꺼."

조너선은 그의 말을 무시하고 담배를 깊숙이 빨아들였다. 방에 있는 모든 사람들이 지켜보고 있었다.

"담배를 꺼라."

"우라질 할망구."

조너선은 담배를 들지 않은 손으로 재키를 밀었다.

재키가 중심을 잡고 서서 다시 말했다.

"담배를 꺼라, 당장."

조너선이 그를 밀어버렸다. 재키는 어느 쪽으로 밀던 바로 다시 돌아오는 오뚝이 인형처럼, 데굴데굴 굴렀다가 다치지 않고 미소를 지으며 다시 다가왔다. 이런 일에 익숙한 걸까? 이런 일이 자주 일어나나?

"젊었을 때 나는 곡예사였단다."

재키가 먼지를 털어내며 카랑카랑한 목소리로 말했다.

그러는 동안 조너선에게는 무슨 일이 일어났을까? 조너선은 수많은 사람들 밑에서 기를 쓰고 있었다. '아이들'이라고 하는 몇몇 사람이 그를 바닥으로 밀어 꽉 붙들었고, 그는 발길질을 하고 침을 뱉고 소리를 질렀다. 방 안의 나머지 사람은 조용히 그 아수라장을 지켜보았다.

재키는 내 팔을 잡고 은밀한 목소리로 말했다.

"저 애들은 조녀선이 정말 무슨 일을 했는지 깨달을 때까지 저기에 잡아둘 거예요."

"얼마나 붙들고 있을까요?"

"필요할 때까지요."

그는 나를 데리고 계단을 올라가 침대로 꽉 찬 방으로 들어갔다.

"애들이 교대를 할 거예요. 애들은 누구든지 엄마를 해치는 걸 좋아하지 않아요."

나는 생각했다.

'저 사람들이 조녀선을 질식시키면 어쩌지?'

재키는 내가 무슨 생각을 하는지 알고 있었다.

"그러지 않을 거예요. 우리 스크래블(보드 게임의 일종, 옮긴이) 할까요?"

내가 가장 하기 싫은 게 스크래블 게임이다. 그러나 우리는 스크래블을 했고 내가 졌다. 누군가가 와서 나를 내가 지낼 방으로 데려갔다. 나는 스웨덴에서 온 치료사와 그 전날 유고슬라비아에서 오빠와 온 젊은 여자와 함께 방을 쓰게 되었다.

조녀선이 여전히 많은 사람들 밑에 깔려서 이따금씩 욕을 내뱉고 있는 것을 지나가면서 들었다. 나는 잠을 잘 이루지 못했다.

다음 날, 아침 식사 시간은 8시였다. 과일, 요구르트, 시리얼, 빵이 나왔다. 조녀선은 아직도 바닥에 있었다. 한쪽 다리와 한쪽 팔이 보였고 조녀선 위에 서너 사람이 몸을 옹송그리고 있는 게 보였다.

"정말 저렇게 오래 있어도 되는 거예요?"

"조너선은 아직 일을 해결하지 않았어요."

"조너선, 엄마야. 미안하다고 말해. 무슨 일이었는지 말을 해."

"꺼져."

"오, 하느님. 조너선, 너는 왜 항상 일을 이토록 어렵게 만드는 거니?"

아침에 재키와 조너선에 대해 이야기를 나눴다. 그는 조너선이 출생 때 뇌출혈이 있었다는 사실에 조금도 관심을 보이지 않는 듯했다. 유아기 경험에 대한 영향을 강조하는 그의 이론을 고려해볼 때, 인큐베이터로 옮겨져 척추에 바늘을 꽂고 코에 튜브를 연결했다면 그것은 어떤 인생에게든 상당히 두려운 출발이었을 텐데 말이다. 그는 내가 모유 수유를 했는지 얼마나 자주 했는지, 그때 어떤 느낌이었고 고형식은 언제부터 먹였는지에 더 큰 관심을 보였다. 우리는 바닥 쿠션 위에 매우 가깝게 앉았고 대화 내내 재키는 은밀하게 속삭이듯 말을 했다. 그를 보면서 테니얼의 <이상한 나라의 엘리스>에 나오는 화이트 퀸을 떠올렸다. 그에게 우리 가족사를 모두 털어놓고 나니 비참한 기분이 들었다.

조너선은 오후 2시쯤에 항복했다. 미안하다고 말했고 그의 저변에 깔린 감정은 두려움이었다고 했다. 아이들은 진심이라 믿고 그를 놓아주었다. 조너선은 샤워를 하고 뭘 좀 먹기 위해 누군가를 따라갔다. 돌아왔을 때 그는 울고 있었다. 그는 매우 공손해졌고 아래쪽으로 눈을 내리깔고 있었다.

"엄마, 엄마, 집에 가고 싶어요."

목소리는 작았고 마치 네 살 먹은 아이 같았다.

"아, 엄마, 엄마, 나도 우리 엄마가 필요해. 그리고 집에 가고 싶어. 우리가 지금, 모든 사람을 자기 뜻대로 좌지우지하고 메리 포핀스와 징기스칸을 이상하게 섞어놓은 것 같은 미친 여자가 운영하는 정신병원에 있는 걸까? 아직 시간이 있을 때 도망쳐야 하나?"

나는 밖으로 나와 왔다 갔다 했다. 조녀선의 행동, 그의 고통, 수감될 수도 있다는 위험 등을 떠올렸다. 호주의 병원에서 '엄마, 엄마, 집에 가고 싶어요.'라고 그가 말하곤 했던 일을 떠올렸다. 더 이상 어떻게 해? 조녀선은 네 살 먹은 어린애가 아니야. 열아홉이라고! 나는 화가 나서 나뭇가지로 땅을 쑤셔대다가 씩씩하게 걸어 들어갔다. 재키는 나를 붙들고 스크래블 게임을 한 번 더 했다. 그는 초콜릿 바이올렛 크림을 먹었다.

다음 날까지 그곳의 구조를 파악했고 돌아가는 방식에 대해서도 인지하자 마음이 좀 편해졌다. 대부분의 활동은 '거실'에서 이루어졌다. 거실은 맨발로 들어가는 넓은 방으로 매트리스와 콩 주머니, 피아노, 칠판, 오래된 전축, 낮은 테이블 두 개, 곧 무너질 듯한 책꽂이에 꽂힌 책과 잡지 몇 권이 있었다. 천장에는 노란색 선풍기가 두 대 달려 있었다. 거실 밖에는 식당과 먼지 나는 마당 쪽으로 문이 달린 주방이 있었으며 마당에선 인도 아이들이 놀고 있었다.

이층에는 '엄마 방'이라고 알려진 재키의 방이 있다. 이 방에는 재키가 침대로 사용하는 바닥 매트리스와 다른 매트리스 몇 개, 커다란 아기침대, 장식장과 오래된 팔걸이 의자가 있다. 퇴행 중이거나 힘든 시간을 보내는 아이들뿐 아니라 문제가 있는 수습 직원들도 가끔 이 방에서 자는 경우가 있다. 방 밖에는 테라스가 있는데 (아마도 차고의 지붕이었을 것이다.) 재키는 이곳을 옥상 정원으로 만들었다. 그는 두세 마리의 멋진 바이마라너 사냥개를 키웠다. 이 개들도 그와 같이 이층에서 자곤 했으나 보통은 옥상 정원에서 잤다. 거실과 재키의 방은 모든 여성이 지내는 본관에 있다. 남성은 그 옆에 붙은 건물에서 지낸다.

집단 치료는 아침 식사 후 매일 아침 9시 30분에 열린다. 하루 일과 중에는 요가, 문제 해결 연습, 퇴행하고 싶어하는 사람을 위한 모임, 협력 동기화가 안 되는 사람들을 위한 모임, 개인 치료사와 갖는 시간 등이 있다.

통찰지향 정신치료와 정신분석을 일반적으로 지지적정신요법이라고 알려진 것과 구별하는 것은 중요하다. 전자는 유아기 경험을 분석하고 부모의 성격을 재구성하는 데 초점을 두는데 반해, 지지적정신요법은 살아가는 데 필요한 기술과 질병의 증상, 문제 대처법을 가르치는 것에 집중한다. 많은 정신건강의학과 의사가 지지적정신요법이 도움된다고 믿는 경향이 있는 반면, 통찰지향 정신치료는 조현병의 경우에만 제한적으로 중요성을 인정하고 있으며 수많은 연구가 이를 입증하는 듯하다. 재키는 아스마 샤크티에서 이러한 치료요법을 혼합해 사용했다.

새로 온 사람들은 '책임자'의 보살핌 아래 있었다. 책임자란 치료에 진전을 보이고 공동체에서 다른 사람을 돌보고 안전하게 도와줄 책임을 받아들일 수 있는 자격으로 뽑힌 사람이다. 새로 온 사람은 거실을 깨끗이 해야 했고 다른 사람과 잘 어울리고 책임감 있게 행동하면서 소통하는 법을 배워야 했다. 그들은 자신이 먹을 음식을 직접 가져올 수 없다. 책임자에게 음식을 가져다달라고 부탁해야 한다. 만약 예의 바르게 부탁하지 않거나 불쾌한 행동을 한다면 책임자는 그들을 돕고 싶어하지 않을 수도 있다. 또 책임자는 "벌을 받아야 해."라고 말할 수 있다. 음식을 먹지 못한 사람에게는 유제품 보충식을 주는데 주황색과 파란색의 플라스틱 머그에 담겨 나온다. 조녀선이 처음 사나흘 동안 이걸 많이 먹었기 때문에 아직도 기억이 난다. 그 이후로, 그는 가장 기분 좋은 태도로 음식을 달라고 부탁했다.

새로 온 사람은 화장실을 갈 때에도 다른 사람과 함께 가야 했다. 여기에도 예의 바르게 행동해야 한다는 동일한 규칙이 적용되었다. 책임자들만 독립적으로 움직일 수 있었고 다른 이들은 언제나 규제 아래 있어야 했다. 이렇게 하는 것은 그들이 약을 끊은 탓에 쉽게 정신이상이 될 수 있기 때문이었다. 그런 이유로 칼이나 포크는 거실에서 사용할 수가 없었다. 모든 사람이 숟가락으로 음식을 먹었다.

프로그램을 진행할 때 갓 들어온 사람은 거실 무대로 보내진다. 어떤 사람에게는 색깔이 있는 끈이나 수갑을 채워 규제를 한다. 끈은 벽에 묶어두거나 책임자가 붙들고 있는다. 긴장증이 있는 사람의 경우는 끈에 묶고 나서 긴장성 혼미 상태에 빠질 때마다 이 끈을 잡아당긴다. 매일 밤 잠자리에 들기 전, 어떤 사람에게는 수갑을 채워 자신이나 다른 사람을 해치지 못하게 하고 도망치는 것을 막는다. 수갑은 침대 바로 위에 있는 고리에 매어둔다.

공동체의 목적은 사람들이 스스로 책임을 받아들이게 함으로써 병세가 좋아지게 하는 데 있다. 이렇게 하면 사람들은 더 이상 타당한 행동을 못하는 데 대한 변명으로 정신질환을 이용할 수 없게 된다. 재키는 모든 행동이 그들이 처한 저마다의 환경에 적응하도록 학습한 방법에 뿌리를 둔다고 믿었다. 정신질환 행동은 유아기 성장 과정에서 발생한 일련의 혼동에 의해 야기된 부적응 반응으로 간주했다. 따라서 치료는 좀 더 적절한 행동을 배우는 것을 기본으로 한다.

재키는 또한, 개인에 따라 조현병의 기본 유형을 분류함으로써 문제가 처음 발생한 발달 단계를 거의 정확하게 산정할 수 있다고 믿었다. 19세기 후반에는 서로 다른 증상에 따라 조현병의 기본 유형을 나누어 설명했다. 여기에는 '피해 망상', '파과형 조현병', '긴장증', '단순형'이 있다. 그러나 한 가지 유형이나 또 다른 유형에 정확하게 맞아떨어지는 경우가 드물기 때문에 이러한 유형 분류는 대체로 사용하지 않게 되었다. 그럼에도 재키는 유형 분류를 고수했다. 그는 먼저 일련의 진단 검사를 통해 환자의 기본 유형을 평가한 다음, 그들이 초기 발달 과정 중 어느 시기에 문제가 있는지를 진단했다. 예를 들어 어떤 사람에게 파과형 조현병이라는 진단 결과가 나온 경우, 이것은 재키에게 있어 생후 구 개월이 되었을 때 일종의 정신적 외상이 발생했음을 의미한다(조현병의 분류 형태와 정신적 외상의 시기는 전혀 관계가 없다는 것이 현재 정신의학계의 공통된 견해이다, 옮긴이).

재키는 사람들에게 자신이 미쳤다는 사실을 직면하게끔 했다. 그와 공동체는 모두 어떠한 비정상적인 행동도 인정하지 않으려고 했다. 그는 종종 사회가 세뇌 기술을 너무나 많이 알고 있지만 이것을 항상 부정적인 방법으로만 사용하고 있는데 반해, 자신은 이러한 기술을 긍정적인 목적으로 사용하고 있다고 말했다. 모든 감정은 허용된다. 모든 감정은 인정을 받아야 하며 억압해서는 안 된다. 따라서 긍정적인 행동은 보상받았으며 부정적인 행동은 처벌을 받았다.

규칙이나 통제는 아주 적었지만 여기에 따라야 했다. 사람들은 자신을 위한 치료와 다른 사람을 위한 치료에 적극적으로 참여할 것을 요구받았다. 그들은 사교적이고 서로 도우며 예의 바르게 행동해야 했다. 또한 그들은 책임을 다해야 했다. 술, 마약, 성관계, 담배는 금지되었다. 신체적 폭력도 용납되지 않았다. 보상은 긍정적 지지와 쓰다듬어주기, 또는 공동체가 안아주기 등의 방법으로 이루어진다. 반면에 제재의 경우는 직면, 개인의 권리 박탈, 신체적 제압이나 구석에 세워두기 등을 이용한 견제, 반감이나 수치심 표현, 찰싹 때려 신체적 고통 주기 등이 있다.

이에 따라 사람들은 차츰 분명한 의사소통을 주고받으며 책임감을 부여하고 받아들이는 법을 배웠다. 증세가 호전된 아이들은 공동체 내의 계획과 관리에 다양한 방면으로 참여했다. 재키는 또래 집단의 압력과 책임감을 폭넓게 이용했다. 누구에게 언제 책임자의 위치로 올라갈 자격이 주어질지는 공동체가 결정했다. 공동체는 제재와 보상도 결정했다. 그러나 궁극적인 책임과 권력은 항상 재키나 선임 직원에게 있었다. 한 달에 한 번, 사람들은 행동과 발전 정도에 근거해 1에서 10까지의 등급을 함께 정한다. 모든 종류의 이상하거나 부적절한 행동은 즉각 지적을 받았으며 거실은 종종 아수라장이 되었다. 사람들은 서로에게 소리를 질렀고 이의를 제기했으며 울기도 했다.

"나는 네가 하는 행동이 마음에 안 들어, 매튜."

"신경 좀 그만 건드려, 그레그."

"네가 방금 한 일, 그건 정말 밥맛이야, 그레그." (일기를 읽으면서 불쌍한 그레그가 어떤 일을 했기에 그렇게 밥맛 없었다는 건지 궁금했다.)

"니나, 네가 불안하다고 다른 사람들까지 불안하게 하지 말고 자신을 좀 신경 써봐."

"제인, 너는 다른 사람에게 사랑한다고 말하는 것보다는 증오한다고 말하는 게 더 쉬워 보인다."

"아빈드, 난 네 태도가 재수없고 밉상스러워서 정말 싫어."

한번은 다른 사람들과 함께 바닥에 앉아 있는데 갑자기 누군가가 내 이름을 부르는 소리가 들렸다.

"앤 데버슨?"

"앤 데버슨? 누구? 나? 나?"

"앤 데버슨, 속바지가 보여요."

나는 벌떡 일어나 치마를 잡아 내렸다. 얼굴이 붉어졌다. 그 이후로 다시는 사람들 앞에서 속바지를 보이지 않았다.

니타는 30대 후반의 인도 여자인데 기저귀를 차고 벽에 묶여 있었다. 그는 대소변을 가리지 못했고 그걸 몸에 발랐다. 안경을 썼다 벗었다 반복했다. 또 계속해서 묶어둔 것을 풀려고 했지만 기운이 있어 보이지도, 전력을 다하지도 않았다. 아무도 니타를 좋아하지 않았다. '아이들'은 니타의 수동적인 행동을 일부러 반항하는 것이라 여겼고, 그가 전혀 나아지지 않으므로 내보내야 한다고 생각했다.

'아이들' 중 몇몇은 거실 밖에서 농구를 하고 몇몇은 실내에서 체스를 했다. 구기 종목을 포함한 놀이는 밖에서 하고 다른 놀이는 안에서 했으며 컨트리 댄스나 노래 부르기는 밤이나 주말에 했다. 텔레비전과 비디오가 있었지만 거의 사용하지 않았다. 재키는 모든 서적과 비디오를 철저히 검열했다. 대부분이 <사운드 오브 뮤직> 수준이었다.

이곳은 예의가 바른 공동체였다. '해주시겠어요?'와 '감사합니다'라는 말을 해라. 그렇지 않으면 원하는 것을 가질 수 없을 것이다. 예의 바르게 행동해라. 그러면 집에서 보내온 사탕 같은 상이 있을 것이다. 옷을 잘 입어라. 그렇지 않으면 침실로 다시 돌아가야 할 것이다. 일주일에 한 번, '아이들'은 '게임'에 참여했는데 이는 모두가 커다란 방에 모이는 것을 의미한다. 그들은 어떤 순서나 방향 상관없이 자기가 원하는 대로 의자에 앉았다. 한 시간 동안 그들은 모든 분노, 모든 슬픔, 모든 환상, 모든 성생활 등 자신이 원하는 것을 뭐든지 분명하게 말할 수 있었다. 어떤 제한도 없었다. 오직 한 가지 규칙이 있을 뿐이었다: 신체적 폭력 금지.

시간은 흘러갔고 나는 반은 아래층을, 반은 이층을 떠돌아다녔다. 재키는 조너선을 검사했고 그 결과를 알려주려고 나를 이층으로 불렀다. 첫 번째 검사에서 조너선은 정상으로 나왔고 두 번째 검사에서는 피해망상성 조현병, 세 번째 검사에서는 조울증 진단을 받았다.

"조너선은 피해망상성 조현병이에요. 나는 틀리는 일이 거의 없어요. 그가 생후 구 개월이 되었을 때 거부 감정을 경험했을 거고, 그때부터 자신에게 뭔가 잘못이 있다고 생각했을 거예요. 그게 조너선이 이상하게 행동하는 이유에요."

재키가 말했다.

조너선은 아래층에서 유고슬라비아 소년과 체스를 하면서 대부분의 시간을 보냈다. 그는 온순해져서 조용하게 말을 했고 시선을 아래로 떨궜다. 나는 조너선이 그렇게 겁먹은 모습을 보는 게 힘들었다. 단지, 내가 어디서든 그에게 가까이 다가가면 그는 즉시 조정에 능한 아이가 되었다.

"집에 데려가줘. 집에 데려가줘. 집에 데려가줘."

내가 조너선이었다면 더구나 도망갈 길이 모두 막혀 있다면 나 역시 똑같이 했을 것 같다. 나는 다시 그가 여기 오기 전에 어떤 일이 있었는지, 그의 삶이 얼마나 끔찍한 혼동 속에 있었는지를 되뇌어야 했다.

어느 집단 모임 시간에 나는 용기 내어 부모로서 공동체 내에서 느끼는 소외감을 드러내기로 마음먹었다. 우리는 '자연 부모'라고 불렸는데 자연 부모가 부자연 부모 같았고 모든 문제의 근원 같았다.

"내가 피해망상일지도 몰라요. 하지만 그게 내가 지금 느끼는 감정이에요."

나는 더듬거리며 말을 했다.

사람들은 관심을 보였지만 따뜻한 마음을 느끼지는 못했다. 애들레이드에서 심리치료를 받았을 때 어머니와 아버지가 미운 시기를 보냈던 기억이 났다. 그렇다면 여기와 무슨 차이가 있단 말인가? 나는 다시 내 부모라는 원점으로 돌아왔다. 나는 입양 과정을 보내지 않았다. 내가 왜 스크래블 게임을 하고 바이올렛 초콜릿 크림을 먹는 재키라는 여자를 받아들여야 하나? 왜 그가 내 아들의 엄마가 되게 해야 하나?

"나는 엄마가 필요 없어. 꺼져! 당신들은 다 미쳤어. 나는 엄마가 있다고."

조녀선이 소리를 질렀다. 나는 히죽히죽 웃고 싶었고 아마도 그랬던 것 같다.

몇 년이 지난 후에 재키 바로 밑에서 일하던 행크(지금은 아스마 샤크티를 맡아 운영하고 있다.)가 내게 편지를 보냈다. 그는 여전히 조현병을 앓는 사람은 일정 시간 동안 가족에게서 벗어날 필요가 있음을 믿는다고 말했다:

아이들은 모든 것을 부모의 잘못으로 돌릴 수 없다는 것을 깨달아야 하며, 자신의 모습을 있는 그대로 받아들이고 자신에 대해 스스로 책임을 져야 합니다.

213

의미가 있는 말이다. 정신질환을 앓게 되면 가족 모두가 너무나 자주 조종하려는 의도를 가진 행동에 뒤엉키게 되는데, 양측 모두 이 문제를 다룰 새로운 방법을 배울 필요가 있다.

닷새째 되는 날 조녀선과 유고슬라비아 소년이 사라져서 사람들이 계속해서 거리를 찾아다녔다. 두 도망자가 돌아온 것은 세 시간 후, 경찰에 의해서였다. 모두가 이 둘 때문에 화가 났다. 그들이 없어져 걱정이 되어 분노했고 뙤약볕에 그들을 찾으러 나가야 해서 분노했다. 또 이제는 이 일을 처리하는 데 에너지를 더 써야 함에 분노했다.

공동체는 그들을 구석에 세워두기로 결정했다. 한 명은 이쪽에 다른 한 명은 저쪽에. 그들은 발끝으로 서 있어야 했다. 나는 항의했다. 재키는 이런 불편함이 일이 힘들어질 때마다 도망가는 행동을 고치는 데 필요하다고 말했다.

"항상 불편하게 살아가기 때문에 불편함을 견디는 능력이 큰 사람에게는 더 높은 차원의 불편함을 줘서 잘못된 생각을 고쳐나가게 해야 해요. 내가 무엇을 했고 어떻게 느꼈는지, 또 무엇이 필요한지를 생각하게 하는 아주 좋은 동기가 되죠."

조녀선이 소리를 질러댔고 유고슬라비아 소년도 소리를 질렀다. 나는 견디기가 힘들어 밖으로 나왔다. 호주에서 온 수전이라는 젊은 여자가 나와 이야기하려고 따라 나왔다. 그도 처음 공동체에 왔을 때는 그런 치료를 받아들이는 게 너무 힘들었지만, 구석에서 발끝으로 서 있는 동안 고통 때문에 빨리 정신이 들었고 실제로 무슨 일이 일어나고 있는지를 알 수 있게 되었다고 했다.

호주에서 내가 조녀선에게 제한과 제재를 가하고 그것이 불편함을 야

214

기했던 경험을 떠올려보았다. 그가 미쳐서 나를 위협했을 때 나는 결국 경찰을 불렀다. 약을 먹지 않겠다고 하고 그래서 다시 급성기가 오면 그를 병원에 가두려고 했고, 그러면 그가 치료를 억지로 받게 되었다. 이 두 가지의 경우도 아스마 샤크티에서 받는 '구석에 세워두는 벌'과 마찬가지로 궁극적인 목적은 회복이었다.

수전이 말했다. (그는 이후 호주로 돌아왔다.)

"중요한 건 그러한 정의 내에서 정신을 차리기 위해 내가 무엇을 받아들일 건지를 결정해야 한다는 거예요. 돌이켜보면서 나는 생각을 하죠. '세상에, 우리는 사람들에게 정말 심하게 했어.' 그렇지만 그들 대부분은 거기서 벗어나서 제정신이 들었어요."

수전은 상태가 좋아졌지만, 자신이 조현병이었는지에 대해서는 의문을 가졌다. 그는 자신의 문제는 아마도 재키가 진단했던 것처럼 조울증이었을 거라고 믿었다. 정신질환을 다룬다는 것은 도전이다. 이것은 끊임없는 역설과 직면해야 한다는 의미이다. 목적이 수단을 정당화할 수 있을까? 누구를 위한 자유인가? 누구를 위한 정상인가? 내가 새로운 정신건강법을 제청하기 위한 위원회의 의장직을 맡고 본인의 동의 없이도 입원시킬 수 있는 권리를 위해 맹렬히 논쟁을 벌였을 때, 나는 '자유를 위한 환자의 권리'라는 입장이 아니라 '치료받고 회복할 수 있는 권리'라는 입장에서 주장을 했다. 아스마 샤크티에서 일어난 일이 돌봄이라는 입장에서 나온 것이기 때문에 받아들였지만 이것은 자칫 학대가 될 수도 있다.

재키와 쓴 계약서에 의하면 나는 도착한 지 열흘 만에 아스마 샤크티를 떠나기로 되어 있었다. 떠나기 전날, 조너선을 두고 가는 게 옳은 일인지 확신이 서지 않아 대부분의 시간을 밖에서 서성이며 보냈다. 한편으로 감정에 관한 한 나는 너무 잘 속아넘어가는 사람이었다. 조녀선이 '엄마, 제발'이라는 말만 하면 내 마음은 녹아내렸다. 다른 한편으로는 이곳이 병이 좋아질 기회를 줄 수도 있다고 스스로를 위안했다. 그래서 그에게 작별 인사를 하고 떠나자고 마음먹었다. 단지, 내가 무엇을 하고 있는지를 분명히 이해하기 전까지는 작별 인사를 하러 가지 않았다. 그러고 나서도 겨우 이렇게 말할 수 있을 뿐이었다.

"너를 두고 가는 게 정말 힘들어. 하지만 네가 여기 남으면 좋아질 수 있을 거라 믿기 때문에 여기 있으면 좋겠어."

"나도 엄마랑 같이 가고 싶어요."

"알아. 네가 보고 싶을 거야."

"엄마랑 같이 가고 싶어요."

나는 그의 머리를 쓰다듬고는 그를 껴안았다.

"사랑해. 제발 여기 있어."

그러고는 거리로 도망쳐 나왔고 뒤를 돌아보지 않았다. 그때의 기억이 너무나 아파서 지금, 시드니의 내 서재에 앉아 울고 있는 것처럼 그때도 택시에서 소리 내어 울었다.

인도로 가는 특별기 비행기표를 구입했기 때문에 돈을 더 내지 않으려면 며칠 더 인도에 머문 후에야 집에 돌아갈 수 있었다. 다즐링으로 갈 계획이었지만 봄베이 공항에서 갑자기 마음을 바꿔 카슈미르로 가기로 했다. 한 십오 년 전쯤 카슈미르에 간 적이 있는데 무척 아름다운 곳이었다. 위안을 줄 곳이 필요했던 나는 그곳에서 다음 비행기를 탔다. 스리나가르 공항에서 카슈미르 사람들은 양귀비, 데이지, 수레국화, 들

장미 등 싱싱한 들꽃으로 만든 작은 꽃다발을 들고 와 승객들을 환영했다. 관광안내소에서 선상 가옥 예약을 부탁하니 그들은 샬리마르 로즈라는 곳을 추천해주었다.

카슈미르는 영국 통치자들의 놀이마당 같은 곳이었다. 머리에 눈을 덮어쓴 산들이 품어 안은 계곡에 수로, 과수원, 정원들이 둥지를 틀었다. 그곳에서는 용담, 앵초, 에델바이스가 자란다. 버드나무가 호숫가를 둘러싸고 과수원에서는 체리, 복숭아, 오디, 호두와 플라타너스나무를 볼 수 있다. 높다란 집들은 흑벽돌과 돌무더기로 지었고, 조각이 새겨진 나무 발코니가 있으며 다락에는 달콤한 마른 풀이 가득했다.

영국인들은 수상 가옥을 카슈미르로 가져와 호수 둔치를 따라 거루었다. 호수는 배들로 붐볐다. 기다란 나무 배와 곡식과 짐을 실은 배 그리고 과일과 채소, 숄과 러그, 보석, 장식품, 나무 조각품 등을 실은 작은 배. 작은 배는 '쉬카라'라고 불렀다. 쉬카라 상인들은 관광객이 새로 도착하면 재빨리 노를 저어 왔다.

"아주 아름다운 보석을 사세요, 부인. 아름답죠? 기가 막혀요. 멋져요. 정교하고요."

쉬카라의 택시는 관광객을 끌기 위해 커튼과 쿠션으로 장식했고 '자두 푸딩', '가슴 속 소망'과 같은 이름을 달았다.

내가 머문 수상 가옥은 카슈미르 수도인 스리나가르 부근의 달 호숫가에 있었다. 도시의 절반은 도로, 자동차, 매연이 가득한 현대적인 곳이었고 절반은 좁고 북적거리는 골목길, 콸콸 소리가 나는 개울 위로 놓인 다리, 피사의 탑처럼 아슬아슬하게 기울어진 장미꽃 빛깔의 집들이 있는 오래된 곳이었다. 수상 가옥들은 대부분이 백단향나무와 자단으로 커다랗고 널찍하게 만든 형태로, 널따란 침실과 응접실, 노을이 산마루를 분홍빛으로 물들일 때 다과를 즐길 수 있는 야외 데크가 있다. 커다란 수상 가옥 뒤에는 요리용 배가 연결되어 있고 이곳에는 요리사와 쉬카라를 젓는 소년(개인용 쉬카라가 있다.), 집사가 포함된 수행원들이 묵었다.

나는 커다란 수상 가옥 전체를 혼자 사용했다. 때는 아직 성수기가 아니라서 관광객이 거의 없었다. 집사인 부크투 씨는 내게 중국차를 대접했다. 그가 계속해서 나를 쳐다보다가 마침내 입을 열었다.

"실례지만 부인, 십오 년 전에 여기 오시지 않았나요? 아이를 데리고 오셨지요?"

그랬다. 그는 그때 쉬카라를 젓는 소년이었던 것이다. 무슬림 단체에서 탈퇴한 지도자 셰이크 압둘라가 석방되어서 그를 인터뷰하러 갔을 때 나와 동행했다. 내가 인터뷰를 요청했고, 부크투 씨는 한밤중에 눈가리개를 한 채 나를 그곳으로 데려다주었다. 셰이크 가족은 내가 그의 은신처를 몰라야 한다는 조건하에 인터뷰를 허락했다.

부크투 씨와 나는 서로 껴안고 반가워서 어쩔 줄 몰랐다. 그는 내게 보살핌이 가장 필요한 순간에 나를 보살펴주었다. 봄이 이제 막 문턱을 넘어서서 날씨가 여전히 쌀쌀했다. 그는 밤마다 뜨거운 물 주머니를 침대에 넣어주었고 낮에는 석탄 난로를 피워주었다. 캐러웨이(단맛과 레몬향이 나는 향신료, 옮긴이)와 정향을 넣은 녹차를 아름다운 컵에 담아 대접했고, 영국인도 못 따라갈 솜씨로 아이리시 스튜와 인도식 수프, 말린 과일을 넣은 케이크, 끓인 사과 등의 음식을 요리해주었다.

굴람 모하매드 부크투는 자기가 마흔한 살쯤 된 것 같다고 생각했다.

218

"우리 마을에서는 나이를 잘 몰라요, 부인. 우린 그저 그 여자애는 비행기가 올 때 태어났다고 하거나 첫눈이 올 때 태어났다고 하죠. 그러니 모르는 수밖에요. 저는 제 생일을 제가 좋은 때로 골랐어요. 어느 날 우리 아이들이 제 기분이 안 좋아보인대요. 그래서 말했죠. 좋아, 내일을 내 생일로 하자."

그는 아홉 살 때 학교를 그만두었다. 열세 가지 인도 말을 하지만 읽거나 쓸 줄 몰랐다. 첫째 부인과 1961년에 결혼을 했는데 십사 개월 만에 부인이 죽었고 그 사이에 아들이 하나 있었다. 아들은 열여섯 살이었다. 이후로 재혼을 하고 아들 넷을 두었으나 한 아이는 죽었다.

"넷째 아들이 죽기 전에 저는 항상 걱정을 했어요. 아내에게 말했죠. 조심해라. 하지만 이 아이는 항상 물에서 놀아요. 그리고 물에 잘 있어요. 그런데 어느 날 그 애가 물에 빠졌고, 죽은 거예요. 그래서 그때부터 저는 사람이 죽을 때가 되면 누구도 말릴 수가 없다고 말하죠. 잊지 마세요, 부인. 죽을 때가 되면 누구도 말릴 수가 없어요."

처음에 나는 주로 배에서 지내며 봄날의 옅은 햇빛을 즐겼다. 그러나 나흘째가 되자 기분이 좀 나아졌다. 부크투 씨가 말했다.

"제 생각에는요, 부인, 최고급 영국산 진 한 병을 싸 가지고 수상 정원에 가시면 좋을 것 같아요."

나는 수상 정원에는 가겠지만 진을 들고 가진 않겠다고 했다. 그러고 나니 조금 더 모험심이 생겨 조랑말을 타고 트레킹을 하고 싶다는 생각이 들었다. 이른 아침에 우리는 영국인들의 주말 휴양지였던 히말라야 산맥 아래 마을, 펄검까지 차를 타고 갔다. 영국인들은 그곳에 컨트리클럽을 지어 크리켓과 폴로 경기를 하고 위스키 스팅어(위스키로 만든 칵

테일, 옮긴이)를 마셨다.

펄검에 도착하자 우리는 조랑말을 고르고 필요한 물건을 샀다. 마부들은 우리 옆에서 안내를 하며 먼지 나는 길을 터벅터벅 걸었다. 부크투 씨는 마부들을 미리 골랐다고 했다. 수월했던 길은 곧 원정이 되어버렸다. 우리는 대열을 이끌고 출발했다. 여덟인가 아홉 명의 마부가 있었는데 한 사람은 침구를, 한 사람은 음식을, 한 사람은 텐트를, 또 한 사람은 냄비와 팬을 싣고 따라왔고, 타고 갈 조랑말도 여럿 있었다. 요리사가 탄 조랑말에는 버들가지로 만든 바구니에 꼭꼭 대는 닭 여러 마리를 잔뜩 실었다. 날마다 닭이 한 마리씩 줄어들었다.

나는 여러 달 만에 처음으로 기분이 나아졌다. 우리는 숲속 작은 빈터를 지나 눈 덮인 산마루부터 펼쳐진 고운 풀밭을 걸어갔다. 봄날의 풀밭을 걸어 숲을 지나 높이 높이 올라갔고, 가는 동안 부크투 씨는 설인 이야기로 나를 즐겁게 해주었다.

"설인은 정말로 정말로 있어요, 부인. 오, 진짜 정말이에요."

늦은 오후가 되면 해가 넘어가면서 날씨가 추워졌다. 부크투 씨는 마부들이 텐트를 쳐놓은 계곡으로 우리를 데려갔다. 그는 내가 잘 텐트를 미리 점검한 다음 들어가게 했다. 잠자리는 담요와 시트가 깔려 있었고 꽤 괜찮았다. 나는 비누와 깨끗한 흰 수건을 썼고 은 주전자에 담긴 차를 마셨다. 이런 것은 내게 익숙한 캠핑이 아니었다. 우리는 밤하늘 아래서 불가에 다리를 포개고 앉았다. 부크투 씨가 계속해서 이야기를 들려주었다.

"마음에 너무 많은 것을 담아두었어요, 부인. 저는 살아가면서 너무나 많은 실수를 해요. 그리 큰 실수는 아니지만 인간이 흔히 하는 실수지요. 그러면서 저는 많은 것을 배워요. 제가 아이를 낳으면 저는 그 애들한테 잘할 수 있을 거라고 생각해요. 마을 사람들은 아주 거친 사람들이에요. 저도 아주 거친 사람이구요. 그렇지만 저는 아내에게 매일 아이들이 목욕을 하게 하라고 시켜요. 그리고 애들이 먹는 것을 신경 쓰고 건강을 신경 쓰죠. 애들이 조금이라도 열이 나면 저는 잠을 잘 수가 없어요."

부크투 씨는 은으로 만든 작은 병에 담긴 위스키와 차를 따라주고는 말을 계속했다.

"저는 제 아들들과 놀고 싶고 날마다 영어를 가르치고 싶어요, 부인. 저는 아들들을 잘 다뤄요. 애들이 나쁜 말을 하거나 싸우거나 옷을 더럽혀서 들어오면 저는 그냥 말을 하죠. 손을 좀 봐라, 옷을 좀 봐라, 그렇게 하지 마라. 눈으로, 얼굴로 아주 화를 내지만 때리는 건 좋아하지 않아요. 때리는 건 아이들에게 좋지 않아요."

"뭘 바라는 건 나빠요. 저는 아이들에게 말하죠. 만약 너희들이 누군가 별 열 개짜리 초콜릿을 먹는 걸 본다 해도 나는 사줄 수가 없다. 너희들에게 별 두 개짜리 초콜릿을 사주겠다. 저는 아이들을 위해서 은행 계좌 네 개를 만들었어요. 천천히, 천천히 제가 할 수 있는 것을 아이들에게 줘요. 제게 가장 중요한 것은 아이들이 각자의 인생길을 잘 가는 걸 지켜보는 거예요. 그게 제게는 성스러운 날과 같죠."

나는 텐트 속 침대에 누워 조랑말이 풀을 뜯으면서 조용히 킁킁거리는 소리와 강물 소리를 들었다. 몇 주 만에 처음으로 조너선 생각을 하지 않고 피곤해져서 잠이 들었다. 다음 날 온몸이 뻣뻣해져서 걸을 수가 없었다. 그래서 조랑말을 탔다. 삼 일째 되는 날, 조랑말을 타기에도 몸이 뻣뻣해서 절뚝거리며 걸었다.

우리가 스리나가르 수상 가옥으로 돌아왔을 때 부크투 씨는 그가 내 아들을 도울 수 있을 것 같다고 말했다.

"제가 성자를 알고 있어요. 그가 소년 하나를 고쳐요. 좋은 집안인데 아주, 아주, 아주 아파요, 부인. 머릿속이 아픈 거예요. 성자가 소년에게 마리화나를 피우라고 말하는 거예요. 부인께 필요한 건 마리화나예요, 부인."

'조너선, 어디 있니? 네가 이 말을 들으면 몇 초 안에 여기에 나타날 텐데.'

내가 떠날 때 부크투 씨는 나를 공항에 데려다주면서 조슈아에게 주기 위해 사달라고 부탁했던 크리켓 방망이를 가져왔다. 카슈미르는 계곡에서 자란 버드나무로 만든 크리켓 방망이가 유명하다. 크리켓 방망이는 '최고급 크리켓 방망이'라고 쓰인 천 가방에 담겼다. 방망이는 너무 무거워서 들기가 어려울 정도였다. 부크투 씨는 방망이를 '커키바'라고 불렀고 공항에서 조심스럽게 건네주었다. 그는 또 내게 수레국화와 양귀비 꽃다발을 주었다.

"그래요, 부인. 부인 생각을 할게요. 부인을 아주 많이 좋아해요."

"고마워요, 부크투 씨. 저도 부크투 씨를 아주 많이 좋아해요."

호주로 돌아와서 조슈아에게 '커키바'를 주었더니 조슈아는 아주 많이 좋아했다. 그러고 나서 내가 없는 동안 조슈아가 일기에 써놓은 다음과 같은 글을 발견했다.

5월 26일

오늘이 누구의 생일일까요? 당신의 멋진 아들의 생일이죠. 엄마가 멋진 선물

을 해줘야 하는 사람이요. 흰색 크리켓 바지, 크리켓 셔츠, 크리켓 방망이, 크리
켓 신발, 크리켓 박스, 크리켓 공, 크리켓 게임, 크리켓 모자, 크리켓 책, 크리켓
보호대, 크리켓 대, 크리켓 재킷, 크리켓 잡지. 엄마가 제일 좋아하는 아들을 잊
을 수는 없겠죠.

'이봐요.'

아이가 말한다. 그때는 몰랐던 멋진 유머 감각을 지닌 열두 살 난 이
아이가.

'이봐요. 나 여기 있어요. 날 기억하세요?'

6월 초 애들레이드로 돌아올 예정인 수전이 보낸 편지를 읽고 처음으
로 조너선이 어떻게 지내는지를 알게 되었다:

조너선은 아직 거실에서 지내고 이곳을 안전하다고 느끼는 것 같습니다. 그
는 적응을 잘 하고 있습니다. 자기가 할 수 있는 일이 있으면 도와주기도 하고,
때때로 자기의 감정에 대해 말을 하기도 합니다. 그는 문제가 무엇인지를 인식
하기 시작한 것 같으며, 제 생각에 공동체를 신뢰하기 시작한 것 같습니다. 직면
이라는, 조너선 스스로가 받아들여야 할 몫이 있긴 하지만 사람들 대부분은 조
너선을 좋아합니다. 저는 그를 긍정적으로 보고 있으며 그가 프로그램을 통해
좋아지리라고 생각합니다.

이어서 두 주 후에 재키가 편지를 보냈다:

조너선은 별 문제 없이 잘 지내고 있는 듯해요. 미국에 있는 우리 고문 의사로
부터 보고서를 받았는데, 몇 가지 흥미로운 점을 지적하기는 했지만 진단을 내

리는 말은 하지 않았어요. 현실과 연관된 문제가 분명히 있는데 이것이 신경학적 문제, 난독증의 가능성, 많은 개인적 영역의 갈등 등으로 나타나지요.

조너선이 이곳에 있는 걸 끔찍하게 싫어하는 것 같지는 않으며 자신을 통제할 수 있다는 사실에 대한 안도감을 경험하고 있는 것 같아요. 그는 아직 거실에서 지내며 부분적으로 제재를 받고 있어요. 제재에서 벗어나고 싶다고 말을 하면서도 실제로 그러려는 시도를 하지는 않아요. 내가 보기에 이건 아직 그가 독립에 대해 그다지 준비가 되어 있지 않다는 의미예요. 그는 사람들과 상당히 잘지내고 사람들도 그를 좋아해요.

우리를 신뢰해줘서 정말 고맙게 생각해요.

사랑을 담아, 재키가

누군가가 조너선에 대해 더 직접적인 책임을 지고 있다고 생각하니 마치 전투 지역을 떠난 것 같은 기분이 들었다. 이런 기분이 오래 지속된다면 너무 좋을 것 같았다.

8월 14일 전보를 받았다:

조너선 탈출. 경찰에 신고, 재키.

속이 울렁거렸다. 방갈로르로 여러 번 전화를 했지만 그들이 내 목소리를 들으면 내가 안 들리거나 그 반대의 상황이어서 통화를 하지 못했다. 내가 인도로 가겠다고 하자 아스마 샤크티 사람들이 말했다.

"그러지 마세요. 우리가 최선을 다하고 있어요."

나는 제정신이 아니었다. 조지아, 조슈아, 건축가는 침착했다. 그들은 조너선이 나타날 거라고 확신했다. 조지아가 말했다.

"그는 생존자예요."

8월 24일 나는 무슨 일이 일어난 건지 설명을 해주는 재키의 속달 편지를 받았다:

조너선은 더 이상 거실에서 지내지 않게 되었고 제재도 받지 않게 되었어요. 그는 잘 협력했고 적응을 잘 하고 있는 것 같았죠. 그러나 무슨 일이 있었던 건지 알아보는 과정에서, 그 전날 그가 전축을 끄는 일과 같은 문제로 동료들과 부딪혔다는 얘기를 몇 가지 들었어요. 그가 해야 할 일 중 하나에 책임을 다하지 않아서 생긴 대립에 잘 대처하지 않았고, 따라서 이러한 대립 상황이 해결되지 않은 채 있었어요. 조너선이 도망쳤을 당시 그는 남자들과 건물에 있었고 직원 한 명(행크)이 가까이 있었어요. 조너선은 신발도 신지 않았고 따뜻한 옷도 입지 않았으며 돈도 없었어요. 그는 아주 갑자기 달아났고 행크가 꽤 오래 뒤쫓아갔지만 결국 따라잡을 수가 없었대요. 무슨 일이 있었는지는 누구도 정확히 알지 못하고, 조너선이 사람들이 붐비는 곳으로 가버려 행크가 그를 놓쳤어요.

우리는 그가 갈 만한 곳은 다 알아보았는데 지금도 그가 방갈로르에 머물고 있을 것 같지 않아요. 그가 어디선가 돈을 구할 거라고는 생각하지 않기 때문에 아마도 다른 곳으로 차를 얻어 타고 간 것 같아요-행크가 쫓아갔을 때 조너선이 자동차 뒤로 뛰어올라 탔는데 차가 너무 천천히 가자 다시 내렸답니다. 어쨌든 이렇게 되면 우리보다 당신이 먼저 조너선으로부터 또는 그에 대해서 소식을 들을 수도 있다는 말이 되겠죠.

우리가 계속 염려하고 있다는 걸 기억해주세요. 조너선이 인도에서 발견되어 우리가 가서 그를 데려오길 원한다면 그렇게 할 수 있어요. 조너선이 공동체에 적응을 하고 있는 상황에서 이런 일이 생겨 우리도 안타까워요.

진심을 담아서, 재키가

같은 날, 봄베이 주재 호주 영사관 직원이 전화를 해 조너선이 나타났으며 몸이 쇠약하고 아프다고 했다. 조너선은 가족들이 자기를 없애버리고 싶어 해서 인도로 보냈으며, 방갈로르에 있는 치료센터에서 고문을 당했고 쇠몽둥이로 맞았다고 말했다. 나는 그건 사실이 아니며 그가 치료센터로 돌아가길 바란다고 했다. 영사의 목소리가 싸늘했고 화를 내기까지 했다—도대체 무슨 엄마라는 사람이 자기 아들을 낯선 나라로 보내고 아들이 학대를 당했는데도 다시 거기로 보내려고 하는 건가? 영사는 내가 인도로 와서 조너선을 데려가기를 바랐다. 한 시간 후에 또 전화가 왔다. 조너선이 심각하게 아픈 것은 아니었다. 그는 이질에 걸렸고 이삼일 내로 병원에서 퇴원해 영사관으로 가게 될 예정이었다. 나는 재키에게 전화를 걸었고, 그는 의료 직원 두 명을 봄베이로 보내 조너선이 돌아오도록 설득했다.

조너선은 방갈로르로 돌아가지 않겠다고 했다. 조너선과 통화했지만 그는 요지부동이었다. 나는 너무나 실망을 했다. 인도가 마지막 기회인 것 같았는데 그는 또다시 회복할 기회로부터 도망쳤다. 랭은 정신질환자를 감금하는 것은 사회가 함께 살아가기에 너무 어렵고 고통스러운 사람들을 제거하는 방법이라는 글을 썼다. 이 말에는 어느 정도의 진실이 담겨 있다. 나도 어느 정도는 조너선과 함께 사는 것이 너무 어려워서 그가 돌아오는 것을 원하지 않았다. 그러나 이런 이유보다도, 그가 호주로 돌아와 계속 낭떠러지로 떨어져서 다시는 낫지 못할지도 모른다는 사실이 두려워서 돌아오는 것을 원치 않았다.

나는 조너선을 데리러 봄베이까지 갈 수가 없었다. 인도까지 비행기를 타고 가는 일이 매우 고됐고 돌아올 때는 더 힘이 들었다. 결국 병원과 의논해서 정신건강의학과 의사를 인도로 보내 그를 데려오는 것으로 일정을 잡았다. 정신건강의학과 의사와 조너선의 항공료를 지불하고 영사관에는 그의 숙박비와 의료 비용을 지불해야 했다.

조너선이 8월 31일에 돌아왔다. 나는 브렌다에게 공항에 가서 조너선을 데리고 와달라고 부탁했다.

"보호관찰 조건에 따라서요."

브렌다는 아직도 조너선의 보호관찰관이었으므로 나는 야비하게 말을 했다.

"고맙군요."

그가 빈정대듯 말했다. 브렌다도 조너선이 전에 했던 행동을 기억하고 있었다.

조너선에 대한 실망은 분노로 변해갔다. 나는 그를 바로 만나서는 안 된다고 결정했다. 브렌다가 그를 만나 호스텔 숙박을 알아봐주었고 조너선이 꽤 좋아 보인다고 했다. 조너선은 차를 얻어 타기도 하고 노숙자들과 팀을 이뤄 돈을 구걸했으며 얼마 정도는 기차를 타고 여행하기도 하면서 방갈로르에서 봄베이까지 갔다고 했다.

조너선의 상태가 괜찮은 기간은 짧았다. 그는 의사를 만나기로 한 약속을 하나도 지키지 않았다. 호스텔에서 밤중에 일어나 앉아 혼잣말을 하고 사람들을 계속 깨워 문제를 일으켰다. 호스텔을 나와 몇몇 빈 건물로 거처를 옮겼다. 그는 브렌다에게 행방을 알리지 않았다. 돌아온 지

일주일 후, 그는 지역 라디오에 출연해 인도 사회의 잔인성에 대해서 그리고 자기 엄마가 행복한 히피 아들을 사랑하지 않고 어떻게 그곳으로 보냈는지 이야기했다.

'그만 좀 해, 조너선!'

나는 바닷가를 쿵쿵거리고 걸으면서 소리를 질렀다.

"그만해, 그만해, 그만하라고!"

"사람들이 엄마가 미쳤다고 생각할 거예요."

아이들 중 하나가 말했다.

9월 23일 재키가 인도에서 편지를 보냈다:

조너선이 인도에 있는 동안 달아난 방법과 행동을 보면 미리 상당히 계획을 잘 세웠던 것 같으며, 이러한 사실로 미루어 그가 달아났을 때 이미 마음에 뭔가 생각이 있었던 것 같아요. 그가 중요한 관계를 형성하거나 문제를 매우 적극적으로 풀어가려고 하지는 않았지만 여기서 꽤 잘 지내는 듯 보였다는 점에서 지금 상황을 매우 안타깝게 생각해요. 그렇지만 처음 몇 달 동안은 이런 일이 그리 특별한 사건이 아니기 때문에, 우리는 그 점에 대해 특별히 우려하지는 않아요. 어쨌든 조너선의 상황이 결국 아주 나빠지고 두려움을 느껴서 스스로 도움을 구하게 되기를 바라요.

조너선이 도망간 일에 대해 재키에게 화를 낼 이유는 별로 없었다. 궁극적으로 그는 자신에 대한 책임을 받아들여야 했다. 이 점 때문에 나는 다시 정신질환이 가진 딜레마 중 하나를 놓고 고민했다. 우리는 어느 지점에서 책임감을 기대할 수 있을까? 우리가 기대하지 않는다면 스스로 책임지는 걸 못 보게 되는 걸까? 이제 와 돌이켜보면 기대를 하는 것이 옳다고 생각한다. 하지만 누군가가 아수라장 속에서 조현병이라는 두려움을 지닌 채 살고 있다면, 책임감을 배우는 데는 오랜 시간이 걸릴 수 있다는 점을 이해하는 것이 옳다고 생각한다. 그렇다. 이것은 한 사람을 데리고 어린 시절로 되돌아가 다시 자라게 하는 것과 유사하다. 이렇게 하는 데는 사랑과 기술과 인내가 필요하다.

이 년인가 삼 년 후에 나는 호주에서 재키를 만났다. 우리는 조녀선에 대해 이야기를 나눴고, 재키는 그에게 달아나서 매우 유감이며 사랑한다고 전해달라고 하면서 그가 돌아오면 언제든 환영한다고 했다. 그런 후 스크래블 게임 세트와 초콜릿을 꺼내고는 특유의 높은 톤으로 말했다.

"내 딸과 나는 당신이 조현병 유발 엄마가 아니라고 결론 내렸어요."

재키의 딸들 중 하나는 그와 몇 년을 함께한 젊은 미국 여성인데 내게 톡 쏘아붙였다.

"난 그렇게 결정한 바 없어요."

재키는 초콜릿을 하나 더 입에 넣고 게임을 계속했다.

나는 지금까지 인도에 대해 여러 감정이 뒤섞여 있다. 조현병의 원인에 대한 재키의 관점에 동요하지 않으며 어떤 방법은 가혹하다는 생각을 하지만, 그가 고도로 숙련된 치료사이고 함께 지내는 젊은이들을 진심으로 사랑했다고 믿는다. 아스마 샤크티의 성공 사례에 대한 공식적인 결과를 얻는 것은 어려운 일이다. 사람들이 그곳에서 비교적 장시간 동안 머물며 완치된 수는 통계적으로 그리 높지 않을뿐더러, 초기에 그들에게 내린 진단이 그다지 분명하지도 않다. 그러나 행크는 몇몇 사람들이 정말 좋아졌다고 썼고 수전이 이를 입증하고 있다.

한편으로 재키가 그곳을 떠난 후에는 제재가 훨씬 너그러워졌으며 지금은 꼭 필요한 경우에 한해 항정신성 약물을 적은 양으로 사용하고 있다. 나는 행크가 아직도 질병의 원인이 생물학적 장애에 있기보다는 주로 유아기의 정신적 외상에 있다고 주장할 것이라 생각하지만 여전히 이 점에 동의하지 않는다. 그러나 생태학적 관점에서 볼 때 삶은 생명 작용과 환경의 끊임없는 상호 작용 속에 있으므로 아스마 샤크티 같은 치료 공동체가 지니는 치료의 힘에 대해서도 의심하지 않는다. 설사 그곳에 도움을 받으러 가는 모든 사람이 치유되지 않더라도 그들은 자기 자신과 서로를 사랑하는 법을 배우며, 그들이 얼마나 강하든 연약하든 간에 자신이 지닌 힘을 최대한 발휘해 살아가는 법을 배운다. 조현병은 꼭 맞는 약 하나로 고칠 수 있는 생화학적 일탈 이상의 것이다. 조현병을 다스릴 수 있는 열쇠는 약이 아니라 전인적인 개인에게 있으며 그 사람을 둘러싼 세계에 있다.

재키와 만난 다음 몇 주 동안 조녀선을 가끔씩만 보았다. 내 수첩에는 조슈아를 데리고 치과 가기, 조지아와 음악회 가기 등의 일상적인 일과가 가득 적혀 있었다. 그러던 10월 중순 경, 조녀선이 병들고 엉망이 되어 나타났다. 브렌다는 그를 고쳐보려고 노력하지 말라고 충고했다. 하지만 누군가를 그냥 내버려둬서 그가 우리의 삶을 엉망진창으로 만드는데도 고쳐보려 하지 않는 건 불가능하다. 조녀선은 조지아를 다시 괴롭히기 시작했다. 조지아는 며칠 있으면 마지막 시험을 보게 되는데 이 결과로 대학 입학이 결정된다. 우리는 조지아가 친구들 집에서 지내는 것에 대해 이야기해보았지만 조지아는 그렇게 하면 다른 사람에게 너무 피해를 줄 것 같다고 했다.

10월 23일 조녀선이 아주 늦게 들어왔다. 러시아 사람들이 자기 집과 우리 집을 둘러싸고 있다고 너무나 확실하게 믿었다. 더럽고 굶주린 그는 라디오를 달라고 했다. 나는 음식을 주었다. 또 병원에 전화를 걸었지만 그들은 내가 그를 직접 데려와야 한다고 말했다. 오래된, 똑같은 이야기다.

10월 26일 브렌다의 기록:

노스애들에이드에 가서 불톤가에 있는 빈 건물을 발견했다. 조녀선이 안에서 매트리스를 깔고 자고 있었다. 그곳에는 두어 명 정도의 사람들이 더 불법 거주를 하는 것 같다. 조녀선을 깨우려고 했지만 그럴 수 없었다. 그는 매우 더러웠고 신발을 신지 않는데 발에는 창상이 여러 군데 있었고 빨갛게 부어 있었다. 다른 날 그곳에 다시 갈 때는 아마도 누군가와 함께 가야 할 것 같다. 빈 건물들이 있는 폐가 주변을 돌아다니는 일은 그다지 유쾌한 일이 아니다.

10월 27일 조녀선이 다시 돌아왔다. 나는 용기를 내 의사를 만나보자고 말했다. 그는 그러겠다고 하고서는 달아났다. 그날 밤 서재에 늦게까지 앉아 바다를 멍하니 바라보았다. 일기에 이렇게 적었다:

우리가 이사를 하면 조녀선에게 새 주소를 알려주어야 하는지에 대해 브렌다와 의논했다. 또다시 나는 그렇게 할 수는 없다는 걸 깨달았다. 그건 너무 나쁘고 잔인하다. 분명 다른 방법이 있을 것이다. 예를 들어 조녀선에게 부디 적당한 의료적 도움을 받게 한다든지. 하지만 지금 나는 조녀선이 두렵다. 조지아와 조슈아도 나와 마찬가지이다.

10월 30일 병원에서 전화가 왔다. 조너선이 교통량이 많은 시간에 도로 한복판에서 한 발로 서 있다가 경찰에 붙들렸다고 했다. 경찰은 그를 병원으로 데려갔고 그는 사흘간 입원했다. 내가 만나러 갔을 때 그는 안정돼 보였다. 약 때문에 상태가 급격히 좋아진 것이다. 그는 자기 머릿속에서 일어나는 일 때문에 두려웠다고 했다. 나는 담당 의사에게 상담 계획을 잡을 수 있는지 물었다. 병원은 계획이 없는 듯 보였다. 그들이 조너선을 고려 대상에서 제외한 것 같은 느낌을 받았다.

11월 2일 조너선이 퇴원을 해서 곧바로 집으로 왔다. 그는 약을 버렸다고 했다. 나는 병원에 전화를 걸어 도대체 왜 내게 알리지도 않고 퇴원시켰는지, 우리가 어떻게 해야 한다고 생각하는지를 따져 물었다. 갓 들어온 것 같은 아주 젊은 목소리의 의사가 그것은 내 문제지 조너선의 문제는 아니라고 말했다. 조너선은 다른 방식으로 인생을 살고 싶어 하는데 내가 그걸 허락하지 않는 것이란다. 그러는 동안 조너선이 주방에서 물건들을 집어 들어 바닥에 내동댕이치고 있었다. 쿵, 쿵, 쿵. 그가 나를 밀치고 나서 돌아서더니 내 팔과 배를 때려 내 몸이 저쪽으로 날아갔다. 그는 현관문을 통해 나갔다. 아주 궂은 날씨를 만난 것 같았다. 우리를 그렇게 위험한 상황으로 내몬 병원에 대해 화가 났다.

11월 3일 브렌다가 전화를 했다. 그에게 무슨 일이 있었는지 이야기했다. 그가 조너선을 찾으러 갔다.

나는 스테프니가를 운전하고 가다가 조너선이 꽤 멍한 상태로 도로 한가운데로 걸어가는 것을 보았다. 우리는 잠시 이야기를 나누었고 그는 앤을 다치게 했다는 사실을 인정했다. 나는 당분간 앤을 만나지 않는 게 좋겠으며 앤과 연락을 해야 한다면 나를 통해서 하자고 제안했다. 조너선이 동의를 하긴 했지만, 그는 단지 사람들이 잔소리를 그만하게 하려고 동의해버리는 경향이 있다. 조너선과 이야기하는 동안 네일이라는 남자가 와서 자신이 조너선과 함께 지내는 사람이라고 했다. 네일은 조너선에게 음식 살 돈이 필요하다고 말했다. 그는 조너선이 그들과 함께 지내는 것은 환영이지만 그러려면 규칙을 지켜야 할 것이라고 했다. 예를 들어 조너선은 그들과 하루에 세 끼를 먹어야 하며, 자기가 먹는 것에 대해서는 돈을 내야 한다고 했다. 네일은 또 조너선에게 코드랄(감기약 이름, 옮긴이)을 너무 많이 먹는 것 같으니 그만 사라고 했다. 주의: 조너선 귀 점검. 불결한 안전핀으로 귀에 구멍을 뚫었는데 걱정스러움.

브렌다는 네일이 그의 파트너 아이시아와 문도 없이 창문만 몇 개 달린, 거의 버려진 것 같은 집에 살고 있다고 했다. 네일과 아이시아는 삼십대 초반의 거듭난 기독교인으로 정신질환자나 약물 또는 알코올 중독자들을 돌보며 그들이 믿는 바를 실천했다. 아이시아는 정신건강의학과 간호사였는데 사람들이 나아지기 위해서는 약 이상의 것이 필요하다고 믿었다. 네일과 아이시아는 그들이 조너선을 도울 수 있다고 생각했다. 그들은 자신들이 정신병에 대해서, 또 조너선이 퇴행할 필요가 있다는 사실에 대해서도 이해한다고 했으며 조너선에게 사랑이 있는 가정 환경을 제공할 수 있다고 생각했다. 나는 누군가가 돕겠다고 해서 마음이 놓였다.

11월 6일 조너선이 아래층 거실 창문을 통해 들어왔다. 그는 미쳐 있었다. 낮시간이라 조지아와 조슈아는 학교에 있었고 나는 겁에 질렸다. 조너선이 급성기 상태가 되면 조화가 안 되는 에너지의 강도가 너무나 거세져서, 실제로 그가 오기 몇 분 전에 이미 가까이 오고 있음을 느낄 수 있었다. 몇 번인가 한밤중에 팔의 털이 곤두서면서 잠에서 깨곤 했는데 그러면 조너선이 어딘가에 가까이 있는 걸 알 수 있었다.

푸르스름하게 하얀 11월의 오전. 조너선이 나를 죽이기로 했다고 말하며 내 앞에 서 있다. 나는 가게에 갈 일이 있다는 핑계를 대고 나와 공중 전화 박스에서 브렌다에게 전화를 했다. 그는 즉시 오겠다고 했다. 우리는 경찰에 전화하는 문제에 대해 이야기했지만 과거의 경험으로 보아 그들이 항상 오는 것도 아니며, 조너선의 적의가 너무나 사나워서 브렌다의 도움 없이 그렇게 하는 건 안전하지 못할 것 같았다. 브렌다가 도착했을 때 조너선은 바다를 마주 본 커다란 소파에 누워 있었다. 그는 환청이 들리는 양 혼자 고개를 끄덕거렸지만 큰 소리로 말을 하지는 않았다. 우리는 무슨 소리가 들리느냐고 물었다. 그는 우리를 미심쩍게 쳐다보았다.

"아무 소리도 안 들려."

그가 뭐라고 말을 했지만 목소리가 잦아들었다. 브렌다가 그에게 몸을 기울여 무슨 말인지 안 들린다고 했다.

"앤 소리만 들린다고 했잖아!"

그가 소리를 질렀다.

"앤 목소리가 어디서 나니?"

"나를 음해하고 있어. 내 머릿속에서."

"조너선, 나는 너를 음해하지 않아. 나는 네 머릿속에 없어. 나는 여기 있어.”

조너선이 눈을 희번덕거리면서 나를 보았다. 아직도 그가 뿜어내는 에너지가 방 전체를 채우고, 천장과 벽을 퉁겨서 내 에너지를 뒤흔드는 것 같았다. 나는 마치 전기충격을 받은 것 같았다.

“하느님이 내가 앤을 죽여야 한다고 말씀하셨어. 브렌다도, 그 입 닥치지 않으면.”

그가 팔을 흔들면서 방을 걸어 나갔다. 몇 초 후에 돌아와서 뭔가를 구두덜거리며 우리 둘을 쳐다보더니 다시 가버렸다. 이번에는 돌아오지 않았다. 브렌다는 경찰에 전화를 걸어 그를 잡아 병원으로 데려가 진단받을 수 있는지 알아보았다. 경찰은 병원에서 그를 받아준다고 하지 않는 이상 불가능하다고 했다. 병원은 조너선을 보기 전에는 어떠한 약속도 할 수 없다고 했다. 나는 커다란 팔걸이 의자에 몸을 파묻었다. 몸이 떨리고 두려웠다. 조지아와 조슈아가 학교에서 돌아왔지만 조너선이 다녀갔다는 말을 하지 않았다. 그날 밤 집을 돌아다니면서 문과 창문이 모두 닫혔는지 확인했지만 지하실을 통해 들어오는 일이 생각보다 쉽다는 것을 알게 되었고, 지하실 문과 창문에 모두 철제 덧문을 달았어야 했다는 생각을 했다. 일기에 이렇게 적었다:

하느님, 이런 일이 왜 우리에게 일어나는 거예요?

건축가가 내가 어떻게 지내는지 궁금해서 전화를 했고 나는 눈물을 터뜨렸다. 그는 와인 한 병을 가지고 저녁을 먹으러 오겠다고 했다. 이틀 후 조너선이 오후 티타임에 나타났다. 그는 별다른 일이 없었던 것처럼 현관문을 걸어 들어왔다. 차를 만들고 나서 좀 더 있어도 되는지 묻고는 나와 조슈아가 케이크 만드는 걸 돕고 싶다고 했다. 그는 좀 더 있으면서 케이크 두어 조각을 먹고 떠났다.

11월 11일 (저자가 날짜를 잘못 적은 것 같다, 옮긴이) 전화벨 소리에 깊은 잠에서 깨어났다. 전화한 사람이 자기가 네일이라고 하면서 물었다.

"괜찮으신가요?"

"네."

내가 우물거렸다.

"오, 하느님, 감사합니다."

"무슨 일이에요?"

"조녀선이 방금 집에 왔는데 '자기가 사랑하는 여자의 눈에서 빛을 껐다'라고 말했어요."

"맙소사! 어쨌든 난 아니에요. 조녀선은 괜찮아요?"

"아니요, 울고 있어요. 자기가 당신을 죽였다고 말했어요."

"그 애는 병원에 가야 해요."

내가 울부짖었다.

"어제 병원에 갔어요. 그런데 받아주질 않았어요."

"몹쓸 인간들."

네일은 조녀선이 더 이상 그들과 항상 같이 지내지는 않는다고 했다. 그는 캐나다인 봅이라는 사람을 알게 되었고 그가 거기서 지낸다고 했다. 네일, 아이시아, 캐나다인 봅은 굉장히 걱정했다. 그들은 조녀선이 자신들이나 나를 해칠 가능성이 있다고 느꼈다. 우리는 만나기로 했고, 브렌다와 함께 조녀선을 병원에 입원시키도록 다시 한 번 시도해보겠

다고 했다. 나는 끔찍한 꿈을 꾸는 것 같은 기분으로 다시 침대로 비틀
거리며 갔다.

도움을 받게 되기까지 얼마나 더 고통을 견뎌야 하는 걸까? 누가 미친
건지 모르겠다. 누가 미친 걸까?

11월 10일 조지아가 다음 날 첫 번째 시험을 본다. 첫 과목은 영어였
는데, 아이가 가장 좋아하는 과목이어서 아주 잘 볼 거라고 기대를 했
다. 조지아는 어려운 상황에도 굴하지 않고 열심히 공부했다. 불쌍한 내
딸. 조지아의 긴장된 얼굴을 보면서 그런 생각이 들었다. 우리는 일찍 잠
자리에 들었다. 10시 30분쯤 아래층에서 쿵쾅거리는 소리를 들었다. 조
너선이 지하 저장고 문을 통해 들어와 계단을 올라오고 있었다. 나는 꼿
꼿이 일어나 앉았다. 어떤 일이 있어도 조지아를 깨워서는 안 된다. 나
는 가운을 걸치고 아래층으로 뛰어 내려갔다.

"흥분하지 마. 차를 좀 마시자."

"싫어."

조너선은 차를 마시고 싶어하지 않았다. 그의 시선이 주방을 왔다 갔
다 하는 나를 따라다녔다. 지금 여러분은 아마도 내가 신파극을 쓰고 있
다고 생각할 것이다. 그러나 미쳤다는 사실은 때로 신파극과도 같아서
상황을 심각하게 받아들이지 않으면 비극이 될 수도 있다. 조너선은 부
엌칼 중 하나를 손에 쥐었는데 그걸 나를 향해 흔들며 앉으라고 명령했
다. 나는 등받이가 높은 스툴에 앉았다.

"움직이지 마."

조너선이 칼을 계속 돌리면서 혼잣말을 했다. 검은색 티셔츠는 너무

작아 몸통이 드러났고 바지는 더럽고 해어져 다리를 반 정도만 덮었다. 발은 맨발이었다. 한쪽 귀에만 안전핀을 세 개 달았고 검정 매직펜으로 양손과 양팔에 온통 문신 모양을 그려 넣었다. 다시 그에게 차를 좀 마시자고 했다. 모든 가족 의식에 적용되는 아, 고마운 차. 그가 고개를 끄덕이고는 뭔가를 좀 더 큰 소리로 중얼거렸는데, '네가 날 잡기 전에 내가 널 잡겠어'라고 하는 것 같았다.

나는 그에게 방금 한 말을 다시 한번 말해달라고 했다.

"네가 날 잡기 전에 내가 널 잡겠다구."

그가 아주 큰 소리로 말했다.

"케이크부터 먼저 먹을까, 좋지?"

이 말을 하면서 나는 생각했다.

'얼마나 이상한 일인가? 진저리 나게 이상한 일이야. 케이크를 잘라라. 입에 잔뜩 넣고 삼키지 마. 그리고 오후 티타임이 끝날 때까지는 절대로 엄마를 죽이면 안 된다.'

조너선이 케이크를 한 조각 입에 쑤셔 넣었다. 나는 그에게 한 조각 더 먹으라고 하면서 개를 운동시키러 다녀오겠다고 했다.

길 끝에 가정의학과 의사가 살았는데 그의 집으로 달려가 문을 두드렸다. 그는 아직까지 자지 않고 있었다. 나는 급히 조너선을 병원에 데려가는 걸 도와달라고 부탁했다. 그는 내가 가주기를 바라는 듯 당황하면서 자기는 조너선을 알지 못하고 나도 모른다고 했다. 그러나 그는 진료 가방을 챙긴 뒤 달빛에 어둡게 빛나는 바다 언저리, 집들이 줄지어 들어선 설섬을 따라 걸어나왔다.

"아니에요, 선생님. 아니에요, 선생님. 전 아프지 않아요."

조녀선은 징징거리는 목소리로 말했다. 그는 여전히 칼을 돌리고 있었다.

"우리 엄마만 내가 아프다고 생각하고 군대 훈련을 시키려고 해요."

의사는 군대가 보이지 않으며 조녀선이 병원에 가면 더 안전할 수 있다고 말했다. 조녀선은 말을 듣지 않았다.

"내 편에는 팔레스타인 해방 기구가 있어."

의사는 내게 손짓하더니 복도로 데려가 새롭고 중요한 정보라도 주는 것처럼 확신에 찬 목소리로 속삭였다.

"아주 위험한 젊은이군요."

"그러니까 병원으로 보내주실 수 있죠?"

"그가 가고 싶지 않다고 하잖아요."

"진단서를 써주세요."

"그럴 수 없어요. 난 저 청년을 몰라요."

"그렇지만 저 애는 미쳤어요."

"그럴지도 모르죠."

"그러면 당신은 저 애가 여기 있는데도 우리를 두고 그냥 가겠다는 건가요?"

나는 소리를 질렀고 눈에는 절망의 눈물이 고였다. 전화를 쥐고는 그에게 들이댔다.

"뭐든 해봐요."

그가 망설였다.

"제가 경찰에 전화해서 당신을 지켜봐달라고 할게요."

"그 사람들은 몇 시간이 지나도록 안 올지도 몰라요. 제가 저 애를 집

239

에서 나가게 할 수 있게라도 도와주세요.”

의사는 다행이라고 생각하는 듯 경찰에 전화를 했다. 그는 나를 잘 알지 못하지만 내가 교육을 받은 여자 같다고 말했다. 이 말이 무슨 뜻이었을까? 교육을 못 받은 여자는 모두 무시해라? 택시가 도착했다.

“다시 오죠.”

조너선이 이렇게 말하고 밖으로 나가 문 앞에 있었다. 나는 그제야 현관문을 닫을 수 있었다.

거의 밤 12시가 되었다. 브렌다에게 전화를 했고, 조지아와 조슈아를 모두 깨워 모텔로 가서 밤을 지내야 하는지 의논했지만 결국 그냥 있어 보기로 했다. 문과 창문을 점검하고 지하 저장고 문에 바리케이드를 치고 난 뒤 주방으로 가 남은 케이크를 다 먹었다.

나는 조그만 소리에도 소스라쳐 일어났고 몸을 떨었다. 저주를 받은 것 같았다. 벌을 받고 절대로 도망쳐 나올 수 없는 신화 속의 인물 같았다. 조너선이 나를 죽일 거라고 생각했다가 그 생각이 떠오르면 생각을 하지 않으려고 애썼다. 그해에 호주에서는 이미 세 여자가 조현병에 걸린 아들에 의해 살해되었다. 대부분의 조현병 환자들은 대체로 폭력적이지 않고 그러한 비극은 그들이 급성기에 있으면서 도움을 받지 못한 상황에서만 일어난다는 것을 알고 있었다. 이것은 생존을 위한 시간이었다. 나는 잘 알지는 못하지만 비교적 가까운 거리에 사는 커플에게 전화를 했다. 브루스는 한때 경찰이었다. 나는 그들에게 와달라고 부탁했다. 그들이 도착해서 문과 창문을 다시 점검했고 그런 뒤 거실 바닥에서 잠을 잤다. 경찰이 새벽 4시쯤에 와서 문을 두드려 온 집안을 깨웠다. 그래도 와줘서 고마웠다.

다음 날 아침 조지아와 조슈아는 얼굴이 하얗게 질렸고 지쳐 보였다. 나는 조지아 때문에 울고 싶었고 조슈아 때문에 울고 싶었으며 조너선 때문에 울고 싶었다. 그러나 지금은 울 때가 아니었다.

조슈아가 학교에 가고 조지아는 시험을 보러 간 뒤 나는 브렌다의 사무실로 갔다. 우리는 아침 내내 조너선의 진단서를 받아낼 방법을 찾아보았다. 그가 이 전화기를 집어 들면 나는 다른 전화기를 집어 들었다. 우리는 프랭크를 포함한 수많은 의사에게 전화를 했다. 그들은 동정하면서도 모두 지난 몇 주간 조너선을 만나지 않았기 때문에 어떤 일도 해줄 수 없다고 했다. 이것이 진단서에 관한 법 조항이 요구하는 사항이라고 했다.

우리는 병원에 전화해 당직 수련의에게 이야기했지만 그 역시 조너선을 보지 않고는 해줄 수 있는 일이 아무 것도 없으며, 조너선은 치료가 어렵다는 기록이 있다고 했다.

브렌다가 말했다.

"알겠어요. 그러니까 당신은 착한 환자만 받겠다는 거군요, 그렇죠?"

나는 더 심한 말을 했다.

우리는 경찰에 전화를 걸었지만 그들은 병원이 그를 받겠다고 하지 않는 한 조너선을 병원에 데려갈 수 없다고 했다. 경사는 사람들을 병원에 데려갔다가 거절당해 다시 데리고 나오는 일에 질렸다고도 했다.

나는 병원에 다시 전화를 걸어 병원장을 바꾸라고 했다. 그는 자리에 없었다. 나는 다시 처음 통화한 의사를 바꿔, 만약 그들이 조너선을 받아주지 않아서 우리 중 누가 다치기라도 한다면 호주에 있는 모든 신문에 무슨 일이 있었는지 알 수 있도록 미리 조치를 취해두겠다고 했다.

내가 그해의 죽은 어머니 상을 타게 되면 그에게 개인적인 책임을 지게 할 것이라고 했다. 그가 항복했다. 그는 우리가 조너선을 데리고 오거나 경찰이 그를 데려오면 조너선을 받아주겠다고 했다.

우리는 노스애들레이드 경찰서로 차를 몰았다. 경사는 우리가 조너선을 찾고 병원에서 진단서를 받을 수 있다고 보장할 경우에 한해 도와주겠다고 했다. 다시 원점으로 돌아갔다. 브렌다가 경찰국장에게 이야기를 했는데, 그는 그가 할 수 있는 일이 무엇인지 알아보겠노라고 말했지만 그건 올해가 될 수도, 내년이 될 수도, 아니면 언젠가는, 아니면 아주 안 될 수도 있다는 의미였다. 그래서 우리는 직접 조너선을 찾아보기로 마음을 먹었다.

우리는 빈 건물을 모두 돌아다녔다. 오후 늦게 조너선이 생선튀김과 감자튀김을 파는 식당으로 들어가는 것을 발견했다. 우리는 급히 경찰서로 갔고 경찰들은 호송차를 동원해 그를 잡아 뒷좌석에 태웠다. 범인호송차는 동물을 담는 상자같이 생겼다. 어두운 차 안에서 조너선은 먹다 만 음식을 가지고 앉아 있었다.

브렌다가 말했다.

"기분이 너무 나빠요. 끔찍해. 좀 더 나은 방법이 있을 텐데."

나는 호송차 창살을 들여다보고 조너선에게 말을 하고 싶었지만 그럴 기운이 없었다. 브렌다가 가서 무슨 일이 있었는지, 왜 그랬는지 설명을 했다. 그는 대답이 없었다.

경찰은 경찰 본부 경사가 직접 필요한 서류에 사인해야 하기 때문에 그의 허락 없이는 조너선을 병원에 데려갈 수 없다고 했다. 그들은 또 내가 호송 비용을 지불하겠다는 데 동의하지 않으면 그를 데려가지 않겠다고 했다. 병원에서는 아직도 조녀선을 받아주겠다는 보장을 해주지 않았다. 브렌다와 나는 길 한가운데 서서 상황을 지켜보았다.

누군가를 달나라로 데려가는 게 정신병원에 데려가는 것보다 쉬울 것 같다. 호주에서 실시한 조사에 따르면 정신질환자에게 다급한 도움이 필요할 때, 거의 모든 가족들이 어떠한 조치가 취해지기 전 한 곳 이상을 가야 했었다고 했다. 의사나 병원에 긴급 지원 요청을 한 사람들 중 절반 이하만이 제대로 된 지원을 받았다. 전문가들은 정신질환자가 문제를 일으킨다고 생각하거나 소동의 원인이 정신병 때문이라기보다는, 처신에 문제가 있다고 간주하거나 위급 상황이 아니라고 말했다. 그리고 그들 중 사분의 일은 진료 가방을 들고 밤길로 서둘러 내뺀 우리 이웃 의사처럼 단순히 개입하기를 꺼렸다. 그러나 아무도 도와주지 않을 경우, 열 중 여덟은 상황이 악화되며 때때로 폭력적이 된다.

몇 년 후, 내가 호주 영화 텔레비전 라디오 학교 교장으로 있을 때 학생 한 명이 내게 와 자기 형이 조현병에 걸렸다고 했다. 위기가 들끓고 있었고 그는 공포에 떨었다. 그의 경우는 조녀선 때와 크게 다르지 않았다. 그 학생의 가족은 우리가 했던 것처럼 형을 병원에 입원시키려고 온갖 노력을 다했다. 그러나 몇 주 지나 그 형은 아버지 몸에 휘발유를 붓고 성냥불을 붙여 아버지를 죽였다. 어머니는 심각한 화상을 입었다.

정신질환을 앓는 대부분의 사람은 폭력적이지 않다. 그들은 대개가 온순하고 내성적이어서 적절한 치료를 받으면 병과 관련된 폭력의 위험이 사라진다. 되풀이하지만 사례 연구에 의하면 폭력은 계속적인 경고와 도움을 요청하는 전화가 무시당했을 때만 발생한다. 진정한 폭력은 우리에게 있다. 그것은 방치라는 폭력이다.

243

조녀선은 검사를 위해 사흘간 입원을 했다. 적절한 검사를 받는 것은 꼭 필요한 일이었으며, 이번에는 치료를 위한 알맞은 프로그램을 만들기에 충분한 시간 동안 병원에 있었다.

11월 11일 나는 극도의 안도감을 느끼며 잠에서 깨어났다. 조녀선을 담당하게 될 정신건강의학과 전문의와 처음으로 이야기를 나누었고 그는 우리가 적절한 사례 회의를 하게 될 것이라고 약속했다. 그런 다음 네일과 아이시아를 만났는데 둘 다 마음에 들었다. 네일은 침착하고 솔직했으며 정다운 유머 감각이 있었다. 아이시아는 대지의 여신 같은 집시였다. 지혜로워 보였지만 비현실적인 아이 같은 구석이 있었다. 그들은 조녀선의 내면을 사랑했으며 정신병을 자신들이 벗겨낼 수 있는 껍데기로 인식했다.

11월 12일 병원에 가서 처음으로 조녀선의 병세를 심각하게 받아들이고 있다는 느낌을 받았다. 조녀선은 현재 상태에 대한 종합적인 검사를 받았다. 그는 아직도 극심한 정신장애를 겪고 있어서 폐쇄 병동에 있었다. 면회를 하려면 두 명의 간호사를 대동해야 한다고 들었다. 나는 거의 매일 그를 만나러 갔고 그는 내게 집에 가게 해달라고 애원하거나 화를 냈다.

11월 24일 브렌다의 기록:
앤더슨 병동을 방문했지만 조녀선이 뇌 검사를 받으러 가서 자리에 없었다. 담당 간호사는 지난주 조녀선의 상태에 전혀 변화가 없었다고 했다. 그는 여전히 자기는 치료받을 필요가 없다는 태도를 고수하고 있다. 조너선이 몇 번 탈출을 시도했기 때문에 개방 병동으로 옮기면 달아날 가능성이 아주 높은 것으로 보았다. 달아날 경우 눈에 잘 띄기 위해 그는 잠옷과 가운만 입어야 했다.

12월 1일 나는 의사 피(P)와 대화를 했는데 조너선이 더 이상 급성기 상태가 아니라는 점을 제외하고는 차도가 거의 없다고 했다. 조너선이 치료 감호 명령에 대한 항소를 신청했으며 항소 심리는 이틀 동안 열리게 되었다. 그가 항소에서 패하면 그들은 조너선에게 추가로 이십일 일간의 치료 감호 명령을 내릴 수 있다.

12월 2일 조너선이 항소에서 패하긴 했지만 그가 자기 사건을 변호사보다도 더 잘 지휘했다는 말을 들었다. 병원 측은 치료 감호 명령을 연장했고 1월 중순에 다시 심리를 할 것이다. 그들은 조너선을 위해 행동 강화 프로그램을 짰는데 여기서 조너선이 좋은 행동을 하면 보상을 받는다.

12월 5일 인도 프로그램에 대한 자세한 내용을 보내준 적이 있는 퀸즐랜드에 사는 여성에게서 편지를 받았다:

아드님이 무사하기를 바랍니다. 아이가 어디에 있는지, 잘 지내고 있는지를 알지 못한다는 것은 악몽과 같습니다. 당신이 일을 하고 계신다니 사람들이 어떤지 아시겠네요. 사람들은 언제나 엄마를 비난하는 경향이 있습니다. 우리가 만만한 대상인가 봅니다.

12월 15일 변화가 거의 없음.

12월 17일 네일과 아이시아를 다시 만났다. 그들은 과일을 따러 리버랜드로 갈 계획이었다. 그들은 조너선을 정기적으로 방문했고 아직도 그가 퇴원하면 자기들과 함께 살기를 바랐다.

12월 18일 이사를 했다. 바닷가 집을 팔았고 건축가가 주말에만 그곳에서 지낸다. 나는 그곳이 너무 외롭고 우울하게 느껴졌다. 시내에 낡았지만 쾌적한 집을 빌렸다.

12월 24일 우리는 크리스마스 파티를 집들이로 하기로 했다. 전날 저녁에 병원에서 열린 크리스마스 파티에 다녀왔다. 조너선은 파티에 참여하기 위해 폐쇄 병동에서의 외출을 허락받았다. 모두가 즐겁게 지내려고 애썼지만 그건 가상하기는 하나 헛된 시도일 뿐이었다.

12월 25일 조지아, 조슈아와 함께 병원에 갔다. 우리는 조너선에게 책 몇 권과 물감, 초콜릿 그리고 새 셔츠를 주었던 것 같다. 조슈아가 크리켓 방망이를 가져와서 우리는 병동 밖 잔디밭에서 약식 크리켓을 했다. 조너선은 우리가 와서 기분이 좋아 보였다. 그날 저녁 우리는 건축가와 크리스마스 저녁 식사를 했다.

바닷가 집에서 짐을 싸는 일은 우리의 꿈을 싸는 것 같았다. 나는 암울했고 지쳐 있었다. 저녁 식사 중간에 갑자기 열이 났다. 고열로 이가 덜덜 떨렸다. 저녁 시간 내내 뜨거운 물 주머니를 무릎 위에 올려놓고 팔걸이 의자에 앉아 지냈다. 집에 가야 할 시간이 되었을 때 내가 크리스마스 초콜릿을 깔고 앉아 있었다는 걸 알았다. 초콜릿이 모두 녹아버렸다.

그해 마지막 날 뭘 했는지 기억이 나지 않는다. 희망의 빛줄기를 찾는 걸 포기했기 때문에 아마 침대에서 조용히 빠져나왔던 것 같다. 그때쯤, 나는 조너선이 오랫동안 좋아지지 않을 수도 있다는 걸 깨달았다.

연말 직전에 혼자서 조너선을 보러 갔다. 우리는 나무 그늘 아래 잠시 앉아 매미가 울어대는 소리와 멀리서 들리는 잔디 깎는 소리를 들었다.

조너선이 내 팔을 끌어안으면서 침묵을 깼다.

"내게 아기가 있으면 난 울 거야."

"왜, 우리 아들?"

"왜냐하면 아기는 너무나 아름답거든. 난 아기를 다치게 하고 싶지 않아."

5장

감옥은 힘들어

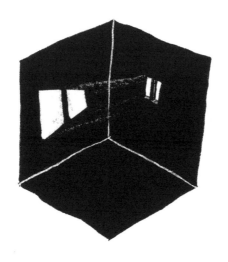

나는 법이 옳은지 알지 못한다.

또 법이 그른지도 알지 못한다.

우리가 아는 것은 누가 감옥에 있는지와

벽이 굳건하다는 사실뿐.

오스카 와일드

1982년 1월 이 해는 조너선이 시드니로 떠났다가 감옥에 간 해이다. 그러나 1월에 우리는 이런 일이 일어날 것이라고는 생각지도 못했고 조지아, 조슈아와 나는 아직도 새집 정리를 하고 있었다.

에드워드 7세 시대의 붉은 벽돌집은 사우스테라스에 위치했고 애들레이드 중심가와 가까웠다. 넓은 앞 베란다가 있고 하얀색으로 칠한 목재에는 무늬가 새겨져 있었다. 몇 년 동안 여러 사람이 공동으로 사용한 곳이라서 조금 낡긴 했지만 따뜻한 느낌이 났다. 이 집을 보면 어릴 적 내가 살던 모든 곁방살이 집들이 떠올랐다. 얼룩덜룩한 리놀륨 바닥이 깔려 있고 말도 안 되는 위치에 콘센트가 있으며, 삐걱거리는 문과 마루에는 엉킨 검은 전기선들이 문어 다리처럼 뻗어 있는 집들. 욕실 샤워기는 처음엔 델 정도로 뜨거운 물이 마치 나이아가라 폭포처럼 쏟아져 나오다가 갑자기 찬물이 바늘 끝처럼 가늘게 나왔다. 그러나 문 위와 몇몇 창문에는 아름다운 장밋빛 분홍색과 파란색의 스테인드글라스 장식이 있었다. 집에서는 어스름한 올리브나무 숲과 잘생긴 붉은 유칼립투스나무가 있는 공원이 내려다보였다. 붉은 유칼립투스나무의 기둥은 껍질이 벗겨지면서 회색, 주황색, 크림색의 몸을 드러냈다. 나무는 검정색과 흰색이 섞인 까마귀, 자주색과 파란색이 섞인 앵무새, 분홍색과 회색이 섞인 갈라 등 온갖 시끄러운 새들의 집이 되어주었다. 집 앞에는 작고 긴 정원이 있고 콘크리트를 바른 뒷마당에는 커다란 철제 그늘막 두 개와 일 년 내내 그늘을 드리워줄 것 같은 거대한 유칼립투스나무 한 그루 그리고 낡은 빨래걸이 등으로 꽉 들어찼다.

조지아는 막 열일곱이 되었는데 애들레이드 대학에서 장학금을 받고 기숙사에 들어갔으며 방학 동안만 집에서 지냈다. 조수아는 열세 살이었는데 나는 그 아이를 조너선이라는 충격에서 한숨 돌리게 하고자 기숙사에 다시 보내기로 결정했다. 둘 모두에게 집에서 지낸다는 것은 끝나지 않는 롤러코스터를 타는 것만큼이나 위험한 일이었고 아이들이 좀 더 평온한 환경에서 지낸다면 마음 놓일 것 같았다. 그러나 그들이 그리울 것 같아 대신 함께 지낼 사람을 찾아보았다. 그건 쉬운 일이 아니었다. 조너선을 이해할 수 있는 특별한 사람이 필요했다. 그러다 메리를 만났다.

메리는 지역 센터에서 드라마를 쓰는 사회학자였다. 그는 20대 후반으로 근심스런 표정에 몸피가 얄캉한 사람이었다. 그는 잎담배를 피웠는데 나는 그걸 아주 싫어했다. 메리는 접시꽃이 만발한 정원에 있는 여자를 그린 커다란 포스터를 갖고 있었고 나는 그것도 아주 싫어했다. 그러나 나는 그를 사랑했다. 메리가 조너선을 특별히 힘들게 생각하는 것 같지 않아서뿐만이 아니라, 그에게는 익숙한 것에서 아주 즐겁고 기발한 것을 발견해내는 능력이 있어서였다. 메리와 함께 사는 것은 새로운 발견의 연속이었다.

메리는 목욕을 좋아했다. 나도 그랬다. 견디기 힘든 시간이면 나는 진
술병에 손을 뻗는 대신에 목욕을 한다. 목욕을 하면서 노래를 흥얼거린
다. 목욕을 하면서 이런저런 생각을 한다. 나는 목욕을 즐긴다. 생태학
적으로 절약이 필요한 요즘 같은 시대에는 아마도 목욕을 포기하는 게
맞는지도 모른다. 그러나 우리는 그 당시 그런 것을 몰랐고 목욕은 내
게 구원과도 같았다. 사우스테라스 집에는 욕조가 없었지만 욕조를 들
여놓을 만한 공간은 있었다. 하지만 그 집은 세를 사는 집이고, 언제까
지 살게 될 지도 확실하지 않았다. 메리와 나는 욕조를 구하러 다니기
로 했다. 싼 것으로.

메리가 이사 온 뒤 어느 날, 우리는 애들레이드 페스티벌 센터에서 오
래된 욕조 전시회가 열리고 있다는 사실을 알게 되었다. 앞마당에는 현
대적인 조각품들 옆으로 욕조가 전시되어 있었다. 커다란 욕조, 작은 욕
조, 매끈한 흰색 자기 욕조, 갈고리 모양 다리가 달린 욕조, 아연과 쇠로
만든 욕조, 사자 다리가 달린 욕조 등이 있었다. 우리는 이 모든 것들 중
에서 가장 낡은 욕조를 발견했다. 연한 초록색에 이가 많이 빠진 것으로
전시회가 끝난 뒤 가져간다는 조건으로 깎아서 15달러를 주고 샀다. 한
친구가 자기 소형 트럭에 그걸 실어 와서 안쪽에 수도 시설 설치하는 것
을 도와주었다. 우리는 주말 내내 목욕에 빠져 지냈다.

우리는 재스민과 크리스마스 덤불과 파티 때 썼던 크리스마스 나무도
심었다. 나무는 20미터까지 자라는 노퍽섬 소나무였는데 나는 그 나무
가 아주 오래 산다는 사실이 마음에 들지 않았다. 집을 옮기자마자 정원
에 식물을 심는다는 것은 개가 나무에 대고 다리 한쪽을 드는 것과 같은
뜻이다. 이곳은 내 집이라는 말이다.

나는 두 주 동안 조지아, 조슈아, 건축가와 캥거루 아일랜드로 캠핑 휴가를 다녀왔다. 건축가는 바닷가에 자연 그대로 보존된 아름다운 땅을 갖고 있었다. 우리는 그가 집 지을 곳을 정해두었다. 휴가에서 돌아오니 일두리 지역에서 과일 따기를 하는 네일과 아이시아의 편지가 와 있었다:

우리는 이곳 머레이 강가에서 기가 막히게 좋은 캠핑 장소를 발견했어요. 마을에서 가깝고 아름드리 리버검트리들이 그늘을 드리워주는 곳이에요. 날씨가 무척 더워서 강은 기분 좋은 안식처가 되어주지요. 이곳은 또 일자리가 아주 많아요. 조너선이 준비가 되면 언제든지 오기를 바라고 있어요.

조너선은 호전되었다. 그는 병원에 두 달 이상 입원해 있었기 때문에 약에 적응할 시간이 있었다. 이런 안정된 상태를 유지하기 위해, 조너선의 담당 의사와 사회복지사는 내게 조너선이 후견인위원회라는 기관의 관할하에 있을 수 있도록 신청하라고 조언했다. 후견인위원회는 정신질환을 앓거나 정신 장애로 인해 자기 자신을 돌볼 능력이 전혀 없는 사람을 지원하는 법적 기구이다. 후견인의 범위와 기간은 엄격한 조사를 통해 지정되었다. 조너선의 경우 위원회는 그의 건강 상태를 조사하고 내가 할 수 없는, 약을 계속 먹어야 한다는 명령을 내릴 수 있다.

1월 27일 조너선과 나는 후견인위원회 정신보건 심리 재판소에 출석을 했다. 위원회는 법률가 한 명, 정신건강의학과 전문의 한 명, 지역 주민 한 명으로 구성되어 있다. 나는 그들의 예의 바른 태도에 감명을 받았다. 조너선은 헐렁한 바지에 아주 작은 파란색 카디건을 입은 남루

한 차림으로 왔다. 그는 손을 떨고 앉아 있을 때는 무릎을 들었다 내렸다 했다. 약을 먹어서 정신이상 상태는 아니었지만 몸을 떨었다. 그러나 자신의 상태가 좋아졌다고 주장했으며, 주장을 펼칠 때 초조해하는 빛이 역력했다. 그는 자신이 정신병을 앓고 있지 않기 때문에 퇴원을 해야 한다고 말했다. 그는 내가 아는 사람 같지가 않았다. 나는 일기에 다음과 같이 썼다:

낡은 파란색 카디건을 입고 몸을 떨면서 위원회 위원들에게 '선생님'이라고 부르는 이 젊은이는 누구일까? 그는 누구인가?

열일곱이던 소년은 이제 젊은 시절을 잃어버린 스무 살의 청년이 되었다. 손을 뻗어 그의 손을 잡고 싶었지만 우리 사이에는 바다가 흐르고 있었다.

조너선이 병원에서 나오고 싶어한다는 것을 알지만, 의사는 아직 준비되지 않았다고 생각했고 나도 같은 생각이라고 말했다. 그는 책상으로 시선을 떨궜다. 위원회는 조너선에게 치료 감호 명령을 내렸고 재정적인 관리는 수탁 관리인이 맡도록 했다. 조너선은 위원회에게 숙고해 줘서 감사하다고 했다. 그는 병원에 3개월을 더 있어야 한다는 결정에 대해 '매우 슬프게' 생각한다고 말했다.

"저는 제가 정신질환을 앓는다고 생각하지 않습니다, 선생님."

그는 머리를 아래위로 끄덕이며 반복해서 말했다.

조너선이 '슬프다'고 한 말의 힘은 강력했다. '슬프다'라는 말은 힘없고 미미한 단어 중 하나이지만, 때로는 강력한 선언보다 훨씬 큰 충격을 가져온다. 나도 슬펐다. 내가 만약 그의 나이에, 혹은 어떤 나이에라도

255

붙들려 있게 된다면 저항했을 것이다. 그러나 한편으로 말할 수 없이 큰 안도감을 맛보았다. 그 전 해에 조녀선은 자유롭게 지냈지만 좋아지지 않았다. 아마 올해도 그럴지 모른다. 지난 삼 년 동안 조녀선은 끝도 없는 나락으로 추락하고 있는 것 같았다. 드디어 누군가가 그 아래에 안전망을 쳐둔 것 같았으며 우리는 위로 올라가려는 긴 몸부림을 시작할 수 있었다. 인도도 안전망인 것 같았지만 그는 그것을 뚫고 곤두박질쳤다. 이번에는 그렇게 수월치 않을 것이다.

집으로 돌아와 두 아이에게 이야기했고 그들은 안심하는 듯했다. 그런데 조지아가 조용히 말했다.

"오빠를 영원히 붙들어둘 수는 없을 거예요."

2월 5일 조녀선이 병원에서 도망쳤다. 병원 측은 그를 자활 시설로 옮겨주겠다고 약속했지만 두 번이나 약속을 지키지 못했다. 그는 좌절했고 분노했다. 조현병 환자들을 위한 시설은 그때도 지금과 마찬가지로 턱없이 부족했다.

아무 생각 없이 주방에서 설거지를 하고 있는데 문 두드리는 소리가 났다. 맵시 있는 치마와 단정한 줄무늬 셔츠를 입은 젊은 여자가 당황스런 표정을 하고 문 앞에 서 있었다.

"방해해서 죄송합니다만 도로에 있는 사람을 어떻게 좀 해주실 수 없을까 해서요."

"어떤 사람이요?"

내가 물었다. 그러나 사실은 무슨 말인지 바로 알았다.

"그 사람이 도로에 누워 있어요."

그가 높은 목소리로 말을 했다. 사무적인 말투를 쓰려고 애썼지만 나를 조롱하지는 않았다. '허세를 부려서 상황을 넘겨야 하나? 아니면 저 여자가 무슨 말을 하는지 모르는 척을 할까?'

"그 사람이 제 차 앞에 누워서 꼼짝하지 않아요. 당신이 그를 집에서 쫓아냈대요."

밖에는 차들이 꽉 막혀 있었다. 경적이 울리고 사람들이 모여들었다. 그때는 출퇴근 시간이었다. 시간에 관한 한 조녀선은 항상 흠잡을 데가 없었다. 길 한복판에서 넉장거리를 하면서 기다란 몸으로 다가오는 모든 차를 가로막았다. 맨발에 군인 코트를 입고 가슴에는 분홍색 천 가방을 끌어안고서 또렷하고 결기 있는 목소리로 지껄였다.

"우리 엄마는 나를 집 밖으로 내던졌어, 빵 빵! 나를 집 밖으로 내던졌다고, 빵 빵!"

모든 차들이 빵빵거렸다. 조녀선이 일어나 다리를 꼬고 앉아 웃었다. 낮꽃처럼 아름다운 미소였다.

"안녕, 앤?"

조녀선은 준엄하게 발을 딛고 일어나 가방을 어깨에 둘러메고 나를 따라 들어왔다. 그는 차와 케이크를 먹고 나서 군소리 없이 병원으로 돌아갔다.

'조녀선, 아, 조녀선, 나는 울고 싶다가 어느 때는 웃고 싶어져. 어떤 때는 감정이 너무 솟구치고 혼란스러워서 어떻게 해야 할지 갈피를 못 잡겠어.'

2월 8일 조슈아가 첫 기숙사 생활을 하기 위해 학교로 갔다. 그는 기숙사 생활을 좋아하지 않았지만, 호주 학교에서 인기를 얻기 쉬운 방법인 운동을 잘하는 데다 사교적이어서 친구가 많았다. 그가 처음으로 집에 보내온 편지이다:

엄마에게,

누굴까요? 조슈아죠. 안녕? 잘 지내세요? 엄마를 만난 이후로 특별히 한 일이 없어요. 주말에 크리켓을 했고요. 우리가 17대 4로 이기고 있었는데, 상대팀이 따라잡더니 102점을 내며 이겼어요. 저는 열네 번 공을 던져 세 명을 아웃시켰어요. 그리고 제가 10학년 동안 교내 크리켓 팀 주장을 맡게 되었어요. 이제 우린 졌어요!

2월 14일 시드니에서 애들레이드로 돌아오니 네일과 아이시아가 보낸 편지가 또 와 있었다. 그들은 한두 해 동안 계절마다 생기는 새 일자리를 찾아다니며 여행할 계획이며, 아직도 조너선이 몇 달 후에는 자기들과 함께 지내면 좋겠다고 했다. 좋은 생각인 것 같았다.

우리는 우리 삶을 그와 나눌 수 있고 그는 우리와 함께 일도 할 수 있을 거예요. 그가 일 한 대가로 자기만의 돈을 번다는 사실을 아주 기뻐할 거예요. 활짝 웃는, 정신이 멀쩡한 조너선이 소중한 친구가 될 거라는 걸 알 수 있어요. 저는 이것이 현실이 될 수 있기를 바라요. 그가 병원에서 지내는 것보다는 우리와 함께 강가에서 지내면 훨씬 행복할 거라고 확신해요. 신의 은총이 있기를.

2월 16일 병원에서 전화가 왔다. 조너선이 다시 사라졌다.

2월 18일 조너선이 시드니에 있는 옛날 학교 친구 에릭의 집에 나타났다. 에릭의 엄마가 내게 전화해 조너선의 상태가 좋지 않은 것 같다고 말했다. 그가 내게 와달라고 부탁했다.

2월 19일 시드니로 간 나는 조너선이 아파트 바닥에 누워 있는 것을 보았다. 에릭은 없었고, 에릭의 엄마는 조너선에게 많이 아파 보여서 애들레이드로 돌아가야 한다고 말했다. 그는 거절했다. 나는 생각했다:

불쌍한 올드 조, 너는 아프지 않으려고 무진 애를 쓰는구나. 포기하지 않으려고 정말 애를 써, 고집불통….

"정말 구제불능이야!"

내가 소리를 지르는 동안 그는 계속 손으로 머리를 감싼 채 드러누워 있었고 카펫에서 그렁거리는 소리가 났다. 에릭의 엄마와 나는 차를 끝없이 마셨고, 나는 이것이 정말 사람을 지치게 하고 좌절감을 주는 일이라는 사실을 갑자기 깨닫게 되었다. 탈출구가 보이지 않을 때 우리는 항상 머릿속에서 현실로부터 도망치려는 시도를 떠올리게 된다. 에릭의 엄마가 그에게 원하면 바닥에 계속 있어도 된다고 말했다. 그가 대답했다.

"네, 부탁해요."

나는 다음 날 다시 오겠다고 했다.

2월 20일 조너선이 갑자기 애들레이드 집으로 돌아온다는 데 동의를 했다. 그는 병이 낫고 싶고 자기가 병원에 더 있어야 한다고 말했다. 병원에 있는 동안 먹었던 약의 효과가 완전히 사라지지 않았는지, 아직 또렷하게 생각을 하고 있었다.

2월 22일 조지아가 통가에서 휴가를 보내고 돌아왔고 조슈아는 학교에서 편지를 보내왔다:

끔찍한 선생님이 세 명이나 있어요. 드라마 시간에 우리는 오페라 같은 데 가요. 어제는 크리켓을 했어요. 하루만에 경기가 끝났어요(크리켓 경기는 보통 3시간 정도 걸리지만 최장 5일까지 경기가 계속되기도 한다, 옮긴이). 우리가 먼저 공격을 했죠. 19점을 따고 네 명이 아웃이 되었을 때 제가 등판을 했어요. 홈을 나올 때는 71점에 다섯 명이 아웃되었어요. 저는 새 방망이로 31점이라는 최고점을 올렸어요. 팔을 맞았는데 아팠어요.

3월 10일 조너선이 다시 도망갔다. 병원에서 증세가 아주 좋아지는 중이었기 때문에 모두가 실망했다. 이틀 뒤 시드니에 사는 다른 친구의 엄마가 전화를 했다. 조너선은 트럭을 얻어 타는 데 선수다. 나는 장거리 전화를 계속해서 받는 일에 단련되어 있었다. 그가 조너선을 바꿔주었다. 조너선은 매우 이상했다.

"엄마에게 가끔 안부를 전해야지, 앤. 조슈아는 작은 아이야. 조지아는 진짜로 예쁜 숙녀지만 교양이 있진 않아. 걔는 진짜 예술이야. 어쨌든, 좋아질 거야. 앤, 괜찮아, 괜찮아, 괜찮아. 몸조심하고, 괜찮아."

나는 조너선 구조 게임을 두 번은 하지 않기로 결정했고 친구 엄마도 동의했다. 그녀는 조너선이 시드니에서 호스텔 구하는 것을 도와줬다. 아직도 이렇게 많은 사람들이 도와주려 한다는 사실은 놀라운 일이지

만, 우리는 시드니에 사는 친구들과 계속 연락하며 지냈고 조너선에게
는 여전히 문제가 될 상황에서조차 주위로 사람을 끌어들이는 비상한
능력이 있었다.

3월 18일 나는 변화하는 여성의 역할을 주제로 한 새로운 에이비시
(ABC) 방송국 다큐멘터리 시리즈 제작을 시작하기 위해 시드니로 갔다.
바닷가 집을 판 돈으로 시드니에 아파트를 사두었다. 그래서 애들레이
드에 세를 얻어 사는 집이 우리 집이지만 시드니에 일하러 갈 때마다 머
물 수 있는 곳이 생겼다. 조너선이 시드니에 있는 아파트에 나를 만나러
왔길래 다시 한 번 애들레이드로 함께 돌아가자는 제안을 했다. 그가 생
각을 하더니 천천히 대답했다.

"아니에요, 앤. 그건 좋은 생각이 아닌 것 같아요."

조너선은 바닥에 드러누워 있었고 나는 우리 둘이 먹을 저녁을 준비
하느라 거실과 연결된 주방에 있었다. 아파트는 항구에 위치해 여러 종
류의 돛을 단 배들이 창문을 지나다녔고, 실내를 보는 시간보다 밖을 내
다보는 시간이 더 많았다. 그가 말하는 동안 기다랗고 검은 잠수함이 물
을 가르며 지나가더니 가라앉았다. 일 분 정도 만에 사라진 것이다. 조
너선은 잠수함과 같았다.

그가 주방을 서성거리더니 마음을 바꿨다고 선언하면서 빙그레 웃었
다. 그는 여자 친구와 결혼하기 위해 애들레이드로 돌아가겠다고 했다.

"이름은 트렌디 웬디이고 내 간호사야. 트렌디는 내가 멋지다는 걸 알
아서 나랑 결혼하고 싶어해. 나는 순금 반지를 주었고 우리는 브라질에
서 살 거야. 사랑에 빠진다는 건 정말 멋진 경험이야."

그리고 나더니 다시 말했다.

"이 년 동안 나는 비스킷 세 봉지만 먹었어. 사과, 무 같은 좋은 음식을 먹어야겠어. 나는 좋아질 거예요, 앤."

그가 내 가방을 뒤적거려 펜을 꺼냈다.

"받아 적어. 네 몸이 신체적 고통을 느낄 때까지 책상다리를 하고 앉아라. 그러면 너는 높은 의식 상태에 도달하게 될 것이다. 받아 적어."

나는 받아 적었다. 나는 그가 간호사와 결혼하여 브라질에서 언제까지나 행복하게 살기를 바랐다. 그의 환상은 가끔 재미있었지만 종종 나를 슬프게 했다. 고골(Nikolai Gogol 1809~1852, 러시아의 작가, 옮긴이)의 명작 <광인일기>에 나오는 점원 포프리쉬킨(머리가 건초처럼 삐죽삐죽 솟았고 깃펜을 뾰족하게 만드는 일에 대부분의 시간을 보낸다.)은 보잘 것 없는 일을 하고 억압받고 살다가 서서히 미쳐간다. 그가 정신이상이 되었을 때 그는 자신에게 일어나는 모든 일에는 논리적인 이유가 있다고 믿는다. 정신병원에서 괴롭힘을 당하고 잔인하게 맞을 때조차도, 여전히 그것이 미래의 스페인 왕이 되기 위한 입문 시험 같은 것이라고 생각한다. 조녀선은 내게 환상과 현실이 만나고 희극이 비극이 되는 것을 가르쳐주었다.

그는 내가 시드니에 머문 며칠 동안 나와 함께 지내다가 시내로 옮겨 친구와 방을 함께 썼다. 그는 그때까지도 질병 수당을 타고 있어서 이론적으로는 그것으로 음식을 사고 집세를 낼 수 있었다. 그러나 과거에 이미 돈을 계획 있게 사용하는 능력이 없음을 보여주었기 때문에 나는 그가 얼마나 버틸 수 있을지 궁금했다. 시드니 아파트를 조녀선에게 빌려주지 않은 데 대해 내 자신이 야비하다는 기분이 들었지만 그가 거기서 혼자 지내는 것이 미덥지 않았다. 우선 그는 현관문을 닫는 법이 없었다.

시드니 아파트는 1912년에 지어진 사층짜리 공동주택으로, 비바람에 시달린 흰 건물 여덟 채가 항구를 마주보고 나란히 서 있었다. 앞마당에는 영국 국기가 펄럭이고 초록색 잔디가 물가 쪽으로 길게 자라고 있었다. 아파트는 '조합'이라고 하는 입주자 대표로 선출된 단체가 운영을 맡았다. 어느 날 조합에서 조너선과 그가 듣는 시끄러운 음악에 대한 엄중한 경고 편지를 보냈다. 조너선이 너무 이상해 보여서, 나이 많고 보수적인 거주자가 대부분인 그곳 사람들은 그가 주변에 어슬렁거리는 걸 싫어했다.

4월 초 네일과 아이시아가 과일 따는 일을 끝내고 돌아왔다. 우리는 시드니의 아파트에서 몇 주를 함께 지내면서, 조너선을 데리고 시골로 내려가기 전에 그가 그들과 함께 지낼 수 있는지를 알아보기로 결정했다. 네일과 아이시아는 그들이 조너선을 병에서 구해낼 수 있다고 확신했다. 나는 그들이 너무 낙관적이라고 생각했지만 이런 생각을 말하지는 않았다.

우리는 조너선이 자기 건강을 돌볼 수 있게끔 하는 프로그램을 시작했다. 아이들이 자랄 때 치아에 지나치게 신경 쓴 덕분에 조너선의 치아 상태는 좋았다. 그러나 그 당시 그의 이는 까맣게 변하고 썩기 시작했다. 아이시아에게 도와줄 수 있는지 물었다.

아이시아가 잠시 생각에 잠겼다.

"제가 어떻게 하면 조너선이 이를 깨끗이 잘 관리할 수 있을까요? 아!"

그는 자기의 의치를 꺼내 들고 말했다.

"조너선, 네가 치아 관리를 게을리하면 이렇게 되는 거야."

그가 웃더니 아이시아에게 칫솔을 달라고 하고선 이를 닦기 시작했다. 나는 규칙적으로 그렇게 하라고 말하고 싶었지만 그렇게까지 바랄수는 없었다.

아이시아가 일기에 적은 것이다:

이토록 편안하고 아름다운 곳에 있는 집에서 조너선과 이야기하고 음악을 들으며 멋진 하루를 보냈다. 그는 내게 자기가 작은 아기가 되어서 머리에 통증을 느낀 어젯밤 꿈에 대해 이야기를 했다. 앤이 애들레이드에서 전화를 했다. 목소리가 얼마나 행복하게 들리는지.

이틀 후 아이시아의 기록이다:

조너선이 주위 환경에 대해 좀 더 현실적이 되는 걸 배우기 전에는 그를 여기에 두고 갈 수가 없다. 섹스 피스톨즈(영국의 펑크 록 그룹 이름, 옮긴이)와 시끄러운 소리는 어떤 이웃에게도 방해가 될 수 있지만 우리 이웃은 70대나 80대이다. 그가 이 사실을 깨닫고 소리를 작게 해야 하며 왜 그래야 하는지를 이해할 때, 나는 떠날 수가 있다. 아니면 그는 나와 함께 페리를 타고 시내로 가고 싶어할지도 모른다. 그는 꼼짝 않고 앉아 음악을 듣고 있다.

이틀 후의 기록이다:

조너선이 자주 쏘아붙이고 사납게 말을 한다. 나는 그에게 말했다.

"조너선, 나는 자메이카(흔한 개 이름, 옮긴이)한테도 자기가 싫어하는 모든 사람에게 항상 으르렁대거나 소리지르면 안 된다고 가르쳐야 해. 왜냐하면 쏘아

붙이고 사납게 말을 하는 게 이 세상을 걸어가는 옳은 방법이 아니거든.”

조너선은 이미 네일과 아이시아로부터 멀어지기 시작했다. 그와 함께 사는 것은 그들이 상상한 것보다 힘든 일이었다. 그들은 조너선을 혼자 두고 갈 수가 없었고 조너선은 자주 극도로 화를 냈다. 잠자는 습관이 전처럼 뒤죽박죽이 되어서 한밤중에 시드니 하버 브리지를 한참 동안 걸어 다니다가 돌아오기 시작했다. 사람들이 그를 봤다고 알려주기도 했다. 그는 마치 다리를 아주 짧은 시간에 둘러봐야 하는 사명을 가진 사람처럼, 맨발에 머리를 앞으로 내밀고 어깨에 자루를 둘러멘 채 말하고, 말하고, 말하면서 걸어 다녔다고 했다. 네일과 아이시아는 한 철 일을 잠시 동안 포기하고 시드니에 계속 머물기로 했다. 그들은 바닷가에 아파트를 구하고 조너선에게 언제든 환영한다고 말했지만 그는 겨우 몇 번 찾아갔을 뿐이었다. 본다이비치는 그의 관심 밖이었다.

여기서 여러분에게 말해줘야 할 어떤 만남이 있다. 이 이야기를 통해 여러분은 조현병을 앓는 사람의 경험이 아무리 괴상하게 들리더라도 귀 기울여 들어주는 것이 얼마나 중요한지를 이해할 수 있을 것이다. 네일과 아이시아가 조너선을 초대해 그들의 친구 피터를 만나게 해주었다. 피터는 조현병을 앓은 적이 있었다. 처음 발병했을 때 그는 국립 드라마 예술 학교에서 연기 공부를 하고 있었다. 당시 그는 30대 초반이었고 병 관리를 잘 해내고 있었다. 피터는 응시하는 듯한 눈빛을 지닌, 어둡고 강렬한 인상의 남자였다.

처음에 조너선이 혼잣말을 하면서 피터 주변을 왔다 갔다 했다. 혼잣말은 확실한 장벽이었다.

265

"나는 검은 띠가 사십 개나 있어. 나는 킹스크로스(시드니 도심에 있는 지역 이름으로 유흥가가 밀집해 있다, 옮긴이)에서 쿵후 챔피언이야. 나는 그랜드 마스터 검은 띠 챔피언이야, 그럼, 그럼."

그러더니 낄낄거렸다. 피터가 조너선의 팔을 잡아 왔다 갔다 하는 것을 멈추게 한 다음 눈을 깊이 들여다보았다.

"조너선, 너 두렵니?"

조너선이 멈춰 서서 피터를 응시했다.

"응, 겁나 두려워."

그러더니 다시 방을 춤추듯 돌아다니면서 이번에는 매춘부들에 대해 이야기했다. 그는 종종 매춘부에 대해 이야기했다. 자기가 킹스크로스의 모든 매춘부를 돌보고 있으며 그들을 포주와 경찰로부터 구해냈다고 상상했다.

피터가 물었다.

"조너선, 너 외롭니?"

"응, 나 외로워."

피터는 조너선이 사용하는 언어를 이해했으며 그가 어떤 감정인지를 해석할 수 있었다. 조현병에 걸린 사람들은 종종 자신의 내면 상태를 묘사하는 데 비유와 상징을 사용한다. 그러나 그들은 경계에 대한 감각을 잃어버려서 그들의 내면 세계와 외부 세계를 구별하지 못하기 때문에 비유가 곧 현실이 된다.

조현병에 대해 내가 들은 가장 흥미로운 대화는 시드니 대학 정신건강의학과 교수인 러셀 미어스(Russell Meares)의 이야기였다. 그는 한 젊은 여성과 조현병에 걸린 경험에 대해 인터뷰한 이야기를 들려주었다.

"좀 어떠세요?"

"모든 게 위장이에요. 밑에는 모두가 초록색이죠."

미어스는 본능적으로 그 대답을 말도 안 되는 헛소리로 무시해버리려고 했다. 그러나 그는 그 여성이 선택한 특이한 단어 이면에 어떠한 의미가 숨어 있을 것이란 사실을 감지했고, 주변을 둘러보았다. 낡은 방은 크림색 페인트가 벗겨져 있었고 벽 저편에 초록색 페인트가 길게 칠해져 있었다.

"조현병으로 인해서, 그는 감각적인 면에서 다른 사람이 인지하지 못하는 아주 작은 부분까지도 극도로 예민하게 관찰했어요. 모든 게 제한 없이 그의 의식 속으로 홍수처럼 밀려들어오는 경험을 체득하는 동안에는 인생이 매우 낯설고 두렵게 되죠."

조너선은 시드니의 아파트에 들렀다 나가곤 했다. 그는 내가 거기 있을 때를 알아채는 묘한 요령이 있는 듯했다. 마찬가지로 나도 그를 찾으려 할 때면 거의 매번 성공했다. 그는 자루를 어깨에 둘러메고 맨발로 킹스크로스의 도로를 따라 터벅터벅 걸어 다니곤 했는데 큰 키 때문에 눈에 잘 띄었다. 그의 키는 194센티미터였다. 그는 대부분 울루물루에 있는, 집 없는 남자들을 위한 숙소인 매튜 탤벗 호스텔에서 지냈다. 탤벗에서는 그에게 쉴 곳과 우정을 나눠주었고, 나는 지금까지도 그들이 보여준 애정에 고마움을 느낀다. 가끔 다른 쉼터로 옮겨다니기도 해서 대부분의 쉼터가 조너선을 알았다.

그때 조너선이 애들레이드로 돌아오지 않을 거라는 사실이 분명해졌다. 그는 애들레이드를 자신의 자유를 제한하는 곳으로 여겼고 이러한 제한을 받아들일 준비가 되지 않았다. 4월 말, 남호주 후견인위원회에서는 조너선이 현재 뉴사우스웨일즈(시드니가 있는 주, 옮긴이)에 거주하고 있기 때문에 모든 후견인 명령을 취소하기로 결정했다는 내용의 편지를 보내왔다. 호주의 모든 주는 각각의 정신 보건법이 있고 상호 협의라는 게 없었다.

조슈아의 열네 살 생일이 5월이었는데 그때가 마침 연휴여서 조슈아도 시드니에 왔다. 나는 그에게 깜짝 생일 파티를 열어주었는데 조너선이 머리를 밀고 검정색 옷차림으로 나타났다. 검정 바지에 검정 셔츠를 입고 검정 부츠를 신었으며, 검정펜으로 양팔과 양손에 문신을 그려 넣었다. 귀에는 클립을 매달아 달랑거렸다. 파티는 즐거웠다. 조너선은 함께 어울리려고 굉장한 노력을 했다. 그때까지도 그런 것이 얼마나 힘이 드는 일인지를 깨닫지 못했다고 생각한다. 상황에 맞는 말을 찾으려고 애를 쓰다가 찾게 되면 마치 대사에 아직 익숙하지 않은 배우처럼 그 말을 쏟아내곤 하는 것을 누구든 알아챌 수 있었다. 조현병에 걸린 사람들은 우리가 속한 세계에 머물기 위해 눈물겨운 노력을 해야만 한다.

파티가 끝날 무렵 조너선은 고열이 났다. 나는 매튜 탤벗이나 다른 곳을 떠돌지 말고 집에 있으라고 설득했다. 그가 며칠 동안 독감을 앓아서 나와 조슈아가 간호를 했다. 신기하게도 열이 나는 동안은 내내 아주 온순하다가 열이 내리자 이상한 사고와 행동이 다시 나타났다.

어느 날 저녁, 조슈아가 아직 함께 지내고 조너선은 회복하기 시작할 무렵에 친구 딘이 저녁을 먹자고 전화를 했다. 그는 내 개인사에 대해 아는 것이 전혀 없는 남자였다. 딘이 도착했을 때 조슈아는 텔레비전 앞에 앉아 풋볼을 보고 있었다.

"어디 가세요?"

조슈아가 등 뒤로 못마땅한 기색을 잔뜩 내보인 채 물었다.

"여기서 차를 마시면 안 되나요? 언제 들어오실 거예요?"

딘이 웃었다. 조슈아는 노려보았다. 나는 점잖아 보이려고 노력했다. 그런데 그때 조녀선이 나타났다. 나는 그가 자고 있기를 바랐지만 그런 행운은 따라주지 않았다. 그는 타월을 허리춤에 둘러맸는데, 타월 끝이 바닥까지 내려와서 언뜻 보면 배와 가슴에 뱀을 두른 채 질질 끌고 나온 것 같았다. 종이 클립 대신 안전핀 두어 개를 귀에 길게 늘어뜨린 것으로 보아 틀림없이 내 반짇고리를 뒤져댔을 것이다. 나는 딘에게 조녀선을 소개했고 그는 타월을 여전히 더 늘어뜨린 채 예의 바르게 고개 숙여 악수를 했다. 그리고 텔레비전 앞으로 가 조슈아와 함께 풋볼을 보았다.

나는 위스키 두 잔을 따른 뒤 하나를 딘에게 주었다. 전혀 예상치도 못했는데 갑자기 초인종이 울렸다. 문을 열어보니 제3의 젊은 남자가 짙은 노란색 가운을 입고 바가다드 기타(힌두교 경전, 옮긴이) 한 권을 들고 서 있었다. 그 남자도 머리를 밀었고 키도 조녀선만큼 컸다. 그는 엘리스가 첫 번째 결혼에서 낳은 둘째 아들 사이먼으로, 그때 막 하리 크리슈나(Hare Krishna, 힌두교 교단 중 하나, 옮긴이) 집회에 나가기 시작했다.

"채식주의 밥을 좀 가져왔어요."

사이먼이 말했다.

"웩."

조슈아가 말했다.

"우리는 나가서 먹을 거야."

내가 단호하게 말했다.

"집에서 드세요. 그게 돈이 덜 들어요."

사이먼이 말했다 그는 딘에게 크리슈나 소책자를 주었고, 딘은 의자에 앉아 몸을 앞으로 내민 채 우리 모두를 경이로운 표정으로 쳐다보았다.

조너선은 여전히 타월을 걸친 채 벌떡 일어나서 큰 키로 우리를 내려다보았다.

"밥을 먹어야 해요, 앤. 그게 몸에 좋아요."

"우리는 나갈 거야."

이렇게 말하고 주위를 둘러보았다. 조너선을 보고 사이먼을 보고 조슈아를 보고 나니, 금방이라도 울음이 터질 것 같았다.

딘이 말했다.

"우리는 나가서 먹을게요."

딘은 빨간색 신을 신고 있었고 쉽게 물러서지 않았다. 그 또한 사이먼이나 조너선만큼이나 키가 컸다. 우리가 막 문을 나서려는데 조너선이 마지막 말을 내뱉었다. 고개를 돌리는 수고도 하지 않고–이렇게 하는 게 더 깊은 인상을 남긴다는 걸 그는 알고 있었다.

"들어올 때까지 기다릴 거예요."

다른 날 사이먼이 다시 찾아와 인도에서 열린 국제 크리슈나 모임에서 찍은 사진을 보여주었다. 크리슈나 사원은 아주 화려하게 장식을 하고 금과 보석들로 반짝거렸다. 조너선은 몸을 앞뒤로 흔들면서 들여다보았다. 나는 잠시 동안 혹시 그가 모임에 관심이 있는 건가 궁금했다. 아마도 그가 여기서 구원을 얻을지도 모른다. 그 모임은 조직적이었고 그런 조직은 조너선에게 유익했다. 그러나 그는 흥미가 없었다.

그는 사진을 보면서 말했다.

"굉장한 권력 과시네, 형."

이틀 정도가 지나 조슈아와 나는 애들레이드로 돌아가야 했다. 우리는 이른 아침 비행기를 타기로 했는데 그러려면 집에서 아침 5시 45분에는 출발을 해야 했다. 조너선이 아직 완전히 회복되지도 않았는데 그 시간에 내쫓는 게 내키지 않아서, 그에게는 그날 늦게나 혹시 필요한 경우 다음 날 밤까지 있다 가도 된다고 말했다.

그 다음 날 아침, 애들레이드로 돌아오자 시드니에 사는 제니가 전화를 했다. 그는 내 시드니 아파트 근처에 살았는데 조너선이 문 앞에 찾아오면 언제나 반겨주었다. 조너선이 한밤중에 아파트에서 흥분해 날뛰었다고 했다. 창 밖으로 와인과 그릇을 집어 던지고 책과 레코드까지 던졌단다. 문을 잠그고 들어앉아 볼륨을 끝까지 올려 음악을 틀었고, 이웃들이 경찰을 불렀지만 누구도 들어오지 못하게 했다고 했다. 경찰이 어떻게, 왜 제니에게 연락을 한 건지 잘 기억이 나지는 않지만 어쨌든 그들은 제니에게 연락을 했고, 그가 가서 조너선을 설득해 문을 열게 했다. 나는 피해 보상을 협의하고 이웃들을 진정시키기 위해 시드니로 날아갔다. 내가 도착했을 때 조너선은 이미 사라졌다.

나는 이 년 전 시드니에서 조너선을 설득해 처음으로 병원에 데려갔던 정신건강의학과 의사 친구 앤디에게 전화를 걸었다. 그가 찾아와 나를 안아주었다. 그는 또한 내게 조언을 해주었다. 더 이상 조너선 뒤치다꺼리하는 걸 그만둬야 하며, 모든 게 정상이 아니므로 정상인 척하는 것도 그만둬야 한다고 했다. 앤디는 조너선이 낫지 않을 거라고 했다. 그가 좋아질 수도 있다. 하지만 어떤 기적적인 치료가 생기지는 않을 것이며 내가 그것을 찾을 수 있을 거란 생각도 버려야 한다고 했다. 우리가 거실 한구석에 서 있던 게 기억나는데 그때가 정오 무렵이었다. 항구는 희뿌옇고 추웠다. 앤디가 내 어깨를 감싸고 쳐다보면서 말했다.

"나갈까요?"

앤디는 또 내가 할 수 없는 일이 생겼을 때 감당할 수 있는 척하지 말라고 말했다. 조너선이 몹시 화가 났다는 것은 몹시 두려워하고 있음을 뜻하기도 한다고 했다.

"그렇게 메리 포핀스처럼 행동하면 조너선이 어떻게 느낄 거라고 생각해요? 조너선은 자기를 보호하려고 분노하는 건데 당신은 그 자리에 꿈쩍도 않고 있어요. 그에게 당신이 어떤 기분인지를 말해야죠."

6월까지 조너선은 급속도로 악화되어갔고 나는 그가 또 다른 위기를 향해 치닫고 있음을 느꼈다. 애들레이드에서 받았던 약물치료의 효과는 이미 다 사라졌고 그의 세계는 다시금 어두워지기 시작했다. 그는 엄청난 에너지로 빛이 났다. 그는 자신이 암페타민(식욕감퇴제이나 각성제로 사용되기도 한다, 옮긴이) 중독이라고 했고 나는 그걸 끊으라고 말했다. 그는 화를 내면서 내게 욕을 했다. 내가 여자 악마이며 나를 창 밖으로 던지겠다고도 했다. 갑자기 앤디의 충고가 생각나 울음을 터뜨렸다.

조너선이 잠시 나를 쳐다보더니 팔로 나를 감쌌다.

"우리 둘 다 엉망진창인 것 같아. 차를 좀 끓여줄게요."

그러나 그것은 잠시 돌아온 평온이었다. 조너선은 병원에 가지 않겠다고 했고 약을 다시 먹지 않겠다고 했으며, 앤디를 다시 만나지 않겠다고 했다.

"싫어, 싫어, 싫어."

이러지도 저러지도 못하는 내 상태가, 지난 6월 내 생일에 기록한 그대로 꿈에 나타났다. 여러 사람들과 공원에 소풍을 갔다. 내 무릎이 곪은 것을 보았다. 처음엔 그리 걱정하지 않았는데 고름이 번져서 슬개골 주위가 갈라져 있었다. 살짝 건들자 놀랍게도 슬개골이 내 손에 떨어졌다. 나는 거대한 검은 구멍 속을 들여다보았다. 정말 놀랐지만 아무도 신경 쓰지 않았다.

이제 나는 우주의 중심을 보고 있다. 날이 어둡고 점점 더 어두워져서 꽃이나 과일의 겉모양 같은 희미한 형체만이 보일 뿐이다. 그것이 죽을 거라는 생각이 들어서 만지기가 두려웠다. 그런데 그것은 살아 있었고 질겼다. 나는 그것을 뽑아낼 수가 없어서 안심이 되었다. 그러나 구멍은 계속해서 커지고 깊어졌다. 다시 슬개골을 무릎에 붙이고 사람들에게 무슨 일이 있었는지 말했지만 아무도 관심을 보이지 않았다. 내가 상처 주위에 소독약을 뿌려서 나은 것처럼 보였지만, 사실은 그렇지 않다는 것을 나는 안다. 거기에 사라지지 않을 거대한 구멍이 있다는 걸 나는 안다.

한 달 후에는 내 몸이 분리되어 투명 테이프로 붙여야 하는 꿈을 꾸었다.

남호주의 7월은 겨울이다. 우리는 불을 피워둔 채 긴 산책을 나갔고 주말이면 동산에 올라가 끓인 와인을 마셨다. 나는 끓인 와인을 그리 좋아하지는 않지만 그것은 사교적인 의식과 같아서 감사히 여기며 함께했다. 어느 날 산책에서 돌아오니 집이 불타고 있었다. 벽난로 앞에 안전 철망을 세워두는 걸 깜빡해서 벌겋게 달아오른 숯 덩어리가 러그에 떨

273

어진 것이다. 난로 부근에 있던 러그는 즉시 활활 타올랐다. 아래에 있
던 카펫은 자연 섬유로 만든 전통 제품이어서 타는 데 더 오래 걸렸다.
마룻바닥이 탔고 가구 몇 점도 그슬렸다. 불이 더 번지지 않아서 다행이
었다. 이 일을, 내가 좀 더 주의를 기울여야한다는 신호로 받아들였다.

7월 초 시드니에 있는 구세군 직원에게서 전화를 받았다. 그는 조녀
선이 닷새째 구치소에 있다는 사실을 아느냐고 물었다. 조녀선이 감방
뒤쪽에 앉아 있는 것을 알아보았다고 했다. 그의 말에 따르면 혐의가 심
각했다.

7월 8일 아침 8시 20분, 시드니 성 빈센트 병원 뒤쪽에서 조녀선과 다
른 젊은이가 택시를 불렀다. 다른 젊은이가 조지가에 있는 커먼웰스 은
행으로 가달라고 말했다. 둘의 행동이 수상해서 운전사는 의심이 들었
다. 그는 둘을 지켜보기 위해서 거울을 조정했다. 키가 작은 남자가 남에
게 들리지 않을 정도의 소리로 조녀선에게 말을 했다. 시청에 다다르자
그 남자가 은행으로 간다고 말하면서 내렸다. 그가 길을 건너 뛰어갔지
만 조녀선은 계속 뒷좌석에 앉아 있었고 운전사는 어디로 가겠냐고 물
었다. 조녀선은 대답하지 않았다. 운전사는 그가 마음을 정하는 동안 주
위를 한 바퀴 돌겠다고 했다. 그런 후 차를 경찰서 근처에 세웠는데, 조
녀선이 억지로 운전사를 데리고 삼층의 수사관 사무실로 올라갔다. 조
녀선은 조사를 받았고 그와 다른 남자가 운전사를 칼로 위협해 돈을 뺏
을 계획이었다고 말했다.
　조녀선은 자신의 직업이 창부이며 헤로인 중독이라서 돈이 필요했다

고 말했다. 그는 진술서에 서명을 했고 세 가지 죄목으로 기소되었다. 폭행 및 강도 음모, 중죄를 저지를 목적으로 무장, 흉기 소지. 그가 택시 운전사를 무기로 위협해 강도짓을 하려고 했는지 알 방법은 없지만 그럴 가능성은 희박하다고 생각한다. 아마도 현실과 상상을 구별하기가 어려워서 그랬을 테지만, 그는 사실이든 상상에서 나온 것이든 간에 모든 비행을 다 털어놓는 경향이 있었다.

체포되기 직전에 그는 시드니 아파트에 아래와 같은 메모를 남겼다:

규칙을 기억하라. 항상 숨겨야 할 것이 있다고 말하라. 예, 알겠습니다! 겁이 나 지껄여대는 아기로 변하라. 예, 알겠습니다! 예, 알겠습니다! 그리고 나서 자술서를 써라. 이것은 법정에서 중요한 자료가 된다. 네가 어떻게 생겼는지 그들이 네게 말을 한 뒤, 그들은 네게 정직하게 답하라는 요구를 할 것이다. 너는 반드시 진실을 말해야 하고 진실만을 말해야 한다. 그렇지 않으면 그들은 네 사랑하는 엄마를 파멸시킬 것이다. 겁에 질린 그의 가슴에 신의 은총이 있기를. 나는 그가 진정으로 잔인한 그들에게서 너를 구해주기를 바란다. 이제 그들이 너를 해치기 위해 할 수 있는 일은 도마뱀들이 자신의 의지와 반대로 짝짓기를 한다고 말하는 것이다. 이것이 그들이 행한 마술이다.

나는 조너선이 정말로 창부였는지 알 방법이 없고 지금까지도 헤로인 중독이었는지 알지 못한다. 과거에 했던 이와 비슷한 주장은 망상에서 비롯된 것이었다. 그러나 혐의가 심각하다는 사실과 그가 과거에 법률 자문을 스스로 구하지 못했다는 사실로 미뤄볼 때 그에게 변호사를 선임해주어야 한다는 건 알았다. 시드니에서 훌륭한 변호사를 추천받고자 애들레이드의 변호사 앤드루에게 전화를 걸었고, 뉴사우스웨일즈 구치소 정신과 서비스에 조너선의 진료 기록이 전달되었는지 확인하기 위해 브렌다에게 전화했다. 조너선에게는 내가 어떤 일을 했는지 알리는 한편, 그가 변호사 선임 여부에 대해 결정할 수 있지만 아무래도 변호사를 선임하는 것이 좋겠다는 내용의 편지를 썼다.

변호사가 구치소에 있는 조너선을 접견했고 조너선은 그에게 정황 설명을 했다(아래가 그 기록이다):

경찰이 나를 계속 괴롭힙니다. 내가 미친 척을 하면 그들은 나를 그냥 둡니다. 모든 사람들은 당신이 순응주의 로봇이 되기를 바랍니다. 나는 헤로인을 해왔고 빠져 있지만 중독인지는 모르겠습니다. 정신병원에 가는 것보다는 감옥이나 자활 시설에 가고 싶습니다. 내 뇌에는 금속이 있기 때문에 저는 항상 진실만을 말합니다.

가장 시급한 문제는 조너선이 유죄를 인정해야 하는지 아닌지였다. 우리는 택시 운전사가 어떤 증거를 제출했는지, 조너선이 정말로 그를 위협했는지 알 수가 없었다. 조너선은 위협하지 않았다고 말했다. 그는 혐의를 부인하겠다고 결정했다. 그는 판사가 치료 명령을 내리면 받아들인다는 데 동의했다.

재판은 7월 말이었고 나는 재판에 참석하기 위해 시드니로 갔다. 조너선은 변호사에게 보석 신청을 하라고 했다. 그러나 나는 그에게 지속적인 약물치료를 받을 거라는 확신이 없다면 보석금을 지불하지 않을 거라고 말했다. 지방 법원은 교통량이 많은 도로 코너에 있는 커다랗고 지저분한 빅토리아풍 건물이었다. 그곳은 벌써 사람들로 북적거렸다. 사람들이 무리를 지어 건물 밖 계단에서, 건물 안에서, 입구에서 차례를 기다리고 있었다. 그들은 불안하고 외롭고 두려운 사람들이었다. 옷을 좀 더 잘 차려 입은 적은 수의 사람들은 상대적으로 아주 침착해 보였다. 법정 뒤쪽에 앉은 나는 그들이 조너선을 구치소에서 데리고 나올 때 아이가 어떤 모습일지 궁금했다. 그는 청바지와 소매 없는 주황색 재킷 같은 것을 입고 들어왔다. 발은 볼 수가 없었다. 내가 참석했던 대부분의 재판처럼, 현재 무슨 일이 진행되고 있는지를 이해하기가 어려웠다. 사람들이 일어났다 앉았고 거의 들리지 않는 소리로 진술을 하는 듯했다. 갑자기 나는 마음씨 좋고 친절한 친척 아저씨같이 생긴 변호사가 일어서서 보석을 요청하고 있다는 걸 알아차렸다. 그는 어머니가 죄인을 병원에 데려갈 것이며 병원은 그를 받아줄 것이라고 말했다.

나는 조너선이 석방되면 그가 나와 함께 병원에 갈 거라고 확신할 수 없었으며, 어느 병원도 구치소 대신 입원 조치를 취해주지 않을 거라는 사실을 알았다. 병원은 조너선이 그 자신에게나 다른 사람에게 법적으로 위협이 될 수 있는 경우에 한해서만 비자의적 환자로 분류해 받아들일 것이다.

나는 증인석에 서서, 너무 긴장되고 힘들어 내 목소리인지 나도 잘 모르는 소리로 진술했다.

"제 아들이 장기간의 치료 계획을 받아들이지 않는다면 저는 보석금을 지불하지 않겠습니다."

조너선을 쳐다보았지만 그는 머리를 아래로 숙이고 있었다.

판사가 말했다.

"이 사건은 참으로 안타까운 상황입니다."

나는 토할 것 같은 기분으로 앉아 있었다. 이토록 오랜 시간이 지나 글을 쓰는 지금도 토할 것 같다. 나는 왜 조너선을 감옥에서 나오게 하려고 사력을 다하지 않았을까? 왜 나는 조너선을 병원에 데리고 가지 않았을까? 왜 최소한의 시도도 하지 않았을까? 병원에 도착도 하기 전에 그가 달아나거나 병원에서 그를 받아주지 않을까 봐, 아니면 그가 나중에 달아날까 봐 두려웠기 때문이었다. 나는 더 이상 그에 대한 책임을 지고 싶지 않았고 그래서 조너선은 구치소에 있었다. 그리고 나는 지독한 절망감을 맛보았다. 정말로, 아, 정말로, 이건 가장 쓰기 어려운 부분이다. 극심한 혼돈과 절망의 나락으로 떨어졌고 너무나 많은 눈물이 있었지만, 때로 우리는 그저 아직은 다시 시도해볼 기운이 없을 때도 있는 것이다.

나는 재판이 끝난 후 조너선과의 면회를 허락받지 못했지만 다음 날까지 머무를 수가 없었다. 그래서 그에게 편지를 썼다:

나는 더 이상 너를 책임질 생각이 없기 때문에 보석금을 내지 않을 거야. 나는 네 '경찰관' 노릇을 하고 싶지 않아. 네가 약물을 더 이상 하지 않는지도, 네가 법정에 서야 하는지도 알고 싶지 않아. 너를 사랑한다. 너를 포기한 건 아니야. 나는 너를 절대로 포기하지 않을 거야. 그렇지만 네가 스스로의 행동에 책임을 지기 시작할 시간이 되었다고 생각한다.

애들레이드로 돌아갈 비행기를 타기 직전에 편지를 다 썼다. 희미한 겨울 해가 반짝거렸고 참새 몇 마리가 레몬나무 아래서 푸드덕거리는 아름다운 아침이었다. 그러나 나는 마음이 무거웠다. 잠시 후 터무니없게도 라디오에서 들려오는 이야기를 스치듯 듣고는 기분이 나아졌다.

"여러분이 키우는 새가 건강해 보이지 않는다면 변을 잘 관찰해보세요. 매일 아침 변의 숫자를 세어보세요. 이런 말이 좀 이상하게 들리겠

지만 얼마나 많은 사람들이 자신이 키우고 있는 새들의 변을 세어보는
지를 알면 아마 놀라실 겁니다."

8월 6일 나는 담당 변호사에게 더 이상 변호사를 고용하고 싶지 않다
는 내용의 편지를 썼다:

저는 조너선의 보석을 위해 당신이 노력을 기울이셨다는 것을 충분히 알고
인정합니다. 제가 이해하지 못하고 인정하지 못하는 것은, 성공할 가능성이 분
명히 없다는 것을 당신이 알면서도 계속해서 모든 방법을 강구한다는 사실입니
다. 즉, 당신은 제가 보석금을 지불하지 않을 것이며 왜 그러는지 충분히 이해하
고 있으면서 계속 저를 압박하였고, 마찬가지로 그런 일이 일어나지도 않을 것
이며 왜 그런지 잘 이해하면서도 의사가 조너선의 입원을 허락할 것이라고 법
원에 확언을 하였습니다. 조너선이 갈 수 있는 장소를 찾게 되고 그곳에 가겠다
고 약속할 경우에만 보석금을 지불할 것입니다. 당신의 염려를 진심으로 감사
히 여기기 때문에 이런 일이 발생한 것을 유감스럽게 생각합니다.

브렌다도 계속 노력 중이었다. 그는 시드니에 있는 보호관찰 및 가석
방 부서와 계속 접촉했다. 시드니에 있는 정신건강의학과 의사 친구 앤
디도 구치소 정신과 서비스와 접촉을 했다. 구치소에서는 브렌다에게
조너선이 현실감이 없으나 주변 환경은 인식하고 있다는 보고를 했다.
그는 적응을 하고 있었다.

8월 16일 나는 조너선의 보석금을 지불하지 않겠다는 결정 때문에 여
전히 마음이 부대꼈다. 애들레이드 병원에 있는 조너선의 전 정신건강

의학과 전문의는, 스스로를 지탱하기 위해서 조너선을 이 주에 한 번씩 만나라고 조언했다.

새로 선임한 변호사는 우리가 조너선에 대한 의료 소견서를 써줄 법 의학 정신건강의학과 전문의를 섭외해서 만나야 한다고 말했다. 나는 그를 만나기 위해 시드니로 가야 했다. 티(T)박사는 머리가 희끗희끗하고 키가 작고 말쑥하며, 세심하기보다는 활기가 넘치는 남자였다. 그는 짙은 양복에 엷은 색 넥타이를 맸고 딱 부러지는 목소리로 말을 했다.

"어느 쪽 유전입니까? 에, 어머니, 에?"

날카롭게 말하며 나를 들쑤셨다. 나는 당황해 발을 이리저리 움직이면서, 정말로 모르겠다는 말만 했다.

그 누구도 모른다. 조현병의 원인에 대한 유전자의 영향은 아직까지 베일에 가려져 있다. 특정한 가계에서 여러 사람이 발병하는 경향이 있긴 하지만 그럼에도 조현병을 앓게 되는 사람들은 가족력이 전혀 없는 경우가 많다. 유전자 구성이 정확히 일치하는 일란성 쌍둥이의 경우에도 두 명 중 한 명에게 조현병이 발병한 경우 같은 환경에서, 혹은 따로 성장한 것과는 관계없이 다른 한 명에게도 조현병이 나타날 확률은 50 퍼센트이다. 일반인의 발병은 1퍼센트인데 비해 조현병 환자의 형제, 자매와 자녀들의 발병 확률은 10퍼센트이다. 부모가 모두 조현병 환자일 경우 수치는 40퍼센트로 올라간다. 현재로서는 사람들이 물려받는 것은 발병 확률의 증가이지 질병 그 자체는 아니라는 것이 일반적인 견해다(현재 유전적으로 조현병에 걸릴 확률에 대한 일반적인 수치는 위에 기술한 숫자보다 낮다. 일란성 쌍둥이 28퍼센트, 형제자매 9퍼센트, 부모 모두인 경우 36퍼센트, 옮긴이).

티(T)박사가 구치소에 있는 조너선을 방문하고 쓴 보고서다:

그는 처음에 비정상적인 정신적 현상을 경험했다. '너를 죽여라.' 또는 너는 희망이 없다, 칼로 자해를 해라.' 등 그에게 명령하는 환청을 들었다. 이러한 환청이 때로는 그의 머릿속에서 나오는 것 같았고 때로는 머리 밖에서 나오는 것 같기도 했다. 후자의 경우는 그의 정신 상태가 다른 면에서 극도로 비정상적일 경우에 발생했다. 또 다른 비정상적인 정신적 현상으로는 그가 어떤 외부 세력의 지배를 받는 것 같다고 느끼거나 자신의 생각이 다른 사람들에게 방송되고 있다고 생각하거나, 자신의 어떤 생각이 다른 곳에서 와 자기의 마음속에 이미 삽입되었던 것이라고 느끼는 것 등이 있다.

본인이 자세히 캐물으면 환자는 자신은 엘에스디(LSD, 강력한 환각제, 옮긴이)를 복용한 적이 없으며 헤로인도 복용한 적이 없다고 완강하게 말했다. 그는 마리화나가 자신의 비정상적인 공포와 불안을 달래는 데 도움이 된다고 했다. 그는 자신의 이상한 환각적 경험을 설명하기 위해 사람들에게 엘에스디를 했다고 말해왔다.

현재의 상태는 항정신성 약물인 트리플루오페라진(스텔라진) 처방을 받았기 때문에 안정되어 있지만, 본인은 환자가 조현병을 앓고 있다는 사실을 조금도 의심하지 않는다.

파과형 조현병(국제질병분류법(ICD) 세계보건기구, 제네바 1978) 2951번, 국제질병분류법 용어 사전의 정의: 조현병의 한 유형으로 정서적인 변화가 두드러진다. 망상, 환청이 빠르고 단편적으로 나타난다. 무책임하고 예측할 수 없는 행동이 습관적으로 나타나는 것이 일반적이다. 기분이 자주 변하고 부적절하며 낄낄거림, 자기 만족, 자기 도취적 웃음 등을 동반하거나 거만한 태도, 찡그림, 희롱, 건강 염려증에서 오는 불평, 반복적 언어 사용 등의 증상을 동반한다. 사고는 체계적이지 못하다. 혼자 있으려는 경향이 있고 목적이나 느낌 없이 행동하는 것처럼 보인다. 이러한 유형의 조현병은 보통 15세에서 25세 사이에 나타난다(현재는 조현병의 유형을 편집성, 혼란형, 긴장형, 잔류형, 미분화형 등 다섯 가지로 분류한다, 옮긴이).

조너선이 무죄를 주장하기로 결정했다. 재판이 많이 밀려 있어서 오래 기다려야 했다. 그는 보호가 필요하거나 정신질환이 있는 죄수를 수감하는 특별 감시동에 수감되어 있었다. 나는 에이비시(ABC) 방송국과의 제작 작업으로 시드니 출장을 다녀야 해서 조너선을 이삼 주에 한 번 면회할 수가 있었다. 처음 석 달 동안 그는 점점 더 마르더니 나중에는 대벌레처럼 보였고 너무 가냘퍼서 부서질까 봐 겁이 났다. 시선을 아래로 떨군 채 겨우 몇 마디 말만 하곤 했다. 나는 무슨 말을 해야 할지 모른 채 거기 서 있었다: '조지아가 안부 전해달래…. 밖은 꽤 추워…. 조슈아도 안부 전해달래…. 음식은 잘 나오니 …? 기분은 좀 어떠니?'

구치소 체계는 혹독했다. 앉아서 당신 이름을 부르는 소리가 들리는 우중충한 대기실, 수감자가 당신과 거리를 두고 철망 사이로 이야기 나누기 위해 들어오는 답답한 방, 규칙에 따라 가까이에서 왔다 갔다 하는 교도관들, 사생활 침해, 신체적 접촉이 허용되지 않는다는 사실, 당신 영혼에 자리 잡은 냉기, 사랑을 숨겨야 하는 냉혹함. 그래서 미소조차도 축복받은 사건이 된다. 면회를 하고 집에 돌아오면 나는 <레딩감옥의 노래(오스카 와일드의 시집, 옮긴이)>를 읽고 또 읽었다.

어느 오후에 교도관이 특별 감시동 담당 간호사와 이야기를 해야 한다는 메시지를 전달했다. 간호사는 냉담하게 보이려고 애를 썼지만 마음이 따뜻한 사람 같았다. 그는 조너선이 너무 우울해져서 염려된다고 했다. 나는 그를 만나러 가서 신체 접촉을 해도 된다는 허락을 받았다. 우리는 처벌의 방편으로 사람들에게서 자유를 빼앗지만, 이렇게 함으로써 인간적 접촉도 빼앗게 된다. 조녀선은 손으로 머리를 감싼 채 침대 위에 앉아 있었다. 그는 너무 큰 부츠를 신은 채였지만 옷은 너무 작았다. 다리를 꼬고 앉아 한쪽 발을 위아래로 계속 흔들었다. 손을 떨었다. 내가 그를 건드렸다. 마치 부서질 듯한 뼈를 묶어놓은 것, 또는 카키색 옷을 입은 마리오네트 인형을 건드린 것 같았다. 나는 생각했다.

'이런 걸 얼마나 더 견딜 수 있는지 모르겠어.'

그때가 유일하게 접촉을 허락 받은 면회였다.

다음 번에 나는 조녀선이 철망이 쳐진 접견실에서 한 다리로 서 있는 것을 보았다. 그것은 처음 증상이 발현한 그날 밤, 애들레이드의 자두나무 아래 서서 했던 자세와 똑같은 것이었다. 마치 백 년 전의 일처럼 아득하게 느껴졌다.

공감을 높이기 위한 말과 행동의 예에 관한 글을 읽은 것이 기억났다. 그것은 현대 최면 치료의 아버지이자 위대한 인간주의 심리학자인 밀톤 에릭슨(Milton Erickson, 1901~1980)의 발상이었다. 에릭슨은 공식적인 최면만을 단독으로 사용하지 않았으며, 환자가 그와 연관되어 있고 그와 함께 일한다고 생각하게 만드는 자연주의 방법을 고안해냈다. 이것은 때로 공감과 수용을 이끌어내기 위해 상담자가 내담자의 움직임과 언어를 따라 하는 행위를 수반하기도 한다. 그래서 롱베이 구치소에서 이른 아침에 나무 기둥처럼 한 다리로 서 있는 아들을 말없이 쳐다보면서 나도 기둥처럼 한 다리로 서 있었다. 우리는 둘 다 우리 사이를 가르는 철망이 있다는 사실을 무시했다. 나는 약간 흔들거리고 뒤뚱거리면서 삼 분, 사 분, 아니면 오 분 동안 서 있었다. 잠시 후 조녀선이 발을 내리고 웃음을 터뜨렸다.

"바보 같아요."

우리는 여전히 말을 하지 않았다. 그럴 필요가 없었다.

어느 날 나는 아이시아와 함께 조녀선의 면회를 갔다. 그는 어깨에 숄을 두르고 엉덩이를 나풋나풋 흔들며 교도소로 걸어 들어갔다. 수감자를 위로하기 위해 가는 사람이라기보다는 넬 권(17세기 영국의 인기 배우, 후에 찰스 2세의 정부가 된다, 옮긴이)처럼 보였다. 아이시아는 함박웃음을 지으며 조녀선을 반겼고, 그를 꼭 안아주고 싶다고 말하고는 말없이 웃으며 그를 보고 서 있었다. 이따금 우리 셋이 웃기도 했다. 그날의 만남도 좀처럼 일어나기 어려운, 말이 필요 없는, 그야말로 눈부신 순간이었다.

11월 5일 조녀선은 여전히 특별 감시동에 있었고 변호사는 여전히 그를 외부의 병원으로 옮기려고 노력했다. 여전히, 여전히, 여전히. 재판이 있을 때까지 얼마나 더 수감이 돼 있어야 하나? 선임 보호관찰관은 조녀선이 보석에 대해 책임감을 느끼는지 알아보기 위해 그와 이야기를 나누었다.

"조, 우리가 당신에게 보석을 허락해주려면 어떤 요구 사항이 따르는지 알고 있습니까?"

대답 없음.

"조, 당신은 우리와 계속 연락을 해야 하고 법을 어기면 안 됩니다. 알겠습니까?"

대답 없음.

"보석을 원합니까, 조?"

"네, 보석으로 나가면 오토바이를 사고 다시 멋진 사람이 될 거예요, 그럼요."

11월 8일 변호사는 조녀선에 대한 고소를 기각하려고 노력을 기울였다. 그러나 주법무부장관이 거부했다.

11월 18일 나는 조녀선에게 줄 책을 넣어주고 사건 일람표를 받았다.

11월 29일 조녀선의 재판이 12월 6일로 앞당겨졌다. 그는 여전히 무죄를 주장하고 있었다. 차츰 조녀선이 나아 보이기 시작했다. 그의 이복형제 사이먼이 구치소에서 요가와 명상 수업 프로그램을 하는 하리 크리슈나 신도들과 함께 그를 면회했다. 조녀선은 작업치료사와 일주일에 한 번 그림을 그렸다. 그는 체스도 했다. 네일과 아이시아 그리고 조녀선이 발병한 해에 우리와 크리스마스를 보냈던 사랑하는 아일랜드 친구 클레어 등, 많은 사람이 관심을 가지고 지켜보았다. 방학 동안 용감한 조지아와 조슈아가 조녀선을 보러 갔다.

12월 3일 조녀선 사건이 다음 해로 연기되었다. 그는 내가 기억했던 것보다 더 좋아 보였다. 그가 머리를 똑바로 하고 서서 내 눈을 들여다보았다. 목소리는 힘이 있었다. 구치소 생활이 힘들지만 병원은 끔찍하다고 했다. 춥다고도 했다.

나는 크리스마스 전에 시드니로 가 조녀선을 한 번 더 면회했다. 그에

285

게 감청색 스웨터, 극한의 환경에서 쓸 레놀린 크림, 책 몇 권을 가져다 주었다. 가려는데 돌연 그가 소리쳤다.

"처신 똑바로 해요, 앤."

6장

엄격한 사랑

즐거운 곳에서는 날 오라 하여도,

내 쉴 곳은 작은 집

내 집뿐이리.

J. H. 페인

1983년 1월 나는 오늘 밤 홍수처럼 쏟아지는 기억 속에 묻혀 있다. 과거에 일어난 일에 대해 글을 쓴다는 것은 낯선 일이다. 무슨 일이 일어날지 알고 있으면서 아무것도 바꿀 수가 없다. 때로 조용히 옛일을 돌아보고 어떤 때는 기억 속에 잠겨 있다. 이 해는 좋은 기억으로 시작한다. 나는 남호주에 사는 친구 팻 캘리와 베이징으로 가기를 기다리면서 홍콩에 있었다. 우리는 시드니에 있는 님로드 시어터 컴퍼니(NImrode Theatre Company)와 중국 대학들을 둘러보는 여행을 계획했다. 나는 이와 관련된 영화를 만들어보고 싶었다.

1월 2일 베이징에 도착했을 때는 기온이 영하 18도였다. 우리는 파카, 운동복, 보온 내의를 입고 장갑 두 켤레에 목도리를 두르고 털모자를 썼다. 베이징을 방문한 대부분의 홍콩 사람들은 밍크를 입었다. 베이징은 카키색 하늘과 카키색 풍경을 펼쳐 보여주었다.

베이징 호텔은 어마어마한 규모였다. 내 방에는 거대한 나무 침대, 멋진 책상과 팔걸이 의자가 있고 짙은 자두색 커튼이 드리워져 있었다. 로

비에는 남자들, 여자들이 거대한 모피 모자를 쓰고 뽐내듯 걸어 다녔고 아이들은 사람들 다리 사이로 뛰어다녔다. 홍콩에 갔다 온 적이 있는 젊은 중국 남자들은 선글라스를 쓰고 전자 제품을 과시하며 걸어갔다. 사람들은 우아한 금박이 달린 의자에 앉아 차나 코코아를 마시고 작은 케이크를 먹었다.

이것이 문화 혁명이 끝난 지 사 년 정도 지난 중국의 모습이었다. 모든 세대는 창의적, 지적 발전에 굶주려왔으며 서방 세계와 접촉하기를 원했다. 우리의 통역사 후아렌은 똑똑하고 민첩하며 매력적이었다. 베이징에서 만났을 때는 군청색의 인민복을 입고 있었는데 남쪽으로 이동할수록 의상이 눈에 띄게 화려해졌다. 우리는 대학 다섯 곳을 방문해 그들이 어떤 연극을 보고 싶어하는지 토론을 했다. 모두가 셰익스피어, 유진 오닐, 아서 밀러, 존 스타인벡의 작품을 보고 싶어했다. 시안 대학에서는 무슨 까닭인지 레이디 그레고리(Lady Gregory 1852~1932, 아일랜드의 극작가, 옮긴이)도 요구 목록에 들어 있었다. 우리는 호주의 극 작품 몇 개를 제안했고 그들은 예의 바르게 '네'라고 대답했다.

당시 중국은 산아제한 운동을 시작했는데 그 넓은 땅 이쪽 끝에서 저쪽 끝까지 어디를 가든지 산아제한이 영광스러운 대작업이라는 사실을 되뇌게 하는 선전 문구를 지겹도록 보았다. 산아제한 구호가 적힌 펼침막들이 건물에 걸려 있고 거리 가판대에서는 콘돔을 파느라 분주했다. 또 텔레비전 드라마는 원치 않는 임신의 위험에 대한 내용을 방송하고 오페라와 '팝' 음악은 대가족이 주는 공포와 단출한 가족이 주는 기쁨에 대한 내용 일색이었다. 정신질환과 관련해서는 어떤 캠페인이 있는지 물어보자 그런 것은 없다는 답이 돌아왔다.

기차로 여행하는 동안 우리, 호주 여자 두 명과 중국 여자 한 명은 밤을 지새며 남편, 애인, 일, 아이들, 정치에 관한 이야기를 하고 또 했다. 빨간색과 흰색의 체크무늬 솜이불 아래 착 달라붙어서 승무원들이 커다란 철제 주전자에 담아 가져다주는 차를 마셨다. 나는 내 생각과 우리 대화의 편린들을 일기에 적어두었다:

조녀선은 어디 있을까, 분노로 이글거리는 눈과 떨리는 손의 조녀선은…? 기억을 저편에 치워라. 종이에 싸두어라. 끈으로 묶어라. 봉랍으로 봉하라….

우리는 차를 더 마시고 밖을 내다보았다. 밖은 너무나 광활한 풍광을 무대로 삼아서 모든 사람과 사물이 난쟁이처럼 보였고, 추위로 삭막해 보이는 영화의 한 장면 같았다.

제 남편은 중국 북쪽 끝에 있는 대학에서 파견 근무를 하고 있어요. 저는 그 사람을 일 년에 한 번만 만나죠. 제 여동생이 제 아들을 키우고 있어요. 그 애는 열 살인데 베이징보다는 시골이 그 애에게 좋아요. 우리 애가 좀 더 자라면 저와 함께 살 수 있을 거예요. 당신은 아마 이해하기 어렵겠지만…. 아주 많은 중국 여자들이 아기를 가졌을 때 남편이 잘 대해주지 않아서 굉장히 슬퍼한답니다. 그들은 아내를 동정심으로 대하지 않고 여자들은 그걸 절대로 잊지 못하죠….

기차가 갑자기 기울더니 선로 위를 흔들거리면서 달렸다. 우리 몸도 기울어져서 뜨거운 차가 이불 위로 쏟아졌다. 우리는 맥아엿을 먹으며 마치 오랫동안 서로를 알던 사람들처럼 이야기를 했다.

조녀선은 귀에 조개껍질 세 개를 다느라 귀에 구멍을 세 개나 뚫었어요. 조지아는 한쪽 귀에만 뚫었고 조슈아도 그랬죠…. 중국에서는 자궁절제술을 할 때 침술을 이용해요…. 세 명의 의사들이 내게 자궁절제술을 해야 한다고 말했어요. '당신은 썩고 벌레 먹은 이를 달고 다니려고 하겠어요? 아니죠? 당신은 지금 자궁에 마찬가지 일을 하고 있는 거예요.'라고 한 명이 말했어요…. 허리가 안 아프냐구요? 아니에요, 이제 곧 아프기 시작할 거예요…. 자파스(초콜릿 볼 이름, 옮긴이)를 드세요. 호주에서는 영화를 보면서 모두 이걸 먹어요…. 내 자궁은 아직도 여기 있어요. 고맙지만 아주 잘 있어요. 아직도 중국에서는 높은 위치에 있는 여성이 거의 없어요…. 제 생각에는 우리가 남자들을 교육시켜야 해요…. 내 뜨거운 물 주머니가 식었어요…. 찻주전자에 있는 물로 채우세요.

우리는 광저우에서 후아렌과 작별 인사를 했다. 일 년 뒤 님로드 시어터 컴퍼니가 존 벨(John Bell, 호주의 연극 연출가, 옮긴이)과 중국을 방문해 지방을 돌며 수천 명의 학생들과 교수들 앞에서 공연을 했다. 안타깝게도 우리는 영화를 제작할 만큼 충분한 돈을 벌지 못했다.

중국에서 돌아오자마자 곧 다가올 조녀선의 재판에 관한 걱정 속으로 뛰어들었다. 그는 아직도 구치소에 있었고, 일반 동에 있을 때 특별 감시동으로 옮겨줄 때까지 이상한 소리를 내며 한 발로 서 있곤 했다. 그는 구치소 내 일반 동이 무서웠으며 강간을 당했다고 말했다. 그럴 수도 있었을 것이다.

변호사들은 법무부 차관과 법무부에 조녀선 사건을 기각한 것에 대해 강력히 항의했다. 그들은 그러면서 내게 소송 의뢰 비용과 이미 발생한 비용 총 2,000달러를 보내달라는 편지를 보냈다. 이것과 별도로 법정 변호사 비용도 발생할 것이다.

2월 변호사 중 한 명이 승리감에 넘쳐서 전화를 했다. 나는 조너선이 석방될 거라고 말할 줄 알았다. 그 대신 그가 말했다.

"우리는 아드님이 조현병이 아닐 수도 있다고 생각합니다."

"오, 그러세요?"

"그는 시골에서 살며 당근을 키우고 싶어하는 정말로 재미있는 젊은 이에요."

그때 적은 쪽지를 보니 '토끼를 키우다'라고도 써두었는데, 이건 아마 비꼬느라고 적은 말이었을 것이다.

"오, 그래요?"

나는 코대답을 하고 그냥 내버려두었다. 희망의 카드를 절대로 내던지지 말라. 법정 변호사는 좋은 남자였으며(변호사는 좋은 여자들, 좋은 남자들이므로) 정신건강의학과 자활 시설 원장이었다. 조너선이 석방되면 이 시설 중 한 곳으로 가겠다는 데 동의했다.

3월 1일 심리가 열리기 전날 젊은 변호사가 낙담한 목소리로 전화했다. 그와 법정 변호사가 체포 경위를 재현하기 위해 조너선을 면회하러 갔다고 했다. 조너선은 처음에는 말이 없다가 횡설수설했다. 재판이 다가옴에 따라 긴장이 되어 다시 퇴행을 한 것이다. 결국 그는 거만하게 손짓으로 종이와 펜을 가져오라고 했고, 등을 돌려 다음과 같이 썼다: 나는 당신들을 해고한다. 나는 당신들을 해고한다. 나는 당신들을 해고한다. 꺼져라. 제이비(J.B.) 에스콰이어.

"우리가 어떻게 해야 하나요?"

"하던 대로 계속 하세요."

나는 힘없이 말했다.

저녁 7시에 법정 변호사가 시드니에서 전화를 했다. 주법무부장관이 주요 혐의에 대한 고소를 취하했다고 했다. 조너선 사건은 어떠한 증거도 없었다. 그는 택시 운전사를 말이나 어떤 다른 방법으로도 협박한 적이 없었다. 흉기를 소지한 혐의에 대해서는 여전히 기소 중이었다. 오랜 기간 동안 정신질환을 앓고 있다는 소견이 있었는데도, 조너선은 결국 8센티미터짜리 주머니칼을 소지했다는 이유만으로 공판도 없이 아홉 달 동안이나 구치소에 있었다.

빅토리아주 법의학 정신의료서비스 소장인 존 그리고는 교도소가 분명 호주에서 가장 큰 정신병원일 것이라고 말했다. 미국에서 실시한 많은 연구에 따르면 교도소 수감자의 20퍼센트 정도가 심각한 정신질환을 앓고 있으며 정신의학적 치료가 필요한 상태라는 의견이 꾸준히 제기되고 있다. 5퍼센트 이상은 극심한 정신이상이다. 전문가들은 교도소와 소년원 내 정신장애의 비율이 지난 삼십 년간 증가하고 있으며 이것이 탈시설화를 가속화하고 비자의적으로 정신병원에 입원할 때 더욱 엄격한 절차를 요구하는 경향이 강해지는, 의도하지 않은 결과를 가져올 수 있다고 예측한다. 병원에 수용할 수 있는 침상이 있는 경우조차 많은 정신건강의학과 의사들은 만성적인 정신질환을 앓는 사람들의 입원 조치를 꺼린다. 이러한 사람들 중 많은 수는 극심한 정신이상이나 만성적인 정신질환의 증세인 서툰 판단력과 강박적 행동 등, 질병의 분명한 징후 때문에 저지른 경미한 범죄로 인해 체포되고 있다. 이러한 범죄는 보통

버스 요금을 내지 않는다든가 좀도둑질, 부랑죄(부랑죄는 유럽 대부분의 국가와 미국, 소련 등에서 20세기 초까지 존재했으며, 호주에서는 1970년대까지 존재해서 별다른 범죄 혐의가 없는 노숙자를 차별하는 법이라는 비난을 받았다, 옮긴이) 등 조너선이 계속 저질렀던 것과 유사한 경미한 수준의 것이다. 어떤 청년은 공룡이 자기에게 뛰어드는 것을 보아서 벽돌을 집어 들어 가게 진열장 유리를 부순다. 어떤 젊은 여자는 자신이 돈 낼 필요가 없다고 믿기 때문에, 돈을 지불하지 않고 식당을 나왔다는 이유로 반복적으로 체포된다. 그는 자신이 예수 그리스도가 환생한 몸이라고 말한다. 오레건주 포틀랜드에서 실시한 연구 결과에 따르면 정신질환자의 거의 모든 가족은, 환자인 가족이 범죄를 저지른 때는 정신이상이 온 이후라고 보고했다. 조사에 응한 가족 중 절반 이상이 범죄를 일으키기 직전에 환자를 입원시키려고 노력했으나 실패했다. 어떤 이들은 '최소한 그가 도움을 받을 수 있으므로', 체포되어서 오히려 마음이 놓인다고 말했다.

나도 이 논문을 읽었는데, 학술적인 글에 필요한 정중한 언어 속에 웅크리고 들어앉은 이 한 문장이 마지막으로 마음속에서 메아리처럼 울려 퍼졌다. 조너선이 체포되었다는 소식을 들었을 때 내가 했던 말이 무엇이었나?

'드디어 조너선이 도움을 받겠구나.'

그러나 우리가 이러한 도움을 받기 위해서 정신질환자가 범죄를 저지를 때까지 기다려야 한다는 것은 공공 의료 서비스의 폐단이 얼마나 끔찍한지를 증명하는 것이다.

브렌다는 내가 법정에 일찍 도착하면 조너선을 위해 제대로 옷을 챙겨 가는 게 좋을 거라고 조언했다. 조너선이 입을 옷을 시드니에 있는 보호관찰관 두 명에게 건네주었는데 그때 조너선을 체포했던 형사들이 거기에 있다는 사실을 알았다. 그들은 주요 혐의가 기각된 것을 불쾌하게 여겼고 내게 조너선이 헤로인 중독이라고 말했다. 흉기소지 혐의에 대한 공판은 금방 끝났다. 조너선은 일 년 간 보석 처분을 받아 법정을 걸어 나왔고 건강도 목소리도 좋아 보였다. 자유를 찾은 이 첫날에 무엇을 해야 하는지 자신이 없었다. 아파트로 돌아간다는 것은 김이 빠지는 일 같아서 조너선에게 본다이 해변에 가고 싶냐고 물었다. 그는 그렇다고 했다.

우리는 본다이 해변에서 비현실적인 하루를 보냈다. 날은 아직도 따뜻했다. 말을 그리 많이 하지 않은 채 바닷가를 따라 걸었고 피자와 아이스크림과 밀크셰이크를 사 먹었다. 우리는 수영을 했다. 나는 과거에 대해 아무 것도 묻지 않았고 미래에 대해서도 묻지 않았다. 조너선이 그 순간 너무 행복해 보여서 질문을 한다는 것이 어울리지 않을 것 같았다. 그는 병이 나기 전의 올드 조너선 같았다.

키리빌리로 돌아가니 네일과 아이시아가 이미 와 있었다. 함께 저녁을 먹었는데 조너선이 식탁에서 우리의 손을 잡고 말했다.

"아, 내가 너무나 사랑하는 사람들과 같이 있으니 정말 좋다."

행복한 순간이었다.

조너선은 다음 날 자활 시설에 들어가는 데 동의했지만 필요한 아무 것도 하지 않았다. 아이시아는 그에게 시드니에 있을 건지 애들레이드로 돌아갈 건지 물어보았다. 조너선은 결정을 하기 전에 생각을 해보기로 했다. 그날 밤 조너선은 신경이 날카로워지기 시작했고 다음 날 아침에는 더욱 불안해했다. 구치소에서 아홉 달을 지낸 정신적 충격을 생각하면 이것은 그리 놀랄 일이 아니었다. 나는 조슈아가 학교에서 주말 동안 외박 허가를 받아서 애들레이드로 돌아왔다. 조지아도 집에 왔고 다시 집으로 들어와 지내겠다고 했다. 조지아는 막 열여덟이 되었고 조슈아는 열네 살, 조너선은 스물한 살이었다.

조너선이 전화해서 집으로 오겠다고 말했다. 그를 공항에서 마중한 뒤 함께 차를 타고 애들레이드를 둘러싼 공원을 지나는 중이었다. 가는 길에 무슨 운명의 장난처럼 거리의 시인 사이먼과 클레이턴 프링을 발견했다. 조너선은 움직이는 차에서 뛰어내렸다.

"곧 돌아올게요."

그가 큰 소리로 말했다.

조너선은 한 시간 뒤에 돌아왔고 내가 저녁을 준비하는 동안 주방을 왔다 갔다 했다. 흥분해 있긴 했지만 꽤 이성적이었다. 조너선이 정상적으로 보인다는 사실에 얼마나 기뻐했는지 지금도 기억난다. 우리는 뒤란에 있는 커다란 나무와 빨랫줄 아래서 저녁을 먹었다. 저녁을 먹는 동안 조너선이 조지아에게 시비를 걸었다.

다음 날 조슈아는 학교로 돌아갔고 조너선은 자고 있었다. 이른 저녁을 먹는 동안 조너선이 더 짜증을 냈고 조지아에게 몹쓸 욕을 하면서 다시 언쟁을 벌였다. 조너선이 내게 소리를 지르고 식탁에서 물을 밀어 내 무릎에 쏟았다. 내가 산책하면서 머리를 식히라고 하자 중얼거리면서 쿵쿵대고 나가더니 인도에 책상다리를 하고 앉아 몸을 앞뒤로 흔들었다.

잘 기억이 나지는 않지만 그때 나는 무언가를 빌리러 친구에게 가느라 한 시간 정도 집을 비웠다. 당시 조너선의 상태에 대해 심각하게 잘

못 판단했다. 집에 돌아왔을 때 경찰차 두 대가 집 밖에 주차해 있었고 마치 폭탄을 맞은 것처럼 보였다. 길에는 물건들이 몇 미터까지 나뒹굴고 조지아는 얼굴이 하얗게 질려 울고 있었다. 조지아는 내가 나가자 조너선이 갑자기 집으로 들어와 그릇과 유리잔들을 양팔 가득 집어다 길로 내던졌다고 말해주었다. 조너선은 책을 흩어놓고 종이를 찢어버리고 벽에서 그림들을 떼어내 그 위에서 날뛰었다. 손으로 라디오를 납작하게 만들고 시계를 발로 밟아 길 밖으로 집어 던졌다. 조지아는 가까운 이웃으로 달려가 경찰에 전화를 했다. 경찰이 그를 병원으로 데리고 갔다.

조지아는 충격을 받아 완전히 제정신이 아니었다. 나는 그 당시 우리 주치의인 좋은 친구에게 전화했다. 그가 달려와 병원에 전화를 해보았고, 조너선이 다시 진정되었다는 말을 들었다. 거리의 잔해를 치우는 데 두 시간이 걸렸고 우리는 새벽 2시까지 다 끝내지 못했다.

다음 날 조지아가 학교에 간 뒤 병원에 전화해 원장과 통화를 했다. 우리가 그 당시 다른 구역에 살고 있었기 때문에, 병원은 그 전 해에 많은 시간을 보낸 그곳이 아니었다. 의사는 조너선이 많이 좋아져서 집으로 가고 있다고 했다. 나는 전화를 끊고 숨을 깊이 들이마셨다. 그가 집에 오고 있다니… 맙소사…. 믿을 수가 없었다. 그가 집에 오고 있다. 창밖을 내다보니 저만치서 분명히 조너선이 성큼성큼 길을 달려오고 있었다.

조너선은 발로 문을 걷어차 열고 마당을 지나 집으로 들어왔다. 나를 바닥에 밀치고 내 머리에 발을 올려 얼굴이 카펫에 짓눌렸다. 그는 나를 '비열한 년', '매춘부', '악마 같은 여자'라고 불렀다.

"그 목걸이랑 팔찌를 내놓으시지, 부인."

이렇게 으르고서는 내 목에서 목걸이를 잡아떼려고 했다. 그는 내 팔을 잡아 등 뒤로 홱 돌린 다음 나를 끌고 방을 돌아다녔다. 나는 무섭고 아파서 소리를 지르면서 경찰을 부르겠다고 했다. 그가 나를 벽 쪽으로 세게 밀었다. 그러더니 집을 돌아다니면서 내 침대 옆 시계와 그가 잃어버렸던 라디오, 조각조각 찢은 종이, 보석 몇 가지 등 남은 물건을 몇 가지 집어 들었다. 마침내 주머니와 팔에 전리품을 챙겨 들고 나갔다. 약탈을 당한 것이므로, 나는 그것을 전리품이라고 부른다. 현관에서 그가 말했다.

"조심해, 나쁜 년, 내가 다시 올 테니."

병원에 전화를 해서 내게 조언과 도움을 준 의사와 이야기했다. 껄껄거려서 나도 더는 알아들을 수 없는 목소리로, 울면서 말했다.

"무서워요."

의사는 내가 조너선을 구출해주는 일을 그만해야 한다고 말했다. 아마도 의사는 내가 왜 조너선을 애들레이드로 오게 했는지 의아해했던 것 같다. 조지아도 내가 그를 집에 들이지 말았어야 했다고 말했다. 나는 강의를 원하는 게 아니었다. 도움이 필요했다. 의사는 내가 무서운 게 당연하다면서, 접근금지 신청을 하고 집에 경호원을 둬야 할지도 모른다는 말도 했다. 만약 조너선이 다시 나타난다면 나는 경찰을 불러야 할 것이다.

브렌다에게 전화를 했다. 그도 접근금지 신청을 권하면서 감시인을 구하거나 다른 주로 이사하는 걸 생각해 보라고 했다. 사람들은 때로 이렇게도 한다고 말했다. 접근금지명령에 대한 생각은 그냥 넘겨버릴 수 있었지만, 아픈 가족 한 사람에게서 나머지 가족을 보호하기 위해 다른 주로 이사를 간다는 생각은 받아들일 수가 없었다. 경호원 이야기는 그 중 최악이었다. 모두가 내 자신과 조지아, 조슈아의 안전을 위해서 조녀선과의 모든 관계를 끊어야 한다고 말했다.

그날 밤은 집에 있고 싶지 않았고 다른 사람들도 그랬다. 조지아가 수업을 마치고 돌아왔다. 조지아는 집을 나와 친구와 사는 게 낫겠다고 결정했다. 주말에 외출했다가 막 돌아온 메리는 잠시 거처를 옮기기로 했다. 조슈아는 기숙사에 있었다. 이제 내가 남았다. 나 혼자만 남은 기분이었다. 나 혼자만 남았다. 나는 그날 밤을 친구 집에서 지냈다. 그 다음 날 아직도 폭탄을 맞은 것 같은 텅 빈 집으로 돌아갔다. 나와 비슷한 충격을 경험한 사람들과 이야기하고 싶었다. 몇 달 전에 만난 적 있는, 조현병에 걸린 아들을 둔 베티라는 여성에게 전화를 했다. 상처를 입었을 때, 우리는 자신의 상처와 수치를 아는 사람이 필요하다. 나는 수치심을 느끼고 있었다:

'나는 도대체 어떤 사람이기에 내 아들이 내게 이런 일을 할 수 있을까? 내 안에서 나를 판단하고 나무라는 음울한 유령들은 나를 뭐라고 생각할까?'

"엿이나 먹으라고 해요."

베티가 깨진 유리 조각과 그릇 더미를 치우면서 말했다.

"아이구나, 세상에."

베티는 체격이 크고 관대하며 재미있었다. 그는 별자리점, 바흐플라워 요법, 마녀, 타로 카드, 노동 운동, 여성들의 힘, 사랑의 힘을 믿었다. 아이 셋을 키우면서 문학, 역사, 정치를 독학했고 마음을 다스리기 위해 오비디우스와 베르길리우스(로마 시대의 시인들, 옮긴이)의 시를 배웠다.

베티의 남편 데이브는 키가 크고 강단 있는 사람이었고, 사람들을 '사랑'이라고 불렀다. 그들은 과일나무와 채소를 심은 넓은 마당이 있는 집에서 살았는데 방마다 책과 자료와 사람들로 가득했다. 그들의 집은 사람들을 끌어들였다. 그 집 막내아들이 열아홉 살 때 조현병에 걸렸다.

"그 애가 서핑을 하러 캣터스 비치로 갔는데, 친구 하나가 우리 아이가 제정신이 아니라는 말을 전하려고 찾아왔어요. 우리는 그 애를 데려오기 위해서 비행기 왕진 서비스를 받아야 했지요. 그들이 전화를 바꿔주기에 '엄마야.'라고 했죠. '엄마 아, 엄마!' 마치 내가 바다에서 온 물고기라도 되는 것처럼 말을 했어요."

내가 현재 겪고 있는 지난한 긴 타령을 되풀이하자 베티가 나를 보며 말했다.

"잘 들어요, 내 사랑. 자기가 심연을 오래도록 들여다보고 있으면, 심연이 자기를 들여다볼 거예요."

그가 빙그레 웃었다.

"그건 니체의 <선과 악을 넘어서>에 나오는 말이에요."

그녀는 내면에서 지칠 줄 모르는 힘이 뿜어져 나오는 것 같았다. 우리는 주방으로 자리를 옮겨 차를 마셨다. 초록색으로 코팅된 주방 테이블 뒤 구석진 곳에 자리를 잡았다.

"사람들에게 거짓말을 해요. 거리를 두세요. 지금 신경 쇠약에 걸렸다고 말을 해요. 그게 사람들이 당신 말을 듣게 하는 유일한 방법이에요. 가서 계속 조용히, 침착하게 있으면 사람들은 '아, 저 여자는 괜찮구나. 사상자가 난무한 최전방에 있는 건 아니구나. 잘 해나가고 있구나.'라고 생각을 하죠."

그는 빙그레 웃으며 내 손을 다독거렸다.

"데이브에게 와보라고 할게요."

몇 년 후, 그녀는 내게 이런 말을 했다.

"웃었어요. 알아요? 왜냐하면 당신이 자기관리를 잘 했기 때문에 너무나 침착하게 잘 대처한다는 생각이 들었거든요. 깨진 유리 조각까지도 정리가 돼 있더라고요. 인상적이었죠."

베티가 한 충고를 받아들여 다시 정리하면, 이야기의 교훈은 이렇다. 우리는 인생에서 잘 해나가고 있는 척 바보짓을 할 때가 있다는 것이다. 베티는 내가 얼마나 속수무책인지 보여주고 도움 청하는 법을 배울 수 있게 해주었다.

그날 오후에 베티의 남편 데이브가 왔다. 데이브는 막 은퇴를 했다. 그는 조용히 집을 둘러보고 창문 틀을 고치고 나서 수리가 필요한 일이 무엇인지 확인했다. 그는 물이 뚝뚝 떨어지는 수도꼭지를 고칠 스패너와 나무를 팰 도끼를 가져왔고, 내가 혼자 지내는 걸 무서워해서 두세 번인가 우리 집에 와 있기도 했다. 그러나 나는 대부분의 시간을 여러 친구들 집에서 지냈고 낮에만 일을 하러 집에 왔다. 병원에서는 이게 현명할 것이라고 했다. 또 집을 지키기 위해 경호원을 두었고, 결국 조너선이 집에 접근하지 못하게 하는 법적 명령인 접근금지명령 신청서를 작성하러 경찰서로 갔다. 신청을 한 뒤 이 일로 몇 번 판사에게 가야 했다.

접근금지명령을 받는다는 건 힘든 일이었다. 그것은 부모로서의 내 모든 본능과 가정이라는 내 모든 가치에 어긋나는 것이었다. 가정은 언제나 돌아갈 수 있는 곳이다. 그런데 이제 나는 조너선을 그렇게 만든 병에 대한 공포 때문에, 그를 들어오지 못하게 쫓아내려 하고 있다.

이틀 후 정오쯤 되었을 때, 책을 가져가려고 집에 가니 조너선이 베란다에 앉아 있는 게 보여서 그에게 걸어갔다.

"네가 다시 지난 일요일처럼 행동하면 널 고소할 거야. 네가 그럴 때 난 무서워. 그리고 다른 사람도 마찬가지야. 당분간 네가 집 근처에 오지 않았으면 좋겠어. 경찰에 접근금지명령 신청을 했어. 그건 네가 가까이 오면 안 된다는 말이야."

"예, 알았어요. 좋아요. 좋아요."

조너선은 이렇게 말하면서 마당으로 걸어가, 커다란 나무 아래 다리를 꼬고 앉아 나를 쳐다보았다. 나는 안으로 들어가 문을 닫았다.

조너선은 증거가 없어서 기각된 혐의 때문에 재판을 기다리며 아홉 달 동안 구치소에 수감되어 있었다. 그 기간 동안 강간을 당했을지도 아닐지도 모르며 상담을 받지 않은 채 석방되었다. 그때 조너선은 집에 막 돌아온 상태에서 감정이 들끓었던 것이다. 조현병이 거의 확실하게 스트레스로 인해 야기된다는 점을 고려하면 그가 갑자기 바깥 세상의 요구 속으로 내던져져 폭발한 것은 그리 놀랄 일이 아니었다.

조너선은 이웃집 주변을 배회했다. 때때로 뒷마당에 나타났다가 내가 나가면 달아났다. 한번은 창문을 통해 기어 들어와서는 집을 돌아다니며 물건들을 집어 들었다 다시 내려놓기를 반복했다. 조너선은 빈 건물로 돌아갔고 질병 수당을 받았다. 하지만 후견인위원회에서 재정 문제에 대한 제재를 철회하지 않았기 때문에 매트리스, 담요, 옷가지를 사기 위해 돈을 찾으려면 브렌다에게 가야 했다.

3월 15일 브렌다의 기록:

조와 어떻게 살아갈 건지 어디서 무료 급식을 받고 샤워를 할 수 있는지에 대해 이야기를 나누었다. 또한 가능한 한 어떤 방법으로든 그를 돕겠으며, 그도 자신이 원하는 삶을 살 수 있으며 병원에 집어넣기 위한 어떠한 조치도 취하지 않겠다는 것을 분명히 했다. 그러나 만약 그가 다른 사람을 해치거나 계속해서 엄마 집에 있는 사람들을 괴롭힌다면 조치를 취하겠다고 했다. 그는 동의를 했지만 내가 한 말들이 아마도 마음속에 뒤죽박죽되어 있을 것이다. 그는 여전히 일자리를 찾아보고 싶어서 장애연금을 계속 타려고 하지 않았다. 문제는 그가 너무 불안정해서 어떤 일이든 해나갈 수 없을 것이라는 점이다.

같은 날 나는 접근금지명령을 직접 신청하러 치안 판사에게 가서 그게 왜 필요한지 설명을 해야 했다. 판사가 나를 안경 너머로 보더니 말했다.

"그런데 이 청년은 왜 도움을 받지 못하고 있습니까? 왜 병원에 입원을 하지 않았습니까?"

나는 판사에게 병원에 똑같은 질문을 해주면 좋겠다고, 서슬을 세우고 말했다. 법원을 나오는데 조너선이 일정한 주소가 없기 때문에 명령을 수행할 수 없을지도 모르며 이것은 명령 집행이 불가능하다는 의미라고 경찰이 말했다.

사우스테라스 집으로 혼자 돌아오자 가장 끔찍한 고립감을 느꼈다. 조지아와 조슈아에게는 모두 집을 떠나 있으라고 했다. 경호원들이 집을 지켰다. 조너선은 아직도 정신이상 상태였다. 나는 무기력감을 느꼈고 두려웠다. 때때로 나는 집에서 아주 어렵게 잠을 잤다. 내 집에서 쫓겨나지 않으려고 했다. 그러나 바깥에서 나는 아주 작은 소리에도 소스라치게 놀라 잠에서 깨곤 했다. 경호원들이 침실 창으로 손전등을 깜빡 거리면 깜짝 놀라 일어나 앉아 놀라지 않은 척했다. 한번은 달이 높이 뜬 날, 주머니쥐 소리(아니면 고양이 소리였을까? 아니면 내 이상한 아 들이었을까?)에 잠이 깼다. 나는 맨발로 집 밖으로 걸어나와 소리를 질 렀다.

"가, 조너선, 가라고! 날 좀 내버려둬, 조너선. 날 내버려두라고."

침대로 돌아오면서 나는 어이없게도 자식에게 집착하여 탯줄을 끊지 않으려는 엄마들에 대한 모든 말을 생각했다. 맙소사, 나는 벌써 자르 고, 태우고, 날려버렸어. 나에게 절대로 평화를 주지 않을, 그리고 너무 나 지치게 해서 하루하루를 어떻게 버텨나갈 수 있을지 나도 모르는 이 짐을 벗기 위해서라면, 무슨 일이든.

부활절이 4월 초였는데, 정상적인 가정 같은 것을 다시 만들어보려는 시도로 조지아와 조슈아에게 부활절을 집에서 함께 보내자고 했다. 친 구 집에서 하숙을 하는 메리도 우리와 함께했다. 모두가 말다툼을 했고 나는 화가 났다.

"너무해. 그래, 엘리스가 죽지 않았다면 좋았겠지. 조너선이 미치지 않았다면 좋았겠지. 조너선이 집을 때려부수지 않았다면 좋았겠지. 이 런 일이 다 일어나지 않았다면 좋았겠지. 하지만 난 그걸 바꿀 수 없고 너희들도 할 수 없어. 그러니까 우리는 계속 싸우면서 비참하게 지낼 수 도 있고, 아니면 이미 일어난 일을 받아들여 우리가 할 수 있는 가장 좋 은 시간을 서로에게 줄 수도 있어."

나는 자리를 박차고 나와 공원을 걸었다. 집으로 돌아오니 차가 준비 되었고 오븐에는 핫크로스번(십자가 무늬가 있는 빵으로 부활절에 많이 먹는다,

옮긴이)이 있었다. 멋진 부활절은 아니었어도 그리 나쁘지는 않은 날이었다.

일주일 정도가 지난 어느 날, 누군가가 문을 두드렸다. 조너선이었다. 건강하고 행복해 보였으며 아무 일도 일어난 적이 없는 듯한 얼굴을 하고 있었다. 그는 내게 알뜰가게에서 막 산 공군 재킷, 카키색 작업복 바지, 털 달린 부츠 등을 보여주고 싶어했다. 새 장난감을 산 아이마냥 좋아하면서 활짝 웃었다. 내가 일관성이 없다는 걸 알고 있었지만, 나는 조너선을 내보내는 것이 불가능하다는 것을 알았다.

"안녕, 앤."

이렇게 말하고 팔을 뻗어 나를 안았다.

"내 새 옷 맘에 들어요?"

"응, 그렇지만 난 아직도 지난 번 일로 화가 나 있어서 네가 오지 않았으면 좋겠어."

며칠 후 조너선이 다시 현관에 나타났다.

"불 있어요?"

조너선이 입에 담배를 물고 있었다. 아직도 그 작업복 바지에 부츠를 신고 있었지만 공군 재킷은 입지 않았다. 재킷을 산에서 잃어버렸다고 말하며 베란다의 등나무 의자에 다리를 꼬고 앉았다.

"내 부츠 괜찮아요?"

조너선은 부츠를 아주 만족스럽게 내려다보았다.

"그래."

"나는 채식주의자가 되었어요. 내가 좀 나아 보이는 것 같아요?"

침묵이 흘렀다. 나는 잡초를 몇 개 뽑았다. 나는 아직도 발효되지 않은

306

접근금지명령을 지키려 한다면 지금쯤 경찰을 불렀어야 했다는 걸 다시금 깨달았다. 하지만 이렇게 화창한 날 그건 말도 안 되는 일 같았다.

조너선이 계속 말을 이었다.

"나는 좋은 시간을 보내고 있어요. 페미니즘에 빠진 사람들을 몇 만나고 있어요. 내가 엄마의 권리를 인정하지 않은 것이 잘못이라는 걸 깨달았어요. 나는 남성우월주의자였어요. 오십 년이나 오백 년 후 페미니스트들이 정말로 힘이 강해지면 엄마가 나서서 우리의 권리를 부정할 수도 있겠죠. 그래서 미안해요."

"그래."

더 이상 뽑을 잡초가 없었다.

"이 남자, 그러니까 그는 페미니스트 몇 명과 함께 지냈는데 그는 그 사람들과 잘 지내려고 노력을 했어요. 진짜 아름다운 여자들인데 그를 힘들게 했죠. 그래서 나는 엄마가 각자의 권리를 존중해야 한다고 생각해요."

"그래, 그러니까 내 시계를 제발 돌려줘."

"시계를 가져가지 않았어요. 시계를 안 가져갔다고요. 시계를 안 가져갔어요."

조너선은 벌렁 드러누워 꼬리를 흔드는 개 리자를 긁어주었다.

"리자가 암에 걸렸어요?"

"아니."

"다행이네. 암에 걸렸으면 시골에서 암을 고치는 친구에게 보내려고 했는데."

"리자는 암에 안 걸렸고 나는 네가 리자를 데려가는 게 싫어."

"내가 리자를 데려가면 엄마는 리자가 보고 싶겠죠, 그렇죠?"

"그래."

야간 게임은 계속되었다. 나는 나무가 속삭이는 소리를 들으면서 그 소리가 조녀선일 거라고 생각하곤 했다. 모든 소리에 소스라쳐 일어났고 조녀선이 불쑥 들어오곤 했다. 때로는 한밤중에, 때로는 이른 새벽에 욕실이나 서재 창문을 통해 기어들어왔다. 어떤 때는 창문을 부수기도 했고 어떤 때는 잠금장치를 억지로 열기도 했다. 어떤 때는 뒷마당 창고에 숨어 있다가 아무도 보지 않을 때 주방 문을 통해 안으로 들어와, 욕실에 들어가서 문을 잠가버렸다. 어떤 때는 초인종을 눌렀다. 내 방 밖에서 조녀선이 숨 쉬는 소리를 듣거나, 때로는 숨 쉬는 소리를 들었다고 생각하기도 했다. 때로 소리가 들리곤 했는데 그러면 조녀선이 자물쇠에 열쇠를 집어넣은 게 보였고, 종이 한 장이 문 밑으로 들어와 문 옆에 있는 열쇠를 끌어당겨 그걸 밖에서 잡으려고 하는 게 보이기도 했다. 우리가 들어오지 못하게 하면 할수록 조녀선은 되레 결기를 냈고 이성을 잃었다. 우리는 담배꽁초와 역겨운 양말 냄새로 그가 다녀간 걸 알았다.

한번은 조녀선이 새벽 2시에 욕실 창문을 통해 들어왔다. 우리가 밖에서 들어오는 문을 잠가두었기 때문에 집 출입구를 통해서는 들어올 수 없었다. 나는 경찰을 불렀다. 경찰이 와서 접근금지명령이 아직 발효되지 않았다고 말했다.

"그렇죠? 그럼 지금이 기회네요."

내가 말했다.

그들은 그 문제는 그냥 미뤄두겠다고 했다. 잠긴 욕실 문을 열자 조녀선이 찢어진 우비를 입고 변기에 앉아 떨고 있었다.

"실례합니다, 실례합니다. 전 갈 곳이 없고 엄마가 괜찮다고 했어요."

"아니, 괜찮지 않아."

"구세군에 가지 그래요."

나이가 지긋한 경찰관이 말했다.

"문을 닫았어요."

"왜 일찍 가지 않았니?"

내가 물었다.

조너선은 잠시 동안 생각했다. 단어가 날아가지 못하게 하려고 말 한 마디 한 마디를 힘겹게 붙들고 있는 것 같았다.

"제 생각에는 여기 있어도 될 것 같아요. 몸이 아파요."

그는 기침을 하고 머리를 떨궜다.

'나쁜 놈, 조너선! 변기에서 일어나. 불쌍한 척 그만해, 나쁜 놈!'

마음이 너무 아파서 더 이상 글을 쓸 수가 없다. 내 아들이 아프다는데 어떻게 아들한테 그렇게 할 수가 있었을까? 한겨울 밤, 바깥은 비가 내리고 몸이 얼 정도로 추운 날에 어떻게 쫓아낼 수 있었을까? 아직도 당시 상황이 마음에 들지 않아 다리를 움직이던 경찰관 두 명의 모습이 눈 앞에 아른거린다. 그들 중 한 명이 말했다.

"진정하세요, 부인. 피가 물보다 진하다고 하잖아요."

정신 차려, 앤. 지난 이 년간 조너선은 두 번이나 널 죽이려고 했다는게 현실이야. 너를 때렸고, 목을 졸라 거의 질식사할 뻔했어. 널 치고 조슈아를 위협하고 조지아를 내던졌어. 시드니와 애들레이드에서 네 물건을 부쉈어. 그는 모든 도움의 손길로부터 도망쳤어. 그는 공원에서 잘 필요가 없어. 한밤중에 네 집에 쳐들어올 이유가 없다고.

경찰관이 조너선에게 물었다.

"영장이 있다는 걸 압니까?"

"네."

"그런데 왜 여기에 오는 겁니까?"

"꼭 그런 건 아니니까요. 그렇죠?"

거칠거칠한 콧수염에 얼굴이 분홍색인 나이든 경찰관은 이런 식의 대화를 더 이상 계속할 생각이 없다고 말했다.

"어떻게 하시겠어요? 고소하시겠습니까?"

"아니요, 그냥 데리고 나가주세요."

"자, 갑시다, 젊은이."

조너선은 맨발에 다리를 반만 덮은 눈에 익은 바지를 입고 비옷을 펄럭이며 변기에서 일어났다.

"좋아요, 좋아요, 좋아요. 정말 죄송합니다. 실례했어요. 실례했어요."

조너선은 현관문을 향해 걸어가면서 나를 곁눈질로 쳐다보았다.

비가 억수같이 내리고 있었다.

"저 애를 힐크레스트 병원(애들레이드에 있는 정신병원 이름, 옮긴이)으로 데려가주세요."

경찰관들이 고개를 끄덕였다. 견인차가 우리 집 울타리 밖에 주차해 있었다. 망가진 차를 위한 것이지 망가진 마음을 위한 건 아니라는 생각이 들었다. 조너선이 길모퉁이에서 경찰관과 몇 분간 이야기를 했다. 그는 머리를 계속 흔들었다. 그런 뒤 길을 걸어 내려갔다.

'집은 마음의 고향이지. 집은 우리를 절대로 내치지 않는 곳이야. 조너선은 집이 없구나. 무슨 감상적인 생각이람? 집이 있지만 그가 학대를 한 거지. 네가 미워, 조너선. 네가 미워. 네가 미워. 네가 나를 조종하고, 징징거리고 보채고, 스스로를 돌보지 않고, 네 자신을 괴롭혀서 미워. 네가 미워.'

다음 날 조지아가 슬프게 말했다.

"오빠를 보내고 잊는 게 최선이에요. 절대로 낫지 않을 거예요."

브렌다가 말했다.

"그를 보내고 잊는 게 최선이에요. 절대로 낫지 않을 거예요."

브렌다는 또한 조너선이 얼마 안 가 돈을 달라고 사무실로 올 것이라고 말했다. 그가 옳았다.

나는 이 책을 쓰고 싶지 않다. 책을 쓰는 게 고통스럽다는 걸 깨달았다. 책을 쓰는 게 나를 우울하게 만든다는 걸 깨달았다. 치유될 가능성이 없는 오래된 상처를 할퀴는 것 같다. 조현병이라는 말에 진절머리가 난다. 정신병이라는 말에 진절머리가 난다.

조너선이 한밤중에 나를 깨우곤 했던 다른 시간들을 기억하는데 그 기억들 역시 진절머리가 난다. 시드니에 있던 어느 날, 전화벨이 울렸고 수화기를 들자 조너선이 울고 있는 소리가 들렸다. 그때가 새벽 2시쯤이었다. 어둑한 항구에서 물비늘이 일렁이고 나는 내 아들이 울먹이며 말하는 소리를 들어야 했다.

"내가 마약 조직원이라고 하면서 경찰들이 나를 체포하려고 해요. 매춘부들이 나를 구해줄 수 없어요. 경찰이 날 때리겠대요. 전화박스 바깥에서 남자 두 명이 기다리고 있어요. 엄마, 나를 구해줘요. 저 사람들이 날 죽이려고 해요. 살려줘요."

마음속으로는 조너선이 전화박스 안에 있는 게 보이고 그의 냄새를 맡을 수 있고 두려움을 느낄 수 있다. 그러나 정말로 바깥에서 남자 둘이 그를 죽이려고 기다리는지, 경찰이 그를 때리려고 기다리는지, 아니면 매춘부가 그를 구해주려고 기다리고 있는지 모르겠다. 아니면 전화박스가 어디에 있는지. 아니면 내가 뭘 할 수 있는지. 그래서 이렇게 말한다.

"무서우면 택시를 타고 이리로 와. 내가 여기서 택시비를 낼게."

조너선이 계속 울다가 수화기를 내려놓는다.

그리고 침묵이 흐른다.

의사는 내가 강하게 대처해야 한다고 말했다. 그러지 않으면 조너선이 존중하는 법을 배우지 못하고 또다시 그럴 거라고 했다. 브렌다도 같은 말을 했다. 돌이켜 보면, 조너선의 이야기는 게릴라전같이 되어버렸다.

4월 10일 친구가 빌려준 시골 바닷가 근처의 집으로 갔다. 리자를 데려가서 비가 오든 폭풍이 치든 몇 시간이고 걸었다. 때로 나는 소리를 질렀다.

"후 후 후 후."

그러면 바람도 다시 소리를 냈다.

"후 후 후 후."

밤에는 불을 피우고 라디오를 듣고 책을 읽었다. 황량한 황토색 땅으로 뒤덮인 언덕에 있는 꿈을 꾸었다. 구덩이를 내려다보는데 그 안에는 사자와 호랑이들이 있었다. 구덩이 밖에는 코끼리, 기린, 얼룩말, 말 등 다른 동물들이 있었다. 몇몇은 풀을 뜯고 있었고 몇몇은 겁에 질려 있었다. 구덩이의 철망 문을 열어야 했는데, 사자와 호랑이가 나를 잡아먹고 다른 동물들을 잡아먹을까 봐 겁이 났다. 그들에게 경고를 하고 싶었지만 그들의 언어를 알지 못했다. 나는 문을 열어야 했다. 사자와 호랑이들이 걸어 나와 다른 동물들과 어울렸다. 그들은 아무도 잡아먹지 않았다.

집에 돌아와 생각했다.

'더 이상 조너선과 이런 게임을 하지 않을 거야. 구덩이의 문을 열어둘래.'

조너선이 공원에 있는 걸 보고 다가갔다. 조너선의 어깨에 손을 올려놓고 낮 동안은 집에 와도 되지만 내가 있을 때만 그렇게 하라고 말했다. 그리고 우리가 자야 하기 때문에 불이 꺼지고 난 밤에는 오지 말라고 했다.

"좋아요."

조너선은 이렇게 말하고 들어와서 차를 마셨다.

조너선은 그 당시 구세군이 운영하는 횟모어스퀘어의 윌리엄부스 기념 호스텔에서 지냈다. 커다란 붉은 벽돌 건물의 윌리엄부스는 창문에 레이스 커튼이 쳐져 있고 항상 음식 냄새가 풍기는 곳이었다. 멋진 파란색 주물 장식을 한 베란다는 처마의 녹이 조금씩 부서져 있었으며, 콘크리트 포장을 한 마당을 향해 무지개색으로 칠한 의자가 놓여 있었다. 비교적 최근에 다시 가보니 쥐똥나무 울타리는 윗부분을 베어냈고 적십자사 옷 박스 두 개가 새로 와 있었다. 바로 옆에는 구세군 가게가 있었는데 그곳에서 조너선과 나는 냄비, 팬, 옷가지를 샀다–며칠이면 다 잃어버릴 거라 새것을 살 필요가 없었다. 진열장 높은 곳에 꼬아 매단 줄에 걸어둔 옷들이 날개를 달고 날아가버릴 것처럼 보였다.

나무가 많은 광장은 호스텔에 있는 사람들이 나와서 앉을 수 있는 장소였다. 한 번은 조너선이 거기 앉아 있는 걸 보고 충동적으로 그를 차에 태워 바다로 갔다. 우리는 하얀 꽃이 자북자북(권정생 작가의 <몽실언니> 중 '냉이꽃이 하얗게 자북자북 피었다.'에서 빌려 옴, 옮긴이) 핀 협죽도와 야자나무가 늘어선 도로를 지나고, 공동묘지의 초록색 철책과 쥐똥나무 울타리, 유골단지, 방첨탑, 묘지를 지나갔다. 바닷가를 걸으면서 조너선이 말했다.

"내가 죽으면 물고기로 다시 태어나고 싶어. 경찰에 말하지는 마요."

그즈음 메리는 다른 곳으로 이사를 갔고 딘이 이사를 왔다. 딘은 하리 크리슈나 사이먼처럼 시드니에서 조너선을 처음 만난 적이 있는 내 친구이자 동료였다. 딘은 자기가 조너선을 다룰 수 있다고 생각했고 나는 그가 도와줘서 기뻤다. 때때로 조너선은 내가 집에 올 수 있다고 정해둔 규칙을 지켰고, 집에 와서 샤워를 하고 음식을 먹고 옷을 갈아입었다. 그러나 이따금 문을 두드려도 되는 때에도 여전히 그냥 쳐들어왔다. 조슈아가 '문을 부수고 들어오지 마. 음식과 침낭은 창고에 있어.'라는 메모를 붙여두자는 제안을 했다. 그렇게 해도 어떤 때는 통하다가 어떤 때는 안 통했다. 때때로 조너선이 우리 모두를 깨우고 현관에 서서 빅토리아 시대의 소설에서 걸어 나온 사람마냥 예의 바르게 절을 하곤 했다.

"실례합니다, 실례합니다. 저는 몸이 아프고 배가 고프고 잘 곳이 없어요."

"성 빈센트로 가봐."

"거기서 받아주지 않아요."

"구세군으로 가."

"거기서도 저를 받아주지 않아요."

"병원으로 가."

"차비가 없어요."

"차비 여기 있다."

한번은 그가 거만하게 말했다.

"내 문지기가 주말에 올 것이다."

그러고는 깜깜한 밤 속으로 걸어 나갔다.

모두들 내가 더 엄격해져야 한다고 말했다.

'너는 엄격해야 해…. 아직 충분하지 않아…. 그런 걸 엄격한 사랑이라고 하지…. 엄격하게 해서 그가 자신의 병을 직시하고 도움을 청하게 해야 해…. 조너선은 노숙자가 될 이유가 없어…. 거리를 떠돌 이유가 없어…. 네가 엄하지 않으면 우리는 네 안전을 더 이상 책임질 수 없어.'

들어라, 이 남자들아(이렇게 말한 사람들은 대부분이 남자였다.), 당신들이 조너선을 병원으로 데려가서 자기 병을 직시할 만큼, 정신이 또렷해질 때까지 병원에 있게 했다면 이런 일은 생기지도 않았다. 당신들이야말로 엄격해져야 하지 않을까? 좋다. 그가 계속 도망쳐 나오지만 그건 당연한 일이라는 걸 나는 안다. 당신들도 어려운 일에 대처할 수 없으면서 대체 내가 어떻게 하기를 바라는 건가.

5월 조너선은 대마초를 소지한 혐의로 법정에 섰다. 판사가 왜 스위스 아미 칼을 가지고 있었냐고 조너선에게 물었다.

"젊은 여자들을 강간하려는 사람들에게 겁을 줘서 쫓아내려고요. 어머니가 제게 주었어요."

"입증하기 어려운 일이군요."

315

판사는 조너선에게 구류를 선고하였고 보호관찰부에 보고할 것을 명령하였다.

브렌다가 보고서를 작성한 뒤 애들레이드 구치소에 있는 조너선에게 읽어주었다. 브렌다는 그때 조너선이 자기가 기억하는 모습 중 가장 멀쩡했다고 했다. 조너선은 머릿속의 통증에 대해서 그리고 사람들이 어떻게 자기를 자신이 원하는 모습으로 보아주지 않는지에 대해 꽤 한참 동안 이야기했다. 그는 사람들이 자기를 무서워하는 것 때문에 깊이 상처받았고, 나를 많이 사랑하며 내게 해를 입히고 싶지 않다고 했다. 조지아와 조슈아에 대해 말했고 그들을 더 이상 알지 못해서 슬프다고 했다.

조너선은 석방되자마자 집으로 왔다. 손으로 머리를 감싼 채 주방 테이블에 앉아서 흐느꼈다. 몹시 비통하게 흐느껴서 내가 안고 달래주는데 눈물이 조용히 내 볼을 타고 흐르는 게 느껴졌다.

"내 머리가 폭발하고 있어. 더 이상 버티지 못하겠어."

"제발, 사랑하는 조너선, 프랭크나 누구든 도움을 청할 만한 사람을 만나자."

그가 몸을 확 돌렸다.

"루밥, 루밥, 루밥, 실례합니다. 내가 엄마를 만나러 오면 하는 말이라고는 그게 다지. 젠장할 도움, 젠장할 정신건강의학과 의사."

"너무나 무력해서 그래. 내가 어떻게 해야 할까?"

그가 머리를 흔들었다.

나는 조너선에게 좀 더 규칙적으로 올 것과 식사를 하고 음악을 들으러 오라는 제안을 했다.

"자고 갈 수 있어요?"

조녀선이 날을 세우고 물었다.

"아니, 그건 우리 둘 다에게 좋지 않다고 생각해. 밤에 말고 낮에 와."

그가 일어나서 돌아다녔다.

"험프티 덤프티가 담 위에 앉았네… 험프티 덤프티… 험프티 덤프티… 왕의 모든 말과 군사들도 험프티를 맞춰놓지 못했네…. (영국의 자장가 또는 동요 가사, 옮긴이)"

목소리가 점점 잦아들었다.

"내 생각에 나는 최고의 행운아야. 나는 좋은 옷이 있고 좋은 집이 있어. 그리고 나는 꽤 잘 생겼어."

아직도 도움이 필요하다는 얘기를 하려고 했던 것 같지만 딱 때 맞춰서 그만두었다. 우리가 사람들에게 도움이 필요하다고 계속 말을 하면 그들은 무력감에 빠지게 된다. 항상 병 치료에 초점을 맞춰 대화를 한다면 또한 심각하게 의기소침하게 될 것이 분명했다.

조녀선이 거울을 들여다보고 웃었다.

"세상에, 험악해 보이네."

그는 길고 헝클어진 머리를 잡아당겼다.

"너무 길고 냄새 나."

"내가 좀 다듬어줄까?"

"네, 그리고 머리도 감고 샤워도 할래요. 깨끗한 옷을 입고 싶어."

조녀선은 내가 비닐 가방에 넣어 다용도실에 걸어두었던 바지와 티셔츠를 입고 욕실에서 나왔다. 머리카락이 반짝거렸다. 멋져 보였다. 그가 내 팔을 잡고 말했다.

"커피 마시러 나가요."

우리는 팔짱을 끼고 걷다가 카페 바에 앉아 카푸치노를 마셨다. 그것은 잠깐의 여유였다. 카페에서 그는 주변에 대해 불안을 느끼기 시작했다. 얼굴을 찡그렸고 시선을 발끝에 떨구고 입은 굳게 다물었다. 그가 움츠러들었다. 불쌍한 조너선, 다시 한번 다른 사람들처럼 살아보려고 애면글면 힘을 쓰는구나. 그러나 언제나 공포가 도사리는 것 같았다. 집으로 돌아오는 길에 그가 내 팔을 붙잡았다. 그의 눈이 가늘어졌다.

"거기로—내려가지마—이—우라질—멍청한—년아—거기로—내려가지마—그건—우라질—우라늄—광산이야."

눈에는 눈물이 고여 있었다.

"정말 끔찍한 세상이야."

그가 점점 더 빨리 걷기 시작했다. 나는 그를 따라잡으려고 뛰어야 했다.

"꺼져!"

"그들이 나를 쫓아오고 있어. 꺼져!"

그러고는 악마가 발뒤꿈치에 붙어 있는 사람처럼 전속력으로 뛰면서 코너를 돌아 사라졌다.

많은 조현병 환자들은 자신들의 감각과 감성이 노출되어 있으며 연약하고 미숙하게 느껴진다고 말한다. 이러한 느낌이 그들의 몸과 마음을 빠르게 훑고 지나가서, 마치 세상의 모든 악을 견뎌야 하는 것처럼 느끼게 된다. 조현병 환자인 젊은 의사 하워드는 '정상적인' 사회에 대한 그의 관점을 내게 글로 써서 보냈다:

정신병적 상태

1. 스포츠라고 동물에게 총을 쏘는 행위는 정신병이다.

2. 6만 달러 이상의 자동차를 운전하는 것은 정신병이다.

3. 한 번에 한 잔 이상의 술을 마실 수 있는 것마냥 사재기하는 것은 정신병이다.

4. 다른 쓸모 있는 일 대신 크리켓, 풋볼, 골프를 하는 것은 분명 정신병이다.

내 생일에 나는 루이 마스카라에게 갔다. 루이는 예지력이 있는 사람이었다. 그는 집시 카드, 타로 카드, 찻잔잎 점, 팔괘, 룬문자를 읽고 사람의 마음을 읽었다. 가장 좋은 점은 그가 아름답게 만든 백단향나무 상자에 똑바로 세워 담아준 작은 두루마리에 정교하게 쓴 글씨가 적힌 중국 양피지로 점을 치는 것이었다. 루이는 장미와 잘 정돈된 관목으로 담을 두른, 깔끔한 출입구가 있는 깔끔한 집에서 살았다. 정원에는 돌부처와 돌 개구리와 플라스틱 난쟁이들이 있었다.

집안에는 부처에서 예수까지 모든 종교의 조각상이 있었다. 그는 노래하는 카나리아 한 마리, 작은 앵무새 한 쌍을 키우고 길들인 까치 한 마리에게 먹이를 주었다. 집은 언제나 꽃으로 가득했고 도자기에는 오렌지색 장미와 양귀비꽃을 꽂아두었다. 루이는 50대 중반쯤 되는 아름다운 여자였는데 베티처럼 풍채가 넉넉했고 타고난 성품이 너그러웠다. 옷은 색깔이 화려했고 여러 가지 인도식 장신구를 하고 있었다.

그는 내게 그해가 영혼이 어두운 밤을 헤매는 시기라고 말했다. 앞으로 사 년간 나는 같은 집에서 살지 않을 거라고 했다. 열쇠 하나가 두 개가 되었다. 조너선은 우주의 외곽으로 여행을 떠날 것이며, 돌아올 수도 그렇지 않을 수도 있다고 했다. 나는 그의 말을 믿지도 믿지 않지도 않았다. 그가 말한 내용은 태도에 비하면 조금도 중요하지 않았다. 왜냐하면 루이는 지혜로운 여자로 은유를 사용해 말을 하고 영혼을 위로

319

해주었기 때문이다.

7월 말 영화 대본을 연구하느라 퀸즈랜드에서 할 일이 있었다. 건축가도 같이 가서 일이 끝난 뒤 휴가를 함께 보냈지만 편안한 시간은 아니었다. 건축가가 내 이야기에서 갑자기 사라진 것을 지금 깨달았다. 그러나 우리는 여전히 관계를 유지하는 데 필요한 의식에 매달렸고 아직 서로 헤어질 준비가 되지 않았다.

집으로 돌아오는 길에 시드니에 들렀는데 이때 조지아가 울면서 전화를 했다.

"조녀선이 여기 있는데 또 미쳤어요."

몇 분 뒤 다시 전화가 왔다.

"아, 싫어. 오빠가 레코드를 틀고 노래 부르는데 못 견디겠어요."

조녀선은 그즈음에 꽤 상태가 좋아져서 이런 급성기는 예상치 못한 것이었다.

집에 돌아오니 조지아가 일어난 일보다 더 많은 이야기를 했다.

"조녀선이 주방에 앉아 폭발을 했어요. '조지아, 네가 다리를 꼬고 앉고 귀걸이를 하나만 하면 그건 네가 팔레스타인 공격부대원이라는 뜻이야.' 그래서 내가 말했어요. '나는 이렇게 하는 게 편해서 다리를 꼬는 거야.' 그러니까 오빠가 나를 보더니 '내가 계속했으면 좋겠어? 아니지?'"

"오빠가 계속 돌아다니면서 말을 했어요. '바닥에 부스러기를 흘리면 안 된다. 어지르면 안 된다. 나쁜 아이가 되면 안 된다. 욕조에 물기를 그냥 두면 안 된다. 나쁜 아이, 조녀선.'"

"내가 오빠 빨랫감을 세탁기에 넣고 말했죠. '이제 그만 가주면 안 될까?' 그러자 '아, 미안하지만 팬티만 입고 거리로 나갈 수는 없잖아. 지금 나갈까, 조지아?'"

"그러더니 엄마에 대해 얘기했어요. '엄마는 좀 늙어 보이기는 하지만 꽤 괜찮아. 너는 엄마가 늙어 보이는 게 모두 내 잘못이라고 생각할지도 모르지만 엄마는 어떻게 하든 늙어 보였을 거야.'"

그때 딘이 들어오자 조녀선이 말했다.

"엄마가 여기서 지내도 된다고 했어요."

"미안해, 친구, 밤에는 안 돼."

"나도 권리가 있어요. 안 그래요?"

그런 다음 유리창을 부수고 기어들어와서 침대 하나를 차지하고 잠이 들었다. 아침에 그는 바닥에 구역질을 했다. 딘이 그에게 차를 가져다주었다.

"앤이 정한 규칙이 뭔지는 모르지만 내 규칙은 '앤이 여기 없을 때 자고 갈 수 없음'이야. 차를 마시고 침대 시트를 세탁실에 갖다둔 다음 나가렴."

조녀선이 말을 들었다. 그는 미안해했다. 그에게는 두 얼굴이 있는 것 같았다. 공손한 얼굴과 화난 얼굴.

몇 년 후 딘이 말했다.

"내가 어떤 얼굴을 보게 될지 전혀 알 수가 없었어. 항상 그를 끝까지 밀어붙이고 싶은 유혹을 느꼈지만 그가 어떻게 반응을 할는지 알 수는 없었지. 한 번인가 두 번인가 조녀선을 문 밖으로 내보내고 안도의 숨을 크게 내쉰 적이 있는데 무서웠거든. 우선 그 애는 컸어. 그래서 폭발하면 무슨 일이 생길지 한계를 알 수가 없었어."

그해 겨울은 급성기와 비교적 오랜 기간의 안정기가 주기적으로 갈마들며 지나갔다. 조지아와 조슈아가 주말마다 집에 왔고, 어느 일요일에 주말 신문 부고란에서 아래 글을 오려두었다가 아이들에게 준 일이 생각난다.

어머니는 특별하며 놀랍도록 지혜롭네.
어머니가 늙어갈수록 우리는 사랑으로 옛일을 돌이켜보네.
어머니란 하늘에서 내린 선물임을 알기에.
어머니가 상을 받으러 하늘 집으로 돌아가면
하늘나라에 거하며 주님을 위해 집을 돌보리.
별에 불을 밝혀 그 빛이 밤을 비출 것이며
모든 달빛을 빛나고 환하게 할 것이니.
그리고 돋을 볕이 뜨면 그녀, 어두움을 쓸어내리리니,
해님을 닦아 언제나 빛나는 날을 선사하네.
그러니 비통의 눈물을 거두어라, 어머니는 죽지 않으니,
주님과 거하며 하늘 집을 돌보고 계시니.

이틀 뒤 내가 몸담고 있는 교육위원회 여성 회원 한 명이 물었다.
"어떻게 바쁜 생활과 집안 일을 다 해내세요?"
그에게 이 시를 주고 싶은 유혹을 느꼈다.

9월 봄이다. 공원에 꽃이 피고 나무는 초록으로 빛이 난다. 조녀선은 노스애들레이드를 배회하다 돌아오고 이 다리를 건너갔다가 다른 다리

를 건너 돌아오기를 반복했다. 9월은 또한 조너선의 생일이 있는 달이다. 조너선은 이를 기억했고 나도 그랬다. 바로 잃어버릴 걸 알면서도 책과 카세트 테이프를 사줬고, 더 필요한 게 있냐고 물어보자 발레 티켓이 있으면 좋겠다고 했다. 단호했다. 그래서 티켓을 사줬다. 조너선이 올지 확실하지 않아 특별한 음식을 준비하지 않았는데 그가 생일 티 파티를 하고 싶다고 했다. 우리는 케이크를 사와 위에 설탕옷을 입히고 촛불을 켰다. 맥빠지고 우울한 파티였다. 나는 뭘 기념하는 것에 대한 즐거움을 잃어버린 지 오래였다. 조너선이 발레 공연에 정말 갔었는지 모른다. 알아볼 기운이 없었다. 생일 케이크와 발레 티켓을 사달라고 했던 일이 생각날 때면 그가 아직도 날아보려고 했던 초기의 시간들이 떠올라 가슴이 에인다. 이제 조너선의 날개는 땅에서 그를 들어올리지도 못할 것이다. 지금 내 눈에는 눈물이 고여 있다.

처음에는 이 책을 쓰는 것이 견딜 수 없을 만큼 고통스러웠다. 희망이나 일상적인 생활을 위한 잠깐의 휴식도 없이 모든 절정과 나락을 견뎌낸, 칠 년이라는 오롯한 시간을 다시 사는 것 같았다. 나는 이 책을 포기해야겠다고 생각했다. 왜 조너선을 입원시키기 위해 좀 더 강한 태도를 취하지 못했을까? 왜 조지아와 조슈아를 더 잘 보호하지 못했을까? 끊임없이 내 자신에게 물었다. 책의 얼개를 잡고나서 짐이 조금 가벼워진 것을 깨달았다. 그러나 종종 시간의 거리를 잃어버리고 다시 돌아온다. 이 작고 우스운 통나무집으로. 회색빛의 아픈 얼굴과 괴물 같은 부조화로 마음이 내달리다 폭발하는, 그러나 지금은 순진한 아이처럼 생일 케이크와 생일 선물을 원하는 이 커다랗고 기운 없는 젊은 남자와 함께.

나는 조너선이 종종 느끼는 공포가 엄청난 것이라는 걸 이해하게 되었다. 그와 지낼 수 있는 수많은 방법도 배웠다. 조너선이 왔을 때 내가 흥분하거나 두려워하면 그가 긴장하고 상태가 더 악화되므로, 그럴 때는 그와 시간을 보내지 않는 게 훨씬 좋았다. 조너선은 극도로 예민했기 때문에 내 쪽에서 느끼는 아주 미미한 불편함도 알아냈다. 정직이 최선이었다. 이러한 예민함 때문에 그는 너무 많은 질문이나 너무 많은 말, 너무 많은 그 어떤 것도 견디질 못했다. 폭발하거나 움츠러들었다. 내 상태가 안정되어 있으면 그도 안정을 찾았다. 그렇지만 조너선이 급성기 상태가 되면, 내가 감당할 수 있는 정도에 한계가 있다는 것을 깨달아야 했다.

어느 날 오후 조너선이 다시 티베트풍 재킷을 입고 문 앞에 나타났다. 어떻게 그가 그걸 계속 가지고 있었는지 내게 묻지 마시길. 그러나 그걸 갖고 있었고 이번에는 유쾌하게 화려한 색으로 차려입은 채 서 있었다. 재킷과 바지 말고도 분홍색 페어아일 스타일(여러 색의 기하학 문양이 있는 가로줄 무늬, 옮긴이)의 재킷, 검정 조끼, 노란 셔츠, 파란 바람막이 재킷을 입었다.

"빨래 좀 해도 될까요?"

"그럼."

"뭐 좀 먹어도 돼요?"

"그럼, 스파게티 괜찮아? 과일도 좀 있어. 요즘 뭐하고 지냈어?"

"특별한 거 없어요."

"좀 어때?"

"괜찮아요."

조너선의 손이 니코틴으로 얼룩졌다. 그는 손을 식탁 밑으로 감췄다.

그는 조용히 점심을 먹고 조용히 차를 마시고 두 시간 넘게 조용히 앉아 있었다. 결국 내가 말을 했다.

"말을 해봐."

조너선은 내가 다른 세계에서 그를 끄집어낸 것처럼, 처음에 고개를 들었다가 발 쪽으로 홱 돌리더니 경주를 하는 것처럼 주방을 돌아 집을 걸어 다녔다. 숨도 한 번 쉬지 않고 너무나 빨리 말을 해서 무슨 말을 하는지 알아들을 수가 없었다. 십 분 동안 그는 남미의 독재, 영국의 대처 수상, 마르크스주의와 공산당, 미국의 부패를 아울렀다. 주제는 착취와 억압이었다. 시작했던 것만큼이나 갑작스럽게 멈춘 인상 깊은 공연이었다. 그러고 나서 큰 키를 접어 주방 바닥에 드러눕고는 금방 잠이 들었다. 브렌다가 차를 마시러 들렀다가 그 위로 거의 넘어질 뻔했다.

"당신이 늙어 치매에 걸리면 조너선이 정신을 차리고 돌봐줄 거예요."

10월 2일 브렌다와 나는 남호주 조현병 협회를 결성하기 위한 첫 번째 공개 모임에 갔다. 강당은 도움과 실질적인 조언이 필요한 가족들로 꽉 들어찼다. 이 모임에서 분자교정요법으로 자가 치료를 했다고 말한 젊은 여성은 모두 희망을 잃지 말자고 촉구했다. 그는 자신의 병을 다룰 줄 알게 되었다고 했다. 그의 용기는 박수를 받을 만했다. 그러나 나는 사람들이 그를 회의적으로 바라보고 있다는 느낌을 받았다. 정신질환을 앓는 사람이 갖게 되는 문제 중 하나는, 정신이 멀쩡한 시기에도 사람들이 당신을 진지하게 받아들이려 하지 않는다는 것이다.

며칠 뒤 호주에서 처음으로 단체를 꾸리고 이미 지원 그룹 관계망을 형성한 빅토리아주 조현병 협회에서 사람들을 만났다. 나는 언론인으로서 도울 수 있는 최선의 방법을 찾고 싶었다. 가족들이 하는 이야기가 남의 이야기가 아니었다. 적어도 우리의 비정상적인 경험이 정상적이었다는 생각에 안심이 되었다. 한 여성이 열아홉 살 된 아들을 어떻게 대해야 하는지 질문을 했다.

"급성기가 오면 외투를 입고 나가 그를 혼자 두세요."

누군가가 말했다.

"돌아왔을 때 창문이 부서져 있으면 어떡하죠?"

"당신이 부서지는 것보다는 낫죠."

"병원에서 제게 아이가 먹을 약은 주었지만 아무런 지지도 해준 적이 없어요. 나는 우리가 헤쳐나갈 수 있을 거라고 생각했어요. 세 달이 지나 그가 미쳤고 나도 미쳤어요."

슬픈 눈을 한 마른 여성이 말했다.

"제 아들은 내가 성모 마리아라고 말하기를 바랐지만 나는 그럴 수 없었어요. 그 애는 지금 집을 나갔고 이제 겨우 열여덟이에요."

옆방에서는 조현병을 앓는 젊은 사람들이 모여 자신들의 문제에 대해 토의를 했다. 그들은 담배 연기가 자욱한 방에 둥글게 앉았다. 내성적인 어떤 사람은 시선을 아래로 하고 있었고 또 어떤 사람은 기운이 넘쳐 계속 움직이며 대화를 했다. 많은 사람들이 약물치료의 부작용으로 팔과 다리를 떨었다.

"나는 약을 끊고 싶어요."

창백한 얼굴의 젊은이가 낮은 목소리로 말했다.

다른 사람들도 동정을 보였지만 그러면 안 된다고 충고했다. 그가 고집을 부리자 사람들은 그 문제를 의사와 상의하게 하고 친구들로부터 도움을 받게 하려고 노력했다.

수첩과 연필을 든 한 여성이 열의를 가지고 제안했다. 모두가 자신을 도와 멋진 모자를 쓰고 오는 댄스 파티를 열자는 것이었다.

"좋아요. 머리가 없다면 모자를 가져와요."

날카로운 눈빛으로 방을 이리저리 쳐다보던 젊은 남자가 말했다.

협회 회장인 마가렛 레거트가 말했다.

"질병이 만성화 되고 가족이 분열되기 전에 문제를 직면하세요. 빠를수록 좋습니다."

그는 이렇게 하는 것이 우리 문화에서는 어려운 일이라고 말했다. 우리는 누군가가 병들었을 때 한계를 정해두지 않는다. 환자에게 스스로 책임을 지도록 격려하는 대신 우리가 그들을 위해서 무엇인가를 하려고 한다. 몇 년 전 마가렛은 사회학 박사 논문의 일환으로, 아들이나 딸이 조현병 진단을 받은 가족에게 어떤 일이 일어나는가를 고찰하는 중요한 연구를 실시했다.

"저는 연구하는 과정에서 충격적인 경험을 했습니다. 제가 알고 있는 한 가장 어려운 질병과 맞서고 있는 가족이 이렇게 많다는 사실을 믿을 수가 없었습니다. 아들과 딸에게 정말로 이상한 증상이 나타나고 그들이 체계적이지 않으며 매우 두려운 행동을 함에도 불구하고, 부모들은 도움이나 지지를 받지 못하고 있습니다. 오히려 그들은 끔찍한 비난을 받습니다."

마가렛은 그 이후 호주를 돌며 조현병 협회 결성을 돕는 주요 인사가 되었다. 그는 50대 초반의 매력적인 여성으로 집요하게 설득하는 능력이 있었고, 조현병에 대한 무지에 대해 격렬히 화내고 분노할 수 있는 사람이었다.

멜버른에서 돌아오니 조너선이 조지라는 친구와 집에 와 있었다.

"저를 그리즐리 베어라고 불러주세요. 그냥 그리즈라고 불러주세요."

그리즈는 긴 머리를 하나로 묶어 등 뒤로 늘어뜨렸고 짧은 머리는 삐죽삐죽하게 잘라 앞쪽으로 내렸으며 눈동자가 아주 파랬다. 그리즈와 조너선은 주방에 앉아 담배 한 갑을 다 피웠다. 그리즈는 군인용 외투와 진주 단추가 달린 회색 조끼를 입었다. 그는 문신을 심하게 했는데 대부분 사랑의 말이나 하트, 장미 그림이었다. 손가락과 귀에도 문신을 했다.

그리즈가 말했다.

"조는 나을 거예요. 왜냐면 제가 치유자이거든요. 그가 하는 행동이 사람들을 돌게 만들기 때문에 아무도 그와 살 수 없을 거예요."

"나는 듣기 싫은 소리를 차단할 수가 있어."

알록달록한 재킷 몇 벌을 다시 입은 조너선이 말했다.

"저는 제 사진들로 그를 막을 수 있기 때문에 조너선이 뭘 하든 신경 안 써요. 저는 사물을 색깔로 인식해요. 분홍색은 멈추라는 뜻이고 초록색은 머물라는 뜻이에요. 제가 아줌마를 보고 다른 사람의 사진을 얼굴에 비춰도 될까요?"

그리즈는 담배를 굴렸다. 조는 앞뒤로 몸을 움직였다. 그리즈가 계속해서 말했다.

"저는 온화한 사람이에요. 누구도 해치지 않아요. 사람들이 저를 알기 때문에 저를 데리고 병원에 가려고 해요. 칠 년 전에 제 친구가 화물차와 정면 충돌해서 죽었기 때문에 제가 자살을 하려고 해서 처음으로

거기에 갔어요. 저는 아직 소년이었죠. 그때 정신건강의학과 의사들이
제 예지력을 이해하려고 제게 아주 관심이 많았어요. 저는 신의 음성을
들었거든요.”

“신의?”

차를 따르며 내가 물었다.

“그 일은 이 줄이 갑자기 나타나면서 일어났어요. 나는 그것이 내게
어떤 의미인지를 알았어요. 줄 양쪽이 모두 타면 그건 아줌마가 아주 먼
곳으로 간다는 뜻이고, 한쪽만 타면 아직도 이 세상에 있을 시간이 남
았다는 뜻이에요.”

조너선이 낄낄거렸다.

그리즈가 말을 이었다.

“때로 나는 찰깍 소리를 내죠. 온 세상에 찰깍 소리를 내요. 제 손가락
과 엄지에 이런 굳은 살이 있는데 이건 찰깍 소리를 내느라 생긴 거예
요. 가끔 저는 등으로도 찰깍 소리를 내요.”

“저는 때로 밴드에, 펑크 밴드에서 활동해요. 지난번에는 ‘살인무기’
라는 밴드에 있었어요. 한번은 영화 관계자가 와서 제게 관심을 보였는
데 그건 제가 잘생겨서 그랬던 거예요. 지금 저는 치아도 없고 문신도
없어요. 그래서 제가 영화를 만들어요. 눈을 감으면 저는 모든 걸 볼 수
있어요. 저는 사람들을 보면 그들이 무슨 생각을 하는지 알 수 있어요.”

“제 아버지와 어머니는 제가 열세 살 때 돌아가셨어요. 어머니는 유고
슬라비아 남자와 도망갔어요. 어머니가 계속 도망갈 거라고 말했지만
우리는 믿지 않았죠. 아버지는 재혼을 했어요. 제가 맏이라서 여덟 명
의 동생을 돌봤어요. 저는 다르다는 이유로 학교에서 항상 놀림을 당하

고 맞았어요. 그래서 아버지가 저를 입원시켰고, 더 이상 저에 대해 알고 싶어하지 않았어요."

그리즈는 한숨을 내쉬었다. 리자가 그의 외투 위에 누워 있었는데 조녀선과 함께 나가면서 한사코 개를 위해 외투를 두고 가겠다고 했다.

조녀선은 그리즈를 여러 번 집에 데려왔다. 그들은 방을 함께 썼고 그리즈는 조녀선을 보호하려고 했다.

"제가 방을 아주 멋지게 꾸밀 거예요. 자선 단체에서 가져온 카펫이랑 촛불이 좀 있고 광장의 나무에서 꺾어 온 꽃이 있어요."

"조는 좋아질 거예요. 하지만 시간이 필요해요. 제가 사람을 치유할 때 얼마 동안은 병을 그대로 둬요. 저는 지금 진정이 필요해서 진정제를 먹고 있어요. 그렇지 않으면 아주 미치게 되거든요. 조는 옷을 너무 많이 입어요. 그러면 건강에 좋지 않아요. 그를 돌봐주세요. 그는 괜찮아요. 생각을 다르게 하는 거죠. 저처럼요. 그게 다예요. 걱정하지 마세요."

그리즈는 더 이상 오지 않았고 조녀선은 그가 환영 때문에 힘든 시간을 보냈고, 환영으로부터 도망치기 위해 다른 주로 갔다고 했다. 그리즈만 그런 것은 아니었다. 조녀선도 환영 때문에 힘들어 하는 것 같았다.

11월 8일 조녀선이 현관에서 너무 시끄럽게 해서 이웃들이 잠을 잘 수 없다며 경찰에 신고했다. 경찰이 왔지만 언제나 그런 것처럼 그를 병원에 데리고 가지는 않았다. 우리는 그가 어디로 갔는지 몰랐다.

나는 몇 주 전 애들레이드를 떠날 때가 되었다는 결정을 내렸다. 건축가와 나는 그즈음 거의 만나지 않았다. 우리는 헤어졌다 다시 화해하기를 반복하는 일에 지쳐 있었다. 내 일은 내리막을 달리고 있었는데, 시드니로 가면 다시 괜찮은 수입을 올릴 기회가 더 많을 거라는 생각이 들었다. 조수아는 학교를 이 년만 더 다니면 되므로 이사하는 것이 그에게 그리 나쁜 시기는 아니었고, 조지아는 대학 졸업을 일 년 남겨두고 있었으므로 친구와 함께 애들레이드의 집에서 살 수 있었다. 졸업 후에 조지아가 원한다면 우리가 있는 시드니로 오면 된다. 조녀선은 어떻게 하고 싶어할지 몰랐다.

　나는 조지아와 조수아를 데리고 유럽으로 가 스웨덴과 이탈리아에 사는 형제들을 만나고, 1월에 돌아와 짐을 싸서 시드니로 떠날 계획을 세웠다. 이미 시드니에 집을 사려고 알아보는 중이었다. 조녀선을 두고 떠나는 것에 대해 신중히 생각해보았지만 우리가 주위에 있든 없든 그의 상태가 달라지는 일은 거의 없을 거라는 게 진실인 듯했다. 그러나 내게는 그 여부가 지대한 영향을 미칠 것이었다. 이 문제를 브렌다와 조녀선과 의논했고, 그를 설득해 우리가 유럽에 있는 동안 빈 건물을 떠돌면서 사는 대신 구세군 호스텔로 들어가게 하려고 했다. 조녀선의 삶에 간섭하지 않기로 했는데도 그가 갈 곳이 없다는 생각이 드는 게 싫었다. 그래서 들어가 살지 않을지도 모르지만 몇 달간 지낼 숙박비를 지불하기로 해두었다. 그에게 왜 조지아와 조수아는 데리고 가면서 그를 두고 가는지 설명하기가 어려울 거라는 사실을 알았다. 조녀선은 이 일이 자기가 처한 상황이 얼마나 비참한지를 깨닫는 또 하나의 예라고 느낄 것이다. 그러나 그의 주위를 맴돌며 내 삶을 계속 이어갈 수가 없었다. 그래서 나는 조녀선에게 우리와 함께 갈 만큼 건강이 좋지 않다고 생각해서 데려가지 않는 것이라고 말했다. 그는 듣지 않는 것 같았다. 조녀선은 우리가 떠나는 날 아침에 나타났다. 내 자신이 비열하고 비참하게 느껴졌다. 그날 그가 빛바랜 청바지를 입고 재킷을 어깨에 걸치고서 혼자 왔다가, 머리를 숙이고 발을 땅에 질질 끌며 공원으로 걸어가던 모습이 가물거린다.

7장

여러 가지 이론

살아가면서 우리가 잃어버린 삶은 어디 있을까,

지식 속에서 우리가 잃어버린 지혜는 어디 있을까,

지식 속에서 우리가 읽어버린 정보는 어디 있을까?

T.S. 엘리엇

1984년 1월 조지아, 조슈아와 해외에서 돌아오니 조녀선이 우리 집
앞 베란다를 서성거리고 있었다. 브렌다가 빈 건물 중 어딘가에서 찾아
데려왔다. 그는 건강해 보였고 우리를 만나서 기뻐하는 것 같았다. 바지
를 허리춤에 넥타이로 묶고 평소 입던 알록달록한 이상한 티셔츠에 재
킷 여러 개를 걸치고서 친구들과 함께 지냈다고 희미하게 말했다. 오랫
동안 그를 보지 못해서인지 다시 만났다는 사실이 새삼스러웠다. 나는
곧 그가 예측할 수 없는 사람이라는 사실과 맞닥뜨렸다. 우리와 주방에
서 차를 마시다가 갑자기 집 주위를 달렸고 물건을 집었다가 내려놓더
니, 말을 하던 도중에 두 번이나 샤워를 하겠다며 사라졌다.

조슈아와 나는 두 주 있으면 시드니로 가야 했는데, 애들레이드로 돌
아온 처음 며칠 동안 내가 아직 떠날 준비가 안 됐다는 생각이 들었다.
나는 마음을 다잡으려고 바닷가를 걸어 다녔다. 시드니에서의 삶을 그
려보려고 했지만 아무것도 보이지 않았다. 집으로 돌아와 우리는 애들
레이드에 있을 거라고 선언했다. 이것은 전적으로 체면과 관련된 문제
이며 모두가 내게 화를 낼 거라는 사실을 알았다. 모두가 화를 냈다. 그

러나 이곳에 돌아온 것이 내게는 고향에 온 것 같은 느낌이었다. 떠나 있는 동안 건축가와 내가 진정한 사랑을 다시 찾을 수 있을 거라는 환상을 만들었다는 사실을 비로소 깨달았다.

건축가가 말했다.

"당신 글에 내 이야기를 그만 써줘."

"하지만 사람들이 내 글을 좋아하는데."

나는 기대를 갖고 말했다.

"그래, 하지만 그 사람들은 당신 독자이지, 내 독자가 아니야."

그는 그때 이미 다른 사람을 만나고 있었다.

유럽으로 가기 전에 이미 헤어지자는 말을 했으면서도, 얼마 동안 나는 그의 차에 스프레이로 낙서를 하거나 집에 노래기를 풀어놓는 등의 유치한 복수를 꾸미며 마음을 달랬다. 어쨌든 애들레이드에 계속 남기로 결정을 내려서 기뻤다.

며칠 뒤 재니라는 불교 승려가 우리 집에 나타났다. 그는 가부좌를 틀고 바닥에 앉아 정신병과 허브티를 마시는 것에 대해 이야기를 나누었다. 시드니에서 배우로 활동할 때 알게 된 그를, 그 전날 우연히 애들레이드 시장에서 다시 만난 것이다. 깊은 파란색 눈동자의 재니는 머리를 밀었다. 최근 정신병원에 입원을 했었고 이로 인해 깊은 정신적 충격을 받았다고 했다. 나는 방어적이 되는 것을 느끼면서, 나 역시 조너선을 여러 번 정신병원에 입원시켰고 필요하다는 생각이 들면 다시 그렇게 할 거라고 말했다. 그는 내 말을 듣고 무엇이든 내가 옳은 결정을 하리라 확신한다고 진지하게 대답했다.

우리가 이야기하는 동안 조너선이 들어와 바닥에 쭈그리고 앉았다.

336

재니는 그가 사는 애들레이드 힐의 아시람에 대해 이야기했다. 조너선이 관심을 보였다. 그가 헝클어진 머리 사이로 재니를 쳐다보았다.

"당신은 좋은 사람 같은데, 미쳤나요?"

"미쳤다는 건 없어요. 서로 다른 상태의 의식들이 존재하는 거죠."

"당신의 정치사상은 뭐예요?"

"전 불가 승려예요."

"스파이인가요?"

"아니요, 불교 승려랍니다. 우리 아시람에 꼭 오세요."

"왜요?"

"평화로운 곳이니까요. 당신은 정원에서 일을 할 수 있을 거예요."

"얼마나 주나요?"

"당신이 돈을 내야 해요."

"얼마나요?"

"일주일에 6달러요."

"60달러! 당신은 거기서 일하는데, 어떻게 그 사람들은 당신한테 돈을 안 줘요?"

조너선이 눈을 감고 혼잣말을 했다.

"자, 잘 봐라, 조, 너는 정신차릴 곳이 필요해. 좋은 음식, 좋은 삶, 안전한 장소, 좋은 여자들…. 그래, 그런데 60달러? 그래, 그런데 문제가 있어. 조, 넌 머리가 온통 뒤죽박죽이잖아. 하지만 우리질 60달러…. 어이, 이건 사기야."

재니가 조용히 그를 보았다.

"그건 당신이 선택하기에 달렸어요."

조너선이 방에서 나갔다.

재니는 <도와줘요!>라는, 자비로 출판한 커다란 책을 가지고 있었다. 그 책은 '반응, 생각들, 질문, 허브티, 과일주스, 환경, 웃음, 사랑, 눈물, 평화, 재니'를 함께 나누고자 사람들을 초대했다. <도와줘요!>는 거꾸로 인쇄가 되어 있었다. 그 순진함에 웃음이 나기 쉬운 책이지만 그것은 한 인간이 정신병원에서 겪은 경험에 관한 이야기였으며 조너선이 그 전 해에 했던 말이 다시 떠오르는 한 권이었다.

"감옥은 힘들어요. 병원은 끔찍해요."

<도와줘요!>에서 재니는 다음과 같이 썼다:

나는 협박을 당했고 무시하는 말투를 들어야 했으며 마치 지능이 없는 사람인 것처럼 취급당했다. 사생활은 허락되지 않았으며 삼십삼 년 동안 살아오면서 몸에 밴 생활 방식은 경멸받고 묵살되었다. 처음 며칠 간 여러 명의 낯선 의사들이 예고도 없이 불쑥 들어와 내가 바보들을 수용하는 캠프에 있는 사람인 마냥 질문을 퍼부었다. 그들은 "호주의 수상이 누구죠?" "'유리 집에 사는 사람들은 돌을 던져서는 안 된다'는 말이 무슨 뜻이에요?" 같은 말도 안 되는 질문들을 속사포처럼 쏟아부었다. 나는 아직도 그런 질문에 답하기가 힘들다. 처음 24시간 동안 잠옷과 가운을 입고 있으라는 말을 들었다. 다행히 그걸 가져오지 않았다. 정신이 나간 사람은 존엄성을 유지할 수 없으며 어떤 권리도 누릴 수 없다. 그렇게 부르지 말라고 요구했는데도 불구하고, 대부분의 직원은 나를 계속 재닛이라고 불렀다.

나는 약 때문에 썩은 채소 같은 기분이 들었다. 지독히 피곤했는데도 쉬도록 허락받지 못했다. 절대로. 환자들은 언제나 뭔가를 하고 있는 것처럼 보여야 했지만 절대로 할 만한 것이 없었다. 우리는 언제나 볼링을 치러 가거나 미용사와 약속을 잡으라는 채근을 들었다. 나는 이런 것을 전혀 하고 싶지 않았다. 내가 병원에 있을 때 왜 이런 강요를 받아야 하는가? 왜 거절을 하면 협조적이지 않다는 말을 들어야 하는가?

나는 주위에서 느낀 암흑으로부터 벗어나려는 상징적인 시도로, 세탁실로 가 세제통을 들고서 싱크대 주위에 물비누를 전부 뿌렸다. 암흑이 문자 그대로 나를 감금했다.

의사들이 사랑하는 법을 배우고 환자와 연루되는 것에 대해 두려워하지 않는 법을 배울 때, 비로소 진정으로 치유하는 법을 배울 수 있을 것이다. 현재로서는 주방 직원과 청소원이 가장 따스한 마음을 품은 사람들이다(1980년대 호주의 치료 시설에 관한 이야기이므로 현재의 상황과는 차이가 있을 수 있다, 옮긴이).

재니의 글은 정신병원에 있는 너무나 많은 사람들의 거부 반응을 대표적으로 보여주는 예이다. 병원이 나쁘다는 말이 아니다. 직원들이 무자비하다는 말도 아니다. 그들 대부분은 그리 많지 않은 돈과 몰이해 속에서도 어려운 일을 하는 헌신적인 사람들이다. 그러나 아프고 두려운 사람들이 치유받을 수 있는 최선의 환경을 제공하는 데 성공한 병원은 거의 없다.

재니가 다녀간 지 얼마 지나지 않은 어느 날 아침, 조너선이 구중중하고 부스스한 모습으로 들어왔다. 코에 금 장신구를 하고 고양이 방울이 매달린 귀걸이를 한 쪽만 했다. 그가 빠른 속도로 중얼거렸다.

"조너선이 조너선에게 말한다. 로저, 통신 끝. 조너선, 들리나, 조너선? 나는 외롭다, 조너선. 로저, 통신 끝."

브렌다에게 이야기하니 다시 급성기가 찾아온 것 같다고 말했다.

1월에 조너선은 괜찮았다. 2월에는 악화되었다.

3월 나는 남호주영화사 대표와 주정부 아동보호부 의장직에 임명되었다. 주복지부장관인 그레그 크래프터가 어느 금요일 저녁에 방문해서 아동보호부를 맡아줄 수 있을지 물었다. 나는 그가 조너선의 범죄 기록과 그런 일이 다시 일어날 수도 있다는 사실을 알아야 한다고 생각했다. 장관은 조너선 때문에 겪은 경험이 내게 그 직책을 의뢰하는 이유 중 하나라고 말했다. 두 가지의 임명 건으로 인해 나는 여러 번의 방송 인터뷰를 하게 되었다. 한번은 우리 집 응접실에 앉아 청소년 비행에 대한 질문에 답하고 있었다. 내 시선 한편에서 창문 틀 넘어 발 하나가 보였다. 구중중한 검은 운동화를 신은 발이었다. 발 하나, 다리 하나, 팔 하나, 얼굴 하나가 창문에 있었다. 머리카락으로 거의 다 가린 우울한 얼굴. 창문으로 그 유령이 넘어와 카메라 뒤쪽을 지나 조용히 방으로 건너갔다. 아무도 눈치채지 못했다. 나는 안도의 한숨을 내쉬었다.

이 분 뒤 문을 두드리는 소리가 들리고 조너선이 들어왔다.

"실례합니다. 실례합니다. 저는 세 배로 공증받은 정신의학 검은 띠입니다. 저는 물과 흑마술을 주식으로 먹고 있습니다."

그는 우아하게 머리를 숙이고 인터뷰 진행자, 카메라맨, 녹음 담당자와 악수를 하고 떠났다.

조슈아는 거의 주말마다 기숙사에서 집으로 왔는데 가끔 친구들을 데려왔다. 그가 종종 불안해 보이길래 나는 조너선이 불쑥 나타날까 봐 걱정하는 것이려니 짐작했다. 어느 일요일, 나는 주방에서 내 방식대로 접시를 정리하느라 덜그럭거리고 있었고 조슈아와 친구 세 명은 오렌지

음료를 만들어 먹고 있었다. 조녀선이 열심히 중얼거리면서 들어왔다. 그는 악마의 눈을 쫓아내기 위해 여러 개의 끈과 리본을 양쪽 팔목에 묶고, 따뜻한 날인데도 눈썹 밑까지 비니를 눌러썼다. 조녀선이 비니를 그렇게 쓴 것은 외부 세계의 세력과 내부에서 들려오는 환청으로부터 자신을 보호하기 위함이었다. 그가 가고난 뒤 조슈아의 친구들이 물었다.

"누구야?"

그러고는 낄낄거리며 웃었다.

나는 목 주변의 근육이 뻣뻣해지는 것을 느꼈다. 조슈아가 어떻게 대답할지 궁금했다. 조슈아가 아무렇지도 않게 말했다.

"응, 우리 형 조녀선이야."

"조현병에 걸렸어. 정신병 말이야."

마치 '발목을 삐었어.' 하는 것처럼 대수롭지 않게 말했다.

아, 놀라운 순간이었다. 잘했어, 조슈아! 그리고 그날 내내 나는 미소를 머금고 집을 맴돌았다. 대체로 아이들의 사생활을 존중하기 위해 조지아와 조슈아에 대한 이야기를 많이 하지 않았다. 물어보아도 대답을 하지 않았기 때문에, 오랫동안 그들이 무슨 생각을 하는지 어떤 감정이 있었는지는 알지 못했다. 그들은 감정을 닫고 지냈다. 아마도 안전하다고 느꼈던 유일한 장소가 그들 자신의 내부였을지도 모른다. 자기 내부의 은신처마저 빼앗긴 조현병 같은 병을 앓는 사람들을 제외하면, 이것은 아마도 우리 모두에게 진실일 것이다. 그러나 조슈아의 단순명쾌함은 우리 모두가 점차 우리의 삶에 대해 좀 더 열린 마음을 갖기 시작했다는 몇 가지 암시 중 하나였다. 조녀선까지도 어깨에 담요를 두르고 주방 바닥에 앉아 불가 승려 재니 같은 낯선 사람과 정신이 이상한 자신의 머리에 대해 이야기할 수 있게 되었다.

집에 오는 주말 중간에 조슈아는 기분 좋게 투덜거리는 편지를 학교에서 보냈다. 나는 이런 편지를 받을 때마다 기분이 좋아졌다:

엄마에게,

주말마다 저는 이 멍청한 편지를 써야 해요. 편지를 쓸 때마다 27센트를 써야 하다니 정말 쓸모없는 일이에요. 엄마를 만나거나 엄마와 말을 하면 되는데 학교에서 이런 멍청한 편지를 또 쓰래요. 솔직히 이건 정말 너무 쓸데없는 일이에요. 잉크만 낭비하고 있어요. 아마 새 펜을 사야할 것 같아요.

여름이 지나 가을로 접어들었고 조너선의 상태는 거의 변화가 없었다. 애들레이드 청년실업센터에서 한 여성이 전화를 해 아들 조너선이 애들레이드에 살고 있다는 사실을 아느냐고 물었다. 그렇다고 하니 아, 놀라고 믿을 수 없다는 듯한 목소리로 말했다. 그녀는 다시 조너선이 센터에 나오고 있으며 삶의 방식을 개선하고 싶어하는 사실을 아느냐고 물었다.

"멋진 일이군요."

내가 말했다.

"우리는 조너선의 문제가 낮은 자존감과 관련 있다고 생각해요."

그가 차갑게 말했다.

"네."

더 이상 말할 기운이 없어서 그렇게 대답했다. 그녀는 다시 브렌다에게 전화했다. 브렌다는 조너선의 상태에 맞춰 일을 진행해야지 그렇지 않으면 그가 물러서고 사라질 거라고 충고했다. 집에 들른 조너선은 센터에 대해 열의가 넘쳤다. 그곳에서 도자기와 가죽 공예를 할 수 있다고 하며 산책을 나가자고 했다. 늦은 오후였지만 해는 아직 뜨겁게 어깨를 달궜고 벌들은 장미 정원에서 부산하게 움직였다. 조너선은 데임 조세핀이나 레이디 클라라 같은 이름이 붙여진 커다란 분홍 장미의 냄새를 맡고난 다음 길 왼쪽에, 다음에는 오른쪽에 침을 뱉었다.

"왜 그렇게 하는 거야, 조너선?"

"내 적들을 죽이고 있어요."

두 주 후 조너선은 센터에 나오지 말라는 통보를 받았다. 사회복지사가 전화를 해 조너선이 그곳에 맞지 않는다고 했다.

"행동, 태도, 차림새가 부적절합니다. 그래서 우리는 다른 회원들을 꽤 많이 잃었어요. 세상에 합류하려면 그가 변해야 할 거예요."

4월 3일 브렌다의 기록:

조너선이 사무실에 왔는데 매우 더러워 보였지만 말의 앞뒤는 맞았음. 입고 있는 옷이 전부라며 매트리스, 담요, 옷을 살 돈을 달라고 함. 수탁 관리인 사무소에 전화함. 지출 승인을 마지못해 해줌. 그 돈이 조너선 것인데도 그들은 조너선이 받을 자격이 없는 사람인 것 같은 인상을 주었음.

4월에 사우스테라스 집을 세 달 안에 비워달라는 통보를 받았다. 사무실로 사용하고 싶다는 내용이었다. 조너선이 일주일에 두세 번 들르곤 했었는데 아무 말 없이 오지 않았다. 경찰을 통해 호스텔과 빈 건물 등을 수소문해보았지만 아무도 그를 보지 못했다.

4월 말 아주 늦은 밤에 전화를 받았다. 목소리가 높고 극적이었다.

"안녕하세요, 저는 최면술사 루이스라고 합니다. 시드니에서 전화하는 거예요. 제가 여기에 부인이 아주 좋아하는 사람을 데리고 있어요. 그에게 화를 내시면 안 됩니다. 부인의 아들 조너선이에요."

"저는 영화를 만드는데, 조너선은 재능이 많은 매우 아름다운 청년이에요. 우리는 모두 그 때문에 흥분해 있어요. 우리는 벨레뷰힐에서 가장 큰 집에 살고 있고 그가 원하면 언제까지나 여기서 지낼 수 있습니다. 그는 방금 샴페인과 닭고기를 먹었어요. 집에서 쫓겨난 후 그가 좀 혼란스러워 한다는 걸 알고 있습니다만, 약속드리는데 부인을 협박하지는 않겠어요. 그럴 생각은 조금도 없습니다, 부인. 제게 하실 말씀이 있을 텐데요?"

"조너선을 내버려두세요."

"제게 화를 내고 계시는 건 아니지요, 부인?"

"조너선을 그냥 두라고요."

내가 차갑게 화를 내며 말했다.

조너선이 전화를 바꿨다. 긴 터널 끝에서 말하는 것처럼 목소리가 희미하고 힘이 없었다.

"안녕, 엄마."

딸깍하는 소리가 들리고 전화가 끊겼다. 침묵이 오랫동안 흘렀다. 나는 주방으로 가 숟가락으로 주전자를 두드리며 차를 끓였고, 차를 마시다가 뜨거운 김에 데었다.

며칠 뒤 최면술사 루이스가 연락을 해서 시드니로 가야 했으며 곧바로 조너선이 가장 자주 머물던 남자 노숙자들을 위한 호스텔, 매튜 탤벗으로 갔다. 탤벗은 조너선에게도, 내게도 중요한 곳이 되었기 때문에 설명을 할 필요가 있겠다. 시드니의 한 지역에 위치한 탤벗은 공황기에 건축한 이래 사방, 위, 아래로 증축을 거친 벽돌 건물이다. 이 지역은 한때 모든 수변 공업지역처럼 지저분한 곳이었다. 지금은 많은 지역이 고급 주택지로 바뀌었지만 탤벗은 아직도 거기에 남아 있으며, 그곳에 둥지를 튼 사람들의 실낱 같은 희망처럼 나도 절대 그곳이 교외로 쫓겨나지 않기를 바란다. 그들은 떠나지 않을 것이다. 그들은 도시에서 이름 없이 사는 것 그리고 나이트클럽, 카페, 온갖 종류의 노숙자들이 뒤엉킨 킹스 크로스 근방의 열기를 즐기고 있다. 낮이든 밤이든 어느 때나, 탤벗 밖이나 길 위 또는 공원으로 통하는 잔디밭에는 벽에 몸을 기대고 팔다리를 죽 뻗은 육체들이 있다. 하얀 육체, 검은 육체, 술 취한 육체, 장애가 있는 육체, 아직도 삶에 집요하게 집착하는 늙은 사람들, 삶이 그들을 위해 한 약속을 아직 붙들고 있을지도 모르는 젊은 사람들.

그날 오후, 몇 명의 남자가 안으로 들어가기 전에 마지막으로 남은 낮빛을 끌어안고 있었다. 술병과 깡통이 현관에 어질러져 있고 안짱다리에 땅딸막한 남자가 그날 밤을 보낼 침대를 예약하느라 복도를 걸어 내려가고 있었다. 그리고 거기, 탤벗 입구 바로 바깥에 낯익은 인물이 앉아 있었다. 알록달록한 가로줄 무늬 비니를 머리에 뒤집어쓰고 자루를 옆에 낀 키 크고 흐느적거리는 젊은 남자. 그는 더러운 맨발을 살펴보고 있었다. 그가 나를 올려다보더니 씩 웃었다.

"안녕, 엄마."

내가 다가가 그를 안았다.

"안녕?"

"어지러워."

"최면술사 루이스네서 나온 거야?"

"응."

그가 발을 더 가까이 쳐다보았다.

"그 사람은 사기꾼이야."

조너선에게 함께 애들레이드로 돌아가겠냐고 물어보았다. 그는 싫다고 하면서 킹스크로스가 좋다고 했다. 나는 그를 시드니에 두고 가는 것이 걱정스러워서, 안으로 들어가 레이 버크를 찾았다. 레이는 탤벗의 매니저 중 한 명으로 내가 몇 년 전 노숙자에 대한 다큐멘터리를 제작한 때부터 알고 지내는 사람이었다.

탤벗에 들어가면 제일 먼저 눈에 띄는 것이 칠판에 하얀 분필로 적힌 안내문이다:

모든 사람은 샤워를 해야 하고 비누를 사용해야 합니다.

사무실에서는 새로 온 사람들을 살펴보는데, 만약 술에 취했거나 마약을 했으면 별관이라고 알려진 곳에 가서 일곱 시간 동안 술기운이나 약기운이 떨어지기를 기다려야 했다. 주방 근처에 다른 안내문이 있긴 했지만 그 외에는 누구든 들어갈 수가 있다.

직업이 생겨서 첫 급료를 받았으면 이곳에서 잠자리를 청하지 마십시오.

탤벗에서 제공하는 품목;

잠자리와 잠옷, 세 끼 식사, 의류, 샤워와 타월, 비누와 면도기,

세탁 시설, 병원, 짐 보관실,

알코올 중독자 모임, 돈 보관, 사회복귀 훈련시설,
그 외 다른 서비스

만약 여기에 다른 것을 추가하라면, 나는 우정과 돌봄을 포함시킬 것이다.

그 날 레이를 만나러 갔을 때 그는 전화를 하고 있었다.

"제 생각에 그가 약물치료를 다시 할 준비가 되었다고 말하는 것 같아요. 병 때문에 상태가 아주 안 좋거든요. 우리가 잘 대처하는 게 중요해요."

레이는 성 빈센트 드 폴의 평수사이다. 이곳의 많은 도우미처럼 그도 자원봉사자이다. 그는 대머리에 건장한 체격으로 유쾌하고 안도감을 주는 믿음직한 남자였다. 레이는 조너선을 지켜보겠다고 약속하고 그가 원할 때는 언제든 잠자리를 제공할 수 있다고 말했다. 탤벗에서는 규칙적으로 오는 사람들이 이틀 밤 이상 나타나지 않으면 사람들을 보내 찾아본다고 했다. 그들은 취약한 사람들이어서 종종 강도를 당하거나 두들겨 맞았다.

'오, 하느님, 조너선이 길에서 자지 않게 해주세요. 그가 하수관이나 항구에 거꾸로 떠 생을 마치지 않게 해주세요. 그를 찾아줘요, 레이 버크. 조너선이 어디에 있든지 찾아서 안전하게 데리고 와요.'

6월 애들레이드로 돌아왔을 때는 한겨울이었다. 나는 에이비시(ABC) 과학쇼 프로그램에서 '100명 중 1명'이라는, 조현병에 대한 한 시간 분량의 라디오 프로그램 세 개를 만들기 위한 조사를 시작했다. 그 전 해에 만든 여성들에 관한 텔레비전 시리즈가 방송을 탔다. 그리고 이삿짐 회사 사람들이 왔다. 짐을 싸는 동안 나는 전화기 옆과 냉장고 문에 수년 동안 쌓인 전화번호 목록을 살펴보면서 조너선이 지금 시드니에 있는데 이게 다시 필요할까 궁금했다. 목록은 점점 늘어나, 그 당시에는 '웃는 물' 과 '무지개의 끝'이라는 이름의 치료 공동체, 하리 크리슈나, 구치소 복지관 직원, 일자리를 줄지도 모르는 묘목실, 호주 전역의 캠핑장, 자기 농장에서 조너선이 토마토 따는 일을 하며 살게 해주겠다던 노스애들레이드의 피자 가게 주인 등의 전화번호가 있었다.

나는 우리가 살던 애들레이드의 모든 집을 통틀어 가장 안락해 보이는 지역에 집을 구했기 때문에 새집으로 이사하는 일은 그럭저럭 견딜 만했다. 아카시아나무가 양쪽에 늘어선 거리에는 나이가 직수굿한 남자들과 여자들이 천천히 조심스럽게 걸어 다니고 아이들이 자전거를 타고 흔들거리며 지나가는 곳이었다. 동네 가게에서는 병에 담긴 사탕류와 근방에서 자란 과일을 팔았다. 가게 주인은 검은 가발을 쓰고 초기 비틀즈 스타일로 옷을 입었다. 우리의 커다란 돌집은 짙은 분홍색과 살구색의 스테인드글라스 장식이 있고 정원에는 과일나무들과 장미가 가득했다. 그곳은 평화와 풍요의 집이었다. 조슈아가 집으로 들어왔고 조지아는 가까이 살았다.

어느 날 아침에 시드니에 사는 친한 친구의 전화를 받았다. 그는 자신의 열일곱 살 된 아들이 조현병에 걸렸다는 말을 막 들었다고 했다. 키가 무척 크고 예민한 얼굴을 한 그 청년은 조너선이 하얗던 것만큼이나 피부색이 아름답게 가무잡잡했다.

"내가 일을 하러 나간 사이에 일이 생겼어. 얘가 발작을 한 거야. 늦은 밤에 친구 집 침실에 나타났대, 발가벗은 채로. 사람들이 경찰을 불러서 병원에 갔는데 담에서 뛰어내렸고 우리 모두 쫓아서 길로 뛰어갔어. 얘는 나중에 집에 와서 멜버른으로 걸어가겠다는 거야. '어떤 남자가 그렇게 하래요.'라는 말을 계속해서 해."

내 친구는 장대비가 쏟아지는 늦은 밤에 아들 옆에서 걸었다.

그의 아들이 말했다.

"엄마는 걸어가지 못할 거예요. 내가 업어줄게요."

둘은 온몸이 물초가 되었고 추웠다. 그러고도 좀 더 걸었다. 내 친구는 걷는 것보다는 차로 가는 게 좋겠다고 했고 아들도 그러겠다고 했다. 그래서 그들은 차를 가지러 돌아왔다.

집에 도착하자 그가 말했다.

"인간은 에너지로 활용될 수 있기 때문에 엄청난 잠재력을 가지고 있어요. 그 에너지를 이용해서 날 수도 있어요. 우유 한 컵을 끓이세요. 나에게 에너지를 주게."

"그래. 그럼, 우리 아들."

친구는 우유를 데웠고 아들은 잠자리에 들었다.

몇 년 전, 조너선이 지나가는 차들을 신경 쓰지 않고 길을 걸어가고 있을 때 그 친구와 나는 차를 타고 애들레이드를 지나고 있었다. 우리는 차를 세워 조너선을 태워주었다. 그는 당시에 겨우 열두 살인가 열세 살된, 아주 정상인 친구 아들의 안부를 물었다.

"그 애는 나와 비슷해요. 알죠? 나랑 똑같다고요."

'그러지 않기를 바란다.'

나는 속으로 생각했다.

내 친구도 분명히 나와 같은 생각을 했겠지만 예의가 발라서 아무 말도 하지 않았다. 조현병을 앓는 대부분의 사람은 아무리 병 관리를 잘해도 같은 병을 앓는 사람을 알아볼 수 있다. 조너선은 병이 나타나기도 전에 이미 그것을 감지했던 것 같았다.

7월 바쁜 시기였다. 라디오 다큐멘터리 말고도 조현병에 관한 책을 써달라는 제안을 받아서 일을 추진 중이었다. 7월의 어느 날 시드니에 이틀 정도 다녀왔는데, 탤벗에서 정신건강의학과 의사가 정기적인 치료를 하고 있다는 소식을 듣고 그곳으로 먼저 발걸음을 옮겼다. 레이는 내가 그 의사와 이야기하면 좋을 것 같다고 생각했다. 네일 부리히는 활동적이며 꽤 냉소적인 유머 감각을 가진 아주 젊은 남자였다. 나는 그가 좋았다. 조너선이 아주 작은 진료실을 왔다 갔다 하는 걸 간호사 두 명과 부리히와 내가 지켜보았다. 오 분 동안 조너선은 자신의 못된 어머니가 얼마나 사악한지에 대한 이야기를 장황하게 늘어놓았다. 그 여자는 터널 끝에 있는 검은 두꺼비이며 절벽 끝의 비명 소리고 세상에 재수 없는 인간이며 모든 마녀를 끝장낼 마녀였다. 별안간 장광설을 멈췄다. 조너선이 승리감에 취해 주위를 돌아보았다.

부리히가 말했다.

"당신이 어머니를 아주 좋아하지 않는다는 걸 알겠어요."

모두가 웃음을 터뜨렸다.

조너선도 낄낄거렸다.

"예, 맞아요."

이렇게 말하고는 콜라를 마시러 밖으로 나가자고 했다. 우리는 예수

350

와 성모 마리아의 조각상 아래에 있는 매점에 앉았다. 민소매에 반바지 차림의 건장한 남자가 초록색 앞치마를 두르고 테이블을 정리하고 있었다. 옆자리에는 젊은 남자 한 명과 나이 든 남자 한 명이 나란히 앉아 텔레비전을 보고 있었다. 조너선은 콜라에 있는 빨대를 불어 거품을 만들더니 즐거워하며 씩 웃었다.

"내 생각에 이 말을 해야 할 것 같은데, 어떤 면에서 난 다시 침을 뱉기 시작했어요. 어제 길에 침을 뱉었는데 멋지고 특이했거든요. 도베르만 개 냄새가 났어요."

목소리가 점점 빨라졌다. 머릿속에서 생각들이 내달리고 있는 게 분명했고 말이 그걸 따라잡느라 애를 쓰고 있었다.

"달링허스트(시드니에 있는 지역 이름, 옮긴이) 경찰서에서 내가 경찰 열다섯 명을 죽였어. 내 말을 못 믿겠으면 가서 확인해봐. 나는 아일랜드 공화국군 멤버이고 붉은 여단, 팔레스타인 해방 기구, 케이지비(KGB) 멤버야. 나는 건강해. 아주 엄청 끝내주게 건강해. 어떤 여자가 나한테 이 팔찌를 줬어. 그 여자는 내 가정부인데 친절한 매춘부야. 나를 도와주지 않으니까 나는 청소년 법원을 공격할 거야. 엄청난 사랑과 관대함이 필요할 거야. 나는 뇌가 세 개 있어. 아니면 네 개."

어떤 면에서 조너선은 탤벗에서 지내는 네 달 동안 진전이 있었다. 처음으로 자기 의지로 안정적인 곳에서 계속 숙박을 했고 처음으로 약을 달라고 했다. 이것은 대단한 진전이었다. 다른 면에서 그는 나빠졌다. 육체적 건강이 악화되었고 다리와 팔에 심한 상처가 있었다. 애들레이드에 있을 때보다 대도시에서 그는 훨씬 더 공격을 받기 쉬웠다. 한두 번 심하게 맞은 적이 있었다. 그러나 조너선은 내가 기억했던 것보다 훨

351

씬 잘 적응했던 것 같았다. 매튜 탤벗은 조녀선에게 어떠한 요구도 하지 않았기 때문에 그에게 맞았다. 너무나 많은 정신의학 프로그램은 비현실적인 기대를 가지고 있다. 그들은 사람들이 맞출 수 없는 기준에 부합하거나 한 가지 진단명 범주에 꼭 들어맞기를 요구한다. 신체적 문제가 있는 정신병자, 정신적 문제가 있는 신체질환자 그리고 관료들의 요구에 맞춰 한데 묶을 수 없는 나머지 모두를 전인적인 방법으로 돌보아야 한다는, 보다 종합적인 철학과 접근이 필요하다. 조녀선과 병든 자, 약한 자, 가난한 자, 버려진 자, 사회 부적응자 등의 사람들은 탤벗에서 받아들여진다고 느낄 수 있었다.

나는 다시 숨을 쉬기 시작한 것 같은 기분이 들었다. 조지아와 조슈아는 둘 다 애들레이드에서 잘 지내고 있었다. 조슈아는 아직 학교에 다녔고 조지아도 대학에 다니고 있었다. 집은 살기 좋은 곳이었고 나는 하고 있는 일이 좋았다.

10월 나는 책과 라디오 시리즈에 대한 조사를 위해 외국에 가기로 결정했다. 먼저 10월에 '조현병에 대한 정신요법'이라는 주제로 예일 대학교 의과대학에서 열리는 국제 심포지엄에 참석하기로 했다. 그 이후 뉴욕으로 가서 일정에 따라 다니다가 토론토를 거쳐 런던으로 갈 예정이었다. 연구라는 차원에서 보면 특별히 잘 짜인 일정은 아니었지만 현재의 의학적 관점을 엿볼 수 있는 기회가 될 것이었다. 또한 북아메리카와 영국 사람들은 조현병에 어떻게 대처하고 있는지 알고 싶었다.

나는 뉴잉글랜드에서 붉게 물든 단풍나무 잎과 신선한 아침, 맑고 파란 하늘을 즐기며 일 년 중 가장 멋진 시간을 보냈다. 심포지엄은 나무

판으로 벽을 두른 커다란 강당에서 열렸는데 객석에는 붉은색 의자가 있고 오리알처럼 푸르스름한 카펫이 깔려 있었다. 나는 리츠(Theodore Lidz 1910~2001, 미국의 정신의학자이며 조현증 치료로 유명한 인물, 옮긴이)의 기조연설을 들으러 갔다. 리츠는 그 당시 70대였지만 여전히 힘이 넘치는 남자였다. 그는 자신감에 넘쳐 강단을 씩씩하게 걸어 올라온 다음 조현병의 역사에서 중요한 시기가 도래했다고 말했다. 백 년간의 생물학적 연구로 우리는 어두운 골목에서 나왔고, 조현병이 뇌에서 일어나는 기능장애가 아니며 하드웨어보다는 프로그래밍에 문제가 있을 가능성이 크다는 사실을 알았다고 했다.

그는 조현병이 자녀를 통해서만 삶의 의미를 찾으며 자녀들의 독립적인 정체성 발달을 방해하는 어머니의 숨막히는 사랑에 원인이 있음을 찾았다고 말했다. 또 '왜곡된 결혼'이라는 개념을 전개시켰다. 즉 이 유형에 속한 어머니는 유약하고 무관심하거나 가족을 등한시하는 아버지를 남편으로 두었고, 그의 말에 의하면 '안정된 부모 유대'가 결여된다. 그는 부모가 자녀의 충성심과 사랑을 놓고 경쟁하게 되며 이로 인해 자녀는 혼란스럽고 부적절한 자아를 형성하게 된다고 믿었다.

리츠는 또한 기조연설 끝부분에서 조현병 유발 어머니를 지배적이고 과잉보호를 하며, 지나치게 간섭하는 데다가 적대적이라고 강력하게 비난했다(현재는 조현병 유발 부모, 특히 어머니라는 주장은 근거가 없다는 것이 공통된 의견이다, 옮긴이).

이어진 시간 중에는 가족 모임이 있었다. 그곳에서는 전문가들이 토론자로 참석해 사례에 대한 토의를 하고 있었다. 내가 들어갔을 때 한 남자의 목소리가 들렸다.

"제 관심사는 조현병 환자가 다른 사람과 동일한 감정을 갖는가 하는 것입니다."

정신건강의학과 의사인 그는 건조하고 예의 바른 목소리로 조셉이라는 청년의 사례를 발표했다. 조셉은 순응주의자고 사회적 퇴행 상태에 있었으며, 부모와 함께 자는 발달이 늦은 아이였다고 말했다. 그 당시 청년이었던 조셉은 지적이고 풍부한 어휘를 사용했으며 예민하고 우울했다. 그의 식견은 심리치료사들의 관심을 끌었다. 조셉은 오럴섹스 환상, 자위행위 환상, 수동적 항문성교 환상, 피해망상, 망상성 피학대성 도착증을 가지고 있었으며 그의 사명은 가족의 희생자가 되는 것이었다. 조셉의 문제는 어머니에 대한 의존에 원인이 있었다. 우리는 그가 공격적이고 지배적이며 비위를 맞추기 어려운 아버지와 사람을 두려워 떨게 만드는 죽일 듯한 모성 태도를 가진 어머니를 두었다는 이야기를 들었다.

금테 안경에 짙은 파란색 양복과 분홍색 줄무늬 셔츠를 입고 강한 베트남 억양을 쓰는 치료자가 엄숙하게 말했다.

"저는 여러 가지 환상을 섞으면 절대로 안 된다고 조셉에게 말할 것입니다."

토론자들이 수긍한다는 듯이 고개를 끄덕였다.

발표를 하는 정신건강의학과 의사의 목소리가 불안하게 들리기 시작했다.

"저는 이름을 밝힐 수 없는 한 사람을 만났습니다. 인간이 죽음을 무릅쓰지 않고는 이를 수 없는 한계까지 갔고 역겹다는 생각을 했습니다. 저는 저변에 머물고 있는 죽음, 만성 질환을 보았습니다."

이때 리츠가 앞으로 걸어 나와 선언했다.

"이 소년은 아버지와 하나가 되기 위해 치료자를 통해 임신을 하고 싶어 했습니다. 이것은 뉴기니 부족에서 일어난 잘 알려진 이야기입니다. 이 이야기는 반드시 공개되어야 합니다."

나는 강당을 나와 블랙커피에 설탕 둘을 넣어 마셨다. 보통은 설탕을 넣어 마시지 않는다. 그런 뒤 '심리치료와 조현병에 대한 오해'라는 주제로 열리는 세미나에 참석했다. 이 세미나를 이끄는 정신건강의학과 의사는 검고 굵은 곱슬머리에 목소리가 컸으며 강한 성격을 지닌 체구가 큰 남자였다. 그는 조현병을 지닌 사람들은 만성적인 공포 속에서 산다고 했다.

"제가 부모님들께 드릴 첫 번째 말씀은, 저는 누구도 여러분을 죽이게 두지 않겠다는 것입니다. 긴장성 혼미는 너무나 엄청난 공포로 인한 특별한 상태입니다. 이것은 성공적인 진화의 장치입니다. 파충류는 공포에 질렸을 때 긴장증이 나타납니다."

나는 노트에 '만성적인 공포'라고 적었다.

'아, 조녀선, 아, 그래, 가끔 나도 너의 공포에 닿을 수 있었지.'

이 사람도 부모에 대해 신랄한 태도를 취했다.

"조현병 환자의 가족과 시간을 보내다 보면 이들이 혼동되어 있으며 건강하지 못하다는 것을 알게 됩니다. 이들은 가족이 주어야 할 가장 본질적인 것을 주지 못합니다. 모든 구성원이 잘못된 방법으로 의사소통을 합니다. 이들은 자녀의 권리를 침해하며 자녀가 독립된 인격체라는 사실을 받아들이지 않습니다."

빨간 머리에 덥수룩한 수염을 한 젊은 남자가 화학적 불균형 이론은 신화에 불과하다고 말했다.

"화학적으로 균형이 잡히지 않은 사람들은 대화를 할 수 없습니다."

나는 노트에 이렇게 끄적였다:

그렇지만 아마도 말할 수 있을 걸?

빨간 수염이 계속했다.

"사람들은 중요한 선택인 양 정신병에 투자를 합니다만, 치료는 전망이 밝지 않습니다. 그래서 우리가 줄인 게 무엇이랍니까? 약물 투여?"

머리가 하얀 여자가 손을 들었다.

"당신들 중 몇 명이나 1955년 이전에 병원에 있어봤습니까? 신약 덕분에 수천 명의 사람이 발병 이후 처음으로 삶의 기회를 얻었습니다."

방청석에서 매우 젊고 결기 있는 여성이 말했다.

"우리는 의약품으로 치료를 하는 사람들과 대화를 해야 합니다. 정신의학은 아무 것도 할 수 없다고 믿었던 백 년 전으로 시곗바늘을 돌려놓았습니다. 그러나 많은 조현병 환자들이 의미 있는 사회 활동을 할 수 있게 되었습니다."

그는 병을 이겨내고 현재 교수, 교향악단 연주자, 대학생이 된 사람들의 최근 사례를 이야기했다.

"이들은 더 이상 유독한 모성이라는 게임의 희생자로 살지 않습니다."

분노와 죄책감이 내 안에서 휘몰아쳤다. 분노를 붙들고 있으려 했지만 나는 여전히 잔뜩 주눅이 들어서 내 밑바닥에 웅크리고 있는 어떠한 이야기도 꺼낼 수가 없었다. 대신에 해악을 끼치는 부모라는 내 정체를 아무도 알아채지 않기를 바라면서 주위를 힐끔거렸다. 그러고 나서 나보다 훨씬 자신감에 찬 공범 하나를 만났다. 그 사람의 이름은 아담이었고 그의 아들 다니엘이 조현병에 걸렸다. 아담은 유쾌한 분위기의 사업가였다. 그는 구찌 바지에 굽 높은 부츠를 신고 은으로 된 다양한 장신구를 했다. 또 펜실베니아 피츠버그에서 온 젊은 심리학자 마틴도 만났다. 그는 엉뚱한 유머감각 속에 단정함과 신중함을 조심스럽게 감춘 사람이었다. 마틴은 문장을 '당신이 알고 계실지도 모르지만…, 제가 보기에는…' 같은 말로 시작했다. 그는 대화하는 기술에 대해 훈련을 잘 받은 사람이었다. 그는 조현병의 문제를 다양한 원인으로 보는 새로운 전문가 부류에 속했으며 사람들이 방향을 찾고 있다고 했다.

"누군가가 아프면 사람들은 우리가 '이렇게 하세요. 그러면 나을 겁니다.'라고 말해주기를 바랍니다."

'정확해요, 마틴. 이렇게 하세요. 그러면 나을 거예요.'

우리를 세상에 홀로 선 것 같은 기분이 들게 하는 아무 쓸모없는 무기력한 말 대신에. 나는 마틴이 마음에 들었다. 그는 자신의 환자를 사례가 아닌 사람으로 말했다. 이 년 정도 지나 그는 자기가 하는 일에 대해 완전히 소진해서 내게 편지를 썼다:

미국 정신보건 체제라는 참호 속에서 일하는 우리 같은 사람들은 정신적 고통을 당하면서 치료를 견뎌내는 사람들과 함께 상흔을 참아내고 있습니다. 저는 병원 사회 내에서, 나머지 사람들로부터 멸시를 받으면서도 가장 뛰어난 재능을 지니고 창의적이며 인정 많은 사람들과 함께 일하고 있습니다.

나는 그루쵸 막스(미국의 코메디언, 옮긴이)처럼 생긴 로렌 모셔라는 정신건강의학과 의사가 진행하는 워크숍에 갔다. 그는 구겨진 리넨 재킷을

입고 열정과 따뜻함으로 주위를 밝게 만들었다. 모셔는 수많은 정신의
료라는 전쟁터에서 동료들에게 영웅과 같은 베테랑이었다. 어두운 나
무판을 댄 방에는 사람들이 꽉 들어찼고, 늦은 오후의 금빛 햇살이 창
문으로 새어 들어와 긴 빛줄기를 드리웠다. 모셔는 연구의 많은 부분을
효과적인 치료 환경을 조성하는 데 중점을 두었다. 그는 평범한 지역에
평범한 집을 세우고 직원 대 환자의 비율을 높이며 위계 조직을 최소화
해야 한다고 믿었다.

"여러분은 긍적적으로 기대해야 합니다. 여러분은 환자가 책임감을
더 갖게 하는 데 중점을 두어야 합니다. '바닥에 소변을 보지 말라' '사람
들을 때리지 말라'와 같은, 모두가 이해할 수 있는 분명하게 정의된 실
질적인 목표를 세워야 합니다. 여러분은 사람들이 공동체 내에 속할 수
있도록 돕고 광범위한 지지망을 구축해야 합니다."

"우리 직원들은 '함께 하도록' 훈련을 받지, '무엇을 하도록' 훈련받지
않습니다. 무언가를 해야 한다는 것은 보통 직원들의 불안감에 바탕을
둔 것이지 환자의 욕구에 바탕을 둔 것이 아닙니다."

모셔가 하는 말을 들으면서 불가 승려 재니를 생각했다. 그리고 조너
선에게 다가가는 가장 좋은 방법은 그를 고쳐보려고 노력하는 것이 아
니라 그저 그와 함께 있어주는 것이라는 사실을 깨닫게 해준, 오후의 모
든 시간들을 생각했다.

모셔가 말했다.

"사람들을 정상적이라고 생각하고 따뜻하고 다정하게 대하며 치료하
십시오. 그러면 여러분이 그들을 병자라고 생각하고 가능한 한 거리를
많이 두고 치료할 때보다 훨씬 더 많은 치료 효과를 볼 것입니다."

그밖에도 많은 강의와 워크숍에 참석하고 나니, 끝날 무렵에는 구세력이 저물어 가고 있는 듯한 인상을 받았다. 그들이 여전히 심포지엄의 많은 부분을 지배하기 때문에 주로 구세력의 신념에 대해 기록하게 되었지만, 새로운 접근들이 인정을 받고 있었다.

뉴욕으로 돌아온 뒤, 미국에서 가장 큰 정신질환 옹호 단체인 정신질환 국가연대 대표 뮤리엘 쉐퍼드와 로스 로스난을 만났다. 뮤리엘은 50대의 언론인이며 회색 머리를 길게 기른 마른 여성이었다. 기운이 없어 보였지만 실제로는 그렇지 않았다. 그녀에게는 조현병에 걸린 29세의 딸이 있었다. 로스는 뮤리엘이 이룬 많은 일에 대해 존경심을 나타내며 말을 했다. 로스는 아내와 사별한 퇴직 교사였고 외아들이 조현병에 걸렸다. 그는 체격이 크고 천식을 앓고 있었으며 자신을 비하하는 유머 감각을 지닌 유태인이었다.

"우리 아들이 말했어요. '이런 제길, 널 죽일 거야.' 그래서 내가 대꾸했죠. '그거 말고 뭐 힘든 건 없어?'"

로스는 눈 밑에 다크 서클이 있었고 건강이 안 좋아 보였다. 그가 나를 매디슨가의 성 야고보 성당에서 매달 열리는 부모 모임에 초대했다.

뮤리엘은 미국에서는 20퍼센트 정도의 사람만이 조현병을 생물학적 장애로 인식한다고 말했다. 그는 정신질환 국가연대에게 필요한 것은 조현병 자녀를 둔 유명 인사라고 했다. 어느 유명 배우가 <중단된 삶>이라는 다큐멘터리에 대해 언급했지만, 그의 가족 중 조현병 환자가 있다고 알려졌음에도 불구하고 그는 그것을 공개적으로 말하지 않았다.

"가족들은 끔찍하게 고립되어 있어요. 그것은 끝없이 계속될 것이며 영원할 것처럼 느껴지죠. 이 나라는 너무나 건강 중심적인 사회예요. 우리는 장기간 지속되는 질병이라는 생각을 받아들이기가 어렵다는 것을 알았어요. 그러나 사람들이 나이가 듦에 따라 나아질 거라는 사실을 깨닫기 시작했어요."

로스는 의자에 기대어 있었다.

"그때쯤이면 나는 죽을 거야."

나는 호주 상황에 대해 이야기했다. 로스가 말했다.

"어머나, 세상에, 똑같은 얘기네요."

우리는 성 야고보 성당에서 이틀간 연대 회의를 갖기로 했다. 성 야고보 성당은 부유층이 다니는 곳이었지만 그날 밤은 다양한 연령과 배경을 가진 사람들이 모였다. 많은 사람이 지쳐 보이거나 지친 것이 일상이 된 듯 보였다. 입구에서는 추첨권을 팔았고 웅성거리는 소리가 들렸다. 궤도를 향해 날아갈 것처럼 생긴 안경을 쓴 의장이 조용히 해달라고 말하자 장내가 곧 조용해졌다. 그날의 초청 강사는 뉴욕 정신의학주간센터를 운영하는, 퉁퉁하고 머리에 서리가 내린 심리학자였다. 그는 정신질환과 아주 관계가 없는 사람은 아니었다. 그의 남동생이 다운증후군이었는데 일생을 부모와 함께 살 수 있었다. 정신지체자의 가족들은 대처하는 법을 배우거나 로비를 하는 데 있어 정신질환자의 가족보다 훨씬 앞서 있었기 때문에 그들의 경험을 배울 필요가 있었다.

청중들이 그에게 질문을 퍼부었다.

"우리 모두는 11시 30분에 병원에 갔다가 12시 20분이 되면 다시 나가는 사람들에 대해 알고 있습니다. 풋볼과 같아요. 선생님께서 가장 중요하게 생각하는 것은 무엇입니까?"

심리학자가 말했다.

"조금 두렵지만, 저는 제 입장을 분명히 하려고 합니다. 인기가 없겠지만요. 저는 여러분 같은 조직에서 의약품에 대해 강력한 편견을 갖고 있다는 느낌이 듭니다."

그러자 한 여성이 말했다.

"제 딸은 너무 많은 약 처방을 받습니다. 코끼리도 혼수상태에 빠지게 할 정도예요. 그 애는 제 외동딸입니다. 행복한 가정에서 자랐어요."

그는 눈물을 흘리며 손을 비볐다.

심리학자는 약에 적응을 하려면 시간이 걸린다고 말했다. 그는 몸을 약간 뒤로 젖히고 말을 이었다.

"제 말을 오해하지 말아주세요. 저는 병원 폐지를 옹호하는 것이 아닙니다. 그러나 우리는 정상적인 사회관계망으로부터 멀어지게 하는 과도한 처방이 나중에 일상으로 다시 돌아가는 것을 매우 어렵게 만든다는 것을 인식할 필요가 있습니다. 병원은 계급구조적 경향이 있으며 과잉 수용 때문에 통제가 필요할 때 유리한 위치에 있습니다. 그러나 환자들에게 자신의 삶을 주도할 수 있는 기회를 가능한 한 많이 주는 것이 중요합니다."

머리가 하얀 나이 든 여성이 달구치듯 질문했다.

"누군가가 도움을 받게 하기 위해 선생님은 어떻게 하십니까? 누군가를 복지센터에 갈 수 있도록 어떻게 하십니까?"

"저도 방법을 알았으면 좋겠습니다. 알 수만 있다면 그걸 병에 넣어 팔 겁니다."

심리학자가 슬프게 말했다.

"치료에 대한 저항은 자기보호적인 행동입니다. 저는 그들에게 솔직하게 '당신은 아무 곳에도 매이지 않은 사람입니다.'라고 말합니다."

로스와 내가 성당을 나오자 날이 저물고 매운 바람이 불고 있었다. 로스가 말했다.

"그들은 얽매이지 않은 사람들이 아니에요. 그건 말도 안 되는 소리에요."

나는 정신질환 국가연대가 주최하는 회의에 참석하기 위해 시러큐스로 가는 비행기를 탔다. 시러큐스 공항에서 로스와 마주쳤다. 그는 내게 아들 사진을 보여주었다.

"봐요. 우리 아들이 괜찮아 보이죠? 이 애가 아프지 않다면요. 내 말이 무슨 뜻인지 알죠?"

짙은 색 머리에 예민해 보이는 청년이었다. 나는 그가 무슨 말을 하는지 알았다.

홀리데이 인 호텔 연회실에서 열린 회의에는 약 2,000명의 사람이 참석했다. 나는 중서부 지방의 학회에서 온 봅과 멕과 한 테이블에 앉았다. 그들 모두 머리가 희끗희끗하고 예의 바르고 점잖았다. 그들은 아들이 두 번이나 감옥에 다녀오고 두 번이나 자살을 시도했으며 엄마가 자기를 독살하려 한다고 믿는 아들을 둔 사람처럼 생기거나 말을 하지 않았다. 그들은 아들이 뉴욕주에 있는 분자교정요법 병원에서, 꼭 분자교정요법 때문이라기보다는 직원들의 헌신적이고 애정 어린 태도 덕분에 큰 도움을 받았다고 말했다.

회의는 발표자 중 한 사람이 참석할 수 없다는 의장의 말로 시작했다.

"그분에게, 우리에게는 너무나 익숙한 응급 상황이 생겼습니다. 우리는 부모로서, 가족으로서, 문자 그대로 우리의 성인 아이들의 삶을 위해 투쟁하고 있습니다."

그가 기조연설자를 소개했다. 정신건강위원회 위원장을 지냈으며 현재는 정부의 건강보건부서에서 일하는 사람이었다. 그녀는 검은색 머리를 뒤로 묶고 진한 검은색 눈 화장을 했으며, 얌전한 목선의 검정 옷을 입고 검정 스타킹에 높은 검정 구두를 신었다. 나는 그를 검은 여왕이라고 불렀다.

"여러분 중 많은 분은 인생에서 가장 고통스러운 비극 중 하나에 직면하고 있으며, 고통에서 일어나 같은 길을 걸어야만 얻을 수 있는 정신적 도움을 이끌어 왔습니다. 우리가 협력할 수 있게 되어 기쁩니다. 우리는 고통을 넘어 새로운 삶과 새로운 시작을 찾기 위해 함께 나아갈 것입니다."

청중들이 들썩였다. 키가 작고 침착한 여성이 일어나 말했다.

"저는 기다리기 지쳤습니다. 상투적인 문구에도 지쳤고 우리가 얼마나 좋은 사람들인가 하는 말을 듣는 것에도 지쳤습니다. 저는 실질적인 도움이 필요합니다. 우리 중 많은 사람들이 그저 기다리기만 하고 있습니다."

우아한 옷차림의 여성이 목소리를 높였다.

"우리는 하루하루를 버텨나가고 있습니다. 그러나 우리 몇몇에게는 이 하루하루가 점점 짧아지고 있습니다. 우리는 문제를 연구하는 데 더 이상 힘을 쏟을 여유가 없습니다. 우리는 그들을 압니다. 이제 우리는 앞으로 나아가고 싶습니다."

검은 여왕이 대답했다.

"여러분의 염려를 충분히 이해합니다. 우리는 우리 연대의 4개년 계획을 통해 앞으로 나아갈 것입니다."

한 여성이 소리를 질렀다.

"우리는 사 년을 기다릴 수 없어요. 우리는 계획이 필요한 게 아니에요. 지금 필요한 건 우리 아이들의 사회 적응을 도와줄 한두 명의 사례 관리자에게 줄 약간의 돈이에요. 우리는 지금 그게 필요해요."

사람들이 일어서서 환호하며 발을 굴렀다.

검은 여왕이 당황한 것 같아 보였다. 그가 손을 올렸다.

"오랜 시간 동안 엄청난 좌절을 겪어왔다는 것은 매우, 매우 분명한 사실입니다. 저는 여러분의 의견에 전적으로 동의합니다."

의장이 청중들에게 씁쓸하게 말했다.

"저는 여러분 모두가 이렇게 화를 내서 기쁩니다. 우리 협회가 정신지체협회처럼 목소리를 높이고 뜻을 굽히지 않으며 우리의 역할을 해내야만 발전할 수 있습니다. 우리는 포스터, 광고, 공동체 훈련 프로그램을 요구해왔습니다. 그러나 우리는 그런 포스터를 보지 못했습니다. 그런 광고를 들어본 적이 없습니다. 우리는 '나는 조현병이고 좋은 이웃이 될 수 있어요.'라는 광고가 필요합니다. '조현병'은 여전히 무섭고 불길하며 이해받지 못하고 잘못 사용하는 말입니다. 우리가 대중의 인정을 얻어내지 못하면 우리는 우리 가족을 사회에 들어서게 할 수 없습니다."

"동의합니다. 전적으로, 전적으로요."

검은 여왕이 말했다.

한 남자가 힘없이 일어나 질문을 했다.

"선생님은 버펄로에서 일어난 일을 알고 있습니까? 그곳에서 환자들이 바닥에서 잠자고 폭행과 강간을 당했으며, 짐승 같은 취급 속에 방치되어 죽어간 사실을 말입니다."

검은 여왕이 보고서에 관한 내용을 우물거렸다.

"저는 일 년 전에 그 이야기를 들었습니다. 저는 아직도 기다리고 있고 사람은 아직도 죽어가고 있습니다. 그들 중 하나가 제 딸입니다."

그러자 갈색 머리의 예쁘장한 여자가 조용히 말했다.

"저도 제 아들이 연루된 탓에, 뉴욕 교도소에 1만 5,000명의 조현병 환자가 있다는 가슴 아픈 사실을 알고 있습니다. 저는 선생님이 일하시는 곳에서 뉴욕 교도소 내 돌봄의 질에 대한 연구를 한 적이 있는지 알고 싶습니다. 저는 뇌에 병이 있는 사람들을 감옥에 가두면 안 된다는 제안을 하고 싶습니다. 우리는 알코올 중독자를 기소 대상에서 제외시키면서 정신질환자에게는 그렇게 하지 않습니다."

발표자들은 주립 병원의 개혁을 요구했다. 또 그곳에서는 병상을 30센티미터 이하의 간격으로 배치하고 속옷을 일주일에 한 번만 갈아입게 하며, 화장실에 문이 없고 환자들이 잘 곳을 찾아 이 병동에서 저 병동으로 옮겨다닌다는 이야기를 했다.

"삶의 일상 경험이 이토록 심신을 쇠약하게 하는데, 그들이 어떻게 정신질환으로 흩어진 삶을 다시 모을 힘을 찾을 수 있겠습니까?"

학회가 후반으로 접어들었을 때, 전에 예일 대학교에서 만난 적이 있는 의학 연구 과학자 코트니 하딩 박사가 강의를 했다.

"제가 드리고 싶은 가장 중요한 말은 희망을 가져야 한다는 것입니다. 희망은 자연 치유력을 갖고 있으므로 조현병을 앓고 있는 분들도 희망을 가져야 합니다."

이 말로 그는 강의를 시작했다.

코트니 하딩은 조현병에 걸린 사람들의 경과를 장기간에 걸쳐 관찰하는, 수많은 세계적인 연구 중 하나를 수행하고 있다. 최근까지도 대부분의 문학 작품에서는 반복해서 재발하는 조현병과 같은 병을 앓는 사람들을 악화일로의 길을 걷고 있는 것으로 묘사했다. 또한 조현병 환자들이 일생 동안 어떤 일을 겪는가에 대한 기록이 없었다. 하딩 박사가 참여하는 버몬트 연구는 버몬트 주립 병원 정신병동에 입원했다가 1950년대 후반에 퇴원한 269명 거의 모두를 추적 조사했다. 연구자들은 삼분의 이가 훨씬 넘는 사람들이 사회에서 훌륭하게 활동적인 삶을 살고 있다는 사실을 밝혀냈다. 그들은 병세가 없었고 스스로를 돌볼 수 있었으며 가족, 친구들과 친밀한 관계를 유지하고 있었다. 어떻게 병세가 호전되었는지 질문을 하자 많은 사람이 '커튼을 열어 젖힌' 것 같은 기분, 즉 신체가 생물학적으로 제자리를 찾은 것 같은 기분을 이야기했다. 여전히 얼마간의 증세가 나타나는 삼분의 일 정도의 사람들도 바깥 세상에 거의 잘 대처하며 살아가고 있었다. 아마도 젊은 시기에는 병에 대한 부정과 기질적인 반항심 때문에 조현병을 견디기가 어려운 것 같다. 시간이 지날수록 사람들은 자신의 병을 받아들이게 되고, 병을 촉발시키지 않는 방법으로 살아가는 법을 배우게 된다.

코트니가 말했다.

"우리는 그들이 어느만치 왔는지 잊어버립니다. 풀은 천천히 자라지만 분명 자랍니다."

청중들이 환호했고 박수 갈채를 보냈다.

코트니는 일생을 조현병과 싸워온 아름다운 노년의 얼굴들을 슬라이드로 보여주었다.

"이분들은 질병과 싸우며 너무나 길고 용감한 여행을 다녀왔습니다. 이분들은 이제 안전한 항구를 찾았습니다. 우리의 기대는 너무나 융통성이 없습니다. 저의 86세 된 환자는 한 번 사는 우리 인생에는 거의 모든 가능성이 열려 있다는 사실을 제게 가르쳐 주었습니다."

코트니의 감동적인 강의에 청중석의 많은 사람이 눈물을 흘렸다. 나도 눈물이 흘렀고 동시에 집에 가고 싶다는 마음을 느꼈다. 아마도 우리는 희망적인 메시지와 새로운 각오로 조너선을 안전한 항구로 인도할 수 있을 것이다. 나는 지난 몇 년간 우리가 희망을 거의 갖지 못했다는 사실을 깨달았다. 조현병은 악화되는 질병으로 인식되고 있다. 계속 나빠질 거라는 말을 듣는데, 왜 나아지려고 싸우겠는가?

학회가 끝날 무렵, 감옥에 관한 여러 가지 질문을 한 갈색 머리 여자와 이야기를 나누었다. 그녀의 이름은 마들렌이었고 두 아이를 두었다. 자신의 아들이 아버지를 쏘기 전까지는 남편이 있었다. 그와 남편은 둘다 대학 교수였는데 아들이 치료를 받게 하기 위해 온갖 고생을 다 했다. 그러나 어떤 병원도 그가 약물치료에 적응할 만큼의 충분한 기간 동안 그를 데리고 있지 않았다. 그는 몇 달 동안 사라졌고, 노숙자로 살다가 극도의 급성기 상태와 영양실조가 되어 집으로 돌아왔다. 그는 자기 몸이 여위어가서 아버지가 자신을 살찌게 해서 죽이려 한다고 믿었고 그래서 아버지에게 총을 쏴 죽였다. 정신이상이라는 항변은 받아들여지지 않았고, 그는 법정 최고형을 선고받았다. 그가 적절한 치료를 받았다면 일어나지 않았을 일이었다.

그날 밤 나는 일기장에 '빌어먹을, 빌어먹을, 빌어먹을'이라고 썼다. 우아하지도 새로울 것도 없는 말이지만 이 모든 일에 마음이 아파 피곤했고 무기력감을 느꼈다.

뉴욕 42번가로 돌아와 예일대에서 만난 적이 있는 아버지, 아담을 다시 만났다. 그는 나를 호텔로 데리러 와 지붕이 열린 벤츠에 태우고는 아주 성급하게 운전해 44번가가 내려다보이는 그의 아파트로 갔다. 그의 집은 제일 꼭대기 층에 있었는데 이탈리아 디자이너의 가구와 많은 유리 장식, 크롬 장식으로 채워져 있었다.

아담은 자기가 성공한 유태인 사업가이며,(그에 말에 의하면) 아주 재능 있는 화가와 결혼을 했다고 말했다. 부부의 외아들인 다니엘은 정상적인 행복한 유년기를 보냈는데, 열세 살이 되면서 학교를 빠지기 시작하고 공부를 하지 않았으며 낮에는 계속 잠만 자고 밤에는 계속 깨 있으려고 했다. 그는 사진에 관심을 보였지만 화학 약품에 자신이 독살당할 거라고 생각해서 포기했다. 보이 스카우트에 가입했으나 머리를 자르라고 하자 그만두었다. 그는 어떤 종류의 경쟁적인 스포츠에도 경계심을 가졌다. 아이 때부터 상상력과 창의력이 풍부했으며 특히 미술에 소질이 있었지만 열다섯, 열여섯이 되자 성적이 급격히 떨어져서 학교에서 퇴학을 시키겠다고 으를 정도였다.

아담이 계속 말을 이었다.

"다니엘이 열일곱 살이 되었을 때 우리는 정말 무서웠어요. 밤에 침대에 있다가 갑자기 깨어보면 문 앞에 서서 우리가 자는 것을 보고 있는 거예요. 세상에, 정말 섬뜩했어요. 왜냐하면, 아, 그때가 새벽 두세 시쯤

되었는데 애가 거기 서서, 노려보고 있으니, 오, 맙소사."

낯선 아파트에 앉아 낯선 남자와 그의 아들 다니엘의 이야기를 들으면서 내 아들 조너선의 이야기와 너무나 닮았다는 생각이 들었다. 집에 돌아가기 전에 나는 이와 같은 일을 너무나 많이 경험하게 될 것이다.

아담은 위스키 잔의 얼음을 흔들면서 침울하게 말했다.

"의사들은 우리가 비난받을 사람이 아니라는 사실을 확인해주기 위해 노력을 해요. 좋아요. 그러면 우리는 의사들의 말을 듣죠. 하지만 마음 깊숙이에 아무도 모르는 죄책감이 있어요. 우리는 아들에게 소리를 질렀던 때를 생각해내죠. 아, 이렇게요. 한번은 내가 이렇게 말한 적이 있어요. '항상 만화만 그려대지 말고 언제 좀 그럴싸한 걸 그릴래?' 세상에, 그 생각을 할 때마다 내 자신이 혐오스러워요. 아마도 많은 부모가 아이에게 소리를 지를 테지만 내게는 그게 죄의식으로 남게 되는 거예요."

"나는 아들이 칼로 나를 찌르지 못하게 하느라 바닥에 묶어두었어요. 내게 침을 뱉었을 때는 아이를 껴안았죠. 내가 잠들었을 때 그 애가 내게 오고 있다는 걸 알기 위해서 계단에 상자들을 놓아두었어요. 하루 24시간 아들과 함께 있을 사람을 고용했어요. 그러나 아이는 우리 중 누구도 보지 못하는 걸 보았고, 나는 어떻게 다가가야 할지 몰랐어요."

이후로 뉴욕과 워싱턴 D.C.를 잠깐 들렀다. 두 도시의 평등 기회 위원회에서 일하는 사람들을 만날 일이 있었고, 또 내가 읽은 비전문가를 위한 조현병 관련 책 중 가장 훌륭한 <조현병의 모든 것>의 저자, 풀러 토리 박사와 특별히 만나고 싶었기 때문이다. 풀러는 워싱턴 D.C.에 있는 성 엘리자베스 병원에서 임상 연구 정신건강의학과 의사로 일하고 있

으며 인류학 석사 학위를 가진 인물이다. 그가 조현병을 보는 관점은 명쾌하고 분명하다:

1. 조현병은 뇌의 질병이다.
2. 대뇌 변연계와 변연계 접속이 주요 원인이다.
3. 종종 가족력이 있다.
4. 뇌손상이 영유아기에 발생할 수 있다.

풀러의 누이가 조현병을 앓고 있었는데, 아마도 그것 때문에 조현병을 둘러싼 잘못된 편견을 극복하는 데 헌신한 것이 아닌가 하는 짐작을 할 수 있다.

"조현병에 걸린 사람들은 20세기의 한센병 환자입니다. 조현병은 국가적 재난으로 받아들여야 할 정도로 심각한 이슈지만, 이 질병에 대한 우리의 무지함은 훨씬 심각합니다."

그다음에는 토론토에 가서 조현병 협회의 캐나다 친구 몇 명을 만났다. 준 비비는 토론토지회의 핵심 인물 중 하나였다. 그는 똑똑하고 따뜻하며 유능한 여성이었다. 준의 아들 중 하나가 조현병을 앓았으며 내가 방문하기 삼 년 전에 칼로 자살을 했다. 그녀는 자기가 얼마나 아들을 사랑했는지 안다고 했다. 그녀는 평범한 엄마였으며 자신이 아들의 병을 일으킨 원인도, 죽음의 원인도 아님을 알고, 그것이 자신의 갑옷이며 힘이라는 사실 또한 알고 있었다.

준의 아들 매튜는 열일곱 살 때 병이 생겼다. 그는 자신이 조현병을 앓고 있다는 사실에 당황했고 '미친 사람'이라고 불리길 원치 않았다.

"조현병이 그렇게 오랫동안 벽장 속에 감춰져 있었던 이유 중 하나는 부모가 자신의 병든 가족을 당황하게 만들고 싶지 않아서라고 생각해요. 매튜는 지금 가고 없지만 나머지 가족들이 내가 목소리를 내도록 격려하고 있어요. 부모들이 나서서 말하지 않으면 누가 사람들을 이해시킬지 모르겠어요."

"가족의 다른 아이들에게는 항상 힘든 일이에요. 저는 '뭔가 끔찍한 일이 일어나고 있고, 곁에 있다가 나도 조현병 환자가 되는 일은 하지 않겠다.'라고 말한 아이들을 알고 있어요. 가족들은 자녀 중 한 명이 조현병에 걸렸다는 사실로 첫 번째 슬픔을 경험하죠. 그리고 다른 아이들이 집을 나가면서 두 번째 슬픔을 경험해요. 저는 많은 아이들이 이 일에 대해 왜 이야기하려고 하지 않는지 이해해요. 그런데 내 아이들은 왜 다른지 모르겠어요. 아마 우리가 매튜에게 도움을 주려고 노력해온 것을 지켜보았기 때문일 수도 있겠죠. 매튜가 병이 든 걸 알고서도, 그가 자살을 하겠다고 말했을 때 아무도 귀담아들으려 하지 않았어요. 병원에서 퇴원한 뒤 그 애가 정말 자살했어요. 매튜의 형제들이 그제서야 그 문제에 대해 서로 이야기해야 했다는 걸 깨달았다는 생각이 들어요. 사람들이 조현병을 본인 스스로가 일으킨 것이 아니라 의학적 질병으로 이해한다면 공감과 돌봄이 따라올 거란 생각이 들어요. 소아마비, 암, 다발성경화증에 대해 하는 것처럼요. 그러나 아직도 억측이 있죠. 당신이 아이에게 그렇게 한 것이니, 당신이 돌봐야지."

에이비시(ABC) 방송국 프로그램과 관련한 조사를 더 하기 위해 토론토에서 뉴욕으로 돌아와 이틀을 머물렀다. 그런 후 위스콘신 대학 치료

사회복지학 교수인 모나 와소를 만나기 위해 매디슨으로 가는 비행기를 탔다. 모나의 세 아이 중 데이비드에게 조현병이 생겼다. 모나는 원래 뉴욕 서부의 폴란드계 유태인 가족 출신이다. 그는 머리색이 빨갛고 재미있으며 따뜻하고 똑똑했다. 그의 집은 책, 음악, 그림, 러그, 많은 사진들로 가득했다.

우리는 러그와 셰리주 한 병, 치즈를 챙겨서 호수 근처까지 걸어갔다. 전에 만난 적이 없는데도 마치 오래된 친구 같은 느낌이 들었다. 호숫가에 앉아 있는 동안 일곱 마리의 뚱뚱한 오리들이 거드름을 피우며 헤엄쳐 지나갔다. 조너선처럼 모나의 아들 데이비드도 사춘기 초기에 방황을 시작했다. 열다섯 살에 학교를 빠지기 시작했고 기분이 좋아졌다 갑자기 나빠지기를 반복했다. 모나와 그의 남편은 데이비드를 정신건강의학과 의사에게 데려갔고 그가 다른 전문가를 소개해주었는데, 그 전문가는 데이비드가 아주 정상적인 청소년이라고 진단했다. 데이비드가 열여섯 살이 되자 감정의 기복이 훨씬 급격해졌다. 그는 극심한 환영과 환청에 시달렸으며 사람들이 그를 파괴하려 한다고 생각했다. 한 번에 며칠씩 맨발로 집을 나가 돌아다니고 부모에게 알래스카로 가겠다고 말하곤 했다. 그해 7월에 그는 망상성 조현병이라는 진단을 받았으며, 급성기에 있어서 비자의로 병원에 입원을 했지만 치료를 거부해 치료받게 할 수가 없었다. 11월에 그는 병원에서 도망쳐 나왔고 육 주 뒤 기온이 영하로 떨어진 어느 날 숲 속 동굴에서 굶주린 채로 발견되었다. 정신 보건법에 따라 병원에 재입원하는 비용을 지원하지 않게 돼 있어서 그가 있을 유일한 곳은 무단 결석 혐의로 보낼 수 있는 청소년 감호소였다. 그는 다시 도망쳤고 또다시 몇 주간 나타나지 않았다. 이번에 그는 강파르고 더러웠으며 옷이 다 해지고 급성기 상태에 있었다.

"그건 그 애가 어렵게 얻은 '자유'였어요. 현관으로 들어와서 모퉁이 바닥에 몸을 웅크리고 허공을 바라보고 있더라고요. 제가 먹을 걸 건네줬죠. 아기처럼 그걸 입에 쑤셔 넣고는 잠이 들었어요."

데이비드는 그가 자신에게 위험한 상태인지, 치료를 강제로 받게 할 수 있는지에 대한 법적 공방 때문에 몇 번 더 재판을 받았다. 그러는 동안 그는 청소년 감호소에 있었다.

"나쁜 유전자와 나쁜 부모가 그 애의 반을 죽인 거라면, 법이 나머지 반을 파괴한 거예요. 그 애는 빠르게 악화되었어요."

그로부터 육 년간 데이비드는 조너선처럼 도망을 다녔다. 사회복지과와 의료복지부에서 그를 포기했다. 그는 순응하도록 만든다는 '현실치료'의 일환으로 거리로 내몰렸고 여러 재판에 끌려다녔다. 시민의 권리를 지키기 위해 수천 달러의 비용이 변호인단에 들어갔다. 그의 정신건강을 지키기 위해서는 단 한 푼의 법정 비용도 쓰지 않았다.

모나 와소가 살고 일하는 매디슨은 현재 만성 정신질환을 위한 세계 최고의 지역 치료 프로그램을 제공하는데, <조현병에 대처하기>라는 탁월한 책을 포함한 그의 개척자적 노력에 부분적으로 공을 돌릴 수 있다. 데이비드는 이 프로그램에 참여 중으로 거의 재입원을 하지 않았고 크게 눈에 띄는 행동을 하지 않았다. 그러나 그는 수십 군데를 옮겨다니며 살았고 엄마가 여러 번 구조해야 했다. 발견 당시에는 더럽고 어위었으며 온몸에 종기가 나고 제대로 먹지 못했으며, 시트도 깔지 않은 매트리스에서 잠을 잤고 방이 엉망인 것처럼 마음도 엉망이었다. 그러나 데이비드는 폭력적이지 않다는 이유로 병원에 입원할 수 없었고 탈

시설화 운동을 하는 측에서는 통계적으로 '성공'으로 분류되었다. 만성적 정신질환을 위한 수용 시설의 필요성에 관한 논문에서, 모나는 다음과 같이 썼다:

내게는 내 아이가 그렇게 보이지 않는다. 나는 그가 산산조각 나 버려진 거대한 플라스틱 장난감 같다는 생각을 한다. 그리고 그가 내 마음을 산산조각 내었다.

워싱턴 D.C.를 떠난 나는 덴버, 콜로라도로 그리고 할로윈을 위해 호박이나 마녀 의상을 입은 호텔 직원들이 있는 홀리데이 인으로 여행을 계속했다. 호박이 불러준 택시를 타고 나는 석유 백만장자 잭 힝클리를 만나러 갔다.

미국 법 역사상 가장 논란을 불러일으킨 판결 중 하나는 1981년 3월에 발생한 존 힝클리 주니어(John Hinckley Jr. 1955~, 1981년 레이건 대통령 암살 미수 직후 체포되어 보호관찰 처분 상태로 2016년 석방됨, 옮긴이)의 로널드 레이건 대통령 암살 시도 혐의가 정신병이라는 이유로 무죄 선고를 받은 것이다. 잭 힝클리의 아들인 존은 그에게 조현병 진단을 내린, 워싱턴에서 경비가 가장 삼엄한 정신병원으로 보내졌다. 판결 이후로 힝클리 가족은 수천 통의 편지와 그보다 더 많은 수의 악성 우편물을 받았다. 그런데 한 통의 편지가 다른 누구도 하지 않은 방법으로 잭을 부추겼다:

당신은 이름에 먹칠을 했어요. 이제 잃을 것이 없습니다. 정신질환자들을 위해서 목소리를 내지 않겠습니까?

잭 힝클리는 석유 가스 개발 사업에서 은퇴를 하고 집을 팔아 워싱턴

D.C.로 이사한 뒤 아내와 함께 미국정신건강기금을 세웠다. 그는 일반인을 대상으로 정신병에 대해 교육하고 연구 기금 모으는 일을 하고 있다.

힝클리를 만난 날, 그는 일 때문에 콜로라도에 있었다. 그는 시계를 보면서 정확하게 삼십 분을 내줄 수 있다고 말했다. 그는 대머리에 체격이 건장한 남자로 힘 있게 말을 했다. 눈동자는 아주 맑은 파란색이었고 사람을 계속해서 똑바로 응시했다. 그가 익숙한 이야기를 했다. 힝클리 부부는 세 자녀를 두었다. 총격이 발생한 시기에 그의 맏아들 스콧은 그의 회사에서 일하고 있었고 다이안은 결혼을 했다. 막내 아들 존은 스물일곱의 온화하지만 목표가 없는 청년이었다. 그는 대학의 어떤 과정도 마치지 못했으며 학교를 그만둔 이래 계속 직장 생활을 했다. 그는 종종 기분이 좋지 않을 때가 있었지만 의사들은 어디가 잘못된 건지 발견하지 못했다. 누구도 존 힝클리의 정신 상태가 심각하다는 생각을 하지 못했다. 한 정신건강의학과 의사는 미성숙함이 문제라고 하면서, 병원 치료를 받으면 아들을 정신적 불구자로 만들 것이니 병원에 가지 말라고 조언했다. 그는 존에 대한 재정적 지원을 거부하고 그가 집에 오지 못하게 하는 치료 프로그램을 만들었다.

"정신질환에 관한 한, '엄격한 사랑'은 최악의 접근입니다."

잭이 말했다.

아, 맞아요, 잭 힝클리, 나도 엄격한 사랑에 대해 알고 있어요. 소녀선을 시드니로 보내 처음 조현병 진단을 받았던 그때 내가 한 게 엄격한 사랑이었어요. 엄격한 사랑이라는 이름으로 애들레이드에서 새벽에 경찰에 전화를 걸어 얼어붙을 정도로 추운 빗속으로 아들을 내몰았고, 그 기억은 여전히 나를 아프게 찌른답니다. 당신도 나도 다른 수천 명의 부모들 모두가 그걸 알고 있죠. 우리는 아이들이 스스로 대처해야 하기 때문에 대처하는 법을 배워야 한다는 순진한 신념에서, 정신병에 걸린 아이들을 집에서 내보내라는 말을 따랐죠.

젊은 존 힝클리는 배우 조디 포스터에 집착해서, 레이건에게 총을 쏜 그날 그녀에게 열렬히 호소하는 편지를 보냈다:

당신의 마음을 들여다보길 부탁합니다. 그리고 이 역사적인 행동으로 최소한 당신의 존경과 사랑을 얻기 위한 기회를 내게 주세요.

"제가 이 비극의 원인입니다. 우리는 그가 스스로 해나갈 수 없을 때마다 그를 밀어붙였습니다. 저는 지금 제 아들의 자리에 제가 대신 설수 있게 해달라고 신께 빌어봅니다."

1982년 5월, 잭 힝클리는 아들의 재판에서 증인석에 서 이같이 말을 하다가 무너져내려 울부짖었다. 힝클리의 재판에서 정신이상을 변호의 이유로 사용하는 것에 대한 뜨거운 논란이 일었으며 무죄 판결로 결론이 났다. 정신이상 변론이란 어떤 사람이 정신병 때문에 맹수처럼 행동하게 된다면 죄에 대한 책임이 없다는 의미로, 그 유래는 '맹수 테스트'라고 알려진 13세기로 거슬러 올라간다. 정신이상 변론에 대한 비판은 이 법을 개혁하고 폐지하자고 요구하는 결과를 낳게 되었다. 몇몇 주는 이것을 모두 폐지했고 몇몇 주는 사용을 제한하는 법률을 통과시켰다. 잭 힝클리는 판결에 대한 대중적 분노를 정신질환에 대한 무지와 복수심 때문이라고 여겼다. 그는 종종 3월의 그날 그의 아들이 워싱턴 힐튼 호텔 근처를 운전하다가 발작을 일으켜 차를 통제하지 못하고 대통령 주최 만찬장으로 차를 몰고 가 동일한 정도의 피해를 입혔다면, 아들에 대한 사람들의 태도가 어땠을지 궁금하다고 말했다.

"우리 친구들 중 몇 명은 아직까지도 존에게 병이 있다는 사실을 이해하지 못해요. 그들은 우리를 친절하게 대하지만 동시에 그것을 믿지 않는다는 걸 느낄 수 있어요. 대부분의 사람들은 정신병자가 특별한 모습을 해야 한다고 믿고 있어요. 그리고 그가 입에 거품을 물고 머리를 벽에 부딪치지 않는 한 아프지 않다고 생각하죠."

1988년 힝클리가 운영하는 미국정신건강기금에서 실시한 연구에 의하면, 60퍼센트의 미국인은 아직도 정신질환자들은 꾀병을 부리는 것이며 스스로 자신을 추스를 수 있다고 생각했다. 1991년 영국에서는 70퍼센트에 가까운 사람들이 조현병을 '인격의 분열'이라고 생각했고 통제할 수 없는 악마의 전형인 '지킬 박사와 하이드'의 이미지를 떠올렸으며, 50퍼센트의 사람들만 조현병이 정신질환 또는 질병이라는 것을 알고 있었다. 또한 20퍼센트는 여전히 이 병의 원인이 부모의 처사에 있다고 생각했다. 이렇듯 병의 특성에 대한 무지의 만연으로 인해 전 세계의 정신질환 단체들이 지역 사회 교육에 중점을 두게 되었다. 정신질환을 둘러싼 조롱거리의 예로, 힝클리는 '정신나간 얼간이(Certifiably Nuts, '품질을 보증할 수 있는 견과'라고도 해석할 수 있다는 사실에 착안해, 정신병원에서 행동을 제한하는 목적으로 사용하는 구속복 모양의 포장에 견과류를 담아 판매한 상품, 옮긴이)'라는 상표를 붙인 작은 구속복 포장의 조지아 땅콩 봉투를 새롭고 참신한 선물이라는 판매 정책으로 내놓은 일을 들었다. 인형처럼 생긴 이 상품에는 환자 기록과 정신병원에 수용한다는 증명서가 있고, 줄을 잡아당기면 거기서 미친 듯한 웃음소리가 난다.

좀 더 최근인 1990년에 행해진 '만성 정신질환에 대한 미국인의 태도에 관한 주요 연구'를 보면, 10명 중 9명의 응답자가 정신질환을 뇌에서 일어나는 화학적 불균형이나 환경적 조건과 결부시켜 생각을 했음에도 불구하고 10명 중 9명이 정신질환이 알코올 중독이나 약물 중독에 의해 생기는 것이라고 생각했으며, 10명 중 거의 6명은 훈련 부족이 원인이라고 생각했다.

나는 덴버에서 로스앤젤레스로 가 일요일 아침에 공항 호텔 체크인을 했다. 에어컨에서 퀴퀴한 냄새가 나고 방에서는 싸구려 방향제 냄새가 났으며, 커튼과 슈퍼킹 사이즈 침대 커버는 금색 공단 누비였고 끝부분이 해졌다. 창문 밖 하늘은 스모그가 덮인 회색이었고 비행기가 몇 초마다 천둥 같은 소리를 내며 착륙했다. 새소리는 들리지 않았다.

거기서 우리 아버지가 몽고병이라고 부르던 병으로 온몸이 아팠다-아버지는 병명이 확실하지 않은 모든 병을 몽고병이라고 하셨다. 그래서 그날은 텔레비전을 보며 침대에 누워 있기로 했다. 너무 기운이 없어서 아무것도 할 수가 없었다. 리모컨을 누르자 영광 할렐루야, 종말이 가까이 왔음을 알아차렸다. 프로그램 진행자는 기름을 잘 바른 검은 머리에 붉은 콧수염을 길렀고, 반짝거리는 파란색 양복에 빨간 넥타이를 매고 빨간 손수건을 윗주머니에 꽂았다.

"아, 예수님이 오시니 얼마나 기쁜지요. 왜냐하면 우리는 그분이 필요하기 때문입니다. 오, 영광, 우리는 그분이 필요합니다. 에이즈는 시한폭탄과 같고 북극에는 구멍이 뚫렸으며 소련은 어마어마한 무기를 생산하고 있습니다. 뉴에이지의 사악한 의사들은 거대한 조합으로 침투하고 있습니다. 성경에 이르기를 용서받지 못할 죄는 예수님을 믿지 않는 것뿐이라고 하였습니다. 그분은 눈 깜짝할 사이에 아무도 모르게 오셔서 죄인들을 남겨두실 것입니다. 지금 부르심에 응답하십시오. 그러면 우리의 아름다운 기묘자께서 여러분에게 새로운 출생증명서를 주시고, 여러분은 이토록 황홀하고도 새로운 여행을 예수 그리스도와 함께 시작할 것입니다."

그는 발을 구르고 손을 열정적으로 흔들었다.

"여러분이 텔레비전 채널을 틀었을 때 화면이 검게 되고 그 밤이 찾아올 것입니다. 우리는 떠날 것입니다. 주님께서 우리를 천국으로 부르실 것이나 여러분은 뒤에 남겨져 불행 속에서 신음할 것이며 여러분의 심장은 두려워 멈출 것입니다. 지금 부르심에 응답하십시오!"

'응답하십시오!'라는 문구가 화면에 떴다 바로 사라졌다. 그러나 우리를 하느님께 인도하는 대신 텔레비전은 세계에서 가장 작은 커피 메이커, 세계에서 유일한 말하는 손목시계, 세계에서 유일한 개인 음향기기를 떠들어댔다.

나는 신음 소리를 내며 텔레비전을 껐다.

'아, 조너선, 조너선. 이 미친 도시에서 네가 가장 미쳤을 때 하던 소리보다 더 이상한 소리를 하는 정신 나간 복음주의자들의 소리나 들으면서, 난 대체 뭘 하고 있는 거니?'

조지아와 조슈아에게 전화를 걸어 아주 기분 좋은 아이들 목소리를 듣고 나서야 마음이 놓였다. 다음 날, 칼 로저스(Carl Rogers 1902~1987, 미국의 심리학자이자 인본주의 상담의 창시자, 옮긴이)를 만나기 위해 비행기를 타고 북아메리카 여행의 마지막 장소인 팔로알토로 갔다. 칼 로저스는 인류의 근본적인 선량함에 대한 신념에 뿌리를 둔 인간 잠재력 치료 운동의 선구자 중 한 사람이었다. 로저스는 중서부 농업 지역 출신으로, 복음주의 목회자 훈련을 받은 후 그가 진정으로 헌신해야 할 곳은 심리치료임을 깨달았다. 오랜 기간에 걸친 뛰어난 경험을 통해 그는 광범위하게 실행하고 연구하는 내담자 중심, 또는 비지시적 치료 방법을 발전시켰다. 이 치료는 내담자에게 요구를 거의 하지 않고 친근한 환경을 조성하며 내담자를 특정한 치료 방법으로 접근하지 않는다. 상담자의 역할은 내담자가 생각하고 느끼는 것을 명확하게 하는 것이다.

팔로알토는 또한 서부 행동주의 과학 연구소의 고향이며 1960년대에 내가 탐독했던 책을 통해 만난 많은 사람이 활동한 곳이기도 하다. 나는 기대에 가득찬 상태로 이른 아침에 도착했다. 공항에는 사람들이 그리 많지 않았다. 거방진 체격의 젊은 여자 원반 던지기 선수가 운전하는 작은 버스가 보였다. 그에게 작고 수수한 바닷가 숙소에 데려다줄 수 있냐고 묻자 그녀가 되물었다.

"트레블로지 같은 데요?"

나는 아니라고 대답했다. 그러자 나를 바다 근처에 있는, (그의 말에 의하면) 오래되었지만 가정집 같은 곳으로 데리고 갔다. 이층짜리 연립주택 같은 건물은 아마도 1950년대에 지어진 듯 했는데 마음에 들어서 그곳에 머물렀다. 그날은 할로윈 밤이었다. 나는 순진하게 인류의 근본적 선량함에 기대어, 칼 로저스가 나를 할로윈 파티에 초대해줄지도 모른다는 희망을 갖고 그에게 전화를 걸었다. 그는 우리가 했던 인터뷰 약속을 포함해 편지를 주고받은 사실조차 기억하지 못했고, 급히 자신은 매우 바쁘며 목요일에 한 시간을 내줄 수 있을 것 같다고 말했다. 그때가 토요일이었다. 나는 호박들이 때 이른 산타클로스와 경쟁해서 이기고 있는 가게들을 하릴없이 서성거렸다. 우울한 마음에 내게 특별한 선물을 하기로 마음먹었다. 아주 좋은 와인과 굴, 훈제 송어, 딸기, 와인잔, 리넨 냅킨을 사 숙소로 가져간 다음, 텔레비전에서 몬데일과 페라리가 대통령 선거 토론하는 것을 보며 파티를 벌였다.

창문 밖 바닷가는 작고 좁았고, 뚱뚱하고 더러운 갈매기들과 달리기를 하는 날씬하고 깨끗한 사람들로 가득했다. 나도 산책을 하려고 나가 이따금 몇 초씩 달렸다. 대학교 근처에 있는 유칼립투스나무들을 보니 집이 그리워졌다. 쇼핑과 조깅을 하다가 중간에 대학교 도서관에서 책을 읽고 영화를 보러 가고 미술 전시를 보았고 글을 썼다. 목요일이 되어 택시를 타고 칼 로저스의 집으로 갔다. 언덕 위에 있는 나지막하고 멋진 현대식 집은 커다란 정원이 있었고 전망이 장관이었다. 그는 나를 실내로 안내했는데 우리 모두 편안해지기까지 시간이 좀 걸렸다.

조현병에 대한 로저스의 견해는 그 시대의 지배적인 견해와 일치했다. 즉, 조현병은 환경으로부터 멀어지게 된 심리 사회적인 반응이며 치료자가 사용할 수 있는 가장 효과적인 도구는 조현병을 앓는 사람과 사랑과 신뢰의 관계를 형성하는 것이라고 보았다. 그는 또한 침묵, 환청, 이상한 이야기, 적의, 무관심의 이면에는 다가갈 수 있는 인간, 즉 숨겨진 영혼이 있다는 확고하고 건강한 신념을 가지고 있었다. 나도 이것을 믿는다. 조너선의 병을 통해서 모두가 잠잠히 있던 순간이든 경계를 하던 순간이든 그의 내면을 잠깐이라도 볼 수 있었다. 그러나 그 순간은 결코 오래가지 않았다. 그의 감각 과정을 왜곡하는 것이 무엇이든 간에 그것은 다시 영향력을 발휘했고, 오래된 공포와 방어적 행동 모두가 다시 나타나곤 했다. 그러나 정신이상 상태가 경미하든 심각하든 그는 항상 무슨 일이 일어나고 있는지를 알았다. 그의 것이든 다른 사람의 것이든 두려움과 굴욕감, 사랑과 분노를 모두 담아두었다. 그는 그것을 모두 기억했다.

인터뷰 막바지에 나는 상당히 피곤해졌고, 그러자 로저스가 바로 택시를 불러주었다. 돌아오는 길에 그의 차가 택시를 지나쳐가는 것을 보고 그가 왜 나를 가는 길에 내려주지 않았는지 궁금했다. 그러나 내가 아마 여든두 살이라면 나도 사람 만나는 것을 최대한 줄여서 내 에너지를 보전하려고 할 거란 생각이 들었다.

다음 날, 그가 내게 빌려준 책을 돌려주러 갔다. 날씨가 더워 나는 이쪽 귀에서 저쪽 귀까지 배를 묻혀대며 먹고 있었다. 놀랍게도 로저스가 문을 열어주었다. 그가 나를 보자 웃었다. 그는 나를 안으로 들어오라고 하고 전날보다 훨씬 더 따뜻하게 맞아주었다. 아마도 전날에는 인터뷰에서 오간 말들이 장벽을 쌓았던 것 같았다. 로저스가 자신의 조현병 내담자에 대해 쓴 글이다:

나는 그와 함께 있는 것이 인디언과 함께 있는 것 같다고 말을 했다. 왜냐하면 우리 둘 다 아무 말도 하지 않고 조용히 앉아 있었지만 우리 사이에 많은 교감이 있음을 느꼈기 때문이다. 오랜 기간 중 처음으로 그는 내가 한 말에 진심으로 웃었다. 그가 내 말을 완전하게 이해했다고 확신한다.

이번 여행의 종착지는 런던이었다. 내가 만날 사람 중 한 사람인 로널드 랭은 정신건강의학과 의사이자 시인, 음악가, 학자, 실존주의 철학자이며 가족 인과관계 이론가 중 가장 영향력 있는 인물이었다.

랭의 업적은 서방 세계에서 권위가 무너지기 시작하고 사회 개혁으로 젊은이들의 상상력이 불타오르던 시대의 역사와 함께 했다. 그 시기는 인간의 권리를 위한 운동가, 반베트남 전쟁 운동, 비틀즈, 조안 바에즈(Joan Baez, 미국의 포크 가수이자 인권운동가, 옮긴이), 메스칼린(환각제의 일종, 옮긴이), 마리화나, 사랑과 평화 운동, 히피의 시대였다. 의학계를 포함한 모든 기성 기관은 도전을 받았다.

전통적인 정신의학에 대한 랭의 의문은 젊은 시절 군대에서 정신건강의학과 의사로 근무하던 경험에서 시작되었다. 그 후 이 년간 글래스고 병원에서 임상 정신과 의사로 있는 동안 자신은 자신이 환자를 다루는 것과 똑같은 방법으로 대우받고 싶지 않을 것이라는 고통스러운 자각을 하게 되었다. 그는 약물, 인슐린, 전기충격요법 사용을 거부했고 의사와 환자 간에 발생하는 단절감을 비판했다. 그의 이러한 관점은 정신의학 세계를 억압과 차별로 대표하는 의료적 입장과 광기에 대한 저항을 지지하는 반정신의학파로 양분하였다.

랭은 런던에 있는 유명한 킹슬리 홀을 포함해 대체 치료를 제공하는 수많은 주거 공동체를 설립하여 자신의 연구를 실행에 옮겼다. 킹슬리 홀은 사람들이 광기의 항해를 시작할 수 있는 곳으로 사람들은 죄책감에서 벗어나 자유로운 모습을 드러내라는 말을 들었다. 이곳에서 랭은 메스칼린과 엘에스디(LSD, 강력한 환각제, 옮긴이)를 치료적 목적으로 사용하는 대체 치료를 시험하고 있다.

랭과의 인터뷰는 보통과 달랐다. 호주에서 그에게 편지를 보낸 즉시 상담료가 100파운드라는 답장을 받았다. 런던에서 전화를 하자 비서가 내게 100파운드라는 말을 다시 상기시켜주었다. 랭은 그 당시 북런던의, 한때 목사관이었던 나무가 우거진 정원이 있는 하얀 집에서 살고 있었다. 검은색의 커다란 문에는 반짝거리는 청동 명판에 랭이라는 이름이 새겨 있었다. 랭은 어디에도 보이지 않았다.

"현금을 가져오셨어요?"

비서가 나를 보자 이렇게 물었다.

나는 현금이 없어 수표로 지불하겠다고 약간 딱딱하게 말했다.

"우리는 현금이 필요해요."

비서가 쏘아붙이듯 말했다.

랭이 나타났다. 그는 뻗친 머리에 옷은 구겨지고 한쪽은 분홍색, 한쪽은 파란색 양말을 신은 채로 방을 돌아다녔는데 불안해 보였다.

"차를 드실래요, 커피를 드실래요?

이렇게 말하고는 나타난 것만큼이나 갑작스레 사라졌다.

그가 나가자마자 비서가 몸을 앞으로 숙여 내게 속삭였다.

"우유 배달원에게 줄 돈이 없어서 현금이 필요해요."

집은 멋지고 잘 정돈된 건물이었는데, 위층에서 가정집에서 나는 소리가 들리니 마치 두 세계 사이에 불협화음 같은 것이 존재하는 듯했다. 지갑을 털어 세어보니 30파운드가 가진 돈의 전부였다.

"택시비로 10파운드를 남겨두고 20파운드를 가져가세요. 나머지는 수표로 계산할게요."

랭이 다시 방으로 돌아와 빠진 앞니 하나를 드러내며 씩 웃었다.

"그러면 도움이 되겠군요."

이렇게 말하고선 다시 사라졌다. 은행에 지급해야 할 수표가 아직 오지 않아서 문제가 생겼다고 비서가 설명해주었다. 갑자기 랭의 목소리가 내 뒤에서 으르렁거렸다.

"인터뷰를 못하겠어요. 내가 취했어요."

그는 취해 보였다. 나도 그걸 느꼈다. 하는 수 없이 시르죽어 녹음기를 집어 들고 그가 안내하는 서재로 따라가는 것 외에 별 도리가 없었다.

"나를 그냥 두고 가지 마세요. 이야기를 하고 싶어요. 하지만 녹음은 안 하겠어요."

그러나 그의 지적인 상태는 의심할 여지가 없었다. 생각들이 여러 가지 놀라운 방면에서 솟구쳐 나왔다. 그는 종종 눈을 뒤로 굴렸고 다른 때는 손으로 머리를 빗어 넘겼다. 그가 말을 너무 빨리 해서 따라가기가 힘들었다. 한 시간을 훌쩍 넘기고 나서 그가 말했다.

"사흘 뒤에 다시 오세요. 그때 인터뷰를 할 수 있어요."

다시 찾아가니 집은 덧문이 내려져 잠겨 있었다. 초인종을 눌렀지만 아무도 나오지 않았다. 나는 점점 부아가 치밀어 초인종을 계속 눌러댔다. 갑자기 위층 창문이 홱 열리더니 랭의 머리가 나를 내려다보았다. 머리는 제멋대로였고 잠옷을 입고 있었다. 그는 이마를 움켜잡았다. 내게 들어오라고 했을 때 완전히 취한 상태인 게 확실해 보였다. 방에는 유리잔과 병이 널려 있었고 재떨이에는 담배꽁초가 수북했다. 그러나 그는 숨을 천천히 아주 힘들게 들이쉬며 인터뷰에 응했다.

그는 내가 전에 조현병을 '미친 환경에 대한 정상적인 반응'이라고 한 그의 말을 인용한 것에 대해 무시하는 어조로 말을 했다.

"나는 그렇게 말한 적이 없어요."

그는 전에 여러 번 이런 일을 당한 듯한 목소리로 말했다.

"나는 조현병이라고 진단할 가능성이 있는 경험과 행동이 대부분의 정신건강의학과 의사들이 생각하는 것보다 훨씬 사회적으로 이해할 수 있는 것이라고 말했어요. 이러한 일반화는 여전합니다."

그는 마찬가지로, 가족이 조현병 발병과 관련하여 원인을 제공하는 역할을 한다고 말했다는 사실도 부인했다. 그는 조현병의 병인학에 관심을 가져본 적이 전혀 없다고 말했다. 그러나 1964년 아론 이스터슨과 함께 쓴 책 <정신이상, 광기와 가족>에서, 가족 중 한 명이 조현병을 일으킨 경우 가족 내 의사소통의 특징에 중점을 두고 조현병에 대한 견해를 표명했다. 특별히 부모와 자녀 관계에 중점을 두었다. 그 책은 그 당시 획기적이었고 <뉴 소사이어티 저널>에 서평이 실렸다:

이 연구는 독특한 증상과 병적 이상을 지닌 질병인 조현병에 대한 전통적 견해에 대해 의문을 던진다. 이 연구는 정신이상의 어떠한 유형은 대체로 사회적 창조물이며, 증상의 많은 부분은 어려운 상황에서 살아가며 모질음을 쓰는 사람들의 뒤틀린 계략이라고 제안하고 있다.

이러한 완전히 새로운 정신의학적 이론을 뒷받침하는 데 겨우 열한 개의 사례 연구만이 빈약한 증거로 사용되었다는 사실은, 아마도 그 시대의 소용돌이를 반영한 것이거나 새로운 접근에 대한 필요성을 반영한 것일 수 있다. 이런 점에서, 나는 랭이 연구에 대해 솔직하게 이야기한 데 대해 적잖이 놀랐다. 랭은 소위 말하는 '정상적인' 가족 그룹을 조사했었고, 이 가족들 내의 의사소통 방법이 '가족 중 한 명이 이미 조현병으로 진단받은' 그룹보다 여러 방면에서 사람을 훨씬 더 우울하게 만든다는 사실을 발견했다고 말했다.

"우리는 그것이 너무나 우울한 것이라 더 이상의 조사를 하지 않았어요.”

나는 훨씬 나중에야 그 말을 완전히 이해했다고 생각한다. 그때 이해했다면 그에게 소리를 질렀을 것이다.

“왜 그걸 공개하지 않았나요? 당신은 신적인 존재였고 부모는 끔찍한 죄인이었을 때 왜 그런 이야기를 하지 않았어요?”

인터뷰는 최근 조현병을 생물학적으로 접근하는 것에 대한 랭의 견해를 알아보기 위한 질문으로 넘어갔다.

“모든 것에는 생물학적인 요소가 있습니다. 우리의 대화에도 생물학적인 요소가 있고 불안, 고독, 모든 감정, 사고, 느낌에도 생물학적인 요소가 있습니다. 조현병에는 어떤 특정한 생물학적 호르몬의 생화학적 장애가 있을 가능성이 아주 높을 것입니다. 어떤 사람들은 정신이상 상태일 때 건강해 보이지 않습니다. 피부색과 눈 색깔에 변화가 있습니다. 뭔가 아주 예민하지만 아직은 완전히 발견되지 않은 어떤 것이 그들 내부에서 작용을 하고 있는 것처럼 보입니다. 그러나 나는 화학적 작용으로 우리의 총체적 실체를 표현할 수 있다고는 생각하지 않습니다. 우리는 현미경으로 의식이 사라지는 것을 볼 수 없습니다. 나는 그와 같은 것을 영혼이라고 이야기하는 걸 좋아하지 않습니다. 나는 또한 인간을 영혼과 육체라는 두 가지 실체로 나누는 이원론에 빠지고 싶지 않습니다. 마찬가지로 아리스토텔레스는 시력이 눈에 속하는 것처럼 영혼은 육체에 속한다고 말했습니다. 아주 오묘한 말입니다.”

마지막 질문으로 그에게 자신이 일생 동안 이룬 연구에 대해 평가해 달라고 부탁했다. 그는 당황한 듯 말했다.

“당신이 그와 같은 질문을 아침 10시에 한다면, 나는 오후 4시에 똑같은 질문에 다른 대답을 할 것입니다. 정말로 잘 모르겠어요. 이 모든 분야에 존재하는 불행을 어느 정도 해결하는 데 조금이나마 기여할 수 있었기를 바랍니다."

그는 아래를 내려다보며 잠시 침묵했다. 인터뷰를 하는 대부분의 시간 동안 정말로, 그는 나와 마이크를 제외한 다른 모든 곳을 쳐다보았다. 이번에는 그가 고개를 들고 나를 보았다.

"그러나 그런 점을 너무 많이 숙고할 필요는 없습니다. 나는 아직도 여러 가지 문제를 이해하기 위한 노력을 기울이고 있습니다. 거짓말, 배반, 질투, 망상, 새둥지에 하나 가득 찰 거예요."

그가 빙그레 웃으며 일어났다. 인터뷰가 끝났다.

이후 나는 메리 반즈를 만나기 위해 길을 나섰다. 메리 반즈가 조현병 진단을 받았을 때, 그는 런던에서 간호사로 일하는 젊은 여성이었다. 병원에서 오랜 시간을 보낸 뒤 그는 랭과 그의 동료 조셉 버크가 함께 설립한 킹슬리 홀에서 길을 찾았다. 버크는 후에 메리 반즈에 대한 책을 썼고, 그 내용을 로열 코트 극장에서 무대에 올렸다. 메리 반즈는 정신의학의 억압에서 벗어난 자유의 상징이 되었다. 그는 광기로 떠나는 여행을 하도록 허락을 받았고, 여행을 헤쳐 나와 새로 태어났다는 평가를 받았다.

나는 그녀가 조셉 버크가 운영하는 치료 가정 중 한 곳에서 생활한다는 사실을 알아냈다. 메리는 그 당시 60대였으며 키가 작고 다부진 체격을 지녔다. 밝은 오렌지색 카프탄 드레스를 길게 늘어뜨려 입었고 긴 회색 머리는 거의 허리에 닿을 정도였다. 그녀는 나를 매우 따뜻하게 반겨주었으며 어린아이 같은 순수함을 지니고 있었다. 킹슬리 홀에서 지낼 때 퇴행을 경험할 수 있도록, 로니 랭과 조셉 버크는 그녀가 들어가 누울 수 있는 나무로 된 자궁을 만들어주었다고 했다. 그들은 벽과 로니의 머리에 대변을 바르는 걸 허락했지만, 그걸 다른 사람들의 머리에 바르기 시작하자 공동체가 기겁을 해 그녀의 퇴행 나이를 올리도록 했다. 메리는 병원에서 갇혀 지낼 때보다 더 건강한 방법으로 조현병을 경험해 나갔다고 느꼈다. 때때로 (그의 말에 따르면 '약간의 정신이상 증세'가 생길 수 있다는 의미로) 여전히 '고통스러운' 상태가 되는데, 그러면 그는 스스로 콘월이나 스코틀랜드에 있는 치료 공동체로 갔다. 그곳은 그에게 피난처를 제공해주었다. 이제 메리는 작은 방 벽 둘레에 쌓아둔 아크릴 물감으로 커다란 종교적 그림을 그리고 전 세계 사람들과 교류하면서 활동적인 삶을 이끌어나가고 있다.

나는 메리와 함께 보낸 시간이 즐거웠다. 그의 열정, 조녀선에 대한 관심, 친절함이 좋았다. 그가 조현병에 걸리지 않았더라면 지금과는 다른 모습의 사람이 되었을 것이라고 믿는다. 같은 의미로 그가 일생을 정신병원에서 보냈더라면 지금과는 다른 모습의 사람이 되었을 것이다. 그는 자신의 병을 다루는 법을 배웠으며, 아마도 사람들에게 '치료, 불가능, 회복, 가능'이라는 말이 무엇을 뜻하는지를 보여주는 전형일 것이다. 메리가 이상을 느끼면 여전히 보호 시설을 찾아야 한다는 사실은, 심각한 정신질환을 앓는 사람들은 현재 우리가 아는 것과는 다른 수용 시설이 필요한 때가 있을 것이라는 또 다른 지표가 되었다. 오히려 수용 시설은 은신처를 의미한다. 사람들이 정신이상이 되어 그들 자신이나 다른 사람을 해칠 위험에 처할 경우, 정통적인 방법과는 달리 로니 랭이 내놓은 놀라운 제안은 이러했다.

"감금 방에 밝은 색깔의 안전 패드를 두르면 안 될 게 뭐랍니까?"

    런던의 교외, 일링에 있는 영국 조현병 협회를 방문하면서 나의 여행은 거의 막바지에 접어들었다. 내가 들은 이야기들은 지겹도록 비슷했다. 그들은 북아메리카에서 만난 사람들의 이야기와 똑같았고 우리가 호주에서 고군분투하던 일과 똑같았다. 오늘날까지도 변화가 거의 없다. 병들고 정신이상인 상태의 사람들을 위험을 방지하기 위해서나 위기의 순간에 병원에 입원시키는 일은 여전히 중요한 논점이다. 이 질병에 대한 전문적인 견해와 가정에서 실제로 경험하는 것 사이에는 거대한 차이가 존재한다. 적절한 지원 없는 탈시설화는 사람들을 병원에서 가정으로, 또는 거리로 내던지는 것이라고 가족들은 여전히 주장한다.

    탈시설화의 신조는 훌륭한 것이지만 운영 방법은 잘못되었다. 탈시설화는 새로운 항정신성 의약품의 등장으로 드디어 사람들이 질병을 어느 정도 다스릴 수 있게 된 1950년대에 동정심과 낙관론에서 출발했다. 병원은 빠른 속도로 과잉 수용된 병동을 비웠고 이렇게 해서 미국, 영국, 호주와 같은 나라에서는 병상 수가 지난 오십 년 만에 처음으로 75퍼센트나 줄어들게 되었다. 그러나 병들고 유약한 사람들이 사회로 돌아가면서 정신의료 비용 지출을 병원에서 하는 치료로만 국한했다. 호주에서는 아직도 정신의료 비용 지출 중 75퍼센트가 병원으로 가고 있으며, 심각한 정신질환을 가진 90퍼센트의 사람들이 치료받는 지역의 의료센터에는 25퍼센트만의 비용이 쓰이고 있다. 결과적으로 지역 의료 서비스는 자금 부족에 시달리고 있으며, 부적절하거나 아예 운영을 하지 않는 탓에 환자와 가족들은 큰 타격을 입고 있다.

 탈시설화는 또한 정신질환 노숙자라는 부끄러운 현상을 야기했다. 미국과 영국에서 이 문제는 국가적 수치가 되었다. 이 문제는 호주에서도 마찬가지로 심각하다. 시드니와 멜버른의 노숙자 중 절반 이상이 정신질환자이지만 기후가 더 지낼 만하다는 이유로 노숙자가 눈에 덜 띄는 것이다. 그들은 판지 상자에서 사는 대신 공원 벤치에서 잠을 자거나 유치장에 잠자리를 얻거나, 아니면 아직 방이 남은 호스텔에 몰린다. 조너선이 가끔 묵던 시드니시 전도단에는 이 년 사이 정신질환자가 15퍼센트에서 75퍼센트로 늘었다.

 탈시설화의 문제 중 하나는 장기간 정신질환을 앓는 사람들이 모두 같은 종류의 증상을 보이지 않으며, 어떤 경우에는 사회에서 스스로 잘 대처하지 못한다는 사실을 간과한 것이다. 그들은 재활이라는 그럴싸한 전문적 기대에 부응할 수 없다. 우리는 이것이 환자의 자유를 속박한다는 걸 의미할 수 있기 때문에 이 문제에 정면 대응하기를 꺼린다. 비자의적 치료는 언제나 우리에게 어려운 딜레마일 것이다. 그러나 어떤 사람이 심각하게 아픈데 도움을 거부한다면 우리는 그들의 안전을 보장해야 할 책임이 있으며, 이를 넘어 그들에게 나을 수 있는 기회를 보장해야 할 책임이 있다고 믿는다. 지역 사회 내에서 비자의적 치료를 시행할 수 있을 것이며 이것이 병원에서보다 더 좋은 결과를 가져올 수도 있다. 그들을 어떻게 치료해야 하는지보다 어디에서 치료해야 하는지가 더 중요해지는 이론적인 논쟁에 시간을 낭비하지 말아야 한다. 필요한 것은 그들이 지낼 수 있는 적절한 장소를 포함한 포괄적인 범위의 서비스다.

11월 말 이번 여행의 종착지에서 생각지도 않았던 괴로운 일이 생겼다. 어느 추운 저녁, 나는 런던의 친구 집에 있었다. 밖에는 이슬비가 내리고 실내에서는 따스한 불빛과 저녁을 준비하는 냄새가 났다. 90대의 아그네스가 나를 반겨주었다.

"안 좋은 소식이 있어요. 조현병에 걸린 아들을 둔 당신 친구말이에요. 그 아들이 방금 죽었대요."

나는 말할 수 없는 슬픔에 잠겨 전화를 걸었다. 친구의 목소리는 가라앉고 우울했다.

"사람들이 결국 최선이었다고 말하는데, 나는 그렇게 생각하지 않아."

그가 조용하고 침착하게 말했다. 그의 아들은 아주 높은 곳에서 뛰어내렸다. 그는 열아홉이고, 이제 죽었다.

수화기를 내려놓고 흐느꼈다. 나는 사랑하는 사람을 잃은 모든 다른 가족을 위해 울었다. 나는 내 아들이 무사하기를 빌며 울었다.

'하느님, 제 아이를 살려주세요.'

나는 그날 밤 이러한 모든 젊은이의 죽음으로 아파했다. 항상 조금 다른, 조금 더 취약한, 우리가 우리 자신을 위해 만들어놓은 정상이라는 범주에 조금 덜 맞는 이 아이들, 보호하려고 애쓰고 안전하게 해주기를 열망하지만 우리 손아귀에서 계속 빠져나가는 이 아이들에 대해 이야기 나눈 짧은 시간들을 기억하며 아파하고, 혼돈과 절망의 소용돌이 속에서 글을 썼다.

12월 말 시드니로 돌아와 친구를 만나러 갔다. 그의 얼굴은 창백했고 눈 밑은 움푹 파였다. 방에서 눈길 닿는 모든 곳은 애통하는 방이 되고 추억하는 방이 되어서 우리 앞에 놓인 테이블 위에, 바닥에, 의자 위에, 아들의 사진과 글들이 있었다.

"내가 뭘 할 수 있을까?"

"그 애가 네게 화를 내지 않았다는 걸 너도 알잖아."

"아, 전부 잘 알지."

친구가 참지 못하고 말했다. 그는 대학 입학 시험을 위한 계획, 노트 등이 담긴 헐거워진 폴더를 넘겨댔다.

"이게 다 부담이었어. 내가 그만두게 했더라면. '얼마만큼 하고 있니?' 하고 물으면 그 애는 '나가요.'라고 말하곤 했지. '같이 있어 줄까?' 하고 물으면 '아니요.'라고 했어. 그래서 그냥 내버려뒀어. 아, 같이 있어만주었어도."

"자기가 조현병에 걸렸다는 걸 알고 나서 그 애는 무서워했어. '나는 거리를 떠돌며 길에서 사는 사람이 되고 싶지 않아요.'라고 말했지."

친구가 나를 쳐다보았다.

"더 이상의 희생이 없도록 우리가 뭔가를 해야 해."

추모식에서 성서 사무엘하에 나오는 압살롬의 죽음에 대한 부분을 낭독했다.

왕의 마음이 심히 아파

문 위층으로 올라가서 우니라.

그가 올라갈 때에 말하기를

내 아들 압살롬아,

393

내 아들 내 아들 압살롬아,

차라리 내가 너를 대신하여 죽었다면,

압살롬 내 아들아 내 아들아 하였더라.

8장

버려진 자들

그러면 아침에 네 뒤를 따라 걷는 네 그림자나

저녁에 너를 맞으러 일어서는 네 그림자와는 다른

그 무엇을 너에게 보여주리라.

한 줌의 먼지 안에 든 두려움을 보여주리라.

T. S. 엘리엇

좋아, 조너선, 내가 이 책을 끝내려면 너와 편안해져야겠지. 이 글을 이삼일간 쓰면서 네가 나와 함께 있는 걸 느끼기 시작해. 비 내리는 벤치에 네가 앉아 있는 게 보이는 것 같아. 때로는 내게서 멀어져 길을 걸어가는 게 보이기도 해. 대부분 네 마지막 이 년간의 모습을 보고 있어. 긴 머리에 혼잣말을 하고 있지—다른 세상에 속하는 비밀스러운 대화. 네가 웃는다. 네가 모든 것에 대해, 인생의 부조리에 대해, 부조리의 심각함에 대해 웃는 것 같구나. 내가 이렇게 쓰는 동안 너는 고개를 끄덕이는구나. 네가 여기에 있다. 그러나 여기에 없다.

'내가 이 책을 써도 괜찮겠니?'

'어떤 면에서는 싫어.'

'그러니까 싫다는 말이지?'

'그래요.'

'내가 어떤 말을 했으면 좋겠니?'

'나를 위한 글같이 말을 해요.'

'무슨 말인지 짐작만 할 수 있을 뿐이야.'

'내가 엄마한테 전에 말했던 것처럼 해요. 내가 말했잖아요-모든 것에 들어 있는 메시지는 사랑이야. 그리고 나는 내가 할 수 있는 최선을 다하고 있어.'

끝으로 갈수록 글 쓰는 게 점점 더 힘들어진다. 파일에는 조너선이라고 쓰여 있는데 밑바닥에 죽음이 드리워져 있고, 나는 그걸 계속 밀어내고 있다.

1985년 12월 조지아, 조슈아와 나는 크리스마스 이후에 새해 바로 전날로 시간을 맞춰 시드니로 갔다. 나는 네일과 아이시아에게 가서 함께 조너선을 찾으러 다녔다. 조너선은 거의 발목까지 오는 긴 검정 코트를 입고 단춧구멍에 데이지 한 송이를 꽂았다. 우리 넷은 버스를 타고 항구 앞쪽에 있는 왓슨베이로 가 생선튀김과 감자튀김, 샴페인을 샀고, 나지막한 언덕으로 올라갔다가 나이 든 사람들이 모여 있는 사이에 끼게 되었다. 그들이 누구인지 어디서 온 사람들인지 모르지만 함께 노래를 부르고 춤을 췄다. 조너선은 아이시아와 네일과 나와 왈츠를 추고 또 췄고 달님이 기쁨의 눈길을 보내주었다.

조너선은 데이비드 보위(David Bowie 1947~2016, 영국의 록 음악가, 옮긴이) 뮤지컬에 가고 싶어 했다. 어려서 그는 데이비드 보위처럼 머리를 빗었고 방에 데이비드 보위의 포스터를 세워놓았으며 그의 음악을 들었다. 뮤지컬에 가기 전날 밤, 시간 약속을 하려고 매튜 탤벗으로 전화를 걸었더니 조너선이 돈이 없어졌다며 피새를 올리고 있었다.

"알고 싶어. 도둑질당한 가난하고 정직한 소년인 내게 그 돈을 줄 생각이 있어요? 그게 바로 내 인권이에요."

극장에서 다 함께 만나자고 하자 조너선이 대답했다.

"당신은 너무 야비해서 운전사가 운전하는 자본주의 차를 보내서 자기 권리를 요구하는 사람을 태워주지 않을 거지. 그러니까 나는 당신이 지옥에 떨어지라고 저주할 거야."

다음 날 탤벗에 전화를 걸어 레이와 통화했다.

"어쩌죠? 조너선은 나갈 만한 상태가 아니에요, 앤. 그는 정말 더러워요. 아, 그리고 아주 화가 나 있어요."

"당신이라면 어떻게 하겠어요?"

"저라면 그냥 내버려둘 거예요."

"하지만 난 약속을 했고 조너선은 잊어버리지 않았어요."

"그러면 깨끗한 옷을 가져오세요. 여긴 적당한 옷이 없어요."

우리는 집을 다 뒤져 셔츠와 바지를 챙겨서 탤벗으로 갔다. 조너선이 밖에서 서성거리고 있었다. 그는 더 이상 짜증을 부리지 않았다. 안으로 들어가 자기가 입은 더러운 티셔츠 위에 깨끗한 셔츠 두 벌을 껴입고 왔다.

우리는 이탈리아 식당에 가 스파게티와 와인 한 병을 주문했다. 조너선은 와인이 질이 나쁘며 코르크 냄새가 난다고 했다. 그는 불만을 말하는 중간중간 낄낄거렸다. 웨이터는 예의가 발랐다. 극장은 술집과 식당, 관광객들로 북적거리는 서큘러 선착장을 따라 내려가면 나오는 시드니 록스 구역에 있었다. 젊은이 몇 명이 어느 술집 바깥 보도에서 노래하고 있었고 그들 중 몇은 춤을 췄다. 조너선을 바라보니 그와 그들의 세계가 대조되어 슬퍼졌다.

조너선은 공연 시작 십 분 정도는 잘 앉아 있다가, 자루에서 단추가 떨어진 지저분한 분홍색 카디건을 꺼내려고 얼마간 시간을 보냈다. 그는 그걸 셔츠 네 벌 위에 입더니 밖으로 나갔다. 중간 휴식 시간에 나가보니 그가 극장 쪽 입구에 몸을 숙인 채 앉아 있었다. 조너선은 앞쪽에 있는 사람들과 가물거리는 아름다운 항구 정면을 멍하게 응시하고 있었다. 맙소사, 아, 맙소사, 아직도 나는 조너선이 괜찮은 척하려고 하는구나.

우리가 조너선을 매튜 탤벗에 내려주었을 때 서너 명의 남자들이 술에 취해 입구 바깥쪽에서 기어다녔다. 그가 초인종을 누르자 얼굴은 핼쑥하고 검은 머리에 기름이 낀 키 큰 남자가 문을 열어주었다. 전에 그를 본 적이 있었는데, 나를 보자 활짝 웃으며 강한 아일랜드 억양으로 말했다.

"조너선이 어떤 것 같아요, 앤?"

"괜찮아요."

나는 그날 밤의 외출이 그리 즐겁지 않아 시르죽은 소리로 대답했다.

핼쑥한 얼굴을 한 남자가 내 손을 꽉 쥐었다.

"우리가 조너선을 낫게 해줄게요. 하느님이 돌봐주실 거예요."

그다음 주에 조너선과 공원에서 열린 재즈 음악회에 갔다. 한여름날의 아름다운 오후였고 우리는 앉을 자리를 찾아 사람들 사이를 비집고 다녔다. 공원은 사람들로 가득했다. 우리는 텐트를 지나고 소풍 나온 사람들, 아이스크림과 핫도그를 사려고 줄 선 아이들 사이를 지나다니다가 커다란 무화과나무를 발견하고 나무 뿌리 위에 편안하게 걸터앉았다. 햇볕이 뜨거웠는데도 조너선은 여전히 여러 벌의 셔츠와 데이비드 보위 뮤지컬에서 입은 분홍색 카디건을 입고 있었다. 내가 아이스크림을 사서 돌아오니 조너선이 말했다.

400

"엄마는 참 친절해요."

음악이 시작되자 그는 팔, 다리, 발, 머리, 몸 전체를 리듬에 맞춰 움직였고 먹지 않은 아이스크림이 녹아 손에서 뚝뚝 떨어졌다. 음악이 멈추자 그가 말했다.

"브로닌(친구 이름)에게 미술치료를 하지 말라고 말해요. 미술치료는 예술을 회피하려는 변명에 불과해."

그가 팔에 떨어진 아이스크림을 핥아먹고는 나를 한참 동안 말없이 바라보았다. 그러더니 말했다.

"엄마가 늙으면 내가 엄마를 돌볼 거예요. 왜냐면 내 엄마니까. 있잖아요, 나는 엄마를 위해 모든 걸 할 거예요. 경찰이 엄마를 못 때리게 할게요. 누군가가 나를 이용하려고 하거든요. 엄마가 스스로를 잘 챙기기만 했더라도, 내 생각에 엄마는 이혼을 했어야 해요, 육체적으로만. 솔직히 나라면 그렇게 했을 거고 아빠 요리책을 전부 가졌을 거예요. 아빠는 현명하지 않았어요. 내가 아빠를 죽을 운명에서 구해낼 수 있다고 생각했는데 그만 죽었잖아요. 나는 내 삶의 방식을 바꾸기 위해서 과거에 매달리고 싶어요. 나는 누구도 해치고 싶지 않아요. 나는 그저 즐겁게 지내고 싶은 젊은이일 뿐이에요. 그런데 그럴 수가 없어요."

조너선은 오래도록 이야기를 했고 나는 들었다. 그런 뒤 우리 사이에는 침묵이 흘렀다. 음악은 계속 쿵쾅거리고 사람들은 떠들어댔다. 조너선의 상태가 이상해진 것 같았지만, 함께 시간을 보내면서 그가 하는 말에 빨려들다 보면 그를 이해하는 게 거의 항상 가능했다. 그날 오후 공원에서 조너선은 특별히 정신이 또렷했다.

고개를 들어보니 조너선이 머리를 한쪽으로 기울인 채 웃고 있었다.

그는 꽤 나이가 들고 지혜로워 보였다.

"좋은 시도였어요. 그렇지 않아요? 들어줘서 고마워요. 그건 정말 용감한 일이에요. 내 말은, 왜 엄마는 용감해지려고 하지 않나요? 그건 바보 같은 일이에요. 사람들은 일의 저변에 뭐가 있는지 배워야 해요. 모든 것의 메시지는 사랑이에요. 그것이 사회가 서로 연결되어 있는 이유죠. 엄마와 나는 사랑을 갖고 있어요."

그 긴 여름의 중간 언제쯤 나는 호주 영화 텔레비전 라디오 학교의 교장직에 지원하라는 제안을 받았는데, 그곳은 국립 교육기관으로 다양한 직업 훈련 프로그램을 운영했다. 전에 그 학교 위원회에서 일했기 때문에 그 일이 어떤 것인지와 내가 좋아할 거라는 사실을 알고 있었다. 제안을 받아들이면 나는 시드니로 이사를 해야 했지만 그리 나쁜 생각 같지는 않았다. 다시 뿌리를 내려야 할 시간이 되었고 사실 자유직으로 생활해나가는 게 힘들어지기 시작했다. 조슈아는 아직 학교를 일 년 더 다녀야 했기 때문에 그리 좋지 않은 시기였다. 그래서 그해 후반기부터 시드니에서 일을 시작하겠다는 타협안을 제시했다.

여전히 조현병이라는 가족의 고통과 맞서고 있던 베티는 좋은 계획이라고 생각했다. 그는 애들레이드에서 내게 편지를 보냈다:

당신 집에는 지금 해왕성이 들었어요. 토성이 당신에게 준비를 하라고 말하고 해왕성은 떠나게 해달라고 말을 하네요. 천왕성이 말하기를 아주 큰 결실이 있을 거래요. 그러니까 엉덩이를 들고 가요.

인터뷰 바로 전에 머리를 자르러 갔다. 미용사가 자기 이름은 브루스이며 전에 내가 라디오에서 조현병에 대해 이야기하는 것을 들었다고 말했다. 그가 하느님의 거룩한 해방의 약속을 시작했다. 자신이 조너선에게 손을 얹어 치유할 수 있다고 말했다.

젊은 여자 하나가 초록색 공단 바지와 표범무늬 시폰 상의를 입고 들어왔다. 그는 하얀색으로 탈색해 부풀린 머리 모양을 했는데 뿌리 쪽은 새까맸다. 브루스가 그에게 말했다.

"어떻게 하실래요? 전부 하얗게, 아니면 전부 까맣게?"

그러고는 내게 몸을 돌려 말했다.

"어떻게 하실래요? 하느님, 아니면 악마? 하느님께서 당신을 이리로 보내셨어요. 그래서 우리가 알게 된 거죠. 아드님은 악마에게 사로잡힌 거라고 생각해요. 제가 그랬어요. 저는 아주 폭력적이어서 사람들이 떨곤 했지요. 저는 게이였고 약물 중독에 창부였어요. 저는 공중 화장실을 자주 이용했었죠. 이제 저는 결혼을 해서 사랑스런 아내와 차 두 대 그리고 세 곳에 미용실이 있어요. 저는 주님의 말씀을 받아들였어요. 너무나 평화롭고 아름답죠, 앤. 이루 말할 수 없어요."

그는 머리를 조금 잡아 비틀고는 좀 더 잘랐다.

"우리 부모님 이름은 머빈과 루비이고 키브라마타에 살고 계세요. 그분들은 교외에서 살면서 맥주를 너무 많이 마셔요. 어머니는 이렇게 말해요. '그만 얘기해. 네가 말하면 머리가 아프다. 그만해. 네 아들이나 여기에 데려와. 언제든지.' 하지만 그 애는 머리를 자를 일이 없어요. 5시 30분 이후에나 집에 오는데, 저는 그 애가 구원받기 원하는지 보려고 말을 걸려 하죠. 저는 많은 사람들을 구원받게 했어요."

조너선에게 이야기했지만 관심을 보이지 않았다. 자기는 머리를 혼자서 자를 수 있고 이미 하느님과 친구라고 했다.

여름 방학이 끝나고 조지아, 조슈아와 함께 애들레이드로 돌아왔다. 현관문을 열고 자동응답기를 켜니 모르는 의사의 목소리가 들렸다. 내가 시드니를 떠나 애들레이드로 오는 사이에 조너선이 입원을 했다는 내용이었다. 그 당시 일기에 이렇게 적혀 있다:

너는 모든 걸 숨겼다고 생각하지. 네가 아무 것도 느끼지 않는다고 생각하지. 하지만 이제 다시 시작이야, 공포와 혼란.

병원에서는 나를 즉시 병동 간호사에게 데리고 갔다. 병동 간호사는 나를 즉시 조너선에게 데리고 갔다. 몇 년 전에는 이런 일이 없었다.

"우리는 환자를 불안하게 만들 수 없어요."

그 당시 그들은 이렇게 말을 하곤 했다.

조너선은 약물치료를 받은 목소리로 천천히 말을 했다.

"안녕, 앤? 내 팔에 생긴 이 혹들 말고는 괜찮아요. 혹들이 나를 먹고 있었는데 이제는 안 그래요."

나는 혹들이 조너선을 먹지 않아서 다행이라고 말했다.

의사가 전화로 조너선이 킹스크로스 한가운데, 차들이 오가는 길에 앉아 있어서 경찰이 병원에 데려왔다고 말했다. 조너선은 약을 먹어서 더 이상 정신이상 상태가 아니었고, 따라서 병원은 더 이상 비자의적 입원을 계속 시킬 수 없다고 했다. 그의 병원 기록은 뭐란 말인가?

나는 그가 열일곱 살에 처음 조현병 진단을 받았다고 말했다. 조너선에게는 집이 있고 그를 사랑하는 가족이 있다는 걸 강조하고 있는 나 자신을 발견했고, 내가 여전히 자신을 정당화하려 한다는 사실에 수치심을 느꼈다.

의사는 조녀선이 병원 입퇴원을 반복했던 기록으로 보아 그런 일이 계속될 것 같다고 말했다.

"할 수 있는 일은 현상태를 유지하는 일뿐입니다."

"자립 시설이나 자활 시설은 어떨까요?"

"크게 달라지지는 않을 겁니다. 아마 그에게는 매튜 탤벗 같은 곳이 맞을 수도 있어요. 그곳에서는 그를 주시할 수 있으니까요.

그날 밤 늦게, 나는 하늘에 별이 보이지 않는 걸 다행으로 생각하며 주위를 걸었다. 나는 어둠이 필요했다. 조녀선이 아기였을 때의 그 짙은 눈을 생각했다. 젖을 먹이며 그 애를 내려다보던 일을 생각했다. 조녀선은 뇌손상을 받은 걸까? 분명히 아니다. 회복이 되었다. 그러면 지금 일은 뭐란 말인가? 멀쩡한 사람이 여전히 저기 있는 걸까? 아니면 내 아이는 영영 떠나버린 건가? 아주 드문 경우이긴 하지만 조녀선이 정신을 차린 것처럼 보일 때, 어떻게 그 애는 그 사람을 찾았다가 다시 잃어버릴 수 있는 걸까?

나는 호주 국립 대학에서 주는 연구 장학금을 받기 위해 몇 주 동안 캔버라에 다녀왔다. 조현병에 대한 라디오 다큐멘터리를 완성하기 위해 많은 시간을 쓰면서, 내 방은 그 병의 특성, 연구, 병에 걸리는 것, 병과 함께 살아가는 일 등 조현병에 관한 테이프로 넘쳐났다. 편집에서 잘린 부분들이 나를 에워싸고 내 발목을 옭아맸다. 대학 측에서는 내게 미리 알리지도 않고 내가 머무는 동안 사람들과 대화를 해주었으면 좋겠다는 내용을 서면으로 보내왔다. 나는 요청한 사람들에게 어떠한 변명도 하지 못하고 그저 받아들이는 수밖에 없었다. 그래서 대학에서 강의를 했고, 학교와 지역 사회단체를 대상으로 조현병에서 대중매체에 이르기까지 모든 것을 이야기했다.

이사할 준비를 하느라 애들레이드로 돌아왔다가 시드니까지 차를 몰고 가는 도중에 커피를 마시려고 길가 카페에 들렀다. 들어간 김에 신문도 샀는데, 거기 일면에 조너선의 사진이 커다랗게 실려 있었다. 내가 내쉰 탄성과 뱃속이 울렁거린 일, 서둘러 읽어 내려갔던 일, 두려움 때문에 행간이 요동을 치던 일들이 기억난다. 조너선의 사진은 '희망 전선에 아무런 변화가 없다'라는 큰 제목 아래에 있었다. 기사는 헤로인, 길거리에서 거래되고 있는 마약, 약물 남용, 지저분한 빈 건물에서 스스로 주사를 놓는 희망 없는 중독자들에 관한 것이었다.

사 년이 지난 오늘 저녁, 시드니에 있는 내 앞에 그 사진이 있다. 조너선은 헝클어진 머리로 얼굴을 가린 채 옆을 보고 맨발로 계단에 앉아 있었다. 그는 낙서로 뒤덮인 벽에 기대어 있었다:

남성과 여성이 단결해 세계의 평화, 사랑, 지혜를 만들어나갑시다.

기사에 조너선의 이름은 나오지 않았다. 그러면 내가 어떻게 그를 알아보았을까? 그는 헤로인에 중독된 적이 없었다. 그러나 내가 지금 이 사람이 조너선이라는 걸 아는 것과 마찬가지로, 그 당시에도 그가 조너선이라는 걸 알았다. 머리를 기울인 모습, 그의 코, 다 해진 옷을 입은 모습, 작아서 등이 훤히 보이는 재킷, 그의 발, 아, 그 길고 좁은 연약한 발. 사진은 지금도 그때와 마찬가지로 나를 슬프고 아리게 만든다. 너무 가까이 있어서 팔을 뻗으면 그를 만질 수 있을 것 같다. 그러나 그럴 수 없다. 조너선은 죽었다. 그리고 나는 끝이 누렇게 바랜 신문 조각을 쳐다보고 있다.

애들레이드로 돌아와서는 시드니로 이사할 준비를 해야 했다. 조지아와 조슈아는 애들레이드 집에 남기로 하고 내가 두세 주에 한 번씩 집에 오기로 했다. 조슈아는 그때 열일곱이어서 학교를 거의 마쳤다. 조지아는 스무 살이었고 대학교 3학년이었다.

몇 달 전 어느 즈음, 시드니에 집을 사게 되었다. 1900년대 초에 지어진 이층 저택은 곧 쓰러질 것처럼 생겼는데, 항구를 바로 마주하고 있어서 전망이 장관이었다. 화려한 장밋빛으로 새벽이 다가왔다가 저물녘이 되면 물가에 신비로운 새소리가 들리고 날여우들이 나무 사이를 바쁘게 돌아다니는 곳이었다.

우울한 미술가였던 전 주인은 집 앞부분을 은색으로 칠하고 내부는 네온등으로 채워놓았다. 그의 우울한 기질이 집까지 전해진 것 같아서 나는 그곳에 전혀 마음을 붙이지 못했다. 그림은 걸지 않은 채 그대로 두었고 박스도 풀지 않았다. 집 아래층의 모든 곳에서 한기와 우울함이 느껴져 의아해하곤 했다. 우리가 이사 오기 얼마 전 어떤 사람이 그곳에서 자살했다는 이야기를 나중에야 들었다.

항구 앞의 그 엄청난 집을 사기 위해 엄청난 대출을 받았기 때문에, 영화 학교 교장직 봉급이 꽤 많았는데도 수리를 할 여웃돈이 없었다. 금요일에 시드니에 도착해서 다음 월요일에 바로 출근을 했고 화요일에 몸이 아프기 시작했다. 수요일에 억지로 일을 하고 집에 오니 천장이 무너져 있었다. 나는 일이 버거웠다. 관리를 해본 경험이 일천한 데다 학교 일은 모의로 가득했다. 지혜롭고 경험이 많은 친구에게 상담을 하러 갔더니, 그는 경영 수업을 해주는 대신 저녁을 만들어주고 내 자신을 먼저 돌보기 시작하라고 말했다. 교훈 제1조, 그가 말했다.

새끼 고양이를 팔려고 가게 창문에 붙인 광고가 눈에 들어왔다:
갈 집이 없으면 죽게 될 거예요.

나는 아이들이 보고 싶고 또 마음이 지쳐서 고양이를 데려왔는데 고양이도 마음이 지쳐 있었다. 나를 할퀴고 물어서 때리고 싶은 생각이 들었다.

시드니에 온 날, 아직 짐도 풀지 않았는데 조너선이 와서 내게 팔을 둘렀다. 우리는 베란다에 있는 흔들의자에 앉았다. 조너선은 그 당시 오랜 기간 건강이 좋지 않은 상태였다. 그는 계속 기침을 했다. 이상한 냄새가 났고 우울했다. 팔과 다리는 온통 상처투성이였다. 돌아와서 집에서 살자고 말하고 싶었지만 과거에 겪은 그 모든 고통 때문에 말이 나오지 않았다. 앤디와 이야기를 해보았는데 그러지 말라고 했고, 매튜 탤벗에 오는 정신건강의학과 의사도 그러지 말라고 했다. 애들레이드에 사는 프랭크도 마찬가지였다. 조지아에게 말을 꺼냈더니 '내가 죽으면 그렇게 하세요.'라고 했고, 조슈아는 '어리석은 짓이에요, 엄마. 형은 여기서 살지 않을 거예요.'라고 했다.

나는 조너선의 치아가 다시 걱정되었다. 색깔이 검게 변했고 충치가 있었다. 치과에 가보자고 설득할 때마다 그는 '고마워요, 고마워요. 그런데 전 그런 걸 하고 싶지 않아요. 고마워요.'라고 말했다. 한두 번인가 내가 예약을 해두었지만 그는 절대 나타나지 않았다. 조너선은 감옥에서 사형에 대한 공포에 눌려 있었다고 말했다.

"사람들이 내 이를 뽑았어요."

그리고 시드니에 온 지 한 달 정도 지난 어느 일요일 오후에 내가 물었다.

"치과에 가는 일은 어떻게 되었니?"

"네, 나도 치과에 가고 싶어요."

진료를 하러 가야 하는데 어디에서도 조너선을 찾을 수가 없었다. 몇 주 전, 조현병에 걸린 사람들에게 도움을 주는 시드니 치과 병원의 빌 윈드 스피어에게 전화를 받았다. 그는 치과 병원의 서비스를 개선하기 위해 잘되던 개인 병원을 그만 두고 얼마간 그곳에서 근무를 하고 있었다. 그는 조현병을 앓는 사람들이 도움받지 못하고 있다는 사실을 우려했다. 병원은 그들 중 많은 사람이 약속을 지키지 못할 것이라는 사실을 인정하고, 이런 상황에 맞게끔 예약 방법을 좀 더 유동적으로 바꿔야 한다고 했다.

이론가들은 우리가 정신질환을 가진 사람들을 정상적으로 행동하게끔 해야 하며, 그렇지 않으면 그들의 비정상적 행동을 강화하게 만드는 것이라고 말한다. 그래서 정신질환자들이 처음 잘못을 하게 되면 그 프로그램에서 배제해, 그들이 규율을 따라야 한다는 사실을 가르칠 수 있다고 생각한다. 그러나 그렇지 않다. 특히 중요하지도 유쾌하지도 않은 일에 순응하도록 만들려는 경우는 더욱 어렵다. 조너선의 경우, 내가 그에 대해 지나치게 걱정을 한다고 의사가 질책했던 기억이 난다.

"제가 아픈데도 선생님이 제 이가 다 썩도록 내버려둔다면 전 고맙지 않을 거예요."

내가 말했다.

탤벗의 사회복지사와 젊은 치과 의사의 온갖 감언이설에도 불구하고 조너선은 아무도 자신의 이를 치료하지 못하게 했다. 그는 이를 보게는

409

했지만 때워야 한다거나 두 개는 뽑아야 한다는 말을 들으면 정색을 하고서 예의 바르게 말했다.

"존경하는 선생님, 고맙습니다, 선생님. 하지만 제게는 마술의 눈이 있어서 제 이를 치료할 수 있습니다. 고맙습니다, 선생님들."

주말 동안 애들레이드로 돌아와서 일요일 오후에 정원에서 땅을 파고 있는데 시드니 탤벗에 있는 레이 버크에게서 전화가 왔다. 조너선이 약물 과다 복용으로 병원에 있다고 했다.

"조너선은 괜찮아요, 앤. 우리가 지켜보고 있는데 회복 중이에요."

월요일에 시드니로 돌아와 곧장 병원으로 갔다. 조너선은 입원한 지 열두 시간 만에 이미 퇴원을 했다. 나와 레이는 이 처사에 분개했다. 그는 손으로 머리를 감싼 채 탤벗 바깥쪽 입구에 앉아 있었다.

"네, 바보 같은 짓이었어요."

조너선은 이 말 외에는 말을 거의 하지 않았다.

그는 세레팍스(신경안정제, 옮긴이)와 술을 섞어 마신 후 병원에 실려가 위세척을 했다.

"내게는 죽음을 거부하는 주문이 있어요."

그가 중얼거리면서 머리를 아래로 너무 축 늘어뜨려서 고개가 꺾어질 것 같았다.

조너선은 병이 난 이래로 자기 목숨을 놓고 여러 번 러시안 룰렛 게임을 했지만 약물 남용이 위험한 정도까지 간 것은 그때가 처음이었다. 이제와 생각하니 그가 그때 도움을 청했다는 사실은 놀라운 것이었지만, 그 당시에는 머릿속이 그동안 일어난 일들로 꽉 들어차서 그런 생각을 할 겨를이 없었다. 그때까지 조너선은 언제나 생존자였다. 그는 자신만의 광기의 망토에 맞춤으로 자라 그것을 자기 방식대로 걸치고 다녔다. 그는 자살을 할 것 같은 기미를 보인 적이 없었다. 내가 그의 인생이 어떻게 끝날지 생각하며 슬퍼하고 극도의 공포에 빠질 때마다 조지아나 조슈아, 친구들이 말했다.

"조너선은 나타날 거야. 언제나 그러잖아."

이번에는 달랐다. 나는 며칠 밤을 지새웠고 낮에는 또 다른 대안을 찾아보는 일을 다시 시작했다. 조너선은 여전히 병원에 가지 않겠다고 했다. 병원은 그를 받을 수 없다고 했다. 호스텔 사정이나 자활 프로그램에는 거의 변화가 없었다. 어쨌거나 그는 가지 않을 것이다. 그 주 주말에 조너선이 집에 와 응접실에 있는 소파에서 몸을 구부리고 계속 잠을 잤다. 아프고 지쳐 보였다.

삼 주 뒤에 레이에게 다시 전화를 받았을 때 나는 시드니에 있었다. 조너선이 두 번째로 약물을 과다 복용했다고 했다. 이번 상황은 전처럼 나쁘지는 않았지만 그는 매튜 탤벗에서 무의식 상태로 발견되어 병원에 실려갔다. 담당 의사에게 전화를 하니 그가 말했다.

"우리는 아드님을 알고 있습니다. 지금 깊이 자고 있어요. 아침이면 퇴원할 수 있을 겁니다."

분노가 가스 용접기처럼 타올랐다.

"어처구니가 없군요."

내가 소리를 질렀다.

"그때쯤이면 상당히 좋아질 겁니다."

"이번이 두 번째 약물 과다 복용이에요. 입원을 시켜주세요."

"뭐 때문에 그래야 하죠?"

"선생님은 그 애가 조현병이라는 사실을 알고 있잖아요. 전반적인 건강 상태도 형편없어요. 조녀선이 약물치료를 다시 받게 할 수 있는 확실한 기회라고요."

내 목소리가 점점 올라갔다. 화가 나는 동시에 눈물이 났다. 나는 지금 그때 앉았던 것과 똑같은 책상에 앉아 있다. 윤이 나는 짙은 색의 나무, 커피 컵에 있던 자국, 비틀어 바닥에 던져버린 종이 클립, 뱃속이 뭉쳤던 일, 분노의 느낌이 기억난다.

"조항에 의하면 망상이 있다는 것만으로는 입원시킬 근거가 부족합니다."

"본인에게 위험한 상태이므로 입원시킬 수 있어요."

"하지만 아드님은 본인에게 위험하지 않습니다."

"그 애는 거의 죽어가고 있어요. 한 달에 두 번째예요. 뭘 어떻게 더 해야 한다는 거죠? 죽어야 하는 건가요?"

"자살 시도를 하더라도 판사에게 가서 사고일 뿐이라고 말을 하면 그건 자살 시도가 아닌 게 됩니다."

"약물 과다 복용으로 거의 죽을 지경까지 자신을 제대로 돌보지 않는다면 그건 일종의 자살 행위에요."

"아드님은 습관적 약물 복용 문제가 있습니다."

"조현병이라는 문제도 있어요. 아시죠?"

"저는 정신 보건법의 정신에 따라 일을 할 뿐입니다."

"그 법의 정신은 사람들의 권리를 보호하는 거라고요. 조녀선은 살 권리가 있어요."

"저도 어쩔 수가 없습니다."

그때 나는 소리를 질러대고 있었다. 이번에는 포기하지 않을 것이다.

"선생님이 칠 년간 조현병을 앓는 청년을 데리고 있어요. 그가 한 달 동안 거의 두 번이나 죽을 뻔 했고 두 주 전에도 거기에 실려간 적이 있어요. 그런데 선생님은 아무것도 할 수 없다고 말을 하는군요. 그 애가 자신에게 위험하지 않다. 내가 미친 거예요, 그 애가 미친 거예요, 아니면 선생님이 미친 건가요?"

"저는 아드님을 로젤 병원으로 보낼 수가 없습니다. 지금 파업 중이거든요. 이곳에는 병상이 하나뿐이고 6명에서 9명의 사람들이 바닥에서 잠을 자고 있습니다."

"그래서 제가 어떻게 할까요? 말씀해보세요. 어떻게 할까요?"

오랫동안 침묵이 흘렀다.

"저희가 아드님과 이야기를 해보겠습니다. 모두 함께 대화를 할 수도 있겠죠, 아마도."

다음 날 아침 병원에 갔다. 조너선은 샤워를 하고 있었다. 의사를 만났는데 예의가 바르고 침착했다. 그는 내가 조너선이 어떤 일을 했는지 잘 모르고 있을 수도 있다고 하면서 그가 헤로인 중독이며 킹스크로스에서 몸을 팔았고 마약을 팔았다고 말했다. 나는 조너선이 검사를 받았을 때마다 헤로인 중독이 아닌 것으로 나타났다고 말했다. 설사 그가 헤로인 중독이라고 해도, 그것이 그를 죽게 내버려둘 이유는 될 수 없다고 말했다. 조너선의 현재 상태로 보아 아무도 그와 관계를 할 리가 없으므로 그가 창부라는 말도 가능성이 별로 없으며, 그렇다 하더라도 마찬가지로 그를 죽게 내버려둘 이유가 될 수 없다고 말했다. 조너선의 말 중 반은 망상이라는 사실을 그가 모른단 말인가?

413

의사가 안경을 닦았다.

"그가 제인 폰다를 안다고 합니다."

"그랬겠죠."

이때쯤 조녀선이 들어왔다. 흰 가운을 입었고 머리가 아직 젖어 있었다.

의사가 말했다.

"조녀선, 어머니는 자네가 회복되기 위해서 병원에 있어야 한다고 생각하시는데."

'집어치우시지, 엘(L) 박사님, 당신 소견은 어쩌고. 이 일에 대해 책임을 좀 지면 안 되는 겁니까?'

"저는 정상적으로 두려움을 아는 시민이기 때문에 병원에 안 있을 거예요. 저는 제 권리를 알아요."

"네가 죽으면 권리가 무슨 소용이야?"

내 목소리가 점점 지쳐갔다.

"그건 사고였어요."

"두 번째야, 그리고 나는 무서워, 조녀선. 난 네가 죽는 걸 원치 않아."

"난 중독자예요. 난 중독된 인권 지도자고 최고 용감무쌍 검은 띠야."

의사가 내게 말을 했다.

"입원을 시키고 싶다면 유일한 방법은 조녀선을 알코올 중독 조항에 의거하여 기소를 하는 것입니다. 그러려면 조녀선을 법정으로 데리고 가야 한다는 말이 됩니다."

"꺼져. 그렇게 하면 죽여버릴 거야, 내가…."

"너를 기소하는 게 널 살리는 일이라면 그렇게 할 거야."

414

"꺼져!"

조너선이 내 위에서 팔을 휘두르며 소리쳤다.

"그래, 안 그럴게. 나도 지쳤다."

"꺼져!"

나는 꺼졌다. 레이에게 가서 울었고 그가 내 어깨를 감싸고 말했다.

"우리가 지켜볼게요, 앤."

레이도 분개했다.

"그걸 어디서 구했겠어요, 앤? 안정제를 애들 과자에 사탕가루 뿌려주듯 마구 내주는 망할 놈의 약사들이라고요. 그 인간들이 우리 사람들을 죽이고 있는 거예요."

조현병 협회는 그들의 아들딸이 이 의사 저 의사를 옮겨다니며 요구하면 발리움, 세레팍스, 모가돈, 테그리톨, 딜란틴, 라각틸 같은 약물을 거의 무제한으로 얻을 수 있다고 말하는 부모들의 전화를 수백 통씩 받고 있다. 이러한 약물은 의약 보조금이나 의료보험의 혜택을 받을 수 있다. 처방전 하나로 이백 알을 받을 수 있다는 건 잘 알려진 사실이다. 레이나 매튜 탤벗의 다른 직원들이 이러한 의사들에게 항의를 하면, 그들의 대답은 보통 이렇다(현재 호주에서는 모든 처방을 전산화해 처방 기록을 다른 의료진이 확인하기 때문에, '닥터 쇼핑'이라고 불리던 이런 일이 더 이상은 가능하지 않으며 우리나라도 마찬가지다, 옮긴이).

"저는 그런 처방을 하지 않습니다. 다른 사람이 했을 겁니다."

이것이 책임 있는 대답일까? 아니면 그런 사람들이 지저분한 데다 아마도 소란을 피우기라도 하면 그저 자기들 진료실에서 빨리 나가주기를 바라는 걸까?

약국에서도 이런 약물을 판다. 그들 중 누가 이만한 양에 대해 질문을 할까? 병원에서는 이러한 이유로 발생한 약물 과다 복용의 경우를 매주 얼마나 다루고 있을까?

병원에서는 종종 정신질환자들에게 한 달 치나 아니면 그보다 더 많은 양의 안정제를 주고 갈 곳이 있는지 물어보지도, 가족들에게 그들이 퇴원한다는 말을 하지도 않은 채 그냥 택시에 태워 보낸다. 가족들은 환자가 법적인 성인이므로 이것이 병원의 책임이 아니라는 말을 듣는다. 그러나 심각한 육체적 질병을 앓고 있는 사람들을 머리 누일 곳이 있는지, 후속 치료를 받을 수 있는지도 확인하지 않고 퇴원시켰을 때 발생할 격렬한 항의를 상상해보라.

조현병 환자들은 정신의료 전문가들이 종종 인정하거나 이해하는 것보다 훨씬 더 심각한 기능장애를 가지고 있다. 많은 수는 어느 정도 중독이 되어 있으며 그들에게는 지지적 상담이 절실하게 필요하다. 혼돈 속에 사는 사람들에게 이미 처방된 강력한 약물 위에 안정제까지 얹어주고 후속 치료를 제공하지 않는 것은 도움이 되지 않는다. 많은 사람이 그들에게 필요한 약물을 버리고 불법 약물, 알코올, 모든 종류의 혼합물 등, 손에 넣을 수 있는 것이면 아무 것에나 의존하게 되는데, 이 모든 것은 그들의 건강을 악화시키며 회복을 불가능하게 할 수도 있다. 조녀선이 시드니에 있을 때 얼마간, 그는 길에서 주운 녹슨 바늘을 사용해 비타민 시럽을 주입했다.

조현병에 걸린 사람 중 10퍼센트는 진단 후 오 년 내에 자살을 한다. 살아남기 위한 투쟁이 너무나 신산하기 때문에 그렇게 하는 것이다. 대다수는 아직 10대나 20대의 젊은이다. 나는 통계를 잘 알고 있었고 이

것을 자주 인용했다.

한 달 뒤, 조현병과 오명이라는 주제에 대한 보고서를 멜버른에서 열리는 호주 뉴질랜드 과학 협회 회의에 제출해야 했다. 조너선의 병에 대해 공개적으로 연설하는 것은 처음이어서 긴장했다. 조너선이 두 번 약물 과다 복용을 했으며, 두 번 다 병원에 24시간 이하로 머물렀으며, 후속 조치가 없었다고 말했다. 내가 물었다.

"어떤 일이 더 일어나야 하는 겁니까? 누군가가 귀기울여주기 전에 그는 죽어야 하는 건가요?"

브리즈번에서 열린 인권 세미나에서 다음과 같은 말을 들었는데, 이 것은 바로 몇 달 전 토론토에서 열린 비슷한 회의에서 캐나다인 엄마가 했던 말과 같은 내용이었다:

우리는 버림받고 폐기 처분된, 조현병 환자의 부모들입니다. 치료하기 가장 어려운 이들, 자신들의 장애 때문에 도움을 요구하지도 받지도 못하는 이들, 그들은 도움을 거부합니다.

치료를 받지 못하고 버려진 채 그들은 계속 악화됩니다. 가족들은 때때로 너무 늦어버릴 때까지, 정신 보건 의료 체계가 관심 갖지 않는 고통을 덜어주지도 못하고 곁에서 지켜보아야 합니다. 이 세상 모두가 같은 이야기인 것 같습니다. 우리는 스스로 도우려 하지 않는 자를 당신들이 도울 수 없다는 말을 듣는 사람들입니다. 우리에게는 스스로 도울 능력이 없는 자를 당신들은 돕지 않겠다는 말처럼 들린다는 말을 마음속으로 되뇝니다.

우리는 병원에서 너무 빨리 퇴원을 하거나, 또는 입원을 시킬 만큼 아프지 않다는 판단을 받고 나서 그들이 자살을 했을 때, 우리의 아들과 딸들의 피를 닦아내는 사람들입니다. 명백하게 아픈 우리 가족을 왜 금치산자라고 진술해주지 않느냐고 의사에게 물으면 그들은 정신 보건법이 그들의 손을 묶어놓았다고 대답합니다. 우리가 당국과 정치인들에게 어떻게 그와 같은 법률을 통과시킬 수가 있느냐고 물으면 그들은 의사들이 법률을 너무나 좁은 의미로 해석한다고 말을 합니다. 변호사에게 가면 그들은 개인의 권리가 무엇보다 중요하다고 말을 합니다…. 우리 아이들의 생명을 구하기 위해 외롭게 싸우지만, 결국 우리는 무력감을 느끼고 아무 희망도 볼 수가 없습니다.

9장

고통의 나락

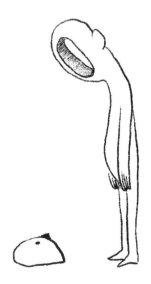

오래 살기 위해, 높이 날기 위해.

하지만 내가 파도를 타기만 하면

그리고 제일 높은 파도 위에서 균형을 잡는다면

너는 벌써 무덤을 향해 달려가는 거야.

핑크 플로이드

1986년 2월 나는 심각한 우울증을 겪으면서 이 해를 시작했다. 조녀선이 악화되는 것을 막을 방법을 찾아야겠다는 생각에 쫓겼지만 할 일이 산더미 같아서 '조녀선 구하기' 작전을 다시 시작할 시간이 거의 없었다. 이미 수많은 헛된 시도를 하고서도 '조녀선 구하기'라는 말을 쓴다는 게 바보같이 들릴지 모르지만 조녀선을 구해야 했다. 그는 건강이 좋지 않았다. 오랫동안 심한 기침을 했고 팔과 다리는 온통 농양투성이였다. 제대로 먹지를 않아서 끔찍하게 말랐다. 또한 자주 사람들에게 공격받아 부상을 입었지만 절대로 자신을 방어하려 하지 않았다.

조녀선은 일주일에 두세 번 나를 보러 오곤 했다. 때때로 영화 학교에 나타나기도 했는데 대부분은 집으로 왔다. 내가 집에 없으면 가끔 뭔가를 부수고 들어오기도 했지만, 대부분은 내가 올 때까지 문 앞 매트 위에 몸을 웅크리고 잠들어 있었다. 그는 종종 말이 없고 슬퍼 보였다. 모든 분노와 에너지가 다 타버린 것 같았다.

학기 초에 영화 학교에 있는데 조녀선이 수신자 부담으로 전화해서 가늘고 지친 목소리로 말했다.

"실례합니다, 실례합니다. 경찰과 문제가 생겼어요."

나는 한숨을 내쉬었다.

"무슨 일이니?"

"좋게 말해서, 엄마가 그렇게 말할 거라고 생각했어요. 바지가 흘러내려서 붙잡혔어요. 내가 조현병에 걸렸다고 점잖게 말했는데 사람들이 믿질 않아요. 밤새 갇혀 있었어요."

매튜 탤벗에서 일주일에 한 번 진료를 하는 이안 웹스터 지역보건학 교수는 조너선의 상태와 그가 항상 경찰에 붙잡힌다는 사실을 염려해, 체포될 경우를 대비한 편지를 써주고 그에게 가지고 다니라고 했다. 편지에는 이렇게 쓰여 있었다:

조너선은 수년간 간헐적으로 매튜 탤벗 호스텔의 진료실에서 진료를 받아왔습니다. 그는 심각한 정신장애가 있는 청년으로 그가 하는 약물, 비타민 정맥 투여나 자기 관리 소홀로 인해 부수적인 문제가 생겼을 경우에만 간호 직원과 제한된 접촉을 허락해 왔습니다.

그는 많은 망상에 빠져 있는데 이는 약물 사용과 관련이 있습니다. 또한 비이성적 사고와 비정상적 행동을 하며 종종 말을 하지 않습니다.

그는 차림새가 매우 엉망이며 피부 감염, 부상, 피하 농양, 영양실조 때문에 치료가 필요합니다. 이곳 직원들이 여러 번 그가 위험한 상태라고 느꼈음에도, 공공 정신의료 서비스가 그의 정신 상태와 건강 상태를 개선하기에 충분한 시간 동안 치료 기관에 입원시키는 강력한 조치를 취하지 못하거나 취할 의사가 없다는 사실에 매우 실망하고 있습니다. 제 소견으로 그는 약물 의존과 관련된 조현병을 앓고 있습니다.

정신의료 서비스가 효과 없는 것으로 나타나서 약물 중독자를 위한 협회인 오디세이 하우스에 갔다. 이곳은 특히 젊은 사람을 위해 일을 잘하고 있었다. 협회장인 밀톤 루거는 호의적이었다. 그는 무슨 수를 써서라도 조너선을 오게 해서 그와 이야기를 나눠야 한다고 했다. 때때로 심각한 정신질환을 지닌 젊은 사람들이 그곳의 프로그램에 참여했지만 조너선이 스스로 동기부여가 되어야 한다고 했다. 나는 밀톤이 그렇게 말할 거라는 생각을 했었다. 오디세이의 철학에 비춰보면 그것은 꽤 적절한 태도다. 그래서 언제나 하던 것처럼 조너선에게 오디세이 하우스에 대한 이야기를 꺼냈다.

"네, 네, 가볼게요. 그런데 사순절 동안 헤로인을 하지 않고 있어요."

말할 것도 없이, 그는 가지 않았다.

얼마 지나 밀톤이 전화해서 조너선이 어떤 반응을 보였는지 물었다. 내가 이야기하자 그는 그게 자신이 예상했던 바라고 슬프게 말하고는 친절한 목소리로 말했다.

"잘 견디세요."

수년이 지난 지금, 사람들이 "그렇지만 당신이 어떻게 그걸 견뎠는지 모르겠어요." 하고 말할 때면 내 대답은 하나다. 선택할 수 있는 게 아무것도 없기 때문에 견뎠다는 것이다. 불안하게, 아주 작은 희망의 끄트머리라도 붙잡고 있게 된다. 숨을 꽉 참으며 손톱 끝으로 매달려 있게 된다. 매달리게 된다. 정말 잘 매달린다.

지금은 영국 국립 정신병 협회 의장인 마저리 월리스가 비비시(BBC)와 만든 조현병에 대한 다큐멘터리가 기억난다. 나이가 지긋한 남자가 너무나 슬프고 체념한 듯한 목소리로 아들에 대해 이야기했다:

"당신은 희망을 가지고 출발을 합니다. 아이가 치료를 받으러 들어갑니다. 아이가 나옵니다. 그러면 당신은 결국에는 모든 것이 잘 될 거라는 희망을 갖습니다. 그러나 조금 지나 현실이 그렇지 않다는 것을 깨닫게 됩니다. 아이는 더 많은 치료를 받으러 들어가야 합니다. 아이가 나옵니다. 그리고 다시 당신은 희망을 갖습니다. 당신은 냉담하게 됩니다. 그리고 모든 것이 다시, 또다시 시작됩니다. 그리고 당신은 희망을 갖습니다. 왜냐하면 그것이 당신이 가진 전부이기 때문입니다. 희망."

그해 1986년에 우리는 교육과 연구를 위한 국립 재단인 호주 조현병을 설립했다. 이 재단은 멜버른에 기반을 두었고 마가렛 레거트가 이사장직을 맡았으며, 뉴사우스웨일즈 주에서도 조현병 협회를 만들었다. 시드니에서 처음 공개 회의를 개최했을 때는 비가 내리는 추운 밤인데도 불구하고 사오백 명 정도 되는 사람들이 참석했다. 그날 저녁, 나는 사람들 앞에서 처음으로 일어서 자신의 병에 대해 이야기하는 조현병에 걸린 사람들의 용기에 감동받았다. 그들은 마치 '벽장에서 나온 것' 같은 기분이 들었다고 말했다. 수년 동안 침묵을 지켜온 가족들이 이야기를 했다.

나는 호주 전역에서 쇄도하는 전화와 편지를 받았는데 대부분이 도움을 구하는 내용이었다. 어느 날 밤, 한 남자가 전화를 해 스물두 살 된 외아들이 감옥에 있다고 긴장된 목소리로 말했다. 조녀선은 집에서 잠들어 있었다.

"조현병 환자들이 경찰과 문제를 일으키기도 합니까?"

그가 물었다.

'일으키기도 합니까?'

나는 생각했다.

"저는 제 아들을 영국, 미국, 사방으로 데리고 다녔습니다. 그 애가 잠수복을 입고 가게 유리창으로 뛰어들었어요. 전 세계를 다니며 서핑을 하겠다고 했고 경찰이 그 애를 말리려 했지요. 이제는 태양으로 가는 열쇠를 가졌답니다. 그러나 이젠 감옥에 있고, 해를 그리 많이 보지 못합니다."

2월에, 아니면 3월일지도 모르겠다. 유명한 이야기꾼이자 화가인 호주 원주민 노세펙이 텔레비전 다큐멘터리를 촬영하기 위해 영화 학교에 왔다.

노세펙은 바닥에 캔버스 두 개를 놓고 학생들과 직원들 앞에서 시연을 했다. 모래 그림에서 유래했지만 지금은 아크릴 물감으로 캔버스에 점을 찍어 그리는 그림 방법을 보여주었다. 노세펙이 노래를 부르며 그림에 생명을 불어넣는 동안 우리 모두는 점을 찍었다. 점을 찍는 행위가 마음을 달래주었다.

학생 중 하나가 말했다.

"점을 찍어서 그림을 그리는 것이 머리에 얼마나 좋은지 말로 할 수가 없어요."

나는 나도 모르게 조너선을 호주 중부로 데리고 가 원주민 사회에서 살게 하면 그가 나을지도 모른다는 공상을 하고 있었다. 아, 원주민 사회의 조현병에 관한 현주소는 아마도 백인 사회에서 맞서야 하는 문제와 마찬가지로 어려운 것이고, 이 병에 대한 무지는 아마도 훨씬 심각할 것이다.

이쯤에서 여러분은 아마도 '아직도 점을 찍어 그림 그리는 것이 자기 아들을 고칠 수 있을 거라고 생각하다니, 도대체 이 여자는 어떻게 된 사람일까?'라는 생각을 할 것 같다. 그러나 자기 아이의 생명을 구하기 위해 극한까지 가지 않을 부모는 거의 없을 것이다. 그리고 여전히 스물네 살의 내 아이가 아니던가. 그는 내게 아이이자 성인이었다. 토니 모리슨 (Toni Morrison 1931~2019, 미국의 작가, 퓰리처상, 노벨 문학상 수상자, 옮긴이)은 그의 뛰어난 책 <빌러비드(Beloved)>에 이렇게 적었다:

다 자랐다는 사실은 어미에게 아무런 의미도 없다. 자식은 자식일 뿐이다. 아이들이 커가고 늙어가지만 다 자랐다고? 그게 어떤 의미란 말인가? 내 마음에는 그건 아무런 의미가 없다.

화요일, 만우절에 직장에서 늦게 집에 돌아와 보니 현관문에 있는 그림이 새겨진 유리 중 하나가 깨져 별모양의 구멍이 나 있었다. 핏자국이 현관에서 복도를 따라 거실까지 이어졌다. 내 눈이 그 자국을 따라 가다가 오른쪽 팔을 공중에 들고서 책상다리를 하고 앉아 있는 조너선에게 가 닿았다. 조너선은 피가 바닥에 괸 피 웅덩이로 떨어지는 것을 바라보고 있었다.

그가 고개를 들고 말했다.

"안녕, 앤."

내가 소리를 질렀다.

"유리창을 왜 깼어?"

그러고 나서 바로 이런 생각이 들었다.

'세상에, 이게 얼마나 끔찍한 일인가? 도대체 유리창 깨진 게 뭐가 대

수라고?'

조녀선의 손을 보니 깊이 베였고 가장자리가 너덜거렸다.

"아프니?"

눈물이 그의 얼굴을 타고 내렸다.

"아니요, 창문을 저렇게 만들어서 미안해요."

"괜찮아."

나는 그의 손에 입을 맞추었다.

"병원에 가자."

그가 손을 홱 치우더니 눈을 희번덕거렸다.

"싫어."

"네 손을 보여야지."

"내가 볼 거야."

"하지만 깊이 베였어."

"내가 치료할 수 있어. 나는 마법을 해."

나는 붕대와 반창고를 찾아 피가 흐르는 걸 막아보려고 했다. 그리고 병원에서 그를 가두지 않을 걸 약속한다고, 그 사람들은 손만 치료할 거라고 말했다. 조녀선이 비틀거리며 일어서더니 천천히 방을 나갔다. 여전히 피가 떨어졌다.

"또 봐요, 앤."

그가 어깨 너머로 말했다. 나는 공포에 대해 이야기한 예일대의 정신건강의학과 의사의 말이 기억났다. 내가 그에게 다가가 어깨를 감쌌다.

"그러면 앤디에게 가보면 어떨까?"

칠 년 전 조녀선을 처음으로 설득해서 병원에 가게 했던 지역 의료 정신건강의학과 의사, 앤디 이야기를 꺼냈다.

조너선이 멈춰 서 잠시 생각을 하더니 말했다.

"싫어."

"앤디는 널 좋아하잖아. 널 해치지 않을 거야."

"싫어."

그가 문을 박차자 유리 파편이 나무 바닥에 조금 더 떨어졌다.

"아, 좋아요."

앤디와 그의 아내 크리스는 거의 자정이 다 된 시간에도 깨어 있었다. 크리스는 차를 끓이고 앤디는 조너선의 손을 보았다.

"몇 바늘 꿰매야겠네. 병원에서 해야 하는데."

"싫어요, 싫어."

조너선이 시선을 아래로 떨구고 말했다. 그러고는 똑같은 말을 반복했다.

"나는 마법을 해."

"그래, 넌 마법을 해. 하지만 마법으로 몇 바늘 꿰매면 어떨까?"

조너선이 웃었다. 그는 마법으로 꿰맨다는 생각을 마음에 들어 했다.

"그래?"

"아프지 않을 거야. 네게 주사를 놔줄 거야."

"싫어."

"그러면 어떻게 할 건데? 낫지 않을지도 모르는데 그냥 둘 거야?"

조너선의 눈에 다시 눈물이 고였다. 나는 깜짝 놀랐다. 그가 목에 경련을 일으키기 시작하고 숨쉬기 어려워하는 걸 알아챘다.

"코젠틴을 좀 놓아줄까?"

앤디가 조용히 말했다.

조너선은 온몸을 비틀었고 목 근육이 심하게 경련을 일으켜 머리가 몸 뒤쪽으로 돌아갔다. 몇 년 전 애들레이드에서 똑같은 증상이 생겼을 때 처음으로 이것이 항정신성 약물의 부작용임을 알았고, 코젠틴이 해독제로 사용되는 약물 중 하나라는 사실도 그때 알았다. 조너선은 분명히 최근에 치료약을 복용했던 것이고, 코젠틴과 같은 약을 같이 주지 않았거나 그보다는 잃어버렸을 가능성이 컸을 것이다.

"병원에 가야겠다, 그렇지?"

앤디가 부드럽게 말했다. 조너선이 고개를 끄덕였다. 그는 얼굴이 일그러져 괴상하게 보였다.

조너선은 키가 큰 데다 근육 경련이 일어나 앤디와 내가 그를 내 차에 태우느라 애를 먹었다. 집 근처 작은 동네 병원에 도착하자 응급실에서 간호사가 나와 조너선의 일그러진 얼굴과 피 묻은 손을 보더니 말했다.

"세상에!"

조너선을 치료한 젊은 여자 의사와 간호사 두 명은 온화하고 친절하며 침착했다.

그들은 우선 조너선에게 코젠틴을 주사해서 신속하게 경련을 멎게 한 다음 손을 꿰매기 위해 두 번째 주사를 놓았다. 조너선의 발이 침대 끝으로 삐져나왔는데 짝이 안 맞는 양말에는 커다란 구멍이 나 있었다. 발목과 손목이 막대기같았다. 그는 내 손을 꼭 쥐고 있었다. 의사는 그가 병원에서 밤을 지내야겠다고 했다. 그러나 두 시간 뒤 조너선이 갑자기 침대에서 벌떡 일어났다.

"실례합니다, 실례합니다. 저는 가야겠어요. 친절하게 해주셔서 고맙습니다."

그가 깜깜한 밤길을 걸어 나갔다.

차로 겨우 따라가서 아침까지만이라도 집에 있자고 설득했다. 그는 결국 이틀 더 집에 있었고 조슈아와 꽤 많은 시간을 함께 보냈다. 사흘째 되는 아침에 출근하려고 집을 나서는데 집 아래층의 뒷문이 활짝 열린 게 보였다. 그곳은 독립된 공간으로 조너선이 가끔 그곳에 머물렀다. 안을 들여다보니 그는 가고 없었다.

"엄마, 형은 어디든 오래 머물질 않아요. 엄마도 알잖아요."

조슈아가 부드럽게 말했다. 당시 조슈아의 나이는 조너선이 처음 병이 났던 때와 같았다. 나는 조슈아에게는 과잉보호하는 게 어렵지 않다는 걸 알았고, 그럴 때의 반응이 멋지게 정상적인 사람을 상대하고 있다는 걸 깨달았다. 조슈아에게 뭔가를 하지 말라고 했을 때 그가 내 말을 따르면 아직도 깜짝 놀란다. 내게는 그것이 고통스럽기도, 이 두 청년이 다르다는 사실을 상기시켜주는 일이기도 했다. 내가 생각해낼 수 있는 유일한 비유는 두 대의 모형 비행기다. 하나는 조합을 제대로 해서 계속 잘 날아갔다. 다른 하나는 원래부터 잘못된 부분이 있는데 문제가 제대로 작동하지 않는 엔진에 있는 건지, 아니면 날개가 약간 삐딱한 건지 항상 곤두박질을 쳤다.

두 주 후, 조너선이 다시 약물을 과잉 복용했다. 이번은 전처럼 심각하지 않아서 그가 스스로 병원에 가 위세척을 받았다. 탤벗의 레이 버크가 내게 말을 전해주면서 안심시키려는 것 같았지만, 결국은 그도 조너선에 대해 점점 더 걱정한다는 사실을 인정했다.

"조녀선이 가팔막을 향해 가고 있어요, 앤."

"레이, 우리가 뭘 할 수 있을까요?"

내가 흐느끼며 물었다.

레이는 자기도 모르겠다고 했다. 조녀선은 여전히 엄청난 양의 세레팍스나 발리움(신경안정제, 옮긴이)을 가지고 있었고 이것을 싸구려 와인에 섞어 마셨다. 레이는 조녀선이 몇 달 전까지 알코올 중독자 모임에 다녔고 마약과 술을 끊으려고 엄청난 노력을 했는데, 어느 날 모임에 술이 취해 나타났다가 나오지 말라는 말을 들었다고 했다. 그 후로 다시 가지 않았다.

탤벗에서 내가 조녀선에게 그가 자신한테 어떤 일을 하고 있는지에 대해 말하려 했을 때, 그는 내 말을 막고 소리를 질렀다.

"사람들이 나를 죽이려고 하면서 내가 미쳤다고 하는데, 그게 날 돌아버리게 만들어. 사람들이 나를 죽이려고 하는 게 아니라면 내가 어떻게 죽음의 냄새를 맡을 수 있겠어?"

5월 갈등 해결 연수회에 참가했다. 그곳에서 조녀선의 초등학교 선생님을 만났다. 그는 애정어린 마음으로 조녀선의 안부를 물었고 조녀선이 아프다는 이야기에 마음 아파했다. 조는 심리치료사가 되어 블루마운틴 건너 고지대에 있는 오베론에서 치료 공동체를 운영하고 있었다. 그는 조녀선이 와서 지낼 마음이 있는지 알아보라고 했다. 나는 그러겠다고 했다.

조녀선이 말했다.

"네, 나도 시골에서 지내고 싶어요. 말도 탈 수 있어요?"

그래서 직장에 휴가를 내고 그를 오베론에 데려가려고 약속을 잡은 다음 매튜 탤벗으로 갔지만, 그는 이미 사라졌다. 일주일 후 나타났을 때 우리가 한 약속을 말했더니, 그는 자기가 너무 바빠 갈 수가 없다고 찜부럭을 내며 말했다. 바로 그날 저녁, 다음 날 아침에 열리는 에딘버러공작 학회의 기조연설을 준비하면서 총리가 주최하는 학회의 중요성을 미처 헤아리지 못했다는 사실을 뒤늦게 깨달았다. 나는 준비를 전혀 하지 않았다. 조너선이 서재 바닥에 드러누워 이따금 혼잣말을 하다가 웃곤 하는 동안 연설문을 쓰려고 애를 썼다. 그는 싫다고 하면서 다른 방으로 가지 않겠다고 했다. 싫어, 그는 자고 가지 않겠다고 했다. 싫어, 그는 음악을 듣고 싶지 않다고 했다. 싫어, 그는 조용히 있지 않겠다고 했다. 결국 나는 조너선을 차에 태워 매튜 탤벗에 데려다주었다. 연설문이 전혀 써지지 않았다. 멜버른 공항에서 학회 건물로 가는 내내 차 안에서 속이 울렁거렸다. 내 연설은 대단히 활기찬 척했지만 내용은 형편없었다.

영화 학교에서 직원 두 명과 나는 점심 시간에 명상을 해보자는 제안을 했다. 인도자가 명상을 이끌었지만, 내가 너무나 괴로운 상태라서 꽃이 핀 들판으로 인도될 때마다 첫 번째 들판을 넘기도 전에 그만 울음을 터뜨리고 싶어졌다. 나는 학생이 쓴 낙서를 읽고 나서 스스로를 위로하곤 했다:

농담 금지. 제발 변기 아래에 버터를 바르지 마세요. 수습이 안돼요.

어느 일요일 오후, 겨울 해가 부서질 듯 비출 때 조너선이 찾아와 문을 두드렸다. 그는 올 때마다 어떤 의식을 치렀다. 대개 처음 십 분 정도는 전혀 일관성 없는 이야기를 하면서 집을 돌아다니고, 이어서 거실에 있는 소파로 가 러그를 덮고 태아 같은 자세로 몸을 구부린 채 잠이 들었다. 너무 지쳐서 음악조차도 들을 수 없는 것 같았다. 먹으려고도 하지 않았다. 매우 자주 공원을 산책하러 왔다. 내 어깨에 팔을 두르거나 가끔은 손을 잡았다. 그날 오후 우리는 산책을 나갔다 왔고, 내 아일랜드 친구 클레어가 뜻하지 않게 찾아왔을 때 조너선은 다시 소파로 돌아갔다. 클레어는 빨간 머리를 위로 틀어 올리고 긴 치마를 입었으며, 피부가 곱고 하얘서 항상 우아한 에드워드 7세 시대 사람처럼 보였다. 그녀가 조너선 곁에 앉아 염증이 심한 그의 발을 마사지하기 시작했다. 조너선이 그를 올려다보았다.

"계속할까?"

조너선이 미소를 짓고 팔로 몸을 단단히 감쌌다. 그는 머리에 깃털 하나를 꽂았고 양 손목에는 더러운 하얀색 누더기 조각을 둘렀다. 얼굴에도 염증이 있었다. 클레어는 처음에 발을 마사지한 다음 등, 어깨, 머리를 마사지했다. 그 당시 조너선을 만지려고 하는 사람이 그리 많지 않았기 때문에, 그때의 추억은 지금까지도 내 마음에서 반짝이고 있다. 그는 냄새가 났다. 그는 더러웠다. 그는 이상해 보였다. 클레어가 가고 나서 평화롭게 잠들어 있는 조너선을 내려다보았다.

'하느님, 이 아이를 죽게 내버려두지 마소서.'

그로부터 나흘 후에 직장에서 모르는 사람에게 전화를 받았다. 그의 이름은 케이였으며 조너선이 가끔 가는 킹스크로스 의료센터에서 일하는 사회복지사였다. 그는 조너선이 또 한 번 약물을 과다 복용했다고 말했다. 이번이 네 번째였다. 그는 동료들과 그가 낙담하고 있다고 말했고 나도 그렇다고 대답했다. 그다음 날 센터에 가서 케이를 만났다. 센터는

433

오래된 집이었는데 언덕 꼭대기에 난 길의 안쪽에 있었다. 다 시들어가는 식물 화분 몇 개, 검은 얼룩이 있는 재떨이, 넣을 동전이 없어 그냥 둔 가스난로(동전을 넣으면 넣은 액수만큼 난방이 되는 난로, 옮긴이) 말고는 가구가 거의 없는 작은 방에 앉았다. 왜 이런 곳들은 항상 자금 부족에 시달리면서도 계속 운영하기 위해 한 해 한 해 돈을 구걸해야 할까?

케이는 작은 체구에 피부색이 짙고 안경을 썼으며 만삭의 몸이었다. 조녀선이 그곳에 오기로 했지만 오지 않았다.

"그는 늘 그래요."

케이가 안타까워하며 말했다. 그녀는 분명 조녀선과 좋은 관계를 유지하고 있었다. 그가 같은 말을 반복했다.

"우리는 조녀선을 킹스크로스에서 데리고 나와야 해요. 안 그러면 그는 죽게 될 거예요."

우리는 그곳에서 조녀선을 데려올 또 한 번의 시도를 도모했다.

우리는 도시와 교외에 있는 호스텔, 사회복귀 훈련 시설, 쉼터를 소개하는 다 떨어진 안내 책자를 들여다보면서, 이런 곳에 가려면 모두 본인의 자발적인 의사가 있어야 한다는 사실을 알아냈다. 케이가 얼굴을 찡그렸다. 정신질환과 약물 중독을 동시에 가진 사람들을 받아주는 곳은 거의 없었다. 당신에게 이 문제 또는 저 문제가 있을 수는 있다. 그러나 둘 다는 절대 안 된다. 문제가 둘 이상이라면 당신은 범위 밖으로 밀려난다. 우리는 가능성이 있는 곳 네 군데를 추렸고 오베론 공동체를 포함하면 다섯 군데가 되었다. 조녀선이 오베론에 가도록 내가 다시 설득을 해보고, 실패할 경우 케이가 다음 장소를 시도하기로 의견을 모았다.

"그런데 난 가능성을 7퍼센트 정도로 봐요."

케이가 말했다.

"적어도 당신은 현실적이네요."

센터를 나서면서 불 꺼진 가스난로 옆, 고리버들 의자에 앉아 앞뒤로 몸을 흔드는 나이 든 남자 둘을 지나갔다. 나는 그들이 셰익스피어의 비극에 나오는 사람들처럼 생겼다는 것 말고는 기억나는 게 거의 없다. 내가 지금 신파극 같은 말을 하고 있을지도 모르겠지만 아무튼 코미디를 할 상황은 아니었다.

케이가 물었다.

"조너선 봤어요?"

"조너선? 몰랐어? 그 사람 밤에 죽었어."

덥수룩한 턱수염에 다 해진 모자를 눈까지 눌러 쓴 남자가 말했다.

"조너선, 조너선, 밤에 죽었어."

옆에 있던 남자가 말했다.

"밤에 죽었어."

"죽었지, 죽었어."

나는 공포로 숨이 막혀 케이에게 몸을 돌렸다.

"바보 같은 소리 하지 말아요. 조너선은 죽지 않았어요. 좀 전에 여기 있었다고요."

두 남자들이 다시 킬킬거렸다.

"에드워드 에거에서 죽었어."

두 남자 중 하나가 말했다.

"에드워드 에거."

다른 남자가 따라했다. 둘이 웃음을 터뜨렸다. 에드워드 에거는 탤벗과 유사한, 밤에만 운영하는 쉼터로 조너선이 가는 곳 중 하나였다.

나는 밖으로 나와 길에 서 있었다. 추위로 몸을 떨었다. 추위가 온몸을 뒤흔들어서 다시 따뜻해질 수 있을 것 같지 않았다. 나는 걸었다. 두 시간이 넘게 걸었지만 어디로 갔는지, 어떻게 길을 건넜는지조차 기억나지 않았다. 불길한 예감이 강하게 밀려와 소스라치게 놀랐다. 조너선과 관련된 문제로 너무나 많이 놀라며 살아왔기 때문에 보통 그런 걸 한쪽으로 치워두었다. 그러나 이번 것은 치워두기에 너무 버거웠다. 그것은 바윗덩이었다.

주말에 학생들이 만든 영화 상영을 위해 애들레이드를 방문해야 했는데, 그때 조지아를 만났다. 조너선에 대한 이야기를 하자 조지아가 심란해 했다. 조지아는 희망 말고는 우리가 할 수 있는 일이 거의 없다고 말했다.

6월 9일 월요일 6시경 교육 주임인 파블로 알버스와 함께 학교에서 집으로 돌아왔다. 우리는 새로운 교육 과정을 만들기 위해 내 서재로 들어갔다. 조슈아가 거실에서 텔레비전을 보고 있었다. 초인종이 울리고 조너선이 서 있는 게 보였다. 나는 그를 상대할 시간이 없는 데다 이미 몸이 피곤해진 터라 순간적으로 화가 났다. 그러나 며칠 전 조너선이 약물을 과다 복용한 이후 그를 찾으려고 애써왔기 때문에, 그에게 모든 관심을 기울이는 게 중요하다는 생각이 강하게 들었다. 파블로에게 양해를 구하고 그날은 그만 가주었으면 좋겠다고 말했다.

조너선이 주방으로 들어와 물을 마셨다. 주방은 불빛이 아주 어둡고 둘이 있기도 비좁았다. 그를 올려다보고 약물 과다 복용 때문에 내가 얼마나 속상한지 이야기한 기억이 난다.

"들어봐요, 들어봐요. 나는 자살하고 싶지 않아요. 왜냐하면 나는 마약 내성이 있기 때문이에요. 알았죠? 나는 다른 사람들보다 더 많은 약을 견딜 수 있고, 더 많은 두려움을 받아들일 수가 있어요."

"그러면 왜 병원에 가야 하는 건데?"

내가 울부짖었다.

"왜냐하면, 실수였거든요. 봐요. 나는 내가 뭘 하고 있는지 알고 있어요. 난 나한테 이렇게 말해요. 조 너 많이 먹었구나. 그러면 난 병원에 가요."

"난 무서워. 어느 날 네가 병원에 가지 않을까봐 무서워. 어느 날 네가 죽을까봐."

조너선은 통증이 있는 듯 몸을 웅크리더니 내게 소리를 질렀다.

"아니야, 들어봐. 나는 삶에 대한 긍정적인 욕구가 있어. 그게 내가 병원에 가는 이유라고. 당신도 삶에 대한 긍정적인 욕구를 가져야 한다면 그 빌어먹을 튜브를 코에 꽂고 싶을 거야. 그 빌어먹을 튜브를 코에 꽂아본 적 있어? 나는 죽고 싶지 않다고. 알겠어?"

조너선은 비닐에 싼 흰색 알약꾸러미를 가지고 있었는데 두 알을 꺼내 입에 넣었다.

"조너선, 제발, 그걸 좀 버려."

내가 애원했다.

"들어봐요. 병원에서 아버지에게 암 때문에 오는 통증을 줄이려고 모르핀을 주었고 그게 도움이 됐죠, 맞죠? 그러면 아무도 나한테 내 통증을 줄여주는 걸 먹지 말라고 할 수 없겠죠, 맞죠?"

"병원에 가서 통증을 줄여줄 방법이 있는지 알아보면 어떨까? 아니면 앤디는 어때?"

내게는 이런 것들이 모두 식상한 일이라도, 모든 걸 해봐야 한다는 절박함이 있었다.

놀랍게도 조너선이 늘 그렇듯 머리를 한쪽으로 기울이고 머뭇거렸다. 그러더니 말했다.

"싫어."

그가 팔로 나를 감싸고, 내가 아이이고 자기가 부모인 양 나를 흔들어주었다.

"울지 말아요, 앤."

"그러면 시골에 가볼까?"

"싫어. 왜냐면 난 친구가 있거든, 매춘부 40명. 그 사람들은 나를 의지해. 내가 사람들이 그 사람들을 때리지 못하게 하거든. 난 신사니까, 알았죠? 그들을 경멸하지 않는 것이 하느님을 공경하는 거야."

"네가 잠시 휴가를 간다고 하면 그들이 신경 쓰진 않을 거야."

"아니."

"그러면 그 사람들도 데리고 가자."

조너선이 이 말에 웃었다.

"글쎄, 나한테 휴식이 필요할지도 모르죠. 그럴지도 몰라. 그래도 난 내 친구들을 두고 갈 수 없어."

나는 생각했다.

'하지만 너는 친구가 없어.'

좀 전에 가게에 간 조슈아가 조너선과 함께 먹을 피자를 좀 사와도 되냐고 했는데 그때 막 돌아왔다. 나는 조너선이 거실에서 조슈아와 함께 피자를 먹을 거라 생각했고 둘은 그렇게 하고 있었다. 그런데 그때 조슈아가 갑자기 주방으로 뛰어들어와 소리쳤다.

"빨리 와보세요. 형이 쓰러졌어요."

급히 거실로 가보니 조너선이 테이블 끄트머리에 침을 흘리며 앉아 있는 게 보였다. 입에서 피자가 떨어져 있었고 눈물이 얼굴을 타고 내렸다. 그가 몸을 앞뒤로 흔들면서 머리를 테이블과 벽에 부딪쳤다.

나는 그를 소파로 데려가 팔로 감싸 안고 머리를 쓰다듬으면서 머리에 입을 맞췄다. 그러는 내내 조너선은 몸을 들썩거리며 흐느껴 울면서 잘 연결이 안 되는 말을 더듬거렸다.

"난 못하겠어… 머리가 아파…. 너무, 너무… 날 봐… 내가 빌어먹을 어떻게 됐는지 봐…. 오, 하느님!"

그는 눈물로 목이 메었다. 절망의 강에서 목이 메었다.

나는 그를 꼭 끌어안고 흔들며 작은 아기에게 하듯이 노래를 불러주었다. 온 마음을 다해서, 해로부터 그를 안전하게 지킬 수 있도록, 온 생각과 온 힘을 다해. 그의 두려움뿐 아니라 나의 두려움 속에 노래하고, 시큼한 그의 입김까지 닿도록 달콤함을 노래하고, 몸의 염증까지 닿도록 부드러움을 노래하고, 그의 존재와 의지 전부까지 닿도록 사랑과 삶을 노래했다. 그러나 저 깊은 곳에서, 나는 내가 실패했다는 것을 이미 알고 있었다.

조너선이 내 품에서 오랫동안 평화롭게 누워 있다가 몸을 일으키더니 자고 싶다고 했다. 그에게 따뜻한 우유를 주었고 그는 아래층으로 내려갔다. 집 내부에서 아래층으로 내려가는 계단이 없어서 현관문으로 나가 내려가야 했다. 조너선이 나간 뒤 비가 퍼붓기 시작했다.

십오 분 정도 지나 문 두드리는 소리가 들렸다. 조너선이 서 있었는데 장대비가 그의 얼굴에 쏟아져 내렸다. 벌거벗은 몸을 담요로 두르고는, 입고 잘 깨끗한 티셔츠를 달라고 하면서 그것만 있으면 된다고 고집을 부렸다. 오 분 뒤 그가 다시 나타났다.

"따뜻한 걸 좀 더 줄까?"

"아니요, 잘 자라고 말하려고 왔어요."

조너선이 나를 바짝 끌어안았고, 나는 그의 몸이 젖어 있는 게 느껴져서 손을 뻗어 젖은 머리칼을 만졌다.

다음 날 아침 6시 30분쯤 나는 아주 이른 출근을 했다. 아래층 창문 중 하나를 들여다보았지만 어두워서 잘 보이지 않았다. 조너선은 상황이 허락하는 한 항상 적어도 한낮까지 잠을 잤기 때문에 걱정하지 않았고, 적당한 시간에 조슈아에게 전화해 그를 잘 붙잡아두라고 일렀다. 그때까지도 조너선을 시골에 데려갈 수 있으리란 옅은 희망을 가졌었다는 생각이 든다. 그러나 조슈아가 말했다.

"형은 벌써 가고 없어요."

6월 10일 화요일에 의사에게 전화를 걸었다.

"저는 조너선이 곧 죽을 거라는 걸 알아요. 입원을 시켜주세요."

"제가 할 수 있는 일이 아닙니다. 그는 여기 있지 않을 것이고 우리는 강제로 할 수가 없습니다."

6월 11일 수요일, 나는 조현병에 걸린 딸을 둔 라디오 방송 동료인 친구와 저녁을 먹었다. 그의 딸은 조녀선과 같은 나이였다. 우리는 억지 농담을 주고 받았는데 아마도 함께 그렇게 하면서 현실을 잠시 잊는 게 좋았던 모양이다.

6월 12일 목요일 아침 10시쯤에 영화 학교에 있었는데 전화교환원으로 일하는 사람 좋은 여자가 전화를 해 머뭇거리면서 말했다.

"경찰이 막 전화를 했어요. 선생님을 뵈러 오고 있대요."

나는 내가 내는 낯선 목쉰 소리를 들었다.

"조녀선 때문이죠, 그렇죠? 그 애가 죽었어요."

킹스크로스 의료센터에 전화를 걸어 케이를 바꿔달라고 말하는데 손이 떨렸다. 케이는 울고 있었다.

"아, 앤, 11시까지만 해도 조녀선이 살아 있었는데 잠을 자려 하지 않았어요. 멍해 있었어요. 그래서 사람들이 조녀선을 아래층에 그냥 두고 나갔는데 아침에 엘리베이터 옆에서 발견됐어요."

"어디서요?"

"에드워드 에거에서요."

조녀선, 조녀선, 밤에 죽었다.

밤에 죽었다.

죽었다, 죽었다.

에드워드 에거에서 죽었다.

나는 수화기를 내려놓았다. 내 안에서 나오는, 통제할 수 없는 놀라운 에너지를 가진 통곡을, 원초적인 통곡을 들었다.

경찰관이 왔는데 젊은 그들은 겁을 먹었으며 대단히 친절했다. 그들은 조녀선 시신의 확인을 위해 나를 태워 영안실까지 갔다. 나는 조녀선을 보기 전까지 겁에 질려 있었지만 보고 나서는 더 이상 겁나지 않았다. 경찰은 영안실에서 시체 안치실까지 가지 않고 비디오 모니터로 시신을 볼 수 있다고 말했다.

"하지만 그 애는 내 아들이에요."

"쓰러지면서 얼굴이 피범벅이 되었습니다."

"그 애는 내 아들이에요."

조녀선은 흰 천에 덮여 봉헌물처럼 높은 단 위에 누워 있었다. 발이 바깥으로 나왔다. 길고 좁은, 상처투성이의 발. 그는 저쪽 방에 있었고 나는 다른 방에 있었다. 우리는 유리 벽을 사이에 두고 떨어져 있었다.

"아이를 만지고 싶어요."

"힘드실 수 있을 텐데요."

"아이를 만지지 못하면 더 힘들 거예요."

조녀선의 얼굴에 반점처럼 어두운 핏자국이 길게 나 있었다. 그는 입을 다물었다. 그는 눈을 감았다. 그는 더 이상 아이처럼 보이지 않았다. 그는 청년이었다. 나는 그의 뺨과 헝클어진 금발을 만졌다. 그의 이마에 입을 맞추고 말했다.

"잘 가, 늙은 바보."

내가 왜 조녀선을 늙은 바보라고 불렀는지 모르겠다. 하지만 그 말은 깊은 사랑과 다정함의 샘물에서 솟아난 말이었다. 그리고 그 방에서 나왔다.

친구들이 우리에게 사랑과 용기를 주었다는 것과 조지아에게 말했더니 "엄마는 절대 자신을 나무라면 안 돼요. 엄마는 오빠와 우리에게 가장 멋진 엄마였어요. 엄마는 할 수 있는 모든 걸 했어요."라고 말한 것 말고는, 그다음 며칠을 어떤 말로 표현할 수 있을까?

조슈아에게 가서 흐느꼈을 때 그 애가 말했다.

"형은 집이 없었어요. 맞아요. 한 번도 집을 가져본 적이 없었어요. 하지만 엄마, 형은 정말로 사랑을 많이 받았어요."

우리는 공동묘지에서 새로 조성한 곳에 있는 조너선의 무덤 옆에서 장례식을 했는데 바람이 유칼립투스 나뭇잎을 보내주었다. 그날은 가랑비가 내렸는데 조지아와 조슈아가 양쪽 옆에서 내 팔짱을 끼고 무덤이 있는 나즈막한 언덕을 향해 걸어갈 때 빗방울이 얼굴을 찔렀다.

빗속을 지나 조너선을 도우려 했던 사랑하는 친구들과 사람들의 얼굴을 보았다. 네일과 아이시아가 왔는데 네일이 기타를 가져왔다. 나는 '주는 나의 목자'를 연주해달라고 부탁했다. 그러나 그가 기억하지 못해서 대신 '흔들리는 포장마차'를 연주했다. 이것은 좀 예상치 못한 일이었지만, 예측할 수 없다는 점에서 조너선이 기뻐할 만한 상황이었다. 네일과 아이시아의 아기가 아직 덮지 않은 무덤에 우유병을 거의 던질 뻔했다. 목사님은 조너선을 인생의 우여곡절을 견디기엔 너무나 섬세하게 조율된 악기에 비유했다. 나는 수년간의 소용돌이를 지나는 동안 모든 이들이 보여준 사랑과 도움에 감사했다.

그리고 장례식이 끝났다. 아니, 고개를 들어 빗속을 지나 무덤 저편에서 레이 버크와 내가 알지 못하는 사람들이 서 있는 것을 보기 전까지는 모든 것이 끝났다고 생각했다. 나는 노숙자, 미친 사람, 병든 사람들을 보았다. 탤벗에서, 다른 쉼터에서, 킹스크로스에서 조녀선에게 작별 인사를 하러 온 사람들이었다. 조녀선의 친구인 그들은 내게 평화를 가져다주었다. 왜냐하면 조녀선의 짧은 생애에 있어 고통스러웠던 여행이 어떤 의미였는지를 모두 이해하는 사람들이었기 때문이었다. 그 의미는 삶의 모든 역설, 기쁨, 고통, 연약함, 강함, 분노, 사랑이 담긴 삶 그 자체였다.

에필로그

빛으로

우리는 방황을 멈추지 않으리.

우리의 모든 방황이 끝나면

우리가 시작했던 곳으로 돌아가게 되리.

그리고 처음으로 그곳이 어디인지 알게 되리.

T. S. 엘리엇

*

나는 내가 경험한 모든 것과 절망감을 내려놓기 위해 이 책을 써야 했다. 나는 부정적인 면을 부인하지 말아야 할 필요가 있었다. 내게는 그것도 전체의 일부이므로, 그리고 마음의 평온은 전체에 거하므로. 아직도 조너선이 견딘 두려움을 생각하면 괴롭다. 그가 보고 싶다. 그러나 더이상 절망하지 않는다. 사람들이 조현병에 대한 자신의 경험을 보다 개방적으로 이야기하며 과거보다는 좀 더 나은 이해를 하는 듯 보인다. 어두운 그림자와도 같은 정신병이라는 오명은 이제 사라지기 시작했다.

1991년 조현병에 관한 텔레비전 다큐멘터리를 만들 때, 개인적인 경험이 내게 지대한 영향을 미쳤다. 이 질병을 앓는 사람들과 가까이에서 작업하는 동안 그들의 용기와 연약함을 견뎌내기 위한 분투를 보았다. 또한 그들에게 정신이상 증세가 나타날 때 마음의 정보를 처리하는 과정이란 맥락에서 그들의 반응을 많이 이해할 수 있다는 사실도 알게 되었다. 다르다는 것은 괜찮지만 미치는 건 싫다–그들이 원하는 상황 내에서는 아니다. 내가 지적으로나 감정적으로나 이 질병을 완전하게 받아들인 것은 이때가 처음이었다. 조너선이 살아 있을 때, 너무나 많은 불안이 존재했다. 과거와 현재 사이에 존재했던 차이의 정도와 본질이 갑자기 극명하게 분명해졌다.

조현병을 악하고 두려운 천벌 정도로 여기는 한, 우리는 고통당하는 자들을 계속 배척할 것이며 그들의 가족을 계속 버려둘 것이다. 조현병에 걸린 젊은이들이 아직도 죽어가고 있다. 나는 그 이유를 이해해보려고 이 책을 썼다. 대부분의 사람들은 자신이 사랑하는 사람이 미치면 실제로 어떤 일이 일어나는지에 대해, 또 그들을 집어삼키는 소용돌이에 대해 거의 아는 것이 없다는 것을 알기에 이 책을 썼다. 조현병 환자와 산다는 것에 대한 전문가의 인식과 실제로 경험하는 것 사이에는 여전히 우울감의 차이가 존재한다고 생각한다. 나는 조현병을 앓는 사람들과 그들의 가족에게서 고통을 호소하는 편지를 받고 어떻게 해야 할지 몰라 이 책을 썼다. 내가 받은 편지 하나 하나의 사연이 전 세계를 돌며 천 배로 다시 또다시 늘어날 수 있을 것이다. 그러나 이제 우리는 조현병을 뇌의 기능 장애로 이해하며, 유전학적으로 불가해한 순열을 통해 발생하는 화학과 환경의 상호작용이라는 사실을 잘 안다. 조현병이 하나의 질병이고 누구의 잘못도 아니며 우리 누구에게나, 또는 사랑하는 사람들에게도 일어날 수 있다는 사실을 알고 있다. 그러므로 조현병과 같은 정신질환을 앓고 있는 사람을 사회에서 소외시키려 하거나 신체적 질환을 가진 사람에 비해 이해하지 못하고 돌보지 않으려는 행위는 도덕적으로 변명의 여지가 없는 일이다.

정신질환을 가진 사람들이 인권과 관련된 법 조항에서 사회의 다른 집단보다 보호를 받지 못하고 있다는 현실은 변명의 여지가 없다. 정신질환자의 가족이 아직도 고립과 절망 속에서 몸부림치고 있다는 현실 또한 마찬가지다. 백 명 중 한 명이 이 병으로 고통받고 있으며 다른 어떤 단일 질병보다 많은 침상을 차지하고 있는데도 조현병에 대한 연구가 거의 없다는 현실은 변명의 여지가 없다. 반면 심장병에 관해서는 환자 당 열 배의 연구가, 암에 관해서는 환자 당 오십 배의 연구가 이뤄졌다.

그러나 조현병은 치료가 가능한 질병이다. 우리는 이 병을 어떻게 예방할 수 있는지, 어떻게 완치할 수 있는지 모르지만 최근 몇 년간 놀랄 만한 진전을 보여왔다. 따라서 사람들이 신체적 기능에서 오는 차이를 극복하는 법을 배울 수 있도록 돕는 것이 가능하다. 이 세상을 조용히 함께 걸을 수 있는 많은 방법이 있다.

조현병을 가진 사람들이 우리와 같은 방법으로 자신을 표현하지 않으며 이 질병이 만성적이고 격심한 국면을 지녔다는 분명한 사실을 인정한다면, 최대한 유연하고 다양한 서비스가 필요하다는 사실 또한 받아들이기 쉬워질 것이다. 한편으로 독립적인 삶을 유지할 수 없는 이들을 위한 새롭고 긍정적인 개념의 시설이 필요할 것이다. 사회 내에서 그들이 성공적인 삶을 살아가는 데 영향을 미치는 가장 중요한 요소는 아마도 그들이 살아갈 장소(실제로 집이라고 부를 수 있는 장소)가 있는가의 문제일 것이다. 우리는 서비스를 어떻게 해야 할 것인가에 대한 행정 당국의 인식과 지원자들이 외롭게 헤쳐나가는 매일의 고통 사이에 놓인 격차를 줄여야 할 것이다.

고통이 계속된다는 사실은 부분적으로 지원이 고르지 못하거나 부적절하거나 충분하지 못하기 때문이지만, 우리가 여전히 정신질환을 두려워하기 때문이기도 하다. 우리는 아직도 몸과 마음을 분리하고 둘을 전체가 아니라 별개로 여긴다. 이제는 이런 제한된 관념을 버릴 때가 되었다. 나 역시 통합된 시각으로 병에 접근하면서 이제야 조너선의 병을 이해하기 시작했다.

정신질환은 너무나 오랫동안 그늘에 가려져 있었다. 우리에게는 거부 대신 수용이 필요하다. 수치 대신 사랑이 필요하다. 절망 대신 흔들리지 않는 굳건한 지지가 필요하다. 그늘에서 나와 빛으로 들어설 때다.

후 기

조녀선이 죽은 지 몇 년 후, 나는 정신질환과 관련해 해오던 일을 그만두려고 했다. 나아지는 것이 별로 없어 보이는 데다 내 자신이 계속해서 슬픔에 가 닿는 것이 싫었다–상처는 후벼파이고 절대 낫지 않았다. 또 조녀선의 엄마로 굳어가고 싶지도, 영원히 그의 과거에 갇히고 싶지도 않았다.

그러나 그만두겠다고 말을 하면서도 수많은 이유로 그러지 못할 것이란 사실을 깨달았다. 정신질환을 앓는 사람과 그 가족들은 여전히 이러지도 저러지도 못하고 있었고 인권은 무시되었다. 한편으로 내게는 좋은 친구들이 있었다–하워드, 수년간 조현병에 용감히 맞서 싸우며 골무처럼 작은 봉투에 수수께끼를 적어 보내는 의사; 레이, 내가 몸이 좋지 않다고 하면 냉욕을 하고 물을 많이 마시라며 조언하는 친구; 제인, 내게 가장 긴 목도리를 떠준 친구; 사이먼, 너무나 즐겁고 우스꽝스러운 통찰력을 지녔으며 내가 죄책감을 떨치도록 가르쳐준 친구. 그는 파란 눈에 희끗희끗한 붉은 수염 때문에 그림책에 나오는 바이킹처럼 보였다. 아마도 여생 동안 길고 험한 여행을 해야 할 운명을 짊어진 바이킹일지도 모른다. 사이먼은 불과 몇 년 전만 해도 또다시 급성기를 겪은 사실을 부끄러워하고 끔찍하게 여겼다는 것을 명랑하게 언급했다. "다시 아팠는데 지금은 좋아졌어요. 정신이 멀쩡하다는 건 멋진 일이에요. 누구에게나 추천해요."

정신질환은 자아의 본성에 관한 흥미로운 의문을 불러일으키기도 한다. 우리의 행동이나 인간성이 화학 약품 한 줌을 삼킨다고 변화할 수 있다면 이건 무엇을 의미하는가? 바라는 대로 정말 조너선이 벌떡 일어날까? 진짜 조너선은 자주색 깃발(무정부주의자의 상징으로 여기기도 한다, 옮긴이) 같은 광기의 옷을 입고 날뛰는 젊은이였을까, 아니면 톨킨과 솔제니친의 책을 읽으며 기쁨이 넘쳐 그림을 그리고 인생길을 살포시 걸어가길 갈망하는 소년이었을까? 병이나 약 때문에 인간의 본질이 흐릿해질 수 있지만 그래도 인내하고 기다리면 본질은 거기에 존재한다. 사랑하는 익숙한 얼굴을 향해 창이 열리듯 조너선의 자아가 전혀 예상치 못한 때에 드러나곤 한 순간이 있었지만, 내가 기뻐하며 손을 뻗으면 그 문은 쾅 닫혀버렸다.

'Ondulé à la toiture'는 내가 좋아하는 프랑스어 표현이다. 지붕 위의 잔바람. 우리는 모두 어느 정도 일렁이는 삶을 살아간다. 그러나 왜 누군가의 지붕은 박살이 나고 천둥과 번개가 내리치는 걸까? 과연 무엇이 각기 수천 개의 화학적 연속 순열에 관련된 수백억 개 뇌세포의 정교한 순서를 교란시켜서 제정신과 광기 사이의 균형을 깨는 걸까?

우리는 점차 그 답을 찾아가고 있다. 최근 몇 년간의 우울한 교착 상태에서 벗어나, 처음에는 미미했지만 지금은 꽤 주목할 만한 성과가 나타나고 있다. 이는 마치 시지프스가 언덕 꼭대기까지 걸어 올라가면 바위가 다시 등위로 굴러 내려오지 않는다는 사실을 어느 날 문득 깨닫는 것과 같은 이치이다. 단지 이것은 모두에게 비추는 빛 줄기는 아니다. 조현병과 조울증은 여전히 치료가 어려운 질환이다. 그러나 우리는 이 질

452

환을 어떻게 다뤄야 하는지를 배워가는 중이다.

  호주 조현병 협회(현재는 SANE Australia라고 개명하였다.)라는 단체는 1986년 설립 당시 수없이 뒤얽힌 검은 선들을 로고로 정했다. 정신질환자들은 전화를 걸어 그 이미지가 무섭도록 사실적이라고 말했다. 그뿐만 아니라 '조현병, 당신이 아는 누군가에게 닥친 비극'이라는 구호 역시 암울했다. 그런데 로고는 차츰 바뀌어갔다. 처음의 검은 선들이 줄면서 이후로 파란 선 몇 개가 나타나기 시작했으며, 현재는 파란색 선이 훨씬 많다. 파란 하늘. 희망. 이는 '조현병, 치료할 수 있는 질병'이라는 지금의 구호와도 맥을 같이 한다.

  변화의 증거 중 가장 고무적인 일은 열정적인 소비자(Consumer) 운동이 증가한 것이다. '소비자'라는 표현이 좀 어색하기는 하지만 이 말은 사람과 그들이 앓는 질환 그리고 받게 될 도움을 한데 묶어줄 뿐 아니라, 환자를 수동적 역할이 아닌 능동적 역할에 놓음으로써 강건한 치료 환경을 보장한다.

  내가 1960년대에 처음으로 라디오 시사 프로그램을 진행했을 때, 자신의 삶에 대해 이야기해줄 수 있는 조현병 환자를 찾는 것은 거의 상상도 못 할 일이었다. 환자의 대부분은 시설에서 지내며 병마와 약물 부작용, 충격요법과 인슐린 치료로 황폐해진 상태였다. 그들은 '희생자' 또는 '병자'로 불리었다. 조너선이 병을 앓고 있을 당시에도 효율적인 방법으로 삶을 영위하는 사람은 거의 없었다. 1985년 뉴사우스웨일스 조현병 협회를 설립하기 위한 모임에서 사이먼 챔프가 처음으로 연설을 했을 때 그는 정신질환이 있는 사람처럼 보였다. 목소리는 거의 들리지 않았고 시선은 아래를 향했다. 약물 때문에 얼굴이 굳어 있었고 목소리는 불분명했다. 지금 그는 전국 소비자 로비 그룹의 의장으로 호주 전역을 돌며 조현병에 관한 강의를 해 기립 박수를 받고 있으며, 대학으로 돌아가 회화 전공 석사 학위를 받았다. 그는 자신을 '날아다니는 조현병자'라고 한다—그는 어디든, 어떤 모임이든 날아가서 강의를 하는 교사이기도, 세일즈맨이기도, 쇼맨이기도 하다. 또 '조현병 환자'라는 표현이 정치적으로 올바르지 않다고 유쾌하게 지적한다. "저는 조현병을 지닌 사람입니다. 저는 조현병자가 아닙니다." 이 말이 귀에 쏙 들어온다며 그는 이 문구를 사용한다.

사이먼과 같은 수많은 사람이 정부에 압력을 넣고 언론을 활용하고 정책위원회를 참관하며, 신체질환보다 정신질환에 자금을 적게 지원하는 이유를 묻고 사회정의를 요구한다. 호주 정신질환 역사에서 처음으로 소비자는 자신들이 정부 정책에 영향을 미치는 위치에 있음을 확인했다. 캔버라 정신건강 서비스 국장인 하비 화이트포드 박사는 "소비자가 영향력을 발휘하려면 그들만의 선거구가 필요하지만 그들이 자력으로 그걸 이뤄내기를 기대하기는 어려운 일이다."라고 말했다. 그러나 '정신건강 서비스에 소비자가 영향을 미칠 수 있는가?'라는 질문에 '그렇다'라고 답한 비율은, 1992년에 5퍼센트였으나 오 년 후인 1997년에는 무려 45퍼센트로 늘었다.

자신이 조울증을 앓으면서 조울증에 관한 연구로 박사 학위를 받은 메그 스미스 박사는 전국적인 세미나를 위해 처음으로 소비자들이 만나 자신의 병에 관해 이야기를 나누었다고 했다. "일 년 뒤 우리는 다양한 위원회에 관한 정보와 어떻게 그들이 우리를 위해 일을 하게끔 만들지에 대한 정보를 주고받느라 분주했어요."

사이먼은 장기적인 변화를 지적했다. "백 년 전이라면 저는 베드램과 같은 수용소에서 미치광이를 구경하려고 한 푼 내고 오는 구경꾼들에게 둘러싸여 일생을 보냈을 거예요." 나는 사이먼의 병이 그에게 입힌 타격 그리고 그의 용기를 과소평가하지 않는다. 조녀선이 살아있을 때 할 수 있는 게 거의 없어서 때로 슬펐던 것처럼, 그도 때때로 잃어버린 젊은 시절을 보상받기에는 진전이 너무나 더뎠다는 신산한 현실과 맞서야 했다고 확신한다. 그러나 이제 우리 두 사람 모두 상황이 훨씬 좋아졌다는 사실에 기뻐서 소리를 지를 지경이다.

다만 이런 변화 중 어떤 것도 대단히 극적이지는 않다. 우리에게는 즉각적인 회복이 가능한 마술의 열쇠가 없다. 이토록 복잡한 질병에 그런 게 가능하기는 한지 의문이다. 조현병은 여전히 주요 정신질환의 자리를 차지하고 있으며 상당한 재정적 지원을 받고 있다. 그러나 진전이라는 관점에서 보면, 이는 1,000마리의 개미가 모두 넓은 길로 나와 앞에 놓인 장애물을 향해 조금씩 나아가는 것과 같다고 한 고든 파커(뉴사우스웨일즈 대학 정신건강의학과 교수)의 비유가 적절하다고 본다.

오늘날, 수준 높은 의학 기술과 연구에 힘입어 뇌와 정신질환에 영향을 미치는 뇌의 부분에 관해 점점 더 많은 것을 알아내고 있다. 조현병과 관련해서는 개인의 환경, 성격과 복잡한 방법으로 상호 작용을 하는 유전적·생화학적·신경학적 요인 중 하나 또는 그 이상의 요인이 결합하여 발생하는 다양한 중증도 장애의 범위를 다루고 있다는 것을 알고 있다. 그러나 뉴런과 시냅스만으로, 우리 몸을 돌고 있는 화학 물질만으로, 혹은 마음의 방인 두개골의 모양과 구조만으로는 인간을 간단하게

455

설명할 수 없다. 모든 병은 각각 다르고 약물뿐 아니라 사람에 따라서도 다르게 반응한다. 이것이 인간주의 정신의학자 올리버 색스(Oliver Sacks 1933~2015, <아내를 모자로 착각한 남자> <편두통> 등의 저서가 있다, 옮긴이)가 정신 질환을 이해하는 데 개인의 이야기가 얼마나 중요한 요소인지를 그토록 강력하게 강조한 이유이다.

이제는 정신질환에 대한 유용한 정보를 어느 정도 얻을 수 있다. 이는 1979년 아침, 어떤 정보도 구할 수가 없어서 애들레이드 대학교 도서관에 웅크리고 앉아 의학 서적에서 '조현병은 예후가 좋지 않은 뇌의 퇴행성 질환'이라는 설명을 읽던 때와 비교해 그동안 많은 진전을 이뤄냈다는 뜻이기도 하다. 그리고 그 당시 의학 서적의 설명은 이 질병을 바라보던 대다수의 관점이기도 했다. 1950년대 초에 나온 항정신성 의약품은 시설 감금이 사라지는 데 큰 역할을 했지만, 환청이나 사고 장애 같은 좀 더 심각한 증상들을 완화시킬 뿐이었다. 환자들은 여전히 고통스러웠고 고립되어 있었다. 약물은 특히 사회적 고립이나 반응의 결여 같은 조현병의 음성 증상(감정 반응, 흥미, 욕망 등이 사라져서 말이 없어지고 기억력이 저하되며 가족과 사회로부터 멀어지게 되는 증상, 급성기의 양성 증상이 완화된 이후나 발병 초기에 나타난다, 옮긴이)에 효과가 거의 없거나 아무 변화도 일으키지 못했다. 이런 행동들이 오해를 가장 많이 만드는 증상이기도 하다. 나는 조너선이 길에서 소변보는 걸 지켜보면서, 그것이 질병의 일환이기보다는 심술을 내거나 고의적으로 퇴행하려는 행동이라고 판단했다. 그가 때로 경찰차에 소변을 보아서 위험하다고도 생각했다.

아직까지 사용되는 이런 오래된 약물과 관련된 부작용은 근육 경직과 떨림, 구강 건조, 체중 증가, 욕구 감퇴, 사고 저하와 감퇴 등등, 사례가 많고 고질적이다. 많은 사람이 종종 이러한 부작용이 실제 병보다 더 힘들다며 약 복용을 거부하는 것은 그리 놀랄 만한 일이 아니다. 특히 다량의 약을 복용하는 환자의 경우는 자신을 좀비처럼 느끼거나 실제 그렇게 보인다.

비정형 신경이완제(Atypical Neuroleptics, 1990대 이후에 개발된 약물로 2세대 약물이라고도 한다, 부작용이 적으며 양성, 음성 증상에 모두 효과가 있다, 옮긴이)로 알려진 새로운 의약품 덕분에 사람들의 삶이 지대한 차이를 보였다. 이 의약품은 고통스러운 부작용이 없으며 뇌의 정확한 지점에 바로 도달해 모든 증상에 적용할 수 있고, 적은 양으로도 효과를 발휘한다.

불행히도 최근 조사에 따르면 많은 정신건강의학과 의사들이 여전히 이전의 약물을 권장량의 7배까지도 처방하는 것으로 드러났다(1998년 호주의 상황, 옮긴이). 약 복용량을 줄이면 환자가 안정되기까지 시간이 더 걸리므로 더 큰 인내가 필요한데, 만약 복용량을 늘리면 환자가 유순해지기는 하나 증상이 악화되거나 좋아지지 않을 수 있다.

이러한 2세대 약물이 질병을 완치하지는 못해도 회복이라는 의미에서 보면 큰 도약을 이뤄냈으며 이로 인해 고무적인 진전을 보이고 있다. 유망한 예 중 하나로 빅토리아주 파크빌에 있는 청년 정신건강센터의 센터장인 팻 맥고리(Pat McGorry) 교수의 개척자적인 연구를 들 수 있겠다. 그는 초기 치료 분야의 세계적인 권위자이기도 하다. 맥고리 교수는 정신질환 증상의 발병 초기에 대응을 하면 이후 디 이상의 발병을 방지할 가능성이 높다고 믿는다. 그는 이렇게 말했다. "정신의학을 공부하기 시작한 무렵, 위기가 발생할 때까지 기다리고 나서 대응을 해야 한다는 것이 불합리해 보였습니다. 치료가 체계적이지 않고 병원이 오히려 악영향을 미친다는 것이 섬뜩했습니다. 환자와 의료진 모두가 고통스러웠습니다."

맥고리와 그의 팀은 16세에서 30세 사이에 처음으로 증상이 나타난 환자들을 위한 초기 정신질환 대응센터를 세웠다. 극소량의 약물을 사용하고, 가족을 포함한 주변인이 전폭적으로 지지를 한다. 이런 방법으로 치료받은 사람들이 회복에 대해 더 긍정적이며 향후 치료에 대해서도 훨씬 협조적이다. 가족들은 고립감과 두려움을 덜 느낀다. 치료를 지체하게 되면 일반적으로 자해, 폭력, 약물 남용의 확률이 더 높아지며 병을 더 다루기 어렵게 만든다. 반면 이 치료법은 조현병에 대해 보다 더 역동적이고 희망적인 관점을 보여주는 것이므로 고무적이다. 이는 출생 즈음에 뇌가 손상을 입었거나 적절하게 발달하지 못해서 조현병이 불가피하게 생긴다는 '자궁에서 시작된 불행한 운명(doom-from-womb)' 이라는 이론에 영향을 미친다. 맥고리는 이 이론이 어떤 사람에게는 맞는 말일 수 있다 해도 초기에 대응을 하면 병이 악화되는 것을 막거나 줄일 수 있다고 주장한다.

초기 대응 프로그램은 전 세계의 센터에서 발전을 거듭하고 있으며, 주요 지역 교육 프로그램에도 관여해 위기에 처한 청년들을 보다 빨리 발견할 수 있게 되었다. 조사에 따르면 초기이지만 증상이 이미 나타난 경우에도 증세와 사회적 기능이 20퍼센트 이상 호전된 것으로 나타났다. 더욱 놀라운 것은 신경 쇠약(정신병 증상이 있기 전 요동을 치는 단계)이 일어나기 전에 접근한다는 개념인데, 이렇게 하면 완전한 모양새를 갖춘 정신질환의 시작을 방지할 수 있다. 이 기간에 나는 너무나 좌절하고 두려워서 생각해낼 수 있는 모든 문을 두드리며 조너선이 아프다고 주장했지만, 반항적인 아들을 다루지 못하는 간섭이 심한 엄마라고 무시당할 뿐이었다. 도와달라고 울부짖었는데도 조너선에게 심각한 급성기가 올 때까지 기다려야만 했으며, 그때 조너선은 너무 많은 양의 약 때문에 마치 좀비 같았다. 이것이 아마 언젠가 그가 "감옥은 힘들어요. 그렇지만 병원은 희망이 없어요."라고 말한 이유일 것이다.

또 다른 새로운 접근은 정신질환자가 어떠한 형태의 스트레스에도 매우 취약하다는 사실에 관심을 기울이는 것이다. 아주 미미한 압박도 병의 재발을 촉발할 수 있다. 그러나 사정을 하는데도 누군가가 약을 먹으려고 하지 않는다면, 또 그들이 점점 나빠지는 게 보인다면 당신은 어떻게 할 것인가? 욕조에 사는 상어가 수영할 공간이 더 필요하다며 물이 넘치도록 틀어놓는 청년이 있다면, 그를 어떻게 할 것인가?

조너선이 아팠을 때, 우리가 홀로 남겨져서 보호받지 못하고 다른 두 아이의 삶도 위험에 처했다는 것을 아무도 알아주지 않는다는 사실은 모든 것을 더욱 악화시켰다. 두 아이의 안녕을 걱정해준 유일한 사람은 조너선의 보호관찰관인 브렌다 마틴이었다. 우리 모두를 위한 프로그램 같은 것이 있는지 반복해서 물었지만 대답은 늘 불분명했고 주로 약이나 복용량에 관한 것이었다. 약의 부작용을 처음 알게 된 것은 조너선이 목 근육에 경련을 일으키며 갑자기 내 방으로 들어와서 질식해 죽을 것처럼 보였을 때이다.

새로운 프로그램의 목적은 정신질환을 앓는 사람에게 가능한 한 최상의 사회적·감정적 환경을 제공하는 것이다. 소비자와 그 가족, 의료 전문가가 동등한 위치에서 팀을 이뤄 기술과 경험을 나누며 함께 행동한다. 조현병 환자가 약의 부작용이 견딜 수 없을 정도라고 말하는 의견은 존중받으며, 부모가 그들의 자녀에게 정신병적 상태가 다가오고 있음을 알리는 경우에도 정신이상이 발현될 때까지 기다리라는 말을 듣거나 무시당하는 일이 없을 것이다.

많은 정신건강 기관이 이미 가족에 대한 지원을 제공하고 있지만 이 새로운 프로그램은 의학적 위계 체제를 끊어냈다는 점에서 혁신적이다. 의료 전문가를 교육시키는 것은 수년간 자신들의 관찰이나 지식이 무시당했다고 불만을 토로하는 가족들을 교육시키는 것만큼 중요하다. 지금까지의 조사 결과는 놀라웠다. 재발률이 약 40퍼센트로 준 것이다. 1997년 세계의 주요 정신의학자들이 이 방면의 연구 결과가 어떻게 실제 의료 현장에 적용될 수 있는지를 논의하기 위해 만든 세계조현병연대 회장인 마가렛 레거트 박사는 이렇게 말했다. "매우 합리적이죠. 비용이 적게 들고 효과적이니까요." 그는 가족들의 요구 사항과 경험을 알리기 위해 투쟁에 나선 테리어견 같았다. 조너선이 처음 병을 얻은 때부터 이후로 칠 년간 그는 내 유일한 정신적 지주였다. 나는 멜버른(그가 호주에서 처음으로 '조현병 연대'라는 단체를 설립한 곳이다.)에 있는 그에게 전화를 하곤 했으며, 현재 그는 정신질환 분야에서 괄목할 만한 헌신을 이어가고 있다.

사람들의 삶에 실질적인 변화를 가져다 줄 좀 더 일상적인 접근으로는 태즈매니아주의 호주 적십자사가 운영하는 '메이트(Mates)'와 같은 프로그램을 들 수 있다. 메이트나 다른 유사 프로그램은 자원봉사자에게 정신질환자와 친구처럼 지낼 수 있도록 교육을 시킨다. 친구가 된다는 것은 사회활동을 함께 즐기고 편안한 의미에서 누군가가 당신에게 마음을 쓰고 있다는 의미이며, 이는 정신질환을 앓는 사람에게 절실하게 필요한 우정을 보장해주는 것이다. 현재 많은 병원이 방문자 프로그램을 권장한다. 정신병을 잘 극복해내는 사람이 이제 막 진단받은 사람을 방문하는 것이다. "젊은 사람들은 조현병에 걸렸다는 사실을 우리보다 훨씬 멋지게 받아들여요. 그들은 나를 보고 이렇게 생각하죠. '이봐요, 그는 괜찮아요. 세상 끝으로 떨어지지 않는다고요.' 내가 처음 진단받았을 때를 생각해보면 난 완전히 희망이 없다고 느꼈거든요." 사이먼 챔프의 말이다.

사람들이 자신의 이상한 증상을 관리할 수 있도록 돕는 창의적인 전략들도 마련되어 있다. 인지행동치료는 망상에 도움이 된다–현실 테스트라는 것은 실제로 텔레비전이 마음에 전파를 쏘지 않는다는 것을 친구나 동료와 확인해보기도 한다. 수영, 명상 또는 명상의 종조차도 가장 두려운 증상을 겪는 사람들에게 도움이 되었다. 나는 미국에서 조현병 환자인 교수가 스트레스로 인해 머릿속에서 음성이 들리는데도 기조연설을 하는 것을 지켜보았다. 그는 한쪽 귀는 청중에게 주의를 기울이기 위해 열어둔 채, 다른 쪽 귀에 이어폰을 꽂고 음악 소리로 음성을 가라앉혔다.

'클럽하우스'라는 것도 획기적인 생각이다. 조너선은 그가 참여해보려고 했던 재활 시설이나 복지 시설의 프로그램에서 쫓겨나곤 했는데, 이는 그들이 정신질환자를 맞을 준비가 되어 있지 않기 때문이었다. 현재는 대부분의 주에 있는 '클럽하우스'에서 사회 재활 및 숙박 프로그램과 결합한 모든 재활 서비스를 제공한다. 정신질환이 있는 사람이 훈련을 받은 직원과 함께 일하며 클럽을 운영한다. 클럽하우스의 철학은 정신질환을 지닌 사람은 대개 자신에게 무엇이 맞는지, 무엇이 필요한지를 정확하게 안다는 전제를 바탕으로 한다.

정신질환 치료가 발전하기 위해서는 정부의 책임이 중요하다. 1992년 호주 보건부 장관은 5개년 국가 정신건강 정책과 국가 정신건강 전략을 승인했으며 이는 향후 사 년 동안 갱신되었다. 정신질환이 있는 사람도 다른 호주 국민과 동일한 권리와 기회를 보장받게 하기 위해 연방 정부, 주정부, 소비자, 간병인, 서비스 제공자가 처음으로 동시에 모였다. 광범위하고 근본적인 개혁이 일어났다. 정신 의료 서비스가 일반적인 의료체계에 포함되었고 대형 정신병원이 문을 닫았으며, 더 많은 재원이 지역 기반의 치료센터로 옮겨갔다. 멋지게 보이도록 의도한 광고 시리즈를 필두로 사회인식 개선 프로그램도 시작했는데, 광고에서는 정신병을 앓는 듯 보이는 젊은 사람들이 마치 청바지나 요구르트 광고에 나오는 사람들처럼 보였다. ("당신은 이 사람을 정신병자라고 부를 수도 있겠죠. 그의 친구들은 그를 그냥 캐런이라고 불러요.")

이후로도 좀 더 대상을 분명히 한 캠페인이 뒤따르기를 희망한다. 다수의 정신질환자가 직장으로 돌아가고 정상적인 삶을 누릴 수 있음을 보여주는 것도 중요하지만, 모든 사람이 이 범주에 들어가는 것은 아니며 모든 사람이 멀쩡한 것은 아니다. 우리는 그들의 상태와 상관없이, 모든 사람을 받아들이겠다는 것을 보장해야 한다.

어떤 분야는 진전이 더디다. 정신질환은 질병의 10퍼센트를 차지하는데 이 수치는 2020년에 15퍼센트로 늘어날 것으로 예상된다. 병원과 지역 정신의료 재정 지원을 어떻게 균형 있게 만들 것인가 하는 문제도 있다. 현재 98퍼센트의 환자가 지역 의료센터에서 치료를 받고 있지만 지난 오 년간 지역 기금 지원은 29퍼센트에서 35퍼센트로 소폭 인상되었을 뿐이다. 몇몇 주에서는 인상률이 2퍼센트에도 미치지 못한다. 또한 다양한 서비스를 제공하는 비정부 기구에 재정의 2.8퍼센트만 지원하고 있어 활동에 제약을 받는 점 역시 우려할 만한 일이다.

가장 우려되는 것은 중증 정신질환자 중 반 정도만 (공공 정신의료 서비스, 개인 정신건강의학과, 일반의를 포함하여) 치료를 받고 있다는 사실일 것이다. 이는 경악할 만한 수치이다. 어떤 사람들은 자신의 상태를 인정하지 않으려고 한다. 정신병자라는 낙인이 두려워 침묵한다. 또 어떤 사람들은 치료를 받다가 그만두기를 반복한다. 다수가 노숙자이며 희망을 잃은 사람들이다. 의료 전문가의 도움이 필요한 사람을 조사해야 할 장소에 나오지 않기도 한다.

재활 프로그램이 도움이 되는데도, 혜택받을 수 있는 사람의 사분의 삼 이상이 이를 놓치고 있다. SANE가 실시한 조사에 의하면, 정신건강의학과 의사가 재활 프로그램에 대해 이야기해준 기억이 없다고 한 사람이 50퍼센트에 가깝고 12퍼센트만 언급한 기억이 있다고 답했다. 또 72퍼센트는 치료 중단 시 재활 프로그램에 종사하는 어떤 사람도 그들에게 적극적으로 접근한 기억이 없다고 했다.

우리는 결코 쉬운 질환을 다루는 것이 아니다. 수십 년간 방치해온 것을 따라잡으려면 분명 시간이 걸릴 것이다. 그러나 아직도 (특히나 의사들에게) 결점에 대해 방어적이 되거나 결점이 존재한다는 사실 자체를 부인하는 안타까운 경향이 있다. 그런 의미에서 하비 화이트포드 박사가 '정신 의료 계획' 정책이 실시되던 초기와 비교하여 이뤄낸 진전과 함께 어떤 분야가 취약한지를 설명했을 때, 실망하기보다는 안도감을 느꼈다. 뭔가가 잘못됐거나 부족할 때 그것을 인정하지 않으면 어떻게 개선할 수 있단 말인가?

답답한 관료주의적인 언어로 활동을 모호하게 표현하는 경향이 있기도 하다. 처음에는 강경하게 실태를 부인하던 정부의 태도에서 벗어나지 못했던 1993년 버드킨 인권위원회(Burdekin Human Right Inquiry, 연방 정부 인권위 위원장의 이름을 딴 위원회로 정신질환자의 인권을 위해 1,300여 개의 사례를 수집하고 전국적인 실태를 조사하였다, 옮긴이)가 있은 지 일이 년 후, 그동안 어떤 진전이 있었는지를 토론하기 위한 세미나가 시드니에서 열렸다. 열의에 찬 젊은 지역 책임자는 인간의 삶이라는 관점에서 (무슨 말을 하는지 청중이 거의 이해할 수 없는, 지루하고 이해하기 어려운 언어로) 보고를 했다. "치킨샌드위치에 대해서나 애기해 봐요, 브라이언." 젊은 여자의 목소리가 앞줄에서 들렸다. 브라이언은 얼굴이 빨개지고 불안해 보였다. 그는 우리에게 치킨샌드위치에 대해 말하려고 했지만 그의 이야기는 모두 결과에만 초점 맞춘 것 같았다. 자기들 사이에서나 통하는 이런 말을 선호한다면 뭐 그렇다고 치자. '동정심, 이해심, 협동심(원문에는 'compassionate, comprehensible, coordinated'의 두운을 지적함, 옮긴이)'같이 각운으로 치장한 이런 말은 실제로 프로그램이나 정책이 인간의 삶에 어떻게 영향을 미쳤는지를 보여주지 않는 한 공허하기만 할 뿐이다. 앞줄에서 소리 낸 젊은 여자는 수녀로 약을 먹기 위해 제 시간에 나타나는 경우가 거의 없는 만성 정신질환자가 지내는 도심의 호스텔 문제에 관해 말해주었다. 해결책은 간단하다. 매일 밤 같은 시간에 차와 샌드위치를 제공하라. 그러면 사람들은 더 이상 결석하지 않을 것이다. 그들은 약을 먹고 어울리며 음식과 우정을 나눌 것이다. 그렇다. 이것은 긍정적으로 평가받는 프로그램의 일부분이다.

너무나 많은 사람이 여전히 노숙자 생활을 하고 끔찍한 방면에서 취약한 상황에 놓여 있다. 1997년에 나온 '시드니 도심에서 지내는 노숙자에 대한 보고서'는, 정신질환을 가진 사람들이 이미 십여 년 전에 탈시설화의 결과로 위기상황 보호소와 쉼터로 내몰렸다는 명백한 증거를 알려주었다. 예를 들어 멜버른의 야간 쉼터에서는 70퍼센트가 넘는 사람이 일생 동안 정신질환을 앓았다. 조너선이 죽은 에드워드 에거 숙소 같은 쉼터들은 정신질환을 지닌 사람의 비율이 25퍼센트에서 50퍼센트로 증가했으며, 이러한 쉼터와 호스텔들은 의료 서비스에 대한 예산을 대폭 삭감 중이다. 이로 인해 쉼터와 보호소 직원들이 충분한 교육을 받을 수 없고 사기가 저하되며, 여기 외에 지낼 곳이 없는 노숙자들은 필요한 돌봄과 치료를 받을 수 없게 된다. 보고서에 의하면 가까운 미래에 이러한 문제점들이 충분히 개선되지 않을 경우, 2000년 시드니 올림픽에 대비해 노숙자를 거리에서 몰아내고 보이지 않는 곳으로 쫓아내는 등의 더욱 가혹한 조처가 내려질 것이라고 예상된다. 애틀랜타나 바르셀로나 올림픽 때에도 당국이 사람들을 도심에서 외곽 지역으로 몰아내 이들의 삶이 완전히 파괴된 예가 있다.

그들은 거처가 없고 교육을 얼마나 받은지와 무관하게 직업을 유지할 수 없으며 자신의 몸을 제대로 돌보지 못한다. 이들 중 일부는 조너선처럼 젊은 사람이고 다른 이들은 수년간 병을 앓고 있다. 이들은 사회의 벼랑에서 살고 있으며, 다루기 어렵고 성공적인 통계 수치를 떨어

465

뜨린다는 이유로 대부분 이들을 달가워하지 않는다. 경제적 이익에 초점 맞춰진 사회에서 만성 질환자들은 귀중한 자산을 쏟아부어야 하는 자들로 간주된다. 그러나 내가 중요하다고 믿는 도덕적인 고려 사항과 상관없이, 이러한 사람들을 도외시하면 종국에는 더 많은 재원을 써야 할 것이다. 가장 취약한 계층에게 손 내밀어 도울 준비가 되어 있지 않은 사회는 우리 모두에게도 살아가기 어렵고 비판적인 곳이 될 것이다.

미국 정신의학자 풀러 토리 박사와 그 외 몇몇 사람은 어제 시설에서 발생한 사건이 오늘 사회에서 발생할 사건이 될 위험이 있다는 사실을 몇 년째 경고해왔다. 물론 같은 일이 이곳 호주에서 벌어질 수도 있다. 제도 개혁 분야에서 오랜 시간 열심히 일한 사람들에게 이런 이야기를 해보시라. 그들은 당신의 말을 선지자 예레미야나 선정주의자라고 하며 일축해버릴 것이다. 그들의 분노나 짜증을 어느 정도는 이해할 만하다. 너무나 많은 것들이 너무나 좋아지는 게 명백한 이 때 왜 '끔찍하지 않소?'라는 방침을 고수해야 하는가? 그러나 어떤 이들에게는 상황이 거의 변한 게 없다는 것이 현실이다. 마가렛 레거트는 조너선이 투병하던 1980년대를 힘들게 보낸 가족들에게는 나아진 것이 거의 없다고 지적한다. 여전히 누군가를 병원에 보내는 일은 복잡하고 단기간의 위기 상황에만 도움이 제공되며 일시적 위탁 같은 제도는 없다. 오래된 재활 프로그램을 돌고 도는데 환멸을 느끼는 마흔다섯의 아들과 딸들이 집에서 하릴없이 지내는 동안 그들 부모는 지치고 늙어간다.

병원부터 지역 사회까지, 정신 의료 서비스의 혁신적인 개혁은 새로운 입법 구조에 반영되어야 한다. 라 트로브 대학(호주 빅토리아주에 있는 대학, 옮긴이) 법률학과 부교수인 스펜서 지프칵은 자신을 '1980년대 정신의료법 개혁에 관여했으나 이제 그러한 일이 우리에게 닥칠 수 있다고 생각하는 자칭 권리 옹호자'라고 묘사한다. 인간의 권리를 옹호하고 감시하는 훌륭한 정신의료 심의 위원회가 있기는 하지만 나머지 법은 아직도 병원이나 지역 사회에서 일어나는 변화를 따라잡지 못하고 있다.

병원 입원을 거부 당해서 그 결과 병이 악화되면, 우리는 정신병에 관한 한 '이러면 절대 안 되고 저러면 절대 안 되는'이라는 생각을 고집해 중대 과실을 저지르는 꼴이 된다. 정신병원에서 일정 기간을 지내야 할 필요가 있는 사람이 늘 있을 것이다. 부적절한 지역 사회 서비스, 통찰력의 부족, 허약한 건강상태, 정신병적 상태에 대한 극심한 공포 때문에 이들은 보호소가 절박하게 필요한 상태로 내몰린다. 이러한 현실을 부인하는 것은 잔인한 일이다. 부족한 병상, 급성기에 관한 가족들의 이야기에 귀 기울이려 하지 않는 의사들, 정신질환자는 어려운 부류라는 인식 때문에 멀리하려는 의사들, 또는 이 모든 이유가 한데 섞여 있기도 하다. 회전문은 여전히 돌고 돈다.

만성 조현병을 앓던 벤 실콕이라는 스무 살 청년의 이야기는 영국에서 일어난 가장 비극적인 일 중 하나다. 자신이 동물과 의사소통을 할 수 있다고 믿은 벤은 런던 동물원에서 6미터가 넘는 철조망을 넘어 사자 우리로 들어갔고, 그는 중상을 입었다. 예전에 그의 부모가 아들을 입원시켜달라고 했던 모든 간청은 묵살되었다. <인디펜던트(Independent)>의 기자는 정작 스스로 잘 살아갈 수 있는 사자는 동물원에 갇혀 있고, 사회에서 살아갈 수 없는 실콕 씨는 그와 부모가 간청했음에도 보호소에서 거부를 당한 것이 아이러니라고 썼다.

조녀선이 죽은 지 수년이 지난 지금, 후기를 쓰기 위해 글을 읽는 동안 눈물이 볼을 타고 흘러 내렸다. 이것이 조녀선의 삶과 죽음이었다는 현실을 통렬히 인식하면서 우리가 이 모든 것을 어떻게 견뎌냈는지 의아해졌다. 나는 그가 영혼이 지치고 몸은 삶을 이어가기에 너무 아파서 스스로 삶을 마감했을 거라고는 생각하지 않는다. 그러나 우리, 조녀선처럼 병들지 않았던 우리는 가만히 있는 것보다는 그저 그렇게 하는 게 낫다는 생각에 한 발을 다른 발 앞에 내밀며 계속 나아갔다. 아마도 대부분의 사람들이 이렇게, 또 이런 이유로 인해 삶을 이어갈 것이다.

안전한 항구를 찾은 것에 대해서 감상적인 문구를 사용해 이야기하고 싶지는 않다. 다만 지금 우리 모두의 삶은 썩 괜찮다. 아직도 조녀선 생각이 나지 않는 날은 하루도 없지만 그렇다고 침울한 건 아니고 슬픈 건 더더욱 아니다. 조녀선은 여전히 내 삶의 많은 부분을 차지한다. 그의 죽음에서 비롯된 슬픔도 있지만 그보다 그의 존재가 주는 기쁨이 훨씬 강력하다. 그래서 뭔가 우습거나 이상한 일이 생길 때면 나는 여전히 조녀선이 하던 비꼬는 소리를 듣거나 미소 짓는 것을 보거나, 터벅터벅 길을 걸어 내려가는 모습을 흘깃 보는 상상을 할 수 있다.

참 고 문 헌

＊＊＊ 이 책은 조현병에 대한 포괄적 참고 문헌 목록으로 적합한 도서는 아니다. 아래에 소개한 도서 리스트는 집필 시 유용하게 참고한 것들의 일부에 해당하며, 기타 참고 문헌 은 본문 내용상의 구체적인 정보와 관련한 것들이다.

BOOKS

ALEXANDER, K. - *Understanding and Coping with Schizophrenia.*
Schartz & Wilkinson, Melbourne, 1991.

CARR, V. - *Understanding Schizophrenia.*
Schizophrenia Fellowship of South Australia, Adelaide, 1986.

LININER, B. - *Living With Schizophrenia.*
Macdonald & Co., London, 1989.

PRIDMORE, S. - *The Case Of Joshua Kirk.*
Schizophrenia Fellowship of Australia, Melbourne, 1984.

SEEMAN, M. V., LITTMAN, S. K., PLUMMER, E., THORNTON, J. F., & JEFFRIES, J. J.
 - *Living and Working with Schizophrenia.*
New American Library, New York, 1984.

TORREY, E. FULLER. - *Surviving Schizophrenia: a family manual.*
Harper & Row, New York, rev. edn, 1988.

WALSH, MARYELLEN. - *Schizophrenia: Straight Talk For Families.*
Morrow press, New York, 1985.

TEXT REFERENCES

Chapter 3

Torrey, E. Fuller. - *Surviving Schizophrenia: a family manual.*
Harper & Row, New York, rev. edn, 1988.

Chapter 4

Brodoff, Ami S. - *Schizophrenia Bulletin,* 1988, vol.14, No.1, pp. 113-16, *A publication of the US Department of Health and Human Services, Public Health Service, Alcohol, Drug Abuse and Mental Health Administration, Washington, DC.*
* For more information about Athma Shakti Vidalaya, write to Cathexis India Society, No. 445/ A, 3rd Block, Koramangala Layout, Bangalore 560-034, India.

Carey, E., & Leggatt, M. - *Copping with Schizophrenia: The Relatives' Perspective.*
Schizophrenia Fellowship of Victoria, Melbourne, 1987.

Chapter 6

Herrman, H., McGorry, P., Millis, J., & Singh, B.
- *Severe Mental Disorders and Psychiatric Service Use in Sentenced Prisoners in Melbourne.*
Department of Psychological Medicine, Monash University, and the National Health and Medical Research Council Schizophrenia Research Unit, Royal Park Hospital, Melbourne.

Teplin, L. A. - *'The prevalence of severe mental disorders among urban male jail detainees: comparison with the epidemiologic catchment area program'.*
American Journal of Public Health, 1990, vol.80, pp.663-9.

Whitmer, G. - *'From hospitals to jails: the fate of California's deinstitutionalized mentally ill'.*
American Journal of Orthopsychiatry, January 1980, vol.50, no.1, pp.65-75.

McFarland, B., Faulkner, L., Bloom, J., Hallaux, R., Bray, J., Donald, -.
- *'Chronic mental illness and the criminal justice system'.*
Hospital and Community Psychiatry, July 1989, vol.40, no.7, pp.718-23.
* For information on Australian Schizophrenia Fellowships, see state-by-state list under 'Where to Go for Help' in this book, or contact SANE Australia, PO Box 226, South Melbourne, vic. 3205. Telephone: (03)9682 5933.

Chapter 7

Homeless People with Severe Mental Disorders in inner Melbourne.
Council to Homeless Persons, Victoria, 1988.

Torrey, E. Fuller. - *Nowhere to go.*
Harper & Row, New York, 1988.
*(For a detailed and scathing indictment of the issue of homelessness and the mentally ill.)
National Alliance for the Mentally Ill(NAMI), 1901 N Fort MyerDrive,
Suite 500, Arlington, VA 22209, USA.

Harding, C. M., Brooks, G. W., Ashikaha, T., Strauss, J. S., & Breier, A. A.
- *'The Vermont longitudinal study of persons with severe mental illness-1: methodology, study sample, and overall status mental illness 1: methodology, study sample, and overall status 32 years later'.*
American jounal of Psychiatry, 1986, vol.144, pp.718-26.

Wasow, M. - *Coping with Schizophrenia.*
Science & Behaviors Books, Palo Alto, Cal., 1982.

Wasow, M. - *'The need for asylum for the chronically mentally ill'.*
Schizophrenia bulletin, 1986, vol.12, pp.152-7.

American mental health fund. - *Quarterly Report, Spring 1989, vol.6, no.1, Washington, DC.*

Schizophrenia Survey, conducted by ICM Research for Guardian Newspaper, National Schizophrenia Fellowship and SANE, London, 1990.(SANE: 5th floor, 120 Regent St, London W1R 5FE)

Schizophrenia Study, conducted by Dr. Rob Hall of Environmetrics and Newspoll market research for Schizophrenia Australia, 1991(first national survey of community attitudes in Australia).

'Public attitudes toward people with chronic mental illness', prepared for the Robert Wood Johnson Foundation program on Chronic Mental Illness, Boston, 1990.

Laing R. D. & Esterson, A. - *Sanity, Madness & The Family.*
Pelican, London, 1960.

Chapter 9

Morrison, T. - *Beloved.*
Chatto & Windus, London, 1987.

Afterword

* SANE Australia is an independent national organization committed to the wellbeing of Australians seriously affected by mental illness. It was founded in 1986 as Schizophrenia Australia and is now concerned with a range of mental illnesses, not schizophrenia alone.

Excellent resources, including videos, are available from SANE Australia. For those who want an overview of modem psychiatry and mental illness, two eminent Australian psychiatrists, Sidney Bloch & Bruce Singh, have just written: *Understanding Troubled Minds: A Guide to Mental Illness and Its Treatment.* Melbourne University Press, Parkville, 1997. It is lucid and thoughtful.

Lambert, T., McGony, P., McGrath, J., Parker, G. & Tiller, J.
- *Neuroleptic management of schizophrenia: a survey and commentary on Australian psychiatry practice.*
ANZ Journal of psychiatry. In press.

Edwards, J., Harrigan, S. M., Jackson, H. J., McGorry, p. & Mihalopoulos, C.
- *'EPPIC: an evolving system of early detection and optimal management'.*
Schizophrenia bulletin, no.2 1996, vol.22.
* Reprint requests to Dr P. D. McGorry, EPPIC, Locked Bag 10, 35 Poplar Road, Parkville, Vic. 3052.
World Schizophrenia Fellowship, 238 Davenport Road, Box 118, Toronto, Ontario, M5R IJ6, Canada. Telephone: 1 416 975 1631; email: wsf@inforamp.net

Leggatt, M. & Morgan, P. - *'The gap project: psychosocial rehavilitation investigation'.*
Final Report to the Commonwealth Department of Health And Family Services by SANE Australia, 1997.

Human Rights and Mental Illness: Report of the National Inquiry into the Human Rights of People with a Mental Illness.
Human Rights And Equal Opportunity Commission, AGPS, Canberra, 1993.

'Shifting the deckchairs: homeless people and mental health services in inner city Sydney'.
Report compiled by Sidney city Mission, Society of St Vincent de Paul, Salvation Army, Wesley Mission and the Haymarket Foundation, August 1997.

Torrey, E. Fuller. - *Out of the Shadows: Confronting America's Mental Illness Crisis.*
John Wiley, New York, 1997.

Zifcak, Spencer, Associate Professor of Law and Legal Studies, La Trobe Uniersity, Melbourne.
- *'Towards 2000: rights, responsibilities and process in the reform of mental heath law'.*
Unpublished paper.

추 천 의 글

　이 책에서 조현병 아들을 둔 엄마는 아들이 정신병적 상태에서 가족에게 폭력적이고 공격적인 모습을 지속적으로 보이고, 결국에는 약물 남용으로 괴로워하면서 사망하는 과정을 기술했다.

　일반인에게 생소하게 들릴 수 있는 조현병이라는 정신질환은 과거에 정신분열병이라고 불리던 대표적 정신장애이다. 대략 1퍼센트, 즉 100명 중 1명 정도가 걸릴 수 있는 병으로 뇌신경계에서 신경호르몬, 신경 전달 체계의 이상이 생겨 발생되는 질환이며 망상과 환청을 대표 증상으로 보인다. 망상 중에서도 피해망상을 주 증상으로 하는데 '남들이 자신에게 피해를 끼칠 수 있다.' 혹은 '남들이 자신을 해치려 한다.'와 같은 것이 주 내용이다. 따라서 환자 자신을 보호하기 위해 타인에게 위해를 가할 수 있으므로 심각한 범죄로 이어지기도 한다.

　대부분의 환자는 증상이 경미하지만 일부 환자는 심각한 증상을 보이기도 한다. 또 20~30대의 젊은 층에서 주로 발생하고, 많은 경우에 증상이 발병하면 초기에는 두드러진 망상과 환청을 보이게 된다. 보통은 치료 여부에 따라 호전과 악화를 반복하다가, 시간이 흐를수록 인지 기능과 사회성이 떨어지는 음성 증상으로 인해 황폐화 경로를 밟아 사회 구성원으로 살아가지 못하고, 가족과 사회로부터 격리되어 살아간다. 단, 이른 시기에 발견해 치료하면 증상의 관해도 빠르고, 70퍼센트가 호전되어 사회에 복귀해 구성원으로 잘 살아갈 수 있다. 대부분의 치료에 있어 망상과 환청에 대한 항정신성 약물로 이루어진 약물치료요법이 중요한데, 안타깝게도 병에 대한 인식을 나타내는 '병식'이 50퍼센트 정도에 불과한 탓에 많은 경우 본인이 거부하면 적절한 시기에 치료를 받지 못한다.

문제는 바로 병식의 부족으로 인해 치료가 제때 적절히 이뤄질 수 없다는 것이다. 이 책의 주인공 조너선은 다른 조현병 환자같이 환청과 망상을 포함해 피해 의식, 공격성, 사회적 위축과 같은 전형적인 조현병 증상을 보였다. 불행히도 병에 대한 인식이 부족하여 스스로 치료를 거부했고 간헐적인 입원 및 약물치료 외에는 적절한 치료를 거의 받지 못했다. 따라서 보호자인 친모는 환자가 증상에 의해 고통스럽고 힘들게 살아가는 것을 지켜보는 데 대한 안타까움과, 환자가 두드러진 정신병적 양상을 보일 때 가족, 특히 친모에게까지도 살해 위협을 포함한 공격성을 보여 해침을 당할지 모른다는 불안감을 가진다. 이렇듯 주인공은 적절한 치료를 받지 못해 거리를 배회하면서 증상으로 괴로워하고 가족을 위협하다가 결국에는 거리에서 약물 중독으로 사망한다.

저자인 친모는 아들의 고통을 옆에서 지켜볼 수밖에 없는 사실에 매우 괴로워했다. 발전된 현대 의학을 바탕으로 한 약물 및 입원치료 방법이 있는데도 불구하고 환자가 치료를 거부한다는 이유로 적절한 치료를 받지 못한 현실에 대한 원통한 마음과, 아들을 조현병과 죽음으로부터 지켜주지 못했다는 안타까운 마음을 표현하고자 이 책을 쓴 것으로 보인다. 실제로 우리 사회에서도 조현병 같은 정신장애로 인해 주변 사람이 위협과 상해 등의 고통을 받는 경우가 많다. 정신장애인의 범죄는 최근 수년간 증가 추세에 있으며, 재범률도 전체 범죄에 비해 20퍼센트 높은 것으로 알려졌다. 또 최근 오 년간의 범죄 항목을 보더라도 절도, 폭행, 상해 등의 비율이 45퍼센트로 나와 비교적 무거운 범죄를 저지르는 것으로 나타났다. 물론 정신장애인이 일반인에 비해 범죄를 더 많이 저지르고 중범죄 비율이 높다는 어떠한 의학적·통계학적 근거는 없다. 그렇지만 효과 좋은 치료제가 있음에도 불구하고 적절한 치료를 받지 못해 환청이나 망상 같은 증상이 악화되고 범죄 위험에도 많이 노출된다면, 이는 사회적으로도 안타까운 현상이 아닐 수 없다.

실제로 조현병 환자들은 병식이 없는 경우가 많아, 과거 이십 년 전까지만 해도 보호자 동의만 있으면 언제든지 강제 입원이 가능했다. 심지어 반항하는 환자를 강제로 병원 이송해주는 사설 이송 업체도 있어, 가족들은 어렵지 않게 환자를 치료받게 할 수 있었다. 그러나 강제 입원은 입원 과정에서 인권이 무시되는 경우가 많았을 뿐 아니라, 가족 간에 감정이나 법적인 문제를 해결하기 위한 수단으로도 이용되었다. 사설 이송 업체와 병원이 사전 공모하에 정상인을 환자로 입원시키고 장기적으로 병원에 구금하는 경우도 심심치 않게 발생한 것이다. 영화 <날 보러와요>(2016)는 정상인을 강제로 정신병원에 구금하는 인권 침해 상황을 다룬 좋은 예가 되는 한 편이다. 이런 인권 침해를 예방하고 인권을 보호하기 위해 2016년 정신 보건법이 개정되었다. 환자 동의가 없는 비자의 입원, 즉 가족에 의한 동의 입원의 조건을 매우 까다롭게 하였고, 어렵게 입원을 하더라도 환자가 퇴원을 요구할 시에는 즉각 퇴원 조치를 하게 했다. 이로 인해 적절한 치료 시기를 놓쳐 증상이 악화되거나 재발하는 조현병 환자가 늘어나는 것을 지켜보던 정신과 전문의 등의 전문가들은, 우리 사회에서 조현병 환자가 적절히 치료나 대우를 받지 못하는 현실에 대해 많은 우려를 표명했다. 실제로 정신 보건법 개정 과정에서 많은 정신과 전문의들이 개정된 법의 문제에 대해 정부와 국회에 지속적인 우려를 표명했으나, 관련 전문 기관과 공청회 한 번 없이 법 개정을 추진한 결과가 현재의 정신 보건법이다.

일선의 정신과 전문의들은 대체적으로 조현병은 위험하지 않으나 적절히 치료받지 않아 증상이 심각한 조현병 환자는 매우 위험할 수 있다고 경고한다. 실제 2019년 모 지역에서 방화 살인으로 5명을 숨지게 한 범인은 조현병 환자로서, 범행 때까지 삼 년간 한 번도 치료를 받지 않은 환자였다. 일선의 정신과 전문의들은 증상이 심각하면서 병식이 없어 치료를 거부하는 환자들은 그대로 방치되어 있고, 증상이 경미하고 수동적인 환자들만 가족이나 치료자의 설득에 의해 약물 복용을 하고 입원을 한다고 말한다. 또한 정신 보건법이 정말 치료가 필요한 환자를 치료받지 못하게 하는 하나의 장벽 같은 역할을 한다고도 지적한다. 현재의 정신 보건법으로 인해 치매와 같이 만성 정신질환 중 하나인 조현병이 사회나 국가에서 치료에 적극 가담하여 관리와 책임을 지는 지역 사회 중심의 책임 시스템이 아니라, 가족이 책임과 의무를 지게 하는 제도로 변질되었다고 주장하는 전문가도 있다. 이는 가족과 주변 이웃에게는 극도의 스트레스와 심리적 고통으로 이어지고 우리 사회의 또 다른 불안 요인이 될 수도 있는 것이다. 현재 선진국에서는 강제 입원과 같은 인권 침해 부분에 대해 엄격히 제한하고 있지만, 입원과 치료를 국가나 지자체가 담당하여 가족을 포함한 개인의 고통을 줄이려고 노력한다. 예를 들어 미국의 많은 주에서는 정신 보건법정이라는, 정신과 환자의 입원 치료 여부를 판명하는 재판을 따로 연다. 관련 전문가에 의한 객관적 소견을 바탕으로 법원, 즉 판사가 입원의 필요성을 결정하는 것이다. 이는 치료의 부담을 개인이나 가족이 지지 않고 국가나 법원에서 책임지는 시스템으로 운영된다. 물론 전문가들이 지금 당장 외국의 제도를 그대로 국내에 도입하자고 주장하는 것은 아니나, 현재의 정신 보건법은 환자와 그 가족의 관점에서 볼 때 분명히 문제가 많은 만큼 큰 고민과 토의가 필요한 것은 사실이다.

이 책은 조현병 같은 정신질환에 걸린 당사자와 그 가족, 이웃이 겪는 고통을 아주 현실적으로 기술하고 있으며, 적절히 치료가 되지 않을 경우 병의 마지막 경로가 어떤 것인지를 생생히 보여준다. 원제목과 같은 "Tell me, I'm here."이라는 말은 조너선이 급성 정신병적 상태일 때 엄마에게 한 말로 아마도 자신이 혼란을 겪고 있을 때도 스스로 여기, 엄마 옆에 있다는 것을 확인받고 싶어 한 말이 아닌가 싶다. 그래서인지 조너선은 정신병적 상태에서 판단력이 없는데도 불구하고 집에 드나들기를 끊임없이 반복했다. 아마도 인격이 와해되고 판단력을 상실했는데도 엄마가 거주하는 집에 찾아와 자신의 존재를 확인하고 싶었을 것 같다. 이렇듯 자신도 스스로를 지키고 싶고 엄마도 조현병으로 고통받는 아들을 지키고 싶었으나, 환자에게 치료 의지가 없고 입원을 동의하지 않는다는 이유로 평생 제대로 치료받지 못한 채 약물 중독으로 사망한 것을 생각하면 의학적 관점에서 볼 때 이해하기 힘든 부분이 있다.

개인의 인권이 중요한 만큼 그 가족과 이웃의 인권도 중요하며, 환자가 치료를 받아야 할 권리와 회복해서 건강한 삶을 누릴 권리도 중요하다. 우리 모두가 행복하고 안전한 사회를 만들기 위해, 정신질환자의 치료와 관리 측면에서 모두가 만족할 수 있는 지혜를 모아야 한다. 이 책이 환자 개인의 인권뿐 아니라 치료받을 권리와 건강한 삶을 누릴 권리를 제공하고, 나아가 가족과 이웃의 인권과 행복을 지키기 위한 방법을 고민하는 계기가 되기를 진심으로 바란다.

정동선 (W정신건강의학과 원장)

조현병, 낯선 자아와 떠나는 여행

초판 1쇄 발행 2023년 4월 7일
지은이 앤 데버슨

펴낸곳 책책
펴낸이 선유정
편집인 김윤선

옮긴이 황수연
감수 정동원(W정신건강의학과)
디자인 김정안 이혜정
일러스트 이지원
교정교열 김은진

출판등록 2018년 6월 20일 제2018-000060호
주소 (03088)서울시 종로구 이화장1길 19-6
전화 010-2052-5619
인스타그램 @chaegchaeglab
전자주소 chaegchaeg@naver.com

ISBN 979-11-91075-10-6